suhrkamp taschenbuch 2715

Die Moderne hat ihre eigene säkulare Religionsgeschichte. Die Genese und Verlaufsgeschichte der abendländischen Moderne lassen sich nur verstehen, wenn ihre eigenen Hoffnungsziele und Glaubenskräfte deutlich werden. Der »Neue Mensch« ist ein zentrales Hoffnungsziel der Moderne: Die Suche des Menschen nach einem Anders- und Neusein seiner selbst, nach Neu- und Wiedergeburt ist freilich uralt und hat die Kulturgeschichte des Menschen immer begleitet. Doch in der Neuzeit traten diese Hoffnungen mit eigenem Inhalt und Anspruch auf: den Neuen Menschen. Seine Wegbereiter waren neben Rousseau und Darwin insbesondere Condorcet, Marx und Nietzsche, neben seiner Ideengeschichte gab es aber auch eine Realgeschichte des Neuen Menschen, wie Küenzlen eindrucksvoll am Beispiel der vorrevolutionären russischen Intelligenzija, der deutschen Jugendbewegung, der Studentenbewegung von 1968 und an bestimmten Strömungen der Psychoanalyse zeigt. Aber die Moderne ist ihres Weges unsicher geworden. Unsicher ist vor allem der Blick nach vorn. Die wachsende Ungewißheit bestimmt die Frage nach den geistig-kulturellen Orientierungen, die künftig kulturbestimmend sein werden, und so auch die Frage nach den künftigen Hoffnungsbildern eines Neuen Menschen.

Gottfried Küenzlen verdeutlicht mit seiner Untersuchung, die sich dem Werk Max Webers verpflichtet fühlt, die Hintergründe und Zusammenhänge der Moderne und trifft damit mitten ins Herz der Gegenwart.

Gottfried Küenzlen, geboren 1945 in Calw, ist Professor für Evangelische Theologie und Sozialethik an der Universität der Bundeswehr in München.

Gottfried Küenzlen
Der Neue Mensch

Eine Untersuchung
zur säkularen Religionsgeschichte
der Moderne

Suhrkamp

Umschlagfoto:
Oskar Schlemmer, Plan mit Figuren. 1919
© 1997 Oskar Schlemmer-Archiv und Familiennachlaß,
D – 79410 Badenweiler

suhrkamp taschenbuch 2715
Erste Auflage 1997
© 1994 Wilhelm Fink Verlag, München
Lizenzausgabe mit freundlicher Genehmigung des Fink Verlags
Suhrkamp Taschenbuch Verlag
Alle Rechte vorbehalten, insbesondere das
des öffentlichen Vortrags, der Übertragung
durch Rundfunk und Fernsehen
sowie der Übersetzung, auch einzelner Teile.
Druck: Nomos Verlagsgesellschaft, Baden-Baden
Printed in Germany
Umschlag nach Entwürfen von
Willy Fleckhaus und Rolf Staudt

1 2 3 4 5 6 – 02 01 00 99 98 97

Inhaltsverzeichnis

Die Moderne hat ihre eigene säkulare Religionsgeschichte. Die Genese und Verlaufsgeschichte der okzidentalen Moderne lassen sich nicht verstehen ohne das Studium der säkularreligiösen Hoffnungsziele und Glaubenskräfte, die in ihr wirkungsmächtig wurden. Der »Neue Mensch« war ein zentrales Hoffnungsziel, welches der säkularen Glaubensgeschichte der Moderne in ihren verschiedenen Strömungen und Bewegungen einverwoben war. Die Suche des Menschen nach einem Anders- und Neusein seiner selbst, nach Neu- und Wiedergeburt ist freilich uralt und hat die Kulturgeschichte des Menschen immer begleitet. Doch in der Moderne traten diese Hoffnungen auf den Neuen Menschen mit eigenem Inhalt und Anspruch auf. Dieses Kapitel der modernen säkularen Religionsgeschichte zu enträtseln und zu entschlüsseln, ist ein Ziel der vorliegenden Untersuchung.

Freilich geht es in all dem nicht um bloße Historie, vielmehr um die Einsicht: Unsere heutigen Kulturlagen haben ihre Herkunftsgeschichte, in die sie in Kontinuität und Diskontinuität verwoben sind. So will diese Untersuchung im Blick auf die Vergangenheit den Blick auf die Gegenwart schärfen, um einen, wenn auch bescheidenen Beitrag zum Verstehen der gegenwärtigen Kulturlage zu leisten. Bezogen auf das Thema vom Neuen Menschen heißt der Befund: Die säkularreligiösen Hoffnungsbilder eines Neuen Menschen sind entkräftet. Die säkulare Glaubensgeschichte, deren Siegeszug den Weg der Moderne wesentlich bestimmt hat, ist krisenhaft geworden. Die sie tragenden Gewißheiten scheinen erschöpft. So ist die Moderne ihres Wegs unsicher geworden.

Unsicher geworden ist vor allem der Blick nach vorn. Dies gilt insbesondere unter dem Eindruck der grundstürzenden Umbrüche, in die Europa nach 1989 hineingerissen ist. Jeder kann spüren, daß die Karten neu gemischt sind, ohne daß wir schon wüßten, wohin sie schließlich fallen werden. Diese wachsende Ungewißheit bestimmt auch die Frage nach den geistig-kulturellen Orientierungen, die künftig kulturbestimmend sein werden, und so auch die Frage nach den künftigen Hoffnungsbildern eines Neuen Menschen. Mit welchen Inhalten die Suche nach dem Neuen Menschen sich in Zukunft verbindet und welche davon kulturkräftig sein werden, bleibt unserem in die Gegenwart gebannten Blick verborgen.

Die Arbeit ist in der Perspektive einer historisch orientierten Kultursoziologie geschrieben, die sich insbesondere dem Werk Max Webers verpflichtet weiß. Eigens sind die Schriften Friedrich Tenbrucks zu nennen. Erst ihr prägender Einfluß hat mir den geistigen Zugriff auf das Thema ermöglicht. Darüber hinaus habe ich Friedrich Tenbruck für viele fruchtbare Hinweise bei der Konzeption und Durchführung der Arbeit sowie für manche Ermutigung sehr zu danken.

Die vorliegende, für den Druck geringfügig überarbeitete Untersuchung wurde im Herbst 1992 von der Kulturwissenschaftlichen Fakultät der Universität Bayreuth als Habilitationsschrift angenommen. Berichterstatter waren: Prof. Dr. A. Zingerle (Bayreuth), Prof. Dr. W. Sparn (Bayreuth), Prof. Dr. H. J. Helle (München) und Prof. Dr. W. Lipp (Würzburg). Insbesondere habe ich Arnold Zingerle und Walter Sparn zu danken, daß sie mir hilfreich zur Seite standen — mit klugem Rat, Anregungen und mit mancherlei sachlichen Hinweisen.

Gäufelden-Tailfingen, im August 1993   Gottfried Küenzlen

EINLEITUNG

Zur Signatur der geistigen Lage der Zeit gehört: die Moderne ist an sich selbst unsicher geworden. Die Gewißheiten, auf denen sie aufruhte, die ihre Genese und Verlaufsgeschichte begründeten und vorantrieben, sind zunehmend einem kulturellen Geltungsschwund unterworfen. Die Versuche, die heutige Lage westlicher Kultur und Gesellschaft geistig zu erfassen und zu deuten, artikulieren sich denn auch verbreitetet in Formulierungen wie: »Krise« der Moderne, »Ende« oder »Tod« der Moderne. Wird letzteres insbesondere von maßgeblichen Sprechern und Vordenkern der These einer »Postmoderne« formuliert und zu begründen versucht, so findet sich die Rede von der Krise und dem Geltungsverlust moderner Selbstgewißheiten auch in den kulturdiagnostischen Deutungsversuchen ganz anderer kulturtheoretischer Konzepte und Traditionsstränge. So darf etwa vermutet werden, daß die anhaltende Aktualität Max Webers *auch* damit zu tun hat, daß man dessen Werk als Bestimmung und Deutung von Lage und Schicksal der modernen okzidentalen Kultur erst wieder neu in den Blick nimmt — jener Kultur, aus der, nach Weber, der Geist, der sie einst erbaute, entwich. Das eben gibt der Rede von dem, möglicherweise irreversiblen Geltungsschwund der Selbstgewißheiten der Moderne das besondere Gewicht: Sie findet sich quer durch ansonsten ganz unterschiedliche Denkschulen, Traditionsströme und »ideologische« Lager.

Ob Jürgen Habermas von der krisenhaften Lage des »Projektes der Moderne« spricht, dessen »Sinnressourcen« immer knapper würden[1], ob Robert Spaemann »die Grundstellung des Bewußtseins, die wir als Modernität bezeichnen, ihrem Ende zugehen« sieht[2], ob Günter Rohrmoser von der »Erosion« der Glaubens-

---

[1] Siehe hierzu insbes.: J. Habermas, 1985 a und 1985 b.
[2] R. Spaemann, 1986, S. 32.

bestände der Moderne ausgeht[3], — die Summe solch kulturdiagnostischer Analyse heißt, bei allen sonstigen Unterschieden der jeweiligen Konzepte: die säkularen Sinnverständnisse, insonderheit die utopischen Antriebe, die in der Moderne kultur- und gesellschaftsbestimmend waren, seien erschöpft, ihr »sinnstiftendes« Potential sei ausgelaugt.

Diese letzteren, wenn auch erst nur andeutenden Bemerkungen geben der allgemeinen These von der »Krise der Moderne« nun schon einen genaueren Sinn und klarere Kontur. Denn es geht um den Geltungsschwund der *säkularen* Daseinsverständnisse und Weltdeutungen, in denen die Moderne sich selbst verstand. Genauer: die Krise der Moderne ist die Krise ihrer säkularen Glaubensgewißheiten.

Die Fundamentalität dieser These erschließt sich erst dann wirklich, wenn man Genese und Verlaufsgeschichte der Moderne bestimmt sieht von säkularen Ideen und Weltbildern, die säkularreligiösen Charakter trugen. Es ist dies der tragende Deutungshintergrund der vorliegenden Arbeit: die säkulare Moderne hat ihre eigene »Glaubensgeschichte«.[4] Damit ist nicht behauptet, die neuere Geschichte lasse sich nur beschreiben und verstehen in dieser Kategorie der »säkularen Religions- und Glaubensgeschichte«. Diese bezeichnet einen, freilich wirkungsmächtigen Hauptstrom der modernen okzidentalen Entwicklungsgeschichte, die *ohne* die säkularreligiösen Daseinsauffassungen, Kulturideen und Weltbilder nicht wirklich erfaßt werden kann.

Der Begriff »säkulare Religionsgeschichte« dient in der vorliegenden Arbeit als zunächst heuristische Kategorie, in der die modernen säkularen Glaubensbestände gefaßt werden. Es wird hier aber auf eine vorgängige theoretische Absicherung oder gar Definition des Begriffes verzichtet. Dieser Verzicht hat sicher auch die pragmatische Begründung, dem Ensemble der Schwierigkeiten zu entgehen, die sich religionstheoretisch und methodologisch gegenüber einem solchen vorweggenommenen Definitionsversuch stellten und die Arbeit von den Sachfragen und historischen Reallagen wegführten. Vor allem aber ist es eine Absicht dieser Studie, als

---

[3] G. Rohrmoser, 1989, S. 12 u.ö.

[4] Vgl. F. H. Tenbruck, 1976.

eines ihrer Ergebnisse die Legitimität und Erkenntnisqualität von Begriffen wie »säkularer Religions- oder Glaubensgeschichte« als *eine* fruchtbare Interpretationkategorie für die Verlaufsgeschichte der okizentalen Moderne aufzuweisen.

Freilich sei vorweg immerhin darauf verwiesen, daß von »säkularer Religion« als summierendem Ausdruck für bestimmende moderne Daseinsverständnisse zu sprechen, der Sache und teils dem Begriffe nach nicht neu ist. Dies gilt für einige Strömungen in der Theologie ebenso wie für solche in den Sozialwissenschaften und in der politischen Philosophie. So hat etwa Paul Tillich von der »Autonomen Religion« des neuzeitlichen Säkularismus gesprochen[5], Paul Schütz den Terminus »Säkulare Religion« als programmatischen Ausdruck für die religiös diesseitsgewendeten modernen Daseinsauffassungen verwandt[6]; so gebrauchte auch Max Weber beiläufig und ganz selbstverständlich immer wieder Wendungen wie »der religionsartige Glaube an die sozialistische Eschatologie« usw.[7], oder es ist etwa zu verweisen auf Eric Voegelins Begriff der »Politischen Religion«[8]. Auch hat die Rede von der »Vernunftreligion«, »Religion des Fortschritts«, »Szientistische Wissenschaftsreligion« kulturwissenschaftlich durchaus Tradition.

Trotz des schon vermerkten Verzichts auf vorgängige religionstheoretische Bestimmungsversuche des Begriffes »Säkulare Religion« bzw. »Säkulare Religionsgeschichte« sei doch zur Vermeidung möglicher Mißverständnisse auf eine Grundannahme verwiesen, die für uns in dieser Frage leitend ist. Begriffe wie »Säkulare Religionsgeschichte« usw. sind in der Arbeit nicht im Sinne einer funktionalen Religionstheorie verwandt, basierend auf der Annahme »funktionaler Äquivalente«. Mögen auch in der Verlaufsgeschichte der säkularen Moderne die neuen säkularen Glaubensinhalte, Erlösungshoffnungen und Heilsziele in der Lebensführung des einzelnen vielfach an die Stelle der alten religiös-christlichen

5 P. Tillich, 1964, S. 22 ff. u.ö.
6 P. Schütz, 1932.
7 M. Weber, 1964, S. 313 u.ö.
8 E. Voegelin, 1938.

Verheißungen getreten sein, so sind sie doch einander nicht einfach funktional austauschbar. »Säkulare Religionsgeschichte« also impliziert nicht die Annahme funktional austauschbarer Religionsbestände, vielmehr geht es um *säkulare* Glaubensannahmen, die sich gerade als Widerspruch und Überwindung »der alten« Religion wußten, und deren *Inhalte* mit eigenen diesseitsorientierten Zielen und Ansprüchen auftraten, deren Daseinsauffassungen das Handeln und somit den Weg der gesellschaftlichen Entwicklung mitbestimmten und eben wegen ihrer *eigenen* Inhalte die kulturellen Vorausetzungen für den unverwechselbaren und einzigartigen Weg der säkularen Moderne schufen. Die Ablehnung einer bloß funktionalen Religionstheorie basiert hier also auf der Einsicht, daß es die *Inhalte* der Heilsziele und Erlösungshoffnugen sind, die dem Handeln die Richtung weisen und den Weg von Gesellschaften und Kulturen wesentlich bestimmen; eine Einsicht, die den »Klassikern« zumindest der deutschen Soziologie noch klar vor Augen stand, wie das Studium der Werke Max Webers und Georg Simmels zeigt. So liest sich Simmels folgender Hinweis als geradezu aktueller Kommentar zur Problematik einer bloß funktionalen Religionstheorie: »Im religiösen Glauben aber besteht diese gegenseitige Unabhängigkeit von Inhalt und Funktion nicht: der Glaube eines anderen Gottes ist ein anderes Glauben. Das ist wie mit den Gemütsverhältnissen zu Menschen; wenn Liebe sich von dem einen ab – und einem anderen zuwendet, so hat sie nicht nur den Gegenstand gewechselt, sondern je tiefer sie ist, je mehr sie unser *Sein* berührt, desto mehr ist sie eine andere Liebe. Ob man an Jehova, an den Christengott, an Ormuz und Ahriman, an Vitzliputzli glaubt – das ist nicht nur inhaltlich, sondern auch funktionell verschieden, das verkündet ein verschiedenes *Sein* der Menschen«.[9]

Nach diesen Hinweisen und Erläuterungen bedarf es freilich noch einer einleitenden knappen Darlegung des allgemeinen *kultursoziologischen Grundverständnisses,* das für diese Arbeit leitend ist. Die These von den säkularen Glaubensannahmen, ohne deren Daseinsauffassungen und Lebensdeutungen Genese und Verlaufsgeschichte der säkularen Moderne nicht zu verstehen ist, basiert auf einem

---

[9] G. Simmel, 1989 (1902), S. 58.

Verständnis von Kultur als einer Gesellschaften, insbesondere deren innere Fortentwicklung bestimmenden Größe. Nach einer in der Soziologie verbreiteten Denkfigur läßt sich »Kultur« in den Bereich der »materiellen« und der »immateriellen« Kultur aufteilen. Dabei bezeichnet die materielle Kultur die realen Daseinsgrundlagen, so vor allem die ökonomischen, strukturell-politischen Verhältnisse einer Gesellschaft, wohingegen unter immaterieller Kultur das Ensemble der »geistigen« Daseinsauffassungen und Lebensdeutungen verstanden ist. Die in soziologischer Perspektive entscheidende Frage ist nun, in welchem Verhältnis denn beide Bereiche zueinander gedacht und bestimmt werden können. Die bislang in der soziologischen Tradition, aber auch in der gegenwärtigen Soziologie beschrittenen Wege zeigen freilich ganz unterschiedliche Lösungen[10].

Eine wirkungsmächtige Deutung sieht in den »geistigen« Gehalten einer Gesellschaft den Ausdruck und das Derivat der strukturellen Gesellschaftsverhältnisse; diese Auffassung ist, wie bekannt, am klarsten in der marxistischen Gesellschaftstheorie formuliert, nach der Kultur als Überbauphänomen der eine Gesellschaft bestimmenden Produktionsverhältnisse gilt. Kultur als Ausdruck und Derivat der strukturellen Gesellschaftsverhältnisse ist freilich die Grundannahme auch nicht marxistischer soziologischer Theorien, nach denen Kulturphänomene »Funktionen« gesellschaftlicher Reallagen darstellen, die im wesentlichen von Interessen und äußeren Bedürfnissen geprägt sind. Hier ist wirkungsgeschichtlich etwa die Wissenssoziologie Karl Mannheims zu nennen, in der die Überformung der Kulturerscheinungen und Kulturinhalte durch das »soziale Leben« konstatiert wird; wobei freilich anzufügen ist, daß das »Soziale« bei Karl Mannheim nicht in marxistischem Sinne ökonomistisch-deterministisch aufgefaßt ist.

Ein anderer Zugriff findet sich in der Wissenssoziologie Max Schelers. In seiner bekannten Unterscheidung von »Realfaktoren« als der bestimmenden Größen der gesellschaftlichen Strukturverhältnisse und den »Idealfaktoren« als den geistigen Kulturgehalten hält er am Eigenwert und der Eigenständigkeit der Idealfaktoren fest, die sich nicht als soziale Funktionen oder sozialdeterministi-

---

10 Ein knapper Überblick findet sich bei J. Weiß, 1987.

sche Größen verstehen lassen; wobei freilich hier beizufügen ist, daß Max Scheler die sozial nicht ableitbaren Kulturgehalte in die Dynamik der gesellschaftlichen Realfaktoren eingebunden sieht.

Die soziologische, genauer kultursoziologische Tradition, der als eine ihrer geistigen Voraussetzungen die vorliegende Arbeit verpflichtet ist, verbindet sich insbesondere mit dem Werk Max Webers. Bei Max Weber findet die Frage nach dem Verhältnis von Kultur und Gesellschaft ihre eigene, über die oben skizzierten Ansätze hinausführende Antwort; eine Antwort, die freilich im Werk Webers selbst keine abgeschlossene, oder gar in abrufbare Theoreme rückführbare Fassung erhält. Wenn auch hier, im Kontext einer kurzen Einleitung, keine ausgeführte Darstellung, gar Diskussion erfolgen kann, sei doch von Weber ausgehend die diese Studie über den Neuen Menschen leitende kultursoziologische Grundannahme knapp umrissen.

In dem bekannten Zitat Webers über die »Ideen und Interessen« aus der »Einleitung« zur »Wirtschaftsethik der Weltreligionen« findet sich, liest man es vollständig und nicht wie häufig in verkürzter Wiedergabe, die Grundlinie der Weberschen Einsicht in das Verhältnis von Kultur und Gesellschaft: »Interessen (materielle und ideelle) nicht: Ideen beherrschen unmittelbar das Handeln der Menschen. *Aber:* die ›Weltbilder‹, welche durch ›Ideen‹ geschaffen wurden, haben sehr oft als Weichensteller die Bahnen bestimmt, in denen die Dynamik der Interessen das Handeln fortbewegte. Nach dem Weltbild richtete es sich ja: ›wovon‹ und ›wozu‹ man ›erlöst‹ sein wollte — und nicht zu vergessen: konnte.«[11] Ohne in eine genauere Exegese dieses Zitats und seines Ortes in der »Wirtschaftsethik der Weltreligionen« einzutreten, läßt sich doch festhalten: Weber hält sich die Verflochtenheit der Ideen und Weltbilder in die gesellschaftlichen Interessen- und Bedürfnislagen stets bewußt, wie er insbesondere am Beispiel der Religionen in der »Wirtschaftsethik der Weltreligionen« ständig aufwies[12]; er ist denn auch in weiten Teilen seiner Forschungsarbeit dieser Frage nachgegangen, so z.B. im Aufweis des Zusammenhangs von sozialer Schicht und Religion. Dem Kulturwissenschaftler und Soziologen Weber sind

---

11 M. Weber, 1963, S. 252.
12 Siehe dazu: G. Küenzlen, 1980, besonders S. 79 ff. und S. 107 ff.

16

die »Ideen« nicht bloße Bestände eines Sonderreiches des Geistes, vielmehr selbstverständlich immer hineingebunden in die »Dynamik der Interessen«. So sind die Interessen die unmittelbaren Antriebe des Handelns und immer mitbestimmt von den historisch-gesellschaftlichen Lagen. Die Ideen ihrerseits freilich binden die Interessen der Menschen (seien sie materielle oder ideelle!) zwar nicht immer und überall, jedoch insonderheit wo sie zu Weltbildern geronnen sind, in ihre Bahnen ein und wirken so bestimmend auf die Entwicklung der Gesellschaften. Der Befund läßt sich mit F. H. Tenbruck prägnant zusammenfassen: »Ungeachtet der Tatsache, daß menschliches Handeln unmittelbar von Interessen angetrieben wird, finden sich in der Geschichte langfristige Abläufe, deren Richtungen von ›Ideen‹ bestimmt worden ist, so daß hier gewissermaßen die Menschen sich für ihre Interessen abrackern und damit doch nur das Wasser der Geschichte auf die Mühlen der Ideen leiten, mit ihrem Tun in deren Bann verbleiben.«[13]

So läßt sich, im Gefolge Max Webers, die oben gestellte Frage nach dem Verhältnis von »materieller« und »immaterieller« Kultur weder in die Formel bringen, die Bestände der immateriellen Kultur seien Derivate oder bloße Funktionen der gesellschaftlichen Strukturverhältnisse, noch aber auch lassen sie sich in soziologischer Perspektive als losgelöst von den äußeren Interessen- und Bedürfnislagen der Menschen denken. Vielmehr: Immer sind die »Kulturideen« verwoben in die realen sozialen Verhältnisse einer Gesellschaft, aber ebenso wirken sie auch auf diese ein und bestimmen so die Entwicklung von Gesellschaften. »Denn wenn die Kultur gesellschaftliche Grundlagen hat, so die Gesellschaft kulturelle.«[14] Wie immer das Verhältnis von materieller und immaterieller Kultur, von Realfaktoren und Idealfaktoren, von Kultur und Gesellschaft in den jeweiligen Stufen und Stadien einer historischen Entwicklung im einzelnen aussieht: *Ohne* die gesellschaftsbestimmende Macht der leitenden Kulturideen ist die Entwicklung von Gesellschaften und ihre reale Lage nicht zu verstehen. Denn es geht um Kultur und die in ihr präsenten Ideen und Weltbilder in ihrer Bedeutung als »gesellschaftliche Tatsachen«.

---

13 F. H. Tenbruck, 1975, S. 684.
14 F. H. Tenbruck, 1989, S. 8.

Die gesellschaftsbestimmende Macht von Kulturideen: Dies also ist eine leitende kultursoziologische Grundannahme der vorliegenden Studie. Hier ist freilich sogleich anzufügen, daß damit erst Kriterien des Vorverständnisses vom Gegenstand und des grundsätzlichen Selbstverständnisses der Kultursoziologie tangiert sind; theoretisch und methodisch können sie — je nach der konkreten Fragestellung und den Anforderungen, die der jeweilige Gegenstand in seiner historischen Verfaßtheit stellt — sehr verschiedene Konsequenzen haben. Es hat deshalb wenig Sinn, an dieser Stelle die weitreichenden Fragen, die mit dem hier gewählten kultursoziologischen Ansatz insgesamt verbunden sind, abstrakt zu besprechen. Es sei stattdessen — wegen des besonderen Zusammenhangs dieser Studie — auf einen grundlegenden Aspekt eigens hingewiesen: *Daß der gesellschaftlichen Wirklichkeit stets »Kultur« einverwoben ist*, hat seine Wurzel in der anthropologischen Besonderheit, die die Stellung des Menschen und sein Handeln kennzeichnet. Folgt man den Einsichten der neueren, vor allem mit A. Gehlen und H. Plessner sich verbindenden philosophischen Anthropologie, so ist der Mensch, weil nicht mit einer naturhaften Steuerung und Regelung seines Handelns versehen, das prinzipiell »weltoffene«, keiner naturhaften »Daseinsnische« (Gehlen) zugehörige Wesen. »Weil der Mensch sein Überleben nicht von Natur gesichert findet, ist er sich selbst stets eine praktische Aufgabe und deshalb ein Gegenstand des Nachdenkens. Denn mit sich und der Welt kommt er ohne die Leitung der Natur nur deshalb zurecht, weil er sich nicht reaktiv verhält, sondern sinnhaft handelt.«[15] So ist der Mensch das auf *Kultur* angewiesene Wesen. Dies meint, daß der Mensch nicht nur »Kultur« *hat*, sondern daß er das auf Kultur angewiesene Wesen *ist*; so ist menschliches Handeln immer gebunden an Sinnorientierungen, Daseinsauffassungen und Weltauslegungen, an »Ideen« oder an ausgeformte »Weltbilder«. In dieser anthropologischen Sonderstellung des Menschen, in deren Konsequenz die stets auf »Sinnhaftigkeit« angewiesene Eigenart des menschlichen Handelns liegt, ist somit schon begründet, warum »Gesellschaft« als das Feld des Handelns stets und notwendig ihre kulturelle Dimension hat. Nicht nur ist die Kultur eine gesellschaftliche Tatsache, auch ist die Gesell-

---

[15] F. H. Tenbruck, ebd., S. 46.

schaft immer eine kulturelle Realität. So ist »jede Gesellschaft ... anders als das soziale Leben der Tiere, eine Kulturerscheinung, da sie auf sinnhaftem Handeln, statt reaktivem Verhalten, beruht ...«[16]

Wenn in der vorliegenden Arbeit die Rede von der »säkularen Glaubens- oder Religionsgeschichte« in den Horizont eines solchen Veständnisses des Zusammenhangs von Kultur und Gesellschaft eingebunden ist, so läßt sich die Verlaufsgeschichte der Moderne nicht aus bloßen Modernisierungstheoremen erklären, in denen etwa die objektive Gesetzmäßigkeit anonymer sozialer Differenzierungsprozesse behauptet wird. Vielmehr gilt es, die gesellschaftsbestimmende Kraft der jeweils leitenden Kulturideen wahrzunehmen, deren Daseinsorientierungen und Weltdeutungen, deren säkularreligiösen Erlösungshoffnungen und Heilszielen nachzugehen, in deren Bahnen die »Dynamik der Interessen« sich fortbewegte und den Weg der Moderne wesentlich bestimmte.

Eines der Heilsziele, das in den säkular-religiösen Bewegungen und Strömungen der okzidentalen Moderne bestimmend war, ist das eines *Neuen Menschen*. Freilich: die Suche nach einem Neuen Menschen findet sich, soweit wir die Kultur- und insbesondere Religionsgeschichte zu fassen vermögen, immer wieder. Immer haben Menschen auch nach einem Neu- und Anderssein gestrebt, war die Hoffnung auf Neu- und Wiedergeburt ein zentrales Heils- und Erlösungsziel, − so sehr die Heilsinhalte und Richtungen der verschiedenen Verheißungen ihre je eigene Entwicklung nahmen und somit auch das Heilsziel eines neuen Menschen eingebunden war in die je unterschiedlichen religiösen Welt- und Daseinsauffassungen. Dies verweist auf die Frage, ob die Suche nach einem Neu- und Anderssein nicht schon seine *anthropologische* Grundlegung und Verortung hat. Wir werden in unserer Studie diese Frage, wie auch diejenige nach den vormodernen Glaubensformen an einen Neuen Menschen, zwar eigens thematisieren, aber doch auf genauere Untersuchungen und Beschreibungen verzichten müssen. Das Interesse der Arbeit richtet sich auf den Neuen Menschen in der säkularen Religionsgeschichte der Moderne. Hierbei zeigt sich: Es läßt sich in der Hoffnung auf einen Neuen Menschen geradezu eine

---

16 F. H. Tenbruck, ebd., S. 47.

Chiffre sehen, die wesentliche Kapitel der säkularen Glaubensgeschichte der Moderne zu enträtseln und zu verstehen hilft; dies
insbesondere auch deshalb, weil das Studium der neuzeitlichen
Verheißungsgeschichte des Neuen Menschen zeigt, daß der Neue
Mensch zum Glaubensbestand und Hoffnungsziel der verschiedensten und ansonsten ganz unterschiedlichen Zweige, Bewegungen
und Strömungen der säkularen Glaubensgeschichte gehört. Dabei
gilt es zwar, die christentumsgeschichtliche Herkunft der säkularen
Vorstellung vom Neuen Menschen in der modernen Verlaufsgeschichte zu benennen, aber dann doch vor allem deren Umformung zu neuen Inhalten mit eigenem Geltungsanspruch herauszustellen; denn in dem Prozeß zunehmender Diesseitsorientierung,
der ein elementares Kennzeichen der Entwicklung der okzidentalen
Moderne darstellt, transformierten sich die Verheißungen eines
Neuen Menschen hin zu ihren modernitätsspezifischen Ausprägungen: Der Neue Mensch wird nun in empirischer Realisation als
durch die gesellschaftlichen Kräfte herstellbar, planbar und in der
Vorstellungswelt einiger Strömungen auch biologisch züchtbar gedacht.

Der *Aufbau der Arbeit* stellt sich in kurzer Beschreibung folgender-
maßen dar:

Zunächst gilt es darzulegen, daß, wie schon angemerkt, die Suche nach dem Neuen Menschen eine anthropologische Verortung
hat; daß also das Streben des Menschen nach einem Neu- und Anderssein seiner selbst in seinen anthropologischen Grundlagen zu
bedenken ist. Darauf verweist auch schon die Tatsache, daß sich
quer durch die Kultur- und Religionsgeschichte Vorstellungen
eines Neuen Menschen finden, so unterschiedlich in den jeweiligen
Epochen und den in ihnen wirksamen religiösen Konzepten die
Auffassungen eines Neuen Menschen sich geformt und entwickelt
haben. Um diesen Befund zu verdeutlichen, zeigen wir am Beispiel
einfacher Gesellschaften, illustriert an einigen wenigen Sachverhal-
ten, wie sich hier das Streben nach Neu-Sein artikulierte. In allen
entwickelten Erlösungsreligionen ist der Glaube an Neu- und Wiedergeburt, obschon in ganz unterschiedlicher Ausprägung, lebendig. Es wäre eine eigene und allein schon umfangreiche religions-
wissenschaftliche Aufgabe, dies bei den verschiedenen Weltreligio-

nen aufzuzeigen. Dies konnte nicht Thema unserer Arbeit sein. Aber die Grundlinien des Glaubens an das Neuwerden des Menschen im *Christentum* herauszustellen, gehört in die Grundlegung unserer Studie hinein. Denn die Moderne steht in ihrer säkularen Glaubensgeschichte, und damit eben auch in ihren säkularen Vorstellungen eines Neuen Menschen, vielfach im Erbe des Christentums. Wie immer man den kulturhistorischen Zusammenhang zwischen vormodernem Christentum und säkularer Moderne in seiner Kontinuität oder Diskontinuität faßt: Die Frage nach den historischen Wurzeln der säkularen Konzeption vom Neuen Menschen führt zur Frage nach der Herkunft der Idee des Neuen Menschen aus dem Christentum. Der Beschreibung der christentumsgeschichtlichen Grundlinien des Glaubens an einen Neuen Menschen folgt die Gegenüberstellung der Grundlinien des Neuen Menschen in der säkularen Moderne. Hier schon werden, in vorweggenommenem systematischem Zugriff, die modernitätsspezifischen Kennzeichen in der Auffassung eines Neuen Menschen zusammengefaßt, denen dann in den folgenden Kapiteln an den historischen und gegenwartsbestimmten Befunden näher nachgegangen wird.

Der Neue Mensch als ein Kapitel der säkularen Religionsgeschichte: Da bedarf es sodann einer Darlegung der Orientierungen und Daseinsauffassungen, die in der Moderne als säkulare Glaubensmächte bestimmend wurden und in deren Horizont die Auffassungen vom Neuen Menschen hineingestellt sind. Diese Glaubensgeschichte der Moderne sehen wir im wesentlichen geprägt von einer bestimmten Auffassung der Geschichte als innerweltlicher Fortschrittsgeschichte, von einem messianischen Verständnis von Politik und von der Wissenschaft als säkularer Glaubensmacht. Es ist freilich ausdrücklich darauf hinzuweisen, daß sich dieses Kapitel (II) nicht versteht als umfassende Darstellung und schon gar nicht als eine die wissenschaftliche Diskussionslage der verschiedenen hierfür zuständigen Disziplinen ausreichend würdigende Interpretation. Vielmehr geht es hierbei darum, unseren *Verstehenshorizont* darzulegen, in dem wir die jeweiligen Auffassungen vom Neuen Menschen auslegen wollen.

Die Entfaltung des Themas vom Neuen Menschen in der säkularen Moderne und die genauere Beschreibung der verschiedenen Auffassungen und ihrer wirkungsgeschichtlichen Entwicklungen, wie vor allem auch deren realgeschichtliche Ausformung, ist die Aufgabe der dann folgenden beiden großen Kapitel (III und IV). Dieser Aufgabe gehen wir im wesentlichen in einer zweifachen Blickrichtung nach, wobei die genaueren Anmerkungen zur Vorgehensweise und zum nötigen Verständnis dieser Kapitel in den jeweiligen Vorbemerkungen erfolgen. Zum einen fragen wir, neben einem allgemeinen Überblick, nach den geistigen Wegbereitern, deren Botschaften eines Neuen Menschen ihre besondere Wirkungsgeschichte hatten. Sodann folgen einzelne Studien zur »Realgeschichte« des Neuen Menschen. Diese können nur ausgewählte Strömungen und Bewegungen umfassen, ansonsten die Arbeit historisch und gegenwartsbezogen ins Uferlose geführt hätte. So fehlen insbesondere im Bereich der politisch-ideologischen Bewegungen, Darstellungen der Botschaften vom Neuen Menschen im Nationalsozialismus und Faschismus oder auch im Anarchismus; wie wir auch das Verhältnis von Revolution und Neuer Mensch nicht am Fall des »klassischen« Marxismus / Kommunismus dargestellt haben, sondern der Frage am Beispiel der russischen Intelligenzija nachgegangen sind. Dieses Kapitel zur »Realgeschichte« hat deshalb seinen zentralen Ort in der Arbeit, da hier aufgewiesen wird, daß die Suche nach dem Neuen Menschen in den verschiedensten Zweigen und Strömungen der säkularen Religionsgeschichte sich findet, weshalb wir die Auswahl der untersuchten Bewegungen auf ganz unterschiedliche historische und kulturelle Beispiele ausgerichtet haben; sodann zeigt sich, daß in der geschichtlichen Realität die geistigen Konzeptionen sich nicht in idealer Reinheit, sondern in vielfachen Gemengelagen darstellen, wie dies etwa am Beispiel der Deutschen Jugendbewegung deutlich wird. Die Untersuchung zu bestimmten Strömungen der Psychoanalyse steht am Ende dieses Kapitels, da es in seinem Schlußabschnitt einen kurzen Ausblick auf die Gegenwart bietet, der wir uns in dem darauf folgenden Kapitel zuwenden. Dort (V. Kapitel) wird dann versucht, die Linien bis in die Gegenwart zu ziehen und die Frage nach dem Neuen Menschen in die gegenwärtige Kulturlage zu stellen. Diese fassen wir, im Kontext unserer Arbeit, als »Krise der säkularen Religionsgeschichte«. Dazu ist es wiederum nötig, den gegenwärtigen Geltungsschwund der säkularen Glaubensbestände zu beschreiben, wobei wir uns, der Logik des bisherigen Aufbaus folgend, wiederum an die Trias: Geschichte, Politik und Wissenschaft halten. Um unserer Beschreibung der gegenwärtigen Suche nach dem Neuen Menschen auf dem Hintergrund der Krise der säkularen Überlieferungen auch hier einen realen Hintergrund zu sichern, zeigen wir am Beispiel der »New Age-Bewegung«, als *einer* der heutigen Suchbewegungen nach einem Neuen Menschen, wie sich hier die Hoffnung auf den Neuen Menschen artikuliert. Die Schlußbemerkungen verweisen, neben weiteren Anmerkungen zur heutigen Kulturlage, insbesondere auf die kulturellen Internationalisierungs- und Globalisierungsprozesse, in die auch die okzidentalen Sinntraditionen zunehmend hineingestellt sind und von denen die künftigen Bilder eines Neuen Menschen, soweit wir zu blicken vermögen, zunehmend bestimmt sein werden.

Die Untersuchungsabsicht dieser Arbeit läßt sich noch einmal kurz so zusammenfassen: Indem die Vorstellungen eines Neuen Menschen, wie sie in der Moderne vielfach bestimmend waren, untersucht und in ihren Kulturkontext hineingestellt werden, wollen wir zeigen, daß sich Genese und Verlaufsgeschichte der okzidentalen Moderne nicht ohne die säkular-religiösen Glaubenskräfte und Hoffnungsziele, die in ihr wirksam wurden, verstehen lassen. Hierbei freilich geht es nicht um bloße Historie. Vielmehr, erst wo wir unsere Gegenwart auch als geschichtlich *gewordene* Gegenwart erkennen, kann es zu einem, wenigstens vorläufigen, Verstehen der gegenwärtigen Lage kommen. Dies gilt gerade auch dann, wenn die zu Beginn dieser Einleitung zitierten Befunde von der Krise oder gar vom möglichen »Ende« der Moderne Gültigkeit haben sollten. Auch wenn man sich die Parole von der »Postmoderne« nicht zu eigen macht: Wenn die säkularen Sinntraditionen brüchig geworden sind, wir nicht mehr von ihrer fraglosen Gültigkeit bestimmt sind, ermöglicht dies einen distanzierteren und kühleren analytischen Blick auf die Vergangenheit und somit eben auch auf unsere Gegenwart.

Hier — spätestens — kommt dann auch die *normative Dimension* in den Blick, die sich mit dem Thema vom Neuen Menschen notwendig verbindet. Wenn gilt, daß die Entwicklung einer Gesellschaft wesentlich von den in ihr bestimmenden Kulturideen geprägt ist, heißt die Frage: Mit welchen Inhalten und Zielen, mit welchem »Glauben« wird sich künftig die Hoffnung auf einen

Neuen Menschen verbinden? Werden dies, in neuer Revitalisierung, die säkularen Sinntraditionen sein — oder etwa Vorstellungen einer gnostisch-mystischen Religiosität oder ein Amalgam von beidem — oder stirbt, Max Webers Wort von der »mechanisierten Versteinerung« kulturelle Realität werden lassend, Suche und Sehnsucht nach einem Neuen Menschen überhaupt ab — oder kann das im Christentum bewahrte Wissen vom Menschen neue kulturelle Kraft gewinnen? Das Thema vom Neuen Menschen selbst drängt, auch bei einem kultursoziologischen Zugriff, über die rein diagnostische Analyse hinaus. Auch läßt es sich nicht in bloß kulturkritischer Attitüde abhandeln, in der die historische Vergeblichkeit oder die in den politisch-messianischen Bewegungen zweifellos beobachtbare Verführungskraft des säkular-religiösen Heilsziels Neuer Mensch angeklagt würde, um also »Irrwege« dieser Verheißungsgeschichte aufzuzeigen. Vielmehr zwingt das Thema selbst dazu, nach den »gesellschaftlichen Ordnungen und Mächten« zu fragen, die künftig der Suche nach dem Neuen Menschen Ziel, Maß und humanen Inhalt geben können. Damit aber ist die Frage nach den eigenen Wertorientierungen und Glaubensauffassungen gestellt, nach der eigenen Wertbeziehung, von der unser Bild vom Menschen abhängt. Wenn hier auch die Grenze der wissenschaftlichen Analyse und Erklärungskraft erreicht ist, und somit auch die Begrenztheit unserer Studie, gehört es doch zur Redlichkeit, aber auch zum Verstehen der vorliegenden Arbeit, daß der Verfasser seine eigenen außerwissenschaftlichen Vorannahmen und Voraussetzungen dieser Arbeit wenigstens andeutet. Hierher gehört die Einsicht, daß die säkulare Religionsgeschichte, bei allem Mut zu Wagnis und Opfer, der sich in ihr vielfach studieren läßt, und auch bei allem realen Fortschritt in der Sicherung der äußeren Daseinsverhältnisse, den die neuzeitliche Zivilisationsdynamik hervorbrachte, doch auch ein Weg einer trügerischen Hoffnung war: Der Hoffnung, der Mensch könne sich selbst zu seinem eigenen Gott machen und auf dem Weg empirisch-diesseitiger Realisation den Neuen Menschen planen und herstellen. Demgegenüber steht das im Christentum bewahrte Wissen vom Menschen, das von der menschlichen, auf Gott angewiesenen Daseinsohnmächtigkeit und Erlösungsbedürftigkeit weiß und dem das Selbstvergottungsstreben des Menschen dessen eigentlicher Sündenfall ist.

ERSTES KAPITEL:
GRUNDLAGEN

I. Die Suche nach dem Neuen Menschen: anthropologische Voraussetzungen

1. Die Sonderstellung des Menschen

Im folgenden wird dargestellt, daß die Suche nach dem Neuen Menschen, die sich in kulturell unterschiedlichsten Ausprägungen in den verschiedensten Zweigen der Kulturgeschichte findet, ihre anthropologische Verortung hat; daß also das Verlangen nach einem neuen Sein, nach Neu- oder Wiedergeburt seine anthropologischen Grundlagen und Voraussetzungen hat. Dabei wird vor allem auf die Einsichten zurückgegriffen, wie wir sie der neueren philosophischen Anthropologie verdanken. Diese verbindet sich vor allem mit den Namen Max Scheler[1], Helmuth Plessner[2] und Arnold Gehlen[3].

War bis in die Anfänge der Neuzeit hinein die Frage nach dem Wesen des Menschen eingebunden in eine metaphysische-ontologische Dimension als einer Gesamtdeutung des Seienden, so bedeutete die genannte neuere philosophische Anthropologie im Ergeb-

---

[1] M. Scheler, 1928.

[2] H. Plessner, 1928.

[3] A. Gehlen, 1962 (1940). Dabei ist freilich vorsorglich anzumerken, daß die hier genannte philosophische Anthropologie auch ihre Kritiker gefunden hat. Hier sind vor allem zu nennen: Martin Heidegger, Georg Lukács, Otto Friedrich Bollnow und Erich Heintel, die — mit unterschiedlicher Begründung — eine Biologisierung der Anthropologie und einen damit verbundenen philosophischen Reduktionismus kritisierten.

nis eine dramatische Neuorientierung: Hier geht es um eine empirisch ausgerichtete, vor allem mit naturwissenschaftlich-biologischem Instrumentarium arbeitende Bestimmung des Menschen, wie sie sich vor allem durch einen Vergleich mit der Tierwelt ergibt.[4]

Ausgangspunkt sind dabei Beobachtungen, wie sie sich schon bei Johann Gottfried Herder finden: »Daß der Mensch den Tieren an Stärke und Sicherheit des Instinktes weit nachstehe, ja daß er das, was wir bei so vielen Tiergattungen angeborene Kunstfähigkeiten und Kunsttriebe nennen, gar nicht habe, ist gesichert ... Das neugeborene Kindl äußert weder Vorstellungen noch Triebe durch Töne, wie doch jedes Tier in seiner Art; bloß unter Tiere gestellt, ist es also das verwaisteste Kind der Natur. Nackt und bloß, schwach und dürftig, schüchtern und unbewaffnet: und was die Summe seines Elends ausmacht, aller Leiterinnen des Lebens beraubt. Mit einer so zerstreuten, geschwächten Sinnlichkeit, mit so unbestimmten schlafenden Fähigkeiten, mit so geteilten und ermatteten Trieben geboren, offenbar auf tausend Bedürfnisse verwiesen, zu einem großen Kreise bestimmt ... Nein! Ein solcher Widerspruch ist nicht die Haushaltung der Natur.«[5]

In diesem Zitat Herders ist wesensmäßig zusammengefaßt, was dann den Hauptausgangspunkt der neueren philosophischen Anthropologie in ihrer Bestimmung des Menschen ausmacht: Der Mensch ist im Vergleich zum Tier ein biologisch defizitäres Wesen; in seiner Lebensführung ist er nicht gesteuert von einer gleichsam naturhaften Automatik durch ihm eingegebene Instinkte. So also ist der Mensch seiner naturhaften Ausstattung nach wesentlich ein »Mängelwesen« (Gehlen). Ohne Instinktdirektiven, die seiner Lebensführung die Richtung weisen, ist der Mensch ungeschützt in das »Überraschungsfeld der äußeren Wirklichkeit« (Gehlen) ausgesetzt. So erwächst aus dieser, gegenüber dem Tier fehlenden in-

---

4 Diese methodische Neuorientierung, die erst der Anthropologie den Rang einer eigenständigen philosophischen Disziplin sicherte, nahm ihren entscheidenden Anfang schon bei Descartes und dessen Verständnis des »Ich«, als einer Größe, die durch sich selbst zu existieren vermag und aus sich selbst zu erklären ist. (René Descartes: L'homme, Paris 1664).

5 J. G. Herder, Ursprung der Sprache; zit. nach A. Gehlen, 1962 (1940) S. 82 f.

stinktgeleiteten Umweltgebundenheit des Menschen dessen prinzipielle »*Weltoffenheit*«.[6]

Zu dieser These Gehlens vom Menschen als »Mängelwesen« und der daraus resultierenden »Weltoffenheit« ist freilich – ohne in die Einzelheiten zu gehen – anzumerken, daß sie in ihrer Radikalität durch Erkenntnisse der neueren Verhaltensforschung begrenzt worden ist. So hat vor allem Eibl-Eibesfeldt darauf hingewiesen, daß besonders am Verhalten von Säuglingen, aber auch an verhaltensidentischen Merkmalen in den verschiedensten Kulturen gezeigt werden könne, daß es doch angeborene artspezifische Verhaltensdispositionen des Menschen gebe.[7] Doch ergeben sich aus solchen modifizierenden Einsichten heutiger Verhaltensforschung keine grundsätzlichen Revisionen der Gehlenschen Anthropologie. Vielmehr bestätigen sie in ihrer Weise, wie noch anzumerken sein wird, die Grundaussage, auf die der Gehlensche Ansatz hinausläuft.

Diese Grundaussage besteht darin, daß der Mensch, gerade weil instinktreduziert nicht festgelegt auf eine umweltgebundene und gesteuerte Antriebsstruktur, das auf *Kultur* angewiesene Wesen ist.

Kultur ist hier zunächst einmal – vor aller inhaltlichen Bestimmung der Kulturbestände und Kulturobjektivationen – die Möglichkeit, mit der prinzipiellen Weltoffenheit, mit dem »Über-

---

[6] Diese für die Gehlensche Anthropologie zentrale Kategorie findet sich schon bei Max Scheler. Zu der inhaltlichen Differenz der Anthropologie Schelers zu der Gehlens siehe besonders W. Pannenberg, 1983, S. 34 ff. und W. Schulz, 1972, S. 419–467. Auch bedarf es des Hinweises: Wenn wir uns in diesem Abschnitt im wesentlichen auf Gehlen stützen, so ist dabei nicht zu übersehen, daß die Gehlensche Anthropologie im ganzen auch mehrere grundsätzliche Fragen aufwirft. Einige dieser Fraglichkeiten sind vor allem bei Pannenberg thematisiert (Siehe: W. Pannenberg, 1983, bes. S. 38 ff. und 62 f.). Doch geht es im folgenden nicht eigentlich um eine Gesamtdarstellung Gehlens, gar um eine Auseinandersetzung mit den philosophischen Implikationen seines Werkes, die dann auch vor allem die substantiellen Unterschiede in den Positionen Schelers, Plessners und Gehlens, aber auch E. Rothackers behandeln müßte. Vielmehr sollen einige sich durchhaltende Grunderkenntnisse der neueren philosophischen Anthropologie herausgestellt werden, die eben bei Gehlen ihren besonders prägnanten Ausdruck finden.

[7] Siehe I. Eibl-Eibesfeldt, 1972; ähnlich auch A. Portmann, 1956 und H. Plessner, 1964.

raschungsfeld« der äußeren Wirklichkeit erfolgreich und sinnhaft umzugehen. In der Kultur schafft sich der Mensch die Bahnen, in denen er die prinzipielle Diffusität seiner Antriebe auffängt, der er, bedingt durch seinen biologisch defizitären status naturae, ausgeliefert bliebe. In der Kultur also kann der Mensch »die Mängelbedingungen seiner Existenz in Chancen seiner Lebensfristung umarbeiten«.[8] So bietet dem Menschen die Kultur das Gehäuse, das ihm von Natur aus versagt ist und befreit ihn von der ihm naturhaft eignenden Schutzlosigkeit, vor dem Chaos, worin er ansonsten, wegen der ungeordnet auf ihn einstürmenden Außenreize, in seiner biologischen Unspezialisiertheit gebannt bliebe. Die Kultur ist die Grundaufgabe des Menschen, die ihn nötigt, sich in ihr eine »zweite Natur« zu schaffen, in der allein er leben kann.

Ohne nun die Linien von Gehlens gedankenreicher und materialgesättigter Argumentationsführung weiter ausziehen zu können, sei vor allem noch ein Befund skizziert, der — neben vielen anderen — die Sonderstellung des Menschen in der Natur sichert. Gehlen fragt nach der dem Menschen als dem weltoffenen Wesen zugehörigen Antriebsstruktur. Denn gerade von den Trieben gilt, daß sie »mit Ausnahme der sehr wenigen organisch bedingten« nicht festgelegt sind. Der Mensch hat vielmehr die Fähigkeit, seine Antriebe zu steuern, die Antriebsenergie zu sammeln, ganz im Gegensatz zum Tier, das seine Antriebsenergie, sofern nicht durch äußere Umstände gehindert, ungehemmt auslebt. Dem Menschen aber steht durch Sammlung der Antriebsenergien ein Reservoir zur Verfügung, das sich als »Antriebsüberschuß« benennen läßt.[9] Diesen Vorgang faßt Gehlen genauer unter dem Begriff des »Hiatus«. »Hiatus« also soll zunächst die Tatsache bezeichnen, daß der Mensch imstande ist, seine Antriebe, Wünsche und Interessen »bei sich zu behalten, von der Handlung abzuhängen, was entweder (im Ruhezustande) von selbst, oder auch willkürlich geschehen kann, indem er ihnen *nicht* tätig nachgeht, und daß sie *damit* erst als ›in-

---

8 A. Gehlen, 1962 (1940), S. 36.
9 Ein Begriff, der sich so auch bei Max Scheler findet.

nere‹ zur Geltung kommen. Es ist der Hiatus, der ganz eigentlich das ausmacht, was man Seele nennt.«[10]

Der Mensch bedarf, gerade weil ihm die Außenwelt allein die Steuerung seines Lebens versagt, der *inneren* Lebensführung, die ihm die Orientierungen liefert, in der äußeren Lebenswelt sich zurechtzufinden. Es sind die »inneren Zielbilder«, die diese Orientierungsleistungen aus sich heraus setzen. Ohne diese »inneren Zielbilder« mit denen der Mensch seine Antriebe besetzt, verlöre er sich, als das naturhaft nicht festgestellte Wesen, in der Mannigfaltigkeit der äußeren Wirklichkeit. »Nur wer die Bilder seiner Antriebswünsche in sich sieht, weil er sie nicht außer sich sieht, wird imstande sein, diese Welt so zu verändern, daß er ihnen morgen begegnet. Der Hiatus, den wir Seele nennen, ist daher nur der im Menschen selbst noch einmal erscheinende Abgrund, der an sich unsere Bedürfnisse von ihren Erfüllungen trennt, und die ›Besetzung‹ des Antriebslebens mit Zielbildern, die dieses Innere erst freilegt und benennbar macht, ist die Bedingung, um diese Antriebe morgen zu befriedigen.«[11]

Ohne nun auch hier den weiteren Argumentationsgang nachzuzeichnen, so vor allem den wichtigen Grundgedanken der »Plastizität« der inneren Lebensführung zu beschreiben, sei als Ergebnis noch einmal festgehalten: Die »Innenwelt« des Menschen, die seinem Handeln vorgegebenen Zielbilder sind es, die es dem Menschen ermöglichen, sich in seiner Welt, als der von ihm selbst geschaffenen »zweiten Natur« einzurichten. Die Sonderstellung des Menschen ist es, daß der Mensch das kulturschaffende und auf Kultur angewiesene Wesen ist — oder in der prägnanten Formulierung Michael Landmanns: der Mensch — Schöpfer und Geschöpf der Kultur.[12]

Will man diesen zunächst einmal ganz allgemein skizzierten Befund genauer fassen, vor allem im Hinblick auf die uns leitende Frage nach der anthropologischen Verortung der Suche nach dem

---

[10] A. Gehlen, Zur Systematik der Anthropologie,in: A. Gehlen, 1971, S. 52.

[11] A. Gehlen, a.a.O., S. 53.

[12] M. Landmann, 1961.

neuen Menschen, so ist vor allem *eine* inhaltliche Bestimmung der These vom Menschen als dem Kulturwesen anzuführen: die Fähigkeit des Menschen zur *Selbsttranszendenz*. Mögen auch »in der Frage nach der inneren Konstitution dieser eigentümlichen Lebensform (i.e. Fähigkeit zur Selbsttranszendenz) die Meinungen« auseinandergehen, fest steht: »Der Begriff der menschlichen Selbsttranszendenz steht ... für einen breiten Konsensus heutiger Anthropologie.«[13]

So lassen sich die oben beschriebenen anthropologischen Grundverständnisse auch darin zusammenfassen: Der Mensch ist das sich zu sich selbst verhaltende Wesen –, ansonsten es die zur Sicherung seiner Existenz nötigen Kulturleistungen gar nicht erbringen könnte. Der Mensch muß, wegen der beschriebenen Sonderstellung, seine unmittelbaren Interessen, Antriebe, seine situative Gebundenheit usw. transzendieren können. Dazu braucht er, ganz im Gegensatz zum Tier, die Möglichkeit, sich in Distanz zur ihn umgebenden Wirklichkeit bringen zu können. Dazu aber bedarf er eines Bewußtseins seiner selbst, genauer: Er bedarf der Fähigkeit, sein unmittelbares, durch Instinktreduktion und allgemein naturhafte Unfertigkeit geprägtes So-Sein übersteigen zu können. Es ist jene »Eigentümlichkeit menschlichen Verhaltens ...: Der Mensch ist ursprünglich immer schon beim *anderen seiner selbst*.«[14] Dieses Bewußtsein seiner selbst erst ermöglicht dem Menschen, sich selbst und die ihn umgebende äußere Wirklichkeit in die Horizonte von Vergangenheit und Zukunft einzupassen. Das Tier hingegen bleibt, instinktgebunden, gebannt in das Erleben der unmittelbaren Gegenwart.

Was also Kierkegaard in philosophischer und letztlich theologischer Perspektive vom Menschen sagte, findet in der empirisch-naturwissenschaftlich ansetzenden Anthropologie seine Bestätigung und Neufassung; gemeint ist jene bekannte Formulierung Kierke-

---

[13] W. Pannenberg, 1983, S. 60. — Im folgenden stütze ich mich immer wieder auf W. Pannenberg, 1983, bes. S. 58 ff., ohne freilich dessen konzise Auseinandersetzung mit Scheler, Gehlen und Plessner hier aufnehmen zu können. Wichtig ist vor allem Pannenbergs Rekurs auf Herder.

[14] W. Pannenberg, a.a.O., S. 58.

gaards zu Beginn seiner Schrift »Die Krankheit zum Tode«: »Das Selbst ist ein Verhältnis, das sich zu sich selbst verhält.«

Es läßt sich eine erste Schlußfolgerung ziehen: Das anthropologische Angelegtsein auf Selbsttranszendenz ist die elementare Voraussetzung für die Möglichkeit des Menschen, nach einem Neusein seiner selbst zu fragen. Denn nur das Wesen, das zu sich selbst in einem Verhältnis steht, kann allererst überhaupt fähig sein, von sich als etwas ganz Anderem zu denken; einen Entwurf von sich selbst zu suchen, der das Wissen und die Erfahrung von dem unmittelbaren So-Sein übersteigt, ja radikal übersteigt mit dem Zielbild eines qualitativ Andersseins, nämlich Neuseins.

Liegt in diesem Befund also eine erste Voraussetzung für die anthropologische Möglichkeit der Frage nach dem Neuen Menschen, so ist weiter nach den Bedingungsgründen und Antrieben zu fragen, die das Suchen nach einem Anderssein und Neusein immer wieder aus sich heraus setzen, – wobei wir im Rahmen der Zielsetzung dieses Kapitels auch hier noch ganz im Horizont der anthropologischen Grundlagen verbleiben. Die Frage lautet also: Welche im Menschen angelegte Fundamentalität ist es, oder auch: welche anthropologische Dynamik ist es, die den Menschen immer wieder zur Suche nach einem Neusein seiner selbst zwingt?

2. Handlungsunsicherheit und Daseinsohnmacht

Es läßt sich, auf der Ebene anthropologischer Betrachtungen bleibend, vorweg sagen: Es sind Erfahrungen des Menschen mit sich selbst, die ihn über den Status seines bloßen So-Seins hinaus drängen.

Hier ist zunächst zu reden von den prinzipiellen Unsicherheitslagen, die dem menschlichen *Handeln* anhaften. Die Anthropologie menschlichen Handelns zeigt, daß das »ausgesetzte«, »riskierte« Wesen Mensch in seiner Notwendigkeit, sich in seiner Welt zurecht zu finden, ja sich diese erst eigentlich zu erbauen, keineswegs eine absolute, auf Dauer gestellte stabile Handlungs- und Verhaltenssicherheit gewinnt. Diese ist vielmehr ständig bedroht, nicht nur durch die Veränderungen der äußeren Lebenswelt, viel stärker noch durch die Veränderungen der inneren Handlungsführung, die einer bestimmten Dynamik unterliegt. Darauf hat etwa Friedrich H. Tenbruck aufmerksam gemacht, auf dessen Aufsatz »Zur Anthropologie des Handelns« dieser Abschnitt sich im wesentlichen stützt[15].

Die Unsicherheit, die dem menschlichen Handeln notwendig anhaftet, besteht zunächst einmal »in einer äußeren Unsicherheit, insofern die Erfolgschancen eines nicht durch Instinkt geleiteten Wesens, das seine Zukunft besorgen muß, fraglich sind.«[16] Immer stehen die Handlungsmuster, auch dort, wo sie handlungsentlastend habitualisiert und ritualisiert sind, unter dem Zwang, unter veränderten äußeren Lagen selbst verändert, ja neu aufgebaut werden zu müssen. Ebenso stehen die Ziele, die sich das weltoffene Wesen Mensch selbst immer wählen muß, unter Anpassungs- und Veränderungsdruck, insofern sie dem Menschen naturhaft-objektiv nicht vorgegeben sind, vielmehr sich im Vollzug ihres Erreichens oder Verfehlens immer wieder verschieben und verändern können. »So ist das Handeln objektiv des Erfolgs nicht sicher und bleibt an das Bewußtsein der Unsicherheit und des Risikos gebunden. Der Mensch muß sein Handeln mit Aufmerksamkeit begleiten, um es zum Erfolg führen zu können. Er muß gerade mit den Unsicherheiten rechnen. Er handelt überwiegend ... unter Risiko oder in Ungewißheit. Er ist sich bei seinem Handeln selten wirklich des Ergebnisses gewiß, läuft gewöhnlich das Risiko, daß seine Handlung wahrscheinlich so, vielleicht aber auch anders ausgehen könnte ... Handeln findet subjektiv überwiegend unter Ungewißheit statt.«[17]

Diese äußere Unsicherheit des Handelns wird begleitet von der inneren. Denn was die Wünsche und Ziele unseres Handelns letztlich sind, in welche Hierarchien von Zielen und Wünschen wir unser Handeln hineinstellen, entzieht sich letzter Gewißheit. Die prinzipielle Mannigfaltigkeit der Wünsche, Antriebe und Ziele stellt den Menschen nicht nur unter ständigen Entscheidungs-

---

15 F. H. Tenbruck, 1978.

16 F. H. Tenbruck, a.a.O., S. 90.

17 A.a.O., S. 92.

zwang, sie stellt ihn auch unter den Druck des Zweifels, jeweils die richtige Präferenzordung getroffen zu haben. Auch hier ist es die Weltoffenheit des Menschen, daß er seine Ziele und Wünsche, von den unmittelbar biologisch begründeten Grundbedürfnissen abgesehen, naturhaft nicht kennt, sondern »deshalb immer vor der Frage steht, was seine ›wahren‹ Bedürfnisse sind … Für diese Frage gibt es keine entgültigen Lösungen, weil sich der Mensch durch ihre Beantwortung seine Identität erst schafft und sie durch Unterfragung verändern kann … In dieser grundsätzlichen Aporie, einerseits seine Präferenzen durchordnen zu müssen und andererseits sie nicht gültig durchordnen zu können, liegt vor allem die innere Unsicherheit des Handelns.«[18] So trägt das menschliche Handeln immer auch, wenn auch nicht nur, »den Charakter von Last und Verschleiß« (Tenbruck), insofern das Handeln den Menschen unter den Zwang ständiger Anpassung setzt und stetige Überprüfungsnotwendigkeit es begleitet.

Ohne die weitere Ausformung und die innere Dynamik dieser inneren Handlungsführung genauer auszuführen, sei als Ergebnis festgehalten: »Die Handlungsmuster, welche individuell und kollektiv aufgebaut werden, stellen keine Automatismen dar, sondern erfordern ständige Steuerung, also Überwachung von Außen- und Innendaten, die in der inneren Handlungsführung zusammengefügt werden müssen. Diese fortbestehende Unsicherheit ist für die subjektive Einstellung im Handeln charakteristischer als die im Vergleich zur natürlichen Verhaltensunsicherheit gewonnene Verhaltenssicherheit.«[19] Anders gewendet: Es ist »die Unsicherheit eine interkulturelle Konstante, welche die conditio humana ausmacht.«[20]

Wo nun, handlungsbedingt, elementare Unsicherheitserfahrung, so vor allem die Erfahrung des »Lastcharakters«, die das Handeln immer auch in sich birgt, zur conditio humana gehören, gewinnt das Streben nach gültiger Sicherheit und dauerhafter oder doch wenigstens partieller Entlastung ebenfalls seine anthropologische

---

18 A.a.O., S. 95.
19 A.a.O., S. 134 f.
20 A.a.O., S. 136.

Verortung. Die Möglichkeiten, in denen Sicherheit und Entlastung gesucht werden und die Formen, in denen sich dies ausbildet und kristallisiert, sind ganz sicher vielfältig und hineingebunden in die jeweiligen Kulturvoraussetzungen und Kulturbestände. Hierher gehören Formen des Spiels und verschiedenste Entlastungstechniken ebenso wie natürlich vor allem die Antworten der Religionen auf die Unsicherheitserfahrungen[21].

Diese Suche nach Entlastung läßt sich mit Max Weber auch als Suche nach »außeralltäglichen Erlebnissen« beschreiben.[22] In den »außeralltäglichen Erlebnissen«, etwa in den Erfahrungen des Rausches, der Ekstase, der Trance usw. liegt tendenziell eine Lösung von der äußeren Wirklichkeit vor, aber eben auch die Erfahrung *neuer* innerer Möglichkeiten des Handelns und Erlebens, die über die Pragmatik der Alltagserfahrungen und der damit mitgesetzten Erfahrung von Unsicherheit hinausreicht.

So läßt sich schon jetzt, auf der Ebene einer Anthropologie des Handelns als These festhalten: In der dem Menschen essentiell eignenden Unsicherheitslage liegt ein Quellgrund, ein Hauptantrieb für den Traum des Menschen von einem Neusein seiner selbst, von dem Neuen Menschen, der dieser seiner prinzipiellen Daseinsunsicherheit in einem neuen Seinszustand zu entrinnen hofft.

Die hier, mit vorwiegend handlungstheoretischer Begründung, vorgestellte These von der Daseinsunsicherheit des Menschen läßt sich verallgemeinern, aber auch radikalisieren in der These von der *Daseinsohnmächtigkeit*.

Auch hier ist zunächst wieder anzusetzen bei der eingangs beschriebenen anthropologischen Ausgangslage vom Menschen als biologisch defizitärem, aber gerade deshalb weltoffenem Wesen. Diese unsere bisherige anthropologische Herleitung könnte den Schluß nahelegen, den Menschen in seiner Weltoffenheit allein als das seiner selbst mächtige Wesen zu verstehen, insofern der Mensch gar nicht anders kann, als sich in und durch seine Kulturleistungen der Welt und seiner selbst zu bemächtigen. Und sicher

---

21 Eine Orientierung auch darüber bietet der Tenbrucksche Aufsatz.
22 M. Weber, 1964, S. 250. – Siehe dazu auch Tenbruck, a.a.O., S. 108.

ist es die *Macht* des Menschen, die ihm als einzigem Lebewesen zukommt: in der Kultur sich seine eigene Lebenswelt als einer zweiten Natur zu erschaffen. Das Gestalten des naturhaft-Gestaltlosen ist die singuläre Fähigkeit und insofern die Macht des Menschen. »Wir sehen ..., wo wir auch hinblicken, den Menschen über die Erde verbreitet und trotz seiner physischen Mittellosigkeit sich zunehmend die Natur unterwerfen. Es ist dabei keine ›Umwelt‹, kein Inbegriff natürlicher und urwüchsiger Bedingungen angebbar, der erfüllt sein muß, damit ›der Mensch‹ leben kann, sondern wir sehen ihn überall, unter Pol und Äquator, auf dem Wasser und auf dem Lande, in Wald, Sumpf, Gebirge und Steppe ›sich halten‹. Und zwar lebt er als ›Kulturwesen‹, das heißt von den Resultaten seiner *voraussehenden*, geplanten und gemeinsamen Tätigkeit, die ihm erlaubt, aus sehr beliebigen Konstellationen von Naturbedingungen durch deren voraussehende und tätige Veränderung sich Techniken und Mittel seiner Existenz zurechtzumachen.«[23] So ist es gerade die relative biologische »Mittellosigkeit« des Menschen, die ihn nicht gebannt sein läßt im Kreis des naturhaft Vorgegebenen, sondern ihn in die Lage versetzt, sich die Welt nach *seinen* Zwecken verfügbar zu machen.

Die Beschreibungen und Bestimmungen des Menschen als das seiner selbst mächtige und sich seiner Welt bemächtigende Wesen sind schon in der frühen Kulturgeschichte zu finden und vor allem im Mythos des Prometheus und der sich durchhaltenden Idee vom prometheischen Menschen bewahrt. So lesen wir etwa auch in der »Antigone« des Sophokles: »Viel ist gewaltig, dennoch lebt / Nichts gewaltiger als der Mensch, / Der auch über das graue Meer / Winters, wann es aus Süden weht / Und wann die Wogen sich wölben, / Das Ziel der Fahrt erreicht. / Die allerhab'ne Mutter Erd' auch, / Die nie ermüdende, niemals versiegende / Göttin, erschöpft er kreisenden Pfluges, den / Jahr' um Jahre seine Pferde ziehn.«[24] In diesem Chor der thebanischen Ältesten wird dann Stufe um Stufe beschrieben, wie der Mensch (»der hochbegabte

---

[23] A. Gehlen, 1961, S. 47.

[24] Antigone. Erstes Epeisodion, Schluß, Chor der thebanischen Ältesten. Übersetzt von Wilhelm Andreae. München — Salzburg — Zürich 1956, S. 28—31.

Mann«) die Gefahren und die Mächte der Natur besiegt. Oder wir lesen im biblischen Psalter unter der Frage: » Was ist der Mensch, daß du seiner gedenkst, und des Menschen Kind, daß du dich seiner annimmst?« die Antwort: »Du hast ihn *wenig* niedriger gemacht als Gott, mit Ehre und Herrlichkeit hast du ihn gekrönt. Du hast ihn zum *Herrn* gemacht über deiner Hände Werk, alles hast du unter seine Füße getan.«[25] Dieser Gedanke von der Macht des Menschen als des Schöpfers seiner Kultur ist innerhalb der neueren philosophischen Anthropologie vor allem von Plessner betont worden[26] und läßt sich in einer Wendung des dem Erbe Diltheys verpflichteten Philosophen Georg Misch zusammenfassen: »Gemeint ist mit dem ›Sein‹ des Menschen zugleich: was der Mensch *vermag;* die innere Mächtigkeit des menschlichen Lebens: nicht bloß im Sinne des Unerschöpflichen, wie die Quelle mehr ist als der Strom, sondern im Hinblick auf jenes πολλὰ τὰ δεινά als ›Macht‹.«[27]

Doch ist es gerade die Macht des Menschen, genauer: die Erfahrung des Menschen von sich als das sich seiner Welt und seiner selbst bemächtigenden Wesens, die auch in die Erfahrung der Daseinsohnmächtigkeit hinein führt. Der Mensch stößt, gerade in seiner Weltoffenheit und in seinem seine äußere und innere Wirklichkeit gestaltenden Handeln immer wieder an Grenzen, an Bereiche, die sich seiner Verfügbarkeit und seinem Gestaltungswillen entziehen. So gehört es zur Erfahrung des Menschen, »daß mit jeder Macht zugleich eine Ohnmacht gegeben ist. Das bedeutet, daß der Mensch mit der Ausübung seiner Macht auf etwas stößt, das seiner Macht entzogen ist. Wir nennen es das Fremde. Zwar kann jede Macht durch die Anstrengung des Menschen ausgedehnt werden, indem er sich das Fremde aneignet, es sich unterwirft und zu eigen macht. Aber diese Ausdehnung ist nicht beliebig möglich. Irgendwo stößt sie auf eine Grenze ... [Dabei gilt], daß diese Grenze

---

25 Psalm 8, Vers 5−7 (Luther-Übersetzung).

26 Siehe dazu besonders H. Plessner, 1931.

27 Georg Misch, Lebensphilosophie und Phänomenologie. Eine Auseinandersetzung der Diltheyschen Richtung mit Heidegger und Husserl, ²1930, S. 103 ff.; zit. nach O. F. Bollnow, 1986. Auf diesen Aufsatz Bollnows wird im folgenden Bezug genommen.

nicht von Anfang an feststeht, sondern erst in der fortschreitenden Machtentfaltung erfahren wird.«[28]

Es sind dies also zunächst durchaus relative Grenzen, die der menschlichen Verfügbarkeit und Gestaltungskraft gesetzt sind. So gehört auch zur Konstitution des menschlichen Bewußtseins die Erfahrung, daß diese Grenzen und die damit gesetzte Ohnmachtserfahrung zumindest zukünftig überwindbar sein können.

Doch diese eher relative Machtlosigkeit, die dem menschlichen Handeln noch als Herausforderung zu ihrer Überwindung begegnet, ist eingeschlossen von einer absoluten Daseinsohnmächtigkeit. Sie ist begründet in den *Daseinskontingenzen*. Daseinskontingenzen – das sind die dem Menschen und seinem Handeln nicht disponiblen Daseinsbestände.[29] Dabei ist nicht übersehen, daß epochalhistorisch bedingt sein kann, was handlungs- und veränderungsresistent als Daseinskontingenz erfahren wurde; was etwa in mythosbestimmten Kulturen als über den Menschen verhängtes »Schicksal« verstanden wurde, hat sich im Fortgang kultureller Evolution[30] durchaus dem menschlichen Zugriff als möglich erwiesen. Doch läßt gerade die durch Aufklärung und Entzauberung geprägte okzidentale Kultur, die ihrem Anspruch nach alle Daseinsbereiche menschlicher Verfügbarkeit erschließen will, die »emanzipationsresistenten«, »handlungssinntranszendenten« (Lübbe) Lebensbestände deutlich ans Licht treten. Daseinskontingenzen – das meint etwa: »daß wir diese und keine anderen sind, daß wir so sind, obwohl es uns scheint, daß es uns leichter fiele, anders zu sein oder auch umgekehrt, daß wir nach unseren regionalen und nationalen, rassischen und muttersprachlichen, ja zumeist auch religiösen und konfessionellen Zugehörigkeitsverhältnissen diese und keine andere Identität haben, ja daß wir überhaupt sind und nicht vielmehr nicht sind ... Daß wir können, was andere nicht können oder umgekehrt, daß wir einiges können und anderes nicht und daß die

---

28 O. F. Bollnow, 1986, S. 854.

29 Hierbei sei insbesondere auf H. Lübbe, 1986, (besonders S. 144 ff) verwiesen. Zum Begriff »Kontingenz« siehe: »Kontingenz«. In: Historisches Wörterbuch der Philosophie, 1976, Spalte 1027 – 1038.

30 Ein Terminus, den wir durchaus als wertfrei verstanden wissen wollen.

Umstände, von denen unsere Dispositionsmöglichkeiten abhängen, ihrerseits indisponibel sind, daß wir sterben müssen und es entweder lebenssatt oder resigniert, gar verzweifelt tun, daß die Wahrheit diese und keine andere ist und überdies, zumal in wichtigen Fällen umstritten oder aus anderen Gründen wenig sicher ... daß, um mit Leibniz auch das noch einmal festzustellen, überhaupt etwas ist und nicht vielmehr nichts.«[31]

Daseinsohnmacht: hier ist es natürlich insbesondere das Wissen um die Sterblichkeit, in der die Erfahrung von Daseinskontingenz elementar begründet ist. Dabei geht es nicht um die Erkenntnis der bloßen Tatsache, daß alle Menschen sterben, also um den Tod als naturhaftes Geschehen. Entscheidend ist das Wissen um den Tod, die Erfahrung: »Sterblich sind wir schon bevor wir geboren sind; nicht erst der Tod ist es, der unsere Sterblichkeit beweist.«[32]

Der Mensch ist also konstituiert durch seine Macht *und* durch seine Ohnmacht. Das Wissen auch hierüber begegnet uns in den frühen Kulturzeugnissen. So reden *dieselben* Texte aus der Antike und aus dem frühen Israel, die wir oben anführten mit ihrer Beschreibung des Menschen in seiner Macht (»Nichts gewaltiger als der Mensch«; »Der Mensch als Herr der Welt«) gleichsam im selben Atemzug von der prinzipiellen Ohnmacht des Menschen: »Hades allein wird er nicht entfliehen«[33]; und der Psalmist gibt auf dieselbe Frage (»Was ist der Mensch ... ?«) nun *auch* die andere Antwort: »Ist doch der Mensch gleich wie nichts; seine Zeit fährt dahin wie ein Schatten.«[34]

3. Zusammenfassung und Ergebnis

Die uns leitende Frage war: Welche im Menschen als dem weltoffenen Wesen angelegte Fundamentalität ist es, welche Bedingungsgründe und Antriebe sind es, die den Menschen immer wie-

---

31 H. Lübbe, a.a.O., S. 15; siehe dazu etwa auch Ph. Merlan, 1976.
32 Ph. Merlan, 1976, S. 820.
33 Antigone, a.a.O.
34 Psalm 144, Vers 3 – 4.

der nach einem Neu-Sein seiner selbst fragen und suchen lassen? Eine Antwort läßt sich nunmehr in der These zusammenfassen: Die Suche nach dem Neuen Menschen hat seinen elementaren Quellgrund in der Erfahrung von Handlungsunsicherheit und Daseinsohnmächtigkeit. Denn das auf kulturhervorbringendes Handeln angewiesene Wesen Mensch erfährt gerade in seiner Weltoffenheit auch ständig die relativen oder absoluten Grenzen seines Handelns. Die Weltoffenheit, Konstituens der Freiheit des Menschen, begründet nicht nur Nötigkeit und Chance von Weltgestaltung und -veränderung, sondern kann ebenso Fundament einer Grundangst sein, in der die durch naturhafte Direktiven nicht gebundene Freiheit des Menschen als Belastung, ja Bedrohung erfahren wird. Der »Schwindel der Freiheit« (S. Kierkegaard)[35] gehört zu den Folgelasten der Weltoffenheit des Menschen.

Die Antworten darauf und auf die »Daseinskontingenzen« können sicher sehr verschieden aussehen, wie auch die Kultur- und insbesondere Religionsgeschichte beweist. Sich in *irgendein* Verhältnis zu diesen Kontingenzerfahrungen zu setzen, in dem deren Bewältigung gesucht wird, ist freilich eine anthropologische Grundnotwendigkeit. *Eine* der möglichen Antworten ist die Suche und Sehnsucht nach einem Neuen Menschen, der von der Last seiner Unsicherheitslagen, in die ihn sein Handeln immer wieder hineinführt, entlastet und von dem Geschick seiner prinzipiellen Daseinsohnmächtigkeit befreit ist.

Diese These bedarf freilich einer Ergänzung. So sehr wir die elementaren Defiziterfahrungen des Menschen mit sich selbst und seiner Stellung in der Welt als Hauptquellgrund für das Suchen nach einem neuen Seinszustand ansehen mögen, so gilt doch auch:

---

35 Das ganze Zitat aus S. Kierkegaards »Der Begriff der Angst«, 1844 (Dt. Ausgabe von E. Hirsch, 1952, S. 42): »Solchermaßen ist Angst der Schwindel der Freiheit, der aufsteigt, wenn der Geist die Synthesis setzen will, und die Freiheit nun niederschaut in ihre eigene Möglichkeit und sodann die Endlichkeit packt, sich daran zu halten. In diesem Schwindel sinkt die Freiheit in sich zusammen.« Dieser Zusammenhang von Freiheit und Angst findet sich dann auch bei Martin Heidegger, z.B. »Die Angst offenbart im Dasein ... das Freisein für die Freiheit des Sich-selbst-Wählens und Ergreifens.« Heidegger, 1927, S. 188.

es gibt daneben Erfahrungen des Menschen mit sich selbst, in denen er glückhaft sich selbst transzendierend erfährt. Es gibt die »außeralltäglichen Erfahrungen« (M.Weber) des Glücks, des Rausches, der Ekstase, Erfahrungen des Einsseins mit der Natur usw., die, aus welchen Antrieben auch geboren, mit welchen Mitteln auch erzeugt, doch die Erfahrung eines *neuen* Seins bedeuten. Hier ist insbesondere auch das *Spiel* in seiner anthropologischen Bedeutsamkeit zu nennen. Ohne hier die Phänomenologie des Spiels auch nur andeuten zu können,[36] sei doch festgehalten: im Spiel erschließt sich »ein *neues* Verhältnis zur Welt und zum eigenen Sein«.[37] Es ist, wie Buytendijk Lacan aufnehmend formuliert, die Erfahrung einer »présence d'une absence absolue ... die Anwesenheit einer Abwesenheit«[38]; oder in einer anderen, zusammenfassenden Formulierung Eugen Finks: »Das Spielen hat im Verhältnis zum Lebensgang und zu seiner forthetzenden Zukunftsweisung den Charakter bewußter ›Gegenwart‹; es gleicht einer ›Oase‹ angenommenen Glückes in der Wüstenei unseres sonstigen Glücksstrebens und tantalischen Suchens. *Das Spiel entführt uns.*« (Heraushebungen G.K.)[39] So gibt es die partiellen, temporär begrenzten Erlebensbereiche, die über den Status des So-Seins hinaustragen und das Anders-, ja Neusein erlebbar machen.

Ob auf bloßer Defiziterfahrung und der Sehnsucht nach ihrer Überwindung aufgebaut, ob als erlebtes, wenngleich temporär begrenztes Neu-Sein erfahren, ob beides ineinander verwoben — immer stellt sich dann dem Menschen die Frage: Welche Kräfte und Mächte sind es, die ein neues Sein, die Neu- oder Wiedergeburt ermöglichen? Mit welchen Mächten gilt es sich zu verbinden, um der Handlungsunsicherheit, den Risiken der Freiheit, der Daseinsohnmacht zu begegnen und in einem neuen Sein zu überwinden? Oder eben auch: Mit Hilfe welcher Mächte läßt sich die parti-

---

36 Siehe dazu den wichtigen Aufsatz von Buytendijk, 1973. (Darin auch umfassend weitere Literaturangaben.) Siehe auch Pannenberg, 1983, S. 312 ff. — Auf Buytendijk stützen sich auch die folgenden Bemerkungen.

37 Buytendijk, a.a.O., S. 110.

38 Buytendijk, a.a.O., S. 115.

39 Eugen Fink, Oase des Glücks. Gedanken zu einer Ontologie des Spiels. Freiburg 1975. Zit. nach Buytendijk, a.a.O., S. 112.

elle und temporäre Erfahrung des Neu-Seins auf Dauer stellen und den Seinszustand eines Neuen Menschen erreichen?

Mit diesen abschließenden Fragen freilich verlassen wir den Boden der reinen anthropologischen Betrachtung. Denn welche Mächte und Kräfte es dann waren, die dem Glauben an den Neuen Menschen das Fundament lieferten, hat in der Kultur- und Religionsgeschichte seine verschiedenste Beantwortung gefunden und war gebunden an die religiösen oder eben auch säkularen Weltbilder, von denen abhing »›wovon‹ und ›wozu‹ man ›erlöst‹ sein wollte und nicht zu vergessen: — konnte.«[40] Dies ein Stück weit zu beschreiben und zu entschlüsseln, wird Aufgabe der folgenden Kapitel sein.

II. Suche nach dem Neuen Menschen in einfachen Gesellschaften

Die Geschichte der Religionen war immer *auch* die Geschichte der Suche nach einem Neuen Menschen als einem entscheidenden Heilsziel der Gläubigen. Ob als »Wiedergeburt« oder als »Erlösung« gedacht — immer ging es den Gläubigen um die Erlangung eines neuen Lebenszustandes, der im Augenblick religiöser Ekstase erlebt oder als auf Dauer gestellter Zustand erstrebt wurde. Dabei weist vor allem der Gedanke der »Wiedergeburt« zurück auf »uraltes magisches Gut«.[41] So zeigen uns schon die Untersuchungen primitiver Gesellschaften, daß dort die Suche nach »außeralltäglichen Zuständen«, ein sich Herausheben aus den Bindungen und Belastungen des alltäglichen Lebenskampfes, Ziel des religiösen oder auch schon vorreligiösen Strebens war. Dies wird deutlich vor allem in den Tanz-, Drogen- und orgiastischen Ritualen der Primitiv-Kulte, deren Ziel die Ekstase war. Dies läßt sich fassen als »der spezifische außernatürliche und außeralltägliche, ›unwahrscheinliche‹ Innenzustand, dessen zweckhafte Herbeiführung in grandioser Weise die Umkehr der Antriebsrichtung von äußeren nach inneren

---

40 M. Weber, 1964 (1920), S. 252.
41 M. Weber, 1972 (1920), S. 250.

Zielen ausdrückt. Wir finden eine unheimliche Produktivität der Naturvölker in den Techniken vor, mit denen weit über den Tanz hinaus, solche außeralltäglichen Rauschzustände, Entrückungen und Ekstasen induziert werden, die eine primitiv religiöse, zauberische oder magische Bedeutung zu haben pflegen.«[42]

So sehr das Erreichen ekstatischer Zustände natürlich das Erreichen instrumentell-zweckhafter Kräfte zum Ziele hatte (Zukunftsschau, Beschwörung von Krankheiten, Sieg über den Gegner usw.), liegt doch im Vorgang der Ekstase selber das Erlebnis eines *neuen,* übernatürlichen Zustandes vor, in dem ein Losgelöstsein von den natürlichen Bindungen und Begrenzungen erfahren wird. Das gilt auch von der Askese, die schon im einfach-religiösen oder vorreligiösen Verhalten aufgetreten ist, dann freilich meist in Verbindung mit orgiastischen Riten. Auch die Askese ist von ihren Anfängen an, in ihren »gewollten Selbstquälereien, Selbstverstümmelungen und Entbehrungen« eine Macht, die als »Stimulantia auf sonst unausgenützte Tiefenenergien« wirkt und »außeralltägliche Mächte« freisetzt.[43]

So läßt sich festhalten: Wiedergeburt in ihrem magischen Verständnis »bedeutete die Erwerbung einer neuen Seele durch den orgiastischen Akt oder durch planvolle Askese. Man erwarb sie vorübergehend in der Ekstase, aber sie konnte auch als dauernder Habitus gesucht und durch die Mitwirkung der magischen Askese erreicht werden. Eine neue Seele mußte der Jüngling haben, der als ein Held in die Gemeinschaft der Krieger treten oder als Mitglied der Kultgemeinschaft an deren magischen Tänzen oder Orgien teilnehmen oder im Kultmahl mit Göttern Gemeinschaft haben wollte. Uralt sind daher die Helden- und Magier-Askese, die Jünglingsweihe und die sakramentalen Wiedergeburts-Bräuche bei wichtigen Abschnitten des privaten und Gemeinschaftslebens.«[44]

Es liegen also schon in magisch ausgerichteten Gesellschaften »artifizielle und bewußte Eingriffe des Menschen in seine eigene vitale

---

[42] A. Gehlen, 1971, S. 84 ff.
[43] A. Gehlen, 1971, S. 86.
[44] M. Weber, 1972 (1920), S. 250 f.

Zuständlichkeit«[45] vor. Diese lassen sich sogar — folgt man einer Konstruktion Arnold Gehlens — in vormagischen Verhältnissen vermuten. Danach stellen die überlieferten magischen Praktiken bereits rationalisierte Formen dar, sozusagen selbst schon »Verfalls- und Spätformen«[46]

Wo wir hinter diese zurückfragen, was »auf eine Rekonstruktion prähistorischer Bewußtseinszustände«[47] hinausläuft, stoßen wir auf jene vormagische Stufe, die Gehlen »Protomagie« nennt. Ohne nun auch hier in die Breite gehen zu können und ohne die Fragenzusammenhänge darstellen und interpretieren zu können, in die Gehlen seine Studien hineinstellt, sei wenigstens der Sachverhalt angedeutet, der in unseren Fragehorizont hineingehört.

Gehlen folgend ist auf der vormagischen Entwicklungsstufe das wesentliche Medium, dem Verhalten und Erleben Ausdruck zu geben, die Darstellung; das heißt, die mimische Nachahmung des jeweils Erlebten. In der mimischen Reproduktion versucht der Tänzer sich in das Darzustellende zu verwandeln, so zum Beispiel das Verhalten eines Tieres, dem man bei der Jagd gegenüberstand, nachzuahmen. Entscheidend dabei ist nun, »daß durch die Verwandlung in etwas anderes, zum Beispiel ein Tier, ein indirektes Selbstbewußtsein vollzogen wird, in dem der Darstellende im Akte der Darstellung sich von sich selbst unterscheidet, er erlebt sich selbst im Kontrast zu der Rolle, die er übernimmt.«[48] Dieses sich von sich selbst Distanzieren, vermöge eines rituellen mimetischen Vorganges, gewinnt eine noch genauere Fassung, wo eine weitere »protomagische« Verhaltensweise dazutritt: die in Darstellungen auf Steinen oder Knochen festgehaltenen und verarbeiteten besonderen Erlebnisse. Dargestellt wird zum Beispiel Jagdwild in den paläolithischen Höhlen oder bei den lebenden Primitiven jene Unzahl schreckenerregender Fratzen und Masken, die man nur aus der Erfahrung im Todeskampf verzerrter Gesichter verstehen

---

45 A. Gehlen, 1971, S. 85.
46 A. Gehlen, 1971, S. 90.
47 A. Gehlen, 1971, S. 91.
48 A. Gehlen, 1971, S. 95.

kann, oft auch Tierfetische.[49] In der bildhaften Wiedergabe des erlebten Grauens liegt nicht einfach eine Abwehr des empfundenen Affektes (Angst) vor, vielmehr wird diese erlebte Angst durch ihre bildhafte Objektivierung ins Bewußtsein gehoben, dem quasi instinkthaften Abwehrreflex enthoben: Das Dasein der Angst wird als Tatsache der menschlichen Lebensverhältnisse konstatiert, »indem man der eigenen Angst in den Rachen griff und ihren Gegenstand festmachte.«[50] Es stellt sich das Bewußtsein also der Tatsache erlebter und immer neuer Bedrohung und es erlebt die Möglichkeit ihrer Überwindung in dem Akt dieser Bewußtmachung. »Die Darstellung im Bilde löst das Ereignis zufälligen Geschehens von der einmaligen Situation, vom Vorgefundenen ab, sie macht es dauernd und sozusagen gültig, immer gegenwärtig.«[51] Somit erst kann dann auch das Erlebnis der Überwindung des Angstaffektes vom Zufälligen gelöst und als eine auf Dauer gestellte Erfahrung festgehalten werden.

Ohne den skizzenhaft dargestellten Sachverhalt über seine Möglichkeiten hinaus zu interpretieren, läßt sich doch thesenhaft festhalten: Schon in einfachsten Entwicklungsstufen menschlicher Kultur hat es jenes Hinausdrängen über die vorgegebenen Daseins- und Lebensverhältnisse gegeben, das dem Suchen nach einem »Neuen Menschen« letztlich zugrunde liegt. Diese Überwindung des naturhaft Vorhandenen zeigt seine kulturbestimmende und Kultur erst ermöglichende Kraft gerade darin, daß in magischen und gar — soweit der Forschung zugänglich — vormagischen Entwicklungsstufen dieser Suche nach Überwindung des status naturae Konstanz und Dauer zu geben versucht wurde — so sehr die »natürlichen« Antriebe und Affektlagen sich dieser Suche immer wieder in den Weg stellen mochten und tatsächlich auch stellten.

Dieser vorstehend nur ganz allgemein-abstrahierend dargelegte Befund ließe sich aus dem reichhaltigen ethnologischen und religionswissenschaftlichen Forschungswissen vielfältig belegen. Ohne dies im einzelnen nun leisten zu können, sei doch auf wenige, ausgesuchte Sachverhalte kurz hingewiesen.

---

[49] A. Gehlen, 1971, S. 97.

[50] A. Gehlen, 1971, S. 97.

[51] A. Gehlen, 1971, S. 97.

Es ist bekannt und in Ethnologie und Religionswissenschaft breit erforscht, welche Bedeutung der »*Initiation*« im religiösen und sozialen Leben einfacher Religionen (aber auch weit darüber hinaus) zukommt.[52]

Mircea Eliade folgend[53] lassen sich religionsethnologisch drei Formen der »Initiation« unterscheiden. Erstens die Pubertätsriten, in denen der Übergang von der Jugend- zur Erwachsenenwelt dargestellt, aber eben auch in Form einer Initiation bewirkt wird. Sodann gibt es den durch Initiation ermöglichten Eintritt in eine Geheimgesellschaft, in einen esoterischen Mysterienkult, in einen Bund oder eine Bruderschaft. Schließlich kann von Inititation gesprochen werden beim Vorgang der mystischen Berufung eines Einzelnen in den Rang eines besonders religiös Auserwählten, dem vor allen anderen besondere religiöse Qualifikation zukommt. Typisch hierfür ist der Schamane oder der Medizinmann.

Allen drei Formen von »Initiation« ist es, in freilich unterschiedlicher Ausprägung und Intensität, eigen, daß es in ihnen um Neugeburt des zu Initiierenden geht, um den Eintritt und die Berufung in eine neue Seinsstufe.

Dies zeigt sich schon in den Pubertätsriten einfacher Gesellschaften. Es ist bekannt, daß in diesen Riten, in der Ethnologie auch »Stammeseinweihungen« genannt, der Eintritt des Heranwachsenden in die Welt der Erwachsenen eines Stammes vollzogen wird. Dabei geht es nur vordergründig um das Ablegen von Prüfungen, in denen der Proband seine Kenntnisse der stammesüblichen, einem Vollmitglied abzufordernden Fertigkeiten, Techniken und Kenntnisse der natürlichen und sozialen Lebensverhältnisse nachweist, darüber hinaus ein Wissen um die Mythen und heiligen

---

52 Aus der reichhaltigen Literatur seien — Mircea Eliade folgend — wegen ihres umfassenden und generalisierenden Ansatzes, besonders genannt: O. E. Briem, Les Sociétes secrètes et Mystères, 1941; Will-Erich Euckert, Geheimkulte, Heidelberg, 1951; Mircea Eliade, Das Mysterium der Wiedergeburt, Paris, 1961; Birth and Rebirth, 1958; Frank W. Young, Initiatian Ceremonies, 1965.

53 Eliade, 1973, S. 142. — Dieser Aufsatz Eliades (bes. S. 142 ff.) faßt die für uns wesentlichen Gesichtspunkte der Phänomenologie der Initiation zusammen, so daß wir uns im folgenden im Wesentlichen darauf beziehen können.

Traditionen, die Namen der Götter und die von ihnen überlieferten Taten bekundet. Die Stammeseinweihung ist vielmehr ein Vorgang, in dem der zu Initiierende selbst *ein anderer* wird.

Dies ist nun keinesfalls ein nur äußerliches Geschehen, in dem der Novize etwa durch pädagogische Einwirkung, durch Verbindung und Nachweis der nötigen Kenntnisse usw. zum Erwachsenen würde, so sehr dies auch seine Wichtigkeit hat. Überhaupt geht es nicht um einen »natürlichen« Vorgang, in dem der Jugendliche eben erwachsen würde und dies der Anlaß von Prüfung und Feier wäre. Vielmehr geht es um die Verwandlung des ganzen Menschen in ein neues Sein. Genauer noch: Erst in und durch die Inititation wird der Jugendliche zum *wirklichen* Menschen. Er tritt aus der natürlichen, sozusagen vorkulturellen Existenz erst eigentlich in die wirkliche Daseinsweise über. So ist die Inititation die geradezu »ontologische Mutation des existentiellen Zustandes. Der Novize steigt aus seiner Prüfung als ein vollkommen anderes Wesen heraus: er ist ein anderer geworden.«[54] All diese ethnologisch bekannten, die Initiation begleitenden, teilweise dramatischen »Prüfungen« sind — neben dem Nachweis pragmatischer Fähigkeiten — die Manifestation des neuen Daseins. Die Trennung von der Familie, die längere Isolierung im Busch unter Aufsicht eines »Instruktors«, das Verbot bestimmter Nahrungsmittel oder der Nahrungsaufnahme überhaupt, das rituelle Zahnausschlagen oder die Beschneidungsrituale: Sie sind Riten, die den Wechsel in das neue Dasein begleiten, dokumentieren und in religiös-magischem Verständnis auch bewirken.

Der augenfälligste Ausdruck dieses Wechsels vom alten zum neuen Menschen ist der »rituelle Tod«, der vielfach ein Hauptelement der Inititation darstellt. So symbolisieren etwa das Ziehen oder Ausschlagen eines Schneidezahnes ebenso wie symbolische Begräbnishandlungen den »Tod« des Novizen, ebenso dort, wo der Initiand den toten Geistern gleichgestellt wird, wenn er zum Beispiel nicht die Finger bei der Nahrungsaufnahme, sondern dazu nur den Mund benutzen darf, wie es die toten Geister tun. Dem »Tod« folgt die rituelle »Auferstehung« oder »Wiedergeburt«. Auch dies zeigen vielfach schon die Pubertätsriten. So wenn der Novize

---

54 M. Eliade, a.a.O., S. 142.

in einer Hütte isoliert lebt, die den Körper eines Ungeheuers symbolisiert, das den Betreffenden verschlungen hat und in dessen Bauch er bleibt, bis er wiedergeboren oder auferweckt ist. »Denn der Einweihungstod wird entweder als ein descensus ad inferos oder als regressus ad uterum gedeutet und die ›Auferstehung‹ wird manchmal als ›Wiedergeburt‹ verstanden.«[55]

Der Abschied von der alten und der Eintritt in die neue Seinsweise ließe sich ebenso am Material der Einweihungsriten in die Geheimbünde und Mysterienkulte darstellen.[56] Doch sei im folgenden nur noch auf die *schamanistische* Initiation hingewiesen, wobei wir auch hier uns auf Eliade stützen[57]. Im Schamanismus, wie er vor allem in Sibirien und Zentralasien seine Verbreitung fand, läßt sich das Schema von rituellem Tod und Auferstehung oder Wiedergeburt besonders eindrucksvoll studieren. Der »Einweihungstod« des Schamanenschülers ist die Vorbedingung für seine Berufung. In einer inneren Schau erfährt der Schamanennovize seinen rituellen Tod, er durchlebt eine Reise in die Unterwelt, wo Dämonen ihm den Kopf abschneiden, ihm die Augen ausstechen, wo ihm das Fleisch von den Knochen geschabt wird und er sich nur als bloßes Skelett sieht usw. Das Auflösen, ja geradezu Zerreißen und Zerstückeln der alten Person ist Vorbedingung für die Neugeburt. Sie erfährt der Schamanennovize in der Schau von der Ersetzung aller seiner Organe und in der Erneuerung des Blutes, er erlebt seine Wiederauferstehung als Aufstieg in den Himmel mittels eines Baums oder Pfahls, er durchlebt seine Himmelsreise bis an den Fuß des Weltenbaums. Diese Auferstehung ist das Ziel der Einweihung, die nun einen Zugang darstellt zu einer neuen Seinsweise, jener eines Eingeweihten, der fähig ist, persönlich mit den Göttern, den Dämonen und den Seelen der Toten zu agieren.[58]

Diese durch Agonie und Tod hindurchführende Neuschöpfung, durch die der Kandidat erst zum Schamanen wird, läßt sich plastisch veranschaulichen am Beispiel des Yamana-Stammes auf Feu-

---

55 Eliade, a.a.O., S. 144.

56 Siehe dazu Eliade, 1961, S. 266 ff.

57 Zum Schamanismus im Ganzen siehe vor allem Eliades grundlegendes Werk: Schamanismus und archaische Ekstasetechnik, 1975.

58 M. Eliade, 1973, S. 146.

erland. Dort geht es darum, durch bestimmte Praktiken »die Haut zu wechseln«; das heißt die Schamanenschüler schaben und reiben sich die Gesichtshaut so lange, bis eine zweite, sodann aber eine dritte Haut, »die neue Haut« sich zeigt, wobei letztere den nur Schon-Eingeweihten sichtbar ist. »Die alte Haut muß verschwinden und einer neuen zarten und durchsichtigen Schicht Platz machen. Wenn die ersten Wochen Reiben und Malen sie endlich zum Vorschein gebracht haben — wenigstens in der Einbildung und den Halluzinationen der erprobten yékamush (= Medizinmann) — hegen die alten Eingeweihten an den Fähigkeiten des Kandidaten keinen Zweifel mehr. Mit diesem Augenblick muß dieser seinen Eifer verdoppeln und immer vorsichtig seine Wangen reiben, bis eine noch feinere und zartere dritte Haut erscheint; sie ist nun so empfindlich, daß man sie kaum berühren kann, ohne heftige Schmerzen zu verursachen. Wenn der Schüler dieses Stadium erreicht hat, ist die gewöhnliche Unterweisung abgeschlossen.«[59]

Die aus dem ethnologischen Material zu schöpfenden Beispiele sind zahlreich[60] und belegen: In den Pubertätsriten, in den Einweihungsritualen in die Geheimbünde und Mysterienkulte, in der schamanistischen Inititation geht es um das Erreichen eines neuen Seinszustandes, der sich von dem alten Dasein des Neophyten oder Novizen kategorial unterscheidet. Es geht um das Sterben des alten und um die Geburt des neuen Menschen. »Der Tod bei der Einweihung bedeutet sowohl das Ende des ›natürlichen‹, vorkulturellen Menschen, als auch den Übergang zu einer neuen Existenz, nämlich der eines Wesens, das ›im Geiste wiedergeboren‹ ist, das nicht ausschließlich in der ›unmittelbaren‹ Wirklichkeit lebt. ›Tod‹ und ›Wiedergeburt‹ bei der Einweihung stellen also einen religiösen Prozess dar, durch den der Neophyt ein anderer wird, nach dem Modell, das die Götter oder die mystischen Ahnen enthüllt haben: In anderen Worten, man wird ein wirklicher Mensch

---

59 M. Gusinde, zit. nach Eliade, 1961, S. 125 f.

60 Hier sind etwa zu nennen: Richard Thurnwald, Primitive Initiation und Wiedergeburtsriten. In: Eranos-Jahrbuch, Band 7, 1946, und Wilhelm E. Mühlmann, Arioi und Mamaia, Wiesbaden 1955. — Einen weitreichenden Überblick über die auch englisch- und französischsprachige Literatur findet sich wiederum bei Eliade, 1973, S. 223 ff.

in dem Ausmaß, in dem man einem übermenschlichen Wesen gleicht.«[61]

Die hier vorgelegten Bemerkungen und Beobachtungen haben gezeigt, welch elementare Bedeutung dem Neuwerden des Menschen in einfachen Gesellschaften zukommt. Hierbei ist schon angeklungen: Dieser Vorgang der individuellen Neugeburt ist gerade unter den Strukturbedingungen einfacher Gesellschaften immer ein Vorgang auch *sozialer* Fundamentalität, der geradezu zu den Konstitutionsbedingungen des Stammes, des Clans usw. gehört.

Bei Pubertätsriten etwa und den damit erworbenen Vollmitgliedschaften geht es ja nie nur instrumentell um die Sicherung des äußeren Bestandes, vielmehr vergewissert sich der Stamm, Clan usw. in diesen Riten seiner selbst als eines kulturellen Ganzen. Das Beieinander von sozialer und kultureller Einheit ohne wesentliche Ausdifferenzierungen in soziale und kulturelle Segmente ist ein wesentliches strukturelles Kennzeichen einfacher Gesellschaften. Es sind dies »die strukturellen Eigenarten der primitiven Gesellschaft«, die dafür sorgen, »daß alles Handeln sich in Sinnfeldern bewegt, die insofern total sind, als alle Beteiligten die sinnkonstituierenden Momente des Handelns kennen und teilen«.[62] So gilt gerade auch für die Religion einfacher Gesellschaften, daß sie, ohne Differenzierungsprozesse, sich ganz im gemeinsamen Kultus repräsentiert: »Es gibt nicht noch außerhalb der Kultgruppe und der persönlichen Erfahrungen religiöse Institutionen und Vorgänge, die sich mit eigenen Erfordernissen und besonderen Rollen außerhalb der lokalen Gruppe in die Gesellschaft verzweigen und mit ihren Tätigkeiten und ihrem Sonderwissen Tatsachen darstellen, die außerhalb der allgemeinen Erfahrung liegen.«[63] So ist es die soziale Zentralbedeutung des Ritus, unter den Strukturverhältnissen einfacher Gesellschaften diese Einheit der Gemeinschaft zu verbürgen. Im Ritus des Neuwerdens, der Initiation hin zum »wirklichen« Menschen vollzieht sich eben immer auch das Neu- und Wirk-

61 M. Eliade, 1973, S. 145.
62 F. H. Tenbruck, 1972, S. 58.
63 F. H. Tenbruck, a.a.O., S. 58.

lichwerden des ganzen Stammes, der sich gerade dadurch seiner kulturellen und sozialen Einheit versichert.

Dies gilt nicht nur für die *alle* Mitglieder der Gemeinschaft erfassenden Pubertätsriten, sondern gerade auch für die den »religiösen Virtuosen« vorbehaltenen Kulthandlungen, wie etwa der beschriebenen schamanistischen Initiation. Ganz sicher sind es, wie Eliade gezeigt hat, individuell-psychische Prägungen, die Einzelne zu Schamanen prädisponieren. Die Schamanen, Medizinmänner, Mystagogen, Zauberer usw. repräsentieren, modern gesprochen, eine religiöse Elite, der aber gerade deshalb sozial funktionselementare Qualität zukommt. Denn in der schamanistischen Ekstase liegt *stellvertretend für alle* eine die ganze Gemeinschaft bestimmende religiöse Vergewisserung. In der schamanistischen Initiation durchlebt der Neophyt in Himmelsreise und Himmelfahrt stellvertretend für die anderen die Rückreise zu den Ursprüngen, denen die Gemeinschaft ihr Dasein verdankt und der ihr nur noch in der schamanistischen Ekstase erreichbar wird. Es ist dies die »Wiedervergegenwärtigung des mythischen illud tempus ..., wo die Menschen in concreto mit dem Himmel verkehren konnten«.[64]

Die Sozialbedeutung der religiösen Eliten für das Ganze der Gemeinschaft läßt sich so zusammenfassen: »Die Bedeutung der Einweihung zum Verständnis des archaischen Geistes ist vor allem darin begründet, daß sie zeigt, daß der wirkliche Mensch — der geistige — nicht gegeben, nicht das Resultat eines Prozesses ist. Er wird ›gemacht‹ durch die alten Meister, in Übereinstimmung mit den Modellen, die die göttlichen Wesen in mythischen Zeiten enthüllt haben. Diese alten Meister bilden die geistigen Eliten der archaischen Gesellschaften. Ihre Hauptaufgabe ist es, den kommenden Generationen die tiefere Bedeutung der Existenz weiterzugeben, ihnen zu helfen, die Verantwortlichkeit ›wirklicher Menschen‹ auf sich zu nehmen und so aktiv am kulturellen Leben teilzunehmen. Weil jedoch Kultur für die archaischen und traditionellen Gesellschaften die Summe jener Werte bedeutet, die von übernatürlichen Wesen stammt, so kann man die Funktion der Einweihung so zusammenfassen: Sie enthüllt jeder neuen Generation

[64] M. Eliade, 1975, 465.

eine Welt, die dem mehr als Menschlichen offensteht, eine Welt, die sozusagen ›transzendental‹ ist.«[65]

Abschließend sei festgehalten: Es kann uns gerade die Beschreibung und Analyse einfacher Gesellschaften zeigen, worum es beim Thema »Neuer Mensch« im Grundsätzlichen geht: Um das Hinausdrängen über den status naturae des bloßen So-Seins hin zum wirklichen Menschen, einem Vorgang von prinzipiell universalistischer Dimension, der *allen* Mitgliedern der Gemeinschaft gilt oder doch im kulturellen Anspruch gelten soll, um die Bedeutung kultureller Eliten im Prozeß der Verwirklichung dieses Anspruchs, und schließlich geht es um das Neuwerden als eines Vorgangs von sozialer Fundamentalität.

III. Der Neue Mensch im Christentum und in der säkularen Moderne

1. Vorbemerkungen

Die vorstehenden Abschnitte sollten die (kultur-)anthropologischen Voraussetzungen des Strebens nach dem Neuen Menschen feststellen und am Beispiel einfacher Gesellschaften verdeutlichen, daß Neusein und Neuwerden des Menschen ein uraltes religiöses Thema darstellen.

Das Erkenntnisinteresse unserer Arbeit richtet sich freilich auf die säkulare Moderne und die in ihr wirksam gewordenen Verständnisse eines Neuen Menschen. Dies führt zur Frage nach den historischen Wurzeln dieser Vorstellungen; genauer: nach der Herkunft der Idee des Neuen Menschen aus dem Christentum. Freilich: Wie der historische oder auch historisch-genetische Zusammenhang zwischen okzidentaler säkularer Moderne und Christentum kulturtheoretisch und kulturhistorisch bestimmt werden kann, ist in den Kulturwissenschaften durchaus umstritten.

---

[65] M. Eliade, 1973, S. 145 f.

Die fast schon »ideologiepolitische« Frage etwa, ob die Neuzeit als Abfall vom Christentum und als theologisch »illegitime« Säkularisierung bestimmt wird oder eine vom Christentum hervorgebrachte, also christlich »legitime« Kultur darstelle, wird von uns nicht eigens behandelt, wie wir auch, wie schon bemerkt, eine eigene Auseinandersetzung etwa mit den Thesen Blumenbergs oder Voegelins im Kontext unserer Arbeit nicht explizit führen können. *Daß* aber, wie insbesondere die klassischen Arbeiten zum historischen Verhältnis von Christentum und Neuzeit von Max Weber und Ernst Troeltsch gezeigt haben, die neuzeitlich-okzidentale Kultur entscheidende Wurzeln im Christentum hat und *ohne* diese in ihrer Genese nicht erklärt werden kann, ist eine der kulturwissenschaftlichen Voraussetzungen unserer Arbeit.

Bezogen auf die Idee eines Neuen Menschen ergibt sich zunächst: In der vorneuzeitlichen Christentumsgeschichte und deren verschiedenen Ausprägungen, wie auch in der säkularen Moderne, in ihren unterschiedlichsten Strömungen und Bewegungen, finden sich Vorstellungen eines Neuen Menschen.

Damit stellt sich die Frage nach der historischen Kontinuität, Transformation, Bedeutungswandel oder Neubestimmung der Idee vom Neuen Menschen in ihrer Verlaufsgeschichte hin zur säkularen Moderne. Damit ist freilich sogleich die Einsicht zu verbinden, daß für das Schicksal der religiös-christlichen Ideen im Prozeß ihrer Säkularisierung »sich kein Schema nachweisen läßt, nach dem sich der Bedeutungswandel jeweils vollzog.«[66] Hier bedürfte es, bezogen auf die Idee eines Neuen Menschen, einer eigenen, die historischen Stufen und Stadien der Tradierungs- und Transformationsgeschichte konzise herauspräparierenden Studie. Dagegen liegt es, wie einleitend vermerkt, in der Untersuchungsabsicht dieser Arbeit, das Hoffnungsziel »Neuer Mensch« als eine der ideellen Antriebskräfte des säkular-neuzeitlichen Geistes selbst herauszustellen und dieses in seinen unterschiedlichen Ausformungen zu untersuchen — ohne die historisch-genetische Frage eigens ausführlich zu thematisieren. Doch gilt es, die christlichen Vorstellungen vom Neuen Menschen in einigen ihrer Grundlinien zu benennen, um die säkular-neuzeitlichen in ihrer eigenen Kontur in den Blick zu

---

66 E. Biser, 1989, S. 699.

bekommen. Dies ist — in knappem systematischem Zugriff — die
Aufgabe der folgenden Abschnitte.[67]

2. Vorstellungen vom Neuen Menschen im Christentum (Grundlinien)

Der Neue Mensch als religiöses Heilsziel findet sich, in den unterschiedlichsten Ausprägungen, in der Religionsgeschichte immer
wieder. Dabei zeigen sich zwei Vorstellungsreihen in der Auffassung vom Neuen Leben, die durchaus gleichzeitig auftreten können: Das Neue Leben, das sich *künftig* nach dem Tode, zum Beispiel in einem Totenreich realisiert, aber auch die Erfahrung von
Neu- und Wiedergeburt im *Diesseits* der Welt, so etwa in der Reinkarnation des Menschen in ein neues Individuum oder, wie gezeigt,
im schamanistischen Erlebnis des Neugeborenwerdens. Diese letztere — präsentische — Form des Neugeborenwerdens findet sich
prägnant vor allem in den hellenistischen Mysterienreligionen, in
denen der Eingeweihte schon in diesem Leben im Akt der rituellen
Verschmelzung mit der Gottheit seine Neu- und Wiedergeburt erlebt. So weiß sich der Myste des Mithraskultes als »renatus in
aeternum«. Das Nebeneinander, teils auch Ineinander beider Konzepte eines Neuen Menschen, das künftige, wie das präsentische,
findet sich — noch ganz formal betrachtet — auch im Christentum. Das Christentum aber steht von seinen Anfängen an in der
Kontinuität mit der Vorstellungswelt des *israelitischen Geschichtsdenkens*. So wurzeln die christlichen Glaubensauffassungen vom
Neuen Menschen, von Neu- und Wiedergeburt nicht, wie die ältere
religionsgeschichtliche Schule noch annahm, in den hellenistischen
Mysterienkulten, sondern, nach dem Erkenntnisstand der neueren
neutestamentlichen Wissenschaft, in der jüdischen eschatologischen Geschichtsauffassung: Das Neuwerden ist Teil des eschatologischen Schöpfungshandelns Gottes. So war der Glaube des Ur-

---

[67] Wegen des knappen systematisierenden Charakters der folgenden
Abschnitte wird auf einen ausgeführten Fußnotenteil verzichtet, in dem
doch nur die einschlägige Literatur summarisch aufgeführt werden könnte.
So werden im folgenden im wesentlichen nur die angegebenen Zitate eigens
belegt.

christentums an die Neue Schöpfung und den Neuen Menschen geprägt von der jüdisch-apokalyptischen Naherwartung, wie denn auch die älteste neutestamentliche Stelle, die explizit von »Wiedergeburt« redet (1Petr 1,3.23) in einem alttestamentlichen-jüdischen Traditionszusammenhang steht.

In der paulinischen Theologie gilt Tod und Auferstehung Jesu Christi als Anbruch der neuen Schöpfung, die den Christen in das neue Leben führt und ihn eine »neue Kreatur« sein läßt (2 Kor 5,17; Gal 6,17). In Christus selbst ist der Neue Mensch in der Geschichte schon erschienen. Christus der »Erstgeborene von den Toten« (Kol 1,18), der »Erstgeborene aller Schöpfung« (Kol 1,19) ist so auch die Epiphanie und das Urbild des »Neuen Menschen« (Eph 2,15). In Christus ist das Ziel des Schöpfungshandelns Gottes sichtbar geworden. Er verkörpert schon jetzt den Menschen, auf den hin Welt und Mensch geschaffen sind, er ist der »neue Adam« (Röm 5,12-21), der von Gott vor dem Sündenfall gemeinte Mensch. So ist das Neusein und Neuwerden des Christen in der paulinischen Theologie hineingestellt in das »Schon jetzt«, in dem der Christ sein Neusein in der Taufe empfängt und im Glauben erfährt und das »Noch-nicht« des noch ausstehenden eschatologischen Heils. Das johanneische, zeitlich spätere Schrifttum dagegen betont den präsentischen Charakter des Heils, verstanden als Neugeburt, in dem es dieses Neusein als »Gottes Kindschaft« (z.B. 1 Joh 1,3) versteht, in dem der Christ schon jetzt ganz im neuen Sein steht, verstanden als Freiheit von der Sünde und vom Tode (z.B. Joh 3,18; 5,24; 8,34f u.ö.).

Mögen in solch präsentischen Auffassungen des Neuseins im Christentum schon gnostische Einflüsse wirksam sein, für die urchristliche Verkündigung gilt, daß sie von der Naherwartung auf die Neuschöpfung von Welt und Mensch getragen war: »Die ursprüngliche christliche Verkündigung ist beherrscht von der Verheißung vom Kommen des neuen Menschen und der neuen Gesellschaft. Die christliche Gemeinde lebt von der Zukunft her, die in Jesus Christus, dem Erstgeborenen unter den Toten, dem ersten der Auferstandenen bereits begonnen hat und die mit der nahen Wiederkunft Christi ihre Erfüllung und Vollendung finden wird ...; man stellt sich ein auf die kommende Erhöhung, Erneuerung und Verwandlung des Menschseins, auf das Eingeformtwerden in den Neuen Menschen, auf das Verwandeltwerden in den ›vollkommenen Mann‹ Christus, den zweiten Adam.«[68]

Im weiteren Fortgang der Christentumsgeschichte sieht Ernst Benz eine zunehmende Ausdünnung dieses urchristlichen Glaubens an die Heraufkunft des Neuen Menschen. Insbesondere in dem »restaurativen Charakter« der in der westlichen Theologie sich durchsetzenden »formaljuristischen« Rechtfertigungslehre konstatiert er »das Ende der endzeitlichen Orientierung des christlichen Glaubens; sie ist Preisgabe der urchristlichen Hoffnung auf eine Transformation des Gläubigen in den ›Neuen Menschen‹.«[69] Insbesondere ist, nach Benz, die ursprüngliche christliche Vorstellung vom Christen als »Übermenschen«, die sich wirkungsgeschichtlich vor allem in der Tradierung des Psalmwortes aus Psalm 81,6 (»Ich habe gesagt: Ihr seid Götter und allzumal Kinder des Höchsten«) festmachen läßt, in der Theologie des Westens mehr und mehr geschwunden. Sie hat sich in außerkirchlichen Strömungen in Gnosis und christlicher Mystik als Unterstrom der Christentumsgeschichte fortgesetzt, bevor sie dann neuzeitlich in antichristlicher Wendung bei Nietzsche, seinen Vorläufern und Nachfolgern neue kulturelle Wirkungskraft entfaltete.

Doch auch in der Dogmengeschichte der westlichen Kirche hat die Vorstellung des Neuen Menschen, der in Christus als dem zweiten Adam sein Urbild hat und der dem Christen durch Taufe, Bekehrung und Wiedergeburt erreichbar ist, seine zentrale Bedeutung behalten. So hat etwa die via spiritualis des Mönchtums sich als Weg hin zum neuen Leben verstanden, hat Luther von der mortificatio als dem Sterben des »alten Adam« und der vivificatio als dem Geborenwerden des Neuen Menschen gesprochen, oder es galt der altprotestantischen Orthodoxie »Bekehrung« als der durch Buße und Glaube ermöglichte Übergang vom alten zum Neuen Menschen, und im Pietismus verstand man sich als ecclesiola der Neugeborenen.

---

68 E. Benz, 1961, S. 27.
69 E. Benz, ebenda, S. 28.

In — freilich grob systematisierender — Verkürzung lassen sich noch einmal folgende Grundlinien im christlichen Verständnis vom Neuen Menschen festhalten.

Von Augustin bis zu den Reformatoren steht die Grundaussage im Zentrum: Das Neuwerden des Menschen ist nicht die autonome Selbstkonstitution des Menschen, sondern Werk und Geschenk der Gnade Gottes, die dem Glaubenden in Christus erkennbar und erfahrbar ist, wobei die Frage, wie denn Neusein erfahrbar und gelebt wird, dogmatisch, aber auch in der realen Frömmigkeitsgeschichte verschieden beantwortet wurde; so etwa als Weg fortschreitender »Heiligung« und geistlicher Vervollkommnung aufgefaßt wurde oder etwa in das lutherische Verständnis des »simul iustus et peccator« gefaßt war.

Auf der Ebene konkreter Lebensführung des einzelnden Glaubenden hat die durch Taufe, Buße, Bekehrung erfahrene Neugeburt bzw. Wiedergeburt grundstürzende Konsequenzen, wie dies etwa in den Briefen des Paulus formuliert ist. Denn es bedeutete die »vivificatio«, das Neuwerden des Glaubenden gleichzeitig die »mortificatio«, das Abtöten des alten Menschen und damit die Abkehr von der alten Welt, ihren Mächten und Bindungen. So ist ein solcher Wechsel mehr als nur ein bloßer Gesinnungswandel, er ist die Transformation des ganzen Menschen, der von der Finsternis ins Licht, von der Macht des Satans in den Herrschaftsbereich der neuen Schöpfung wechselt. Schließlich ist vor allem noch einmal die eschatologische Dimension des christlichen Verständnisses vom Neuen Menschen zu benennen. Das Neuwerden des Christen ist hineingestellt in das Spannungsverhältnis des »Schon-jetzt« und »Noch-nicht«, es ist Teil der Heilsgeschichte, die von der Schöpfung der Welt bis zur Wiederkunft Christi reicht — wenn auch die theologische Interpretation der eschatologischen Dimension des Neuseins und Neuwerdens unterschiedliche Entwicklungen genommen hat. So hatte die scholastische Theologie des Mittelalters, in Fortführung platonischer Vorstellungen der alten Kirche, das eschatologische Heil »individualisiert« und die eschatologischen Vorstellungen etwa des Urchristentums zur Lehre von der Unsterblichkeit der Seele umgeformt, die erst im »Jenseits« wahrhaft »neu« werde. Daneben aber haben sich immer, insonderheit seit dem 12. Jahrhundert, auch chiliastische Bewegungen gebildet, die vom Glauben des Endgerichts und des realen Reiches Gottes auf Erden und der Wiederkunft Christi inspiriert waren, wie dies etwa in der Geschichtstheologie Joachim von Fiores formuliert ist und in Bewegungen, wie den Taboriten oder auch in den reformatorischen Täuferbewegungen seinen Ausdruck fand. Einen eigenen »Unterstrom« der christentumsgeschichtlichen Auffassungen vom Neuen Menschen bilden die, womöglich im Erbe der Gnosis stehenden, rein präsentischen Vorstellungen, wie sie sich etwa in der Mystik im Gedanken der Gottesgeburt in der Seele finden.

Im Hauptstrom der Christentumsgeschichte bleibt die Hoffnung auf den Neuen Menschen in das Spannungsverhältnis von Verheißung und Erfüllung eingebunden. Konnte der Christ im Glauben sein Neusein auch in Taufe und Bekehrung erfahren, so steht doch das endgültig-universale Neuwerden von Mensch und Welt, stehen der Neue Himmel und die Neue Erde noch aus. Die Verwandlung des Menschen bleibt Teil des eschatologischen Schöpfungshandelns Gottes und somit menschlicher Verfügbarkeit entzogen. Dieser »eschatologische Vorbehalt« in der Hoffnung auf den Neuen Menschen blieb in der christlichen Dogmen- und wohl auch Frömmigkeitsgeschichte immer bestimmend.

3. Der Neue Mensch in der säkularen Moderne (Grundlinien)

Es »gewannen die *äußeren* Güter dieser Welt zunehmende und schließlich unentrinnbare Macht über die Menschen, wie niemals zuvor in der Geschichte.«[70] (Heraushebung G.K.) In dieser prägnanten Formulierung Max Webers ist ein fundamentaler Orientierungsstrom der moderenen Kulturentwicklung zusammengefaßt: die *Diesseitsorientierung* der Moderne. Was kultur- und religionssoziologisch in die Formel von der »Säkularisierung« gepreßt ist, bedeutet, neben all den damit sich verbindenden strukturellen und kulturellen Einzeltatsachen, im Kern vor allem: Ohne diesen Prozeß zunehmender Verdiesseitigung läßt sich, was »Moderne« heißt, nicht verstehen. Ohne zu vergessen, daß dieser okzidentale Prozeß der Verdiesseitigung selbst aus religiösen Wurzeln herstammt und

---

70 M. Weber, 1972 (1920) S. 203 f.

ohne die Macht einer innerweltliche Askese fordernden Erlösungs-religion in seiner historischen Genese nicht erklärt werden kann[71], heißt dieser universale Vorgang in seinem Ergebnis: Rückgang der Orientierungs- und Legitimationskraft der überlieferten Religion und ihrer sinnstiftenden Rationalität und zunehmende Dominanz einer innerweltlich-diesseitigen Auffassung des Menschen von sich selbst, seiner Stellung in Gesellschaft, Natur und Kosmos. In diesen auf Verdiesseitigung zielenden Umschmelzungsprozeß ist auch die Suche nach dem Neuen Menschen hineingestellt. Im Hauptstrom der modernen Kultur geht es beim Neuen Menschen nicht um des-sen — in weitestem Verständnis — transzendente Erfüllung oder Erwartung, es geht um seine diesseitige Realisation.

Nicht magische Praxis und Vereinigung mit dem Numinosen, nicht das gnädige Heilshandeln Gottes, nicht die auf dem Pfad me-ditativer Versenkung angestrebte Lösung von den Fesseln des Da-seins hin zur Erleuchtung sind die Wege, auf denen das Neu-Wer-den des Menschen angestrebt oder erhofft wird. Für die säkulare Religion in ihren verschiedenen Strömungen und Verzweigungen geht es um den in der vorfindlichen empirischen Realität sich bil-denden Neuen Menschen, der »hier auf Erden schon das Himmel-reich« besitzt (Heinrich Heine).[72]

Was Ernst Topitsch insbesondere als ein Kennzeichen der marxi-stischen Lehre vom Neuen Menschen zusammenfaßt, läßt sich ge-neralisierend als ein wesentlicher Grundzug der neuzeitlichen Vor-stellung vom Neuen Menschen überhaupt festhalten: »Der er-strebte Heilszustand soll ja nicht durch eine ekstatische, mystische oder spekulative Transfiguration des empirischen Ich zu einem gei-stigen Gott-Ich erreicht werden, sondern durch eine im Bereich der dinglich-endlichen Welt verbleibende Transfiguration des empiri-

---

71 Wie dies Max Weber gültig gezeigt hat; in diesen Zusammenhang ist auch das obige Zitat Webers (70) eingebunden. Vgl. G. Küenzlen, 1980.

72 Sicherlich kann auch in überlieferten Religionen der »Diesseitigkeit« zentrale Bedeutung zukommen, wie dies insbesondere für das (»frühe«) Ju-dentum, aber auch für den Konfuzianismus gilt; »Diesseitigkeit« ist dort freilich eingebunden in einen religiösen Deutungsrahmen, der sich abhebt von dem säkularen diesseitsorientierten Denken.

schen Menschen. Der ›Neue‹ … Mensch soll als konkretes irdisches Wesen auf Erden wandeln.«[73]

Diese empirische Realisation des Neuen Menschen freilich ist, in den Hauptströmungen der Verlaufsgeschichte der säkularen Moderne, ein Thema innerweltlich-*eschatologischer Hoffnungen*. Wie schon bemerkt, lassen sich zwei religionsgeschichtliche Grundfiguren in der Vorstellung eines Neuen Menschen benennen: Die präsentische, in der sich der Mensch schon im neuen Leben weiß und die futurisch-eschatologische, in der die neue Zeit und der Neue Mensch im kommenden neuen Äon erst sich bilden werden. So erlebt sich der »Gnostiker« als der jetzt schon von allen irdischen Bindungen befreite Neue Mensch[74] wohingegen der »Apokalyptiker« dem Neuwerden von Erde und Mensch entgegenlebt.

Beide Grundtypen in der Idee des Neuen Menschen finden sich in freilich mannigfacher Verschlingung wieder in der säkularen Glaubensgeschichte. Am wirkungsmächtigsten aber haben sich hierbei die futurisch-eschatologischen Vorstellungen erwiesen. Die empirische Realisation des Neuen Menschen ist ein Thema innerweltlicher Eschatologie, als der vom Menschen herzustellenden Zukunft. Dies liegt begründet in dem »Geist der Utopie«, der insbesondere zur Signatur der Moderne gehört, ist begründet in jenem Prozeß, in dem die Profangeschichte zur säkularen Heilsgeschichte wird – wie wir dies in den kommenden Kapiteln entfalten und darstellen wollen. Die »Verzeitlichung« der Utopie, Kennzeichen des modern-utopischen, wie des neuzeitlichen evolutiven Denkens überhaupt, ließen den Neuen Menschen zu einem einzulösenden Ziel der innerweltlich-empirischen Geschichte werden.

So verbindet insbesondere diese eschatologische Dimension – in freilich rein innerweltlich-diesseitiger Transformation – die neuzeitlich-säkularen Hoffnungen auf den Neuen Menschen mit den christlichen Verheißungen. Auch findet sich das spannungsreiche Ineinander des »Schon-Jetzt« und »Noch-Nicht« auch in der

---

73 E. Topitsch, 1973, S. 36.

74 Zur Gnosis im Allgemeinen nach wie vor unverzichtbar: Hans Jonas, 1934 (1964); ein guter Überblick über die neuere Forschungslage zur Gnosis findet sich bei B. Aland, 1984; vgl. auch E. Benz, 1961, S. 29 ff.

säkularen Hoffnungsgeschichte wieder. Die »Freunde der Menschheit« (Condorcet) wissen sich schon jetzt im Lichte der Wahrheit der Vernunft, die neuen Menschen des Kommunismus haben im Proletariat schon angefangen sich zu bilden, wenngleich die universale Erlösung hin zur Neugeburt aller noch aussteht.

Damit ist eine weitere Grundlinie in der säkularen Hoffnungsgeschichte auf den Neuen Menschen berührt: Die Hoffnung auf das Neuwerden betrifft die ganze *Menschheit*. Das Ziel des innerweltlichen Fortschritts ist auf das Neuwerden und die künftige Vollendung der gesamten Menschheit gerichtet. Das ›universum genus humanum‹ (Francis Bacon) wird zu einer bestimmenden Leitidee des neuzeitlich-historischen Bewußtseins. Findet sich schon bei Nikolaus von Kues und vor allem bei Vico die Vorstellung, das Ziel der Entfaltung der menschlichen Natur sei die »Menschheit«, so wird dies im aufklärungsbestimmten Fortschrittsdenken zum bestimmenden Inhalt und findet in den Ideologien des 19. und 20. Jahrhunderts (wie vor allem in den säkularen Verheißungen des Marxismus) den Versuch seiner politischen Realisierung. Dabei können Klassen, Völker und Nationen »schon jetzt« ihre Neugeburt historisch erleben und somit Träger der weitergehenden Fortschrittsgeschichte hin zur universalen Neuwerdung der Menschheit werden.

In der Idee der »Gleichheit« aller Menschen, die es im Emanzipationsprozeß der Gesellschaft für das Gesamt der Menschheit zu verwirklichen gelte, fand in einem Hauptstrom der neuzeitlichen Säkularität die Hoffnung auf das Neuwerden der ganzen Menschheit Antrieb und Ziel. Gleichheit wird neuzeitlich zur »Chiffre … für die Neugeburt des ›Wir‹. Die große Solidarität der ›Neuen Menschen‹ wird zu dem Glückserlebnis, das die Zukunft aufreißt und diesen Klang hatte einmal das Wort ›Gleichheit‹. Es schloß eine Wiedergeburt ein, diese Kategorie ist aus dem religiösen Erlebnis in das politische hinüberverpflanzt worden, der Revolutionär konnte sagen: Ändert Euch, das Königreich aller irdischen Himmel ist gekommen. Die Säkularisation hat also die religiöse Idee der Wiedergeburt zwar zur profanen umgeformt, aber insoweit doch an ihr festgehalten …«[75]

---

75 A. Gehlen, 1967, S. 64.

Entscheidend in all dem ist freilich: Die Umformung der »religiösen Idee des Neuen Menschen ... zur profanen« ist auch eine *qualitativ-inhaltliche* Neubestimmung. Dies zeigt sich etwa an den *Perfektibilitätsvorstellungen*, die für die westlichen, neuzeitlich-säkularen Konzepte vom Neuen Menschen prägend wurden.

War in der Tradition der Theologie und der philosophischen Ontologie der vorzeitlichen Christentumsgeschichte die »perfectio« insofern begrenzt, als für jedes Seiende wesensmäßig nur eine bestimmte Stufe von Vollendung erreichbar war, so geriet in den neuzeitliche Vorstellungen »perfectibilité« (Rousseau / Condorcet) zur historischen Aufgabe menschlicher Emanzipationsanstrengungen. Die Perfektion des Menschen und der Welt wird zu einem historisch-gesellschaftlichen Ziel, zum Eschaton der innerweltlichen Fortschrittsgeschichte. Dieses für das säkular-neuzeitliche Denken wesentliche Selbstverständnis läßt sich mit einem Satz St. Simons illustrieren: »Das Goldene Zeitalter der Menschheit liegt nicht hinter uns, es ist vor uns, es ist die *Perfektion der sozialen Ordnung*. Unsere Väter haben sie nicht gesehen, unsere Kinder werden eines Tages dorthin gelangen, wir müssen ihr den Weg bahnen.«[76] (Heraushebung G.K.)

Diese »Perfektion der sozialen Ordnung« als Ziel gesellschaftlicher Praxis gilt auch für die Idee des Neuen Menschen in seiner neuzeitlichen profanen Transformation. Der Neue Mensch wird für bestimmende Tendenzen der säkularen Geschichte der Moderne als durch gesellschaftliches Handeln *herstellbar* gedacht. Es ist insbesondere dieser Gedanke der Herstellbarkeit des Neuen Menschen, der seine neuzeitspezifischen Formen bestimmt und der die inhaltliche Differenz zu allen christlichen Auffassungen eines Neuen Menschen markiert, in denen — bei allen Unterschieden der jeweiligen christentumsgeschichtlichen Ausprägungen — das Neuwerden des Menschen der menschlichen Verfügbarkeit entzogen ist. Diese entscheidende qualitativ-inhaltliche Differenz wird insbesondere in jenen neuzeitlichen Vorstellungen offenkundig, in denen die in der conditio humana gesetzte menschliche Kontin-

---

76 St. Simon, De la réorganisation de la Société Européenne. Œuvres Choisies II, Neudruck Hildesheim 1973, S. 325 (zit. nach J. Gebhardt, 1984, S. 43).

genz selbst durch menschliche Praxis überwunden werden soll. Nicht nur um die Änderung des äußeren Daseins geht es in Hauptströmungen säkular-neuzeitlicher Vorstellungen vom Neuen Menschen, sondern um die empirisch-diesseitige *Veränderung* seines *Wesens*, bis hin zu jenen Konzepten, nach denen die Sterblichkeit des Menschen im Gang der Fortschrittsgeschichte entweder ganz überwunden oder doch in bislang unbekannte Dimensionen hinein verschoben und verlagert werden könne.

So ist also das Werden eines Neuen Menschen in bestimmenden säkular-neuzeitlichen Strömungen und Bewegungen Teil der innerweltlich-emanzipatorischen Fortschrittsgeschichte. Mag diese historisch-genetisch auch die säkularisierte Gestalt der jüdisch-christlichen Eschatologie darstellen, so ist sie im Ergebnis doch eine inhaltlich neue Konzeption vom Mensch und Geschichte: Der Mensch als Produzent und Regisseur seines eigenen Heils. Dies insbesondere machen die neuzeitlich-säkularen Vorstellungen eines Neuen Menschen deutlich, der als durch gesellschaftliches Handeln herstellbar und auch, sei es durch politisch-gesellschaftliche oder durch biologische Programme, züchtbar gedacht wird. Der Neue Mensch gehört zu den Leitideen bestimmender neuzeitlich-säkularer Selbstverständnisse und ist in die säkulare Glaubensgeschichte der Moderne in ihren verschiedensten Ausprägungen eingegangen.

ZWEITES KAPITEL:
DIE SÄKULARE RELIGIONSGESCHICHTE DER MODERNE

I. Vorbemerkungen

Im folgenden Kapitel soll, in systematischem Zugriff, der Deutungshintergrund dargestellt werden, von dem her wir die Vorstellungen eines Neuen Menschen, wie sie in der säkularen Moderne bestimmend wurde, verstehen wollen.

Wie in der Einleitung schon vermerkt, heißt der unsere Studie begleitende Deutungshintergrund: Die Moderne hat ihre eigene säkulare Religionsgeschichte. Dies meint, daß die Genese und Verlaufsgeschichte der Moderne sich nur verstehen läßt, wenn man auch den säkularen Glaubensannahmen nachspürt, die in ihr wirksam wurden. Damit ist freilich nicht behauptet, die säkulare Geschichte lasse sich nur beschreiben und verstehen in dieser Kategorie der »säkularen Religionsgeschichte«. Diese bezeichnet vielmehr einen, freilich wirkungsmächtigen Hauptstrom der modernen Entwicklung.

Von *der* Moderne zu sprechen, ist freilich problematisch und erklärungsbedürftig: Zu verschieden stellen sich die kulturellen, politischen, nationalen und auch geistes- und sozialgeschichtlichen Wege dar, die das historische Bild bestimmen, um in *eine* Chiffre gefaßt zu werden. Dazu treten die historischen Stufen und Entwicklungen, die innerhalb der Epoche, die wir Moderne nennen, auftreten und keineswegs von einheitlichen kulturellen Deutungsmustern bestimmt waren. So ist von einem »Mythos der Moderne« kritisch Distanz zu halten, der dort konstruiert wird, wo die »Moderne ... zur Totalität der gesellschaftlichen Verhältnisse hypostasiert ... und gleichzeitig mit bestimmten normativen Prämissen (›Projekt der Moderne‹) aufgefaßt wird.«[1]

---

1 F. X. Kaufmann, 1989, S. 34.

So gilt es, die historisch-kulturelle Mannigfaltigkeit der Moderne kultursoziologisch im Blick zu halten. Aus welchen geistigen Wurzeln die modernen Selbst- und Weltdeutungen wuchsen, welche ideellen Kräfte und strukturellen Entwicklungen die moderne Geschichte vorantrieben — die Antwort hierauf entzieht sich einer generalisierenden »Theorie«.

Im Bewußtsein dessen ist freilich auch nach *den* modernitätsspezifischen Selbst- und Weltdeutungen zu fragen, die in aller historisch-kulturellen Mannigfaltikeit, im Lauf der neuzeitlichen Entwicklung kulturbestimmend wurden und *ohne* die die Geschichte der Moderne nicht zu verstehen ist.[2]

Diese modernitätsspezifischen Selbst- und Weltdeutungen leiten wir im folgenden her von bestimmten, im Verlauf der Moderne gewichtig gewordenen Auffassungen von *Geschichte, Politik* und *Wissenschaft.* In ihnen sehen wir die wesentlichen Antriebe der »säkularen Religionsgeschichte«. Dies genauer darzustellen ist die Aufgabe dieses Kapitels, wobei wir zunächst unser Verständnis einer solchen »säkularen Religionsgeschichte der Moderne« genauer bestimmen und eingrenzen.

II. Säkularisierung und säkulare Religionsgeschichte

Die Geschichte und Gegenwartslage der Religion in der Moderne wird in den einschlägigen Wissenschaften häufig unter dem Begriff

---

2 Im folgenden wird auf eine *explizite* Bezugnahme auf die großen Entwürfe eines Max Weber, Eric Voegelin, Carl Schmitt, Arnold Gehlen, Romano Guardini oder Hans Blumenberg verzichtet; ein solches Vorgehen führte zu tief zum einen in die historischen Einzelfragen, zum anderen in die Diskussion der wissenschaftstheoretischen und methodologischen Vorannahmen und vor allem auch der geschichtsphilosophischen Grundlagen, die für jene Entwürfe bestimmend sind. Dieser Verzicht bedeutet freilich nicht, daß hier losgelöst von den großen Deutungsversuchen der Moderne verfahren würde. So sei eigens der diese Studie vielfach bestimmende Einfluß Max Webers betont. — Das folgende Kapitel habe ich, in veränderter Fassung, als Aufsatz in der Zeitschrift »Synthesis Philosophica« (Zagreb) veröffentlicht (G. Küenzlen, 1989).

der Säkularisierung zu bestimmen versucht.[3] Es würde den Rahmen unserer Darlegungen übersteigen, nun die empirisch-sozialwissenschaftlichen Untersuchungen und Ergebnisse zum Säkularisierungsvorgang darzulegen oder gar die komplexe, von historischen, kulturtheoretischen und ideenpolitischen Dimensionen bestimmte Debatte zur »Säkularisierungsthese« zu beschreiben.[4]

Als weithin nicht strittiges Ergebnis des Säkularisierungsvorganges läßt sich aber festhalten: Der generelle Bedeutungsverlust der vormals die okzidentale Kultur bestimmenden Religion des Christentums bedeutet insbesondere einen Geltungsverlust der Religion als öffentlicher Legitimationsinstanz. Dies gilt insbesondere für die Institutionen des Rechts, der Politik und der Erziehung. In einem engeren soziologischen Verständnis läßt sich dieser Säkularisierungsvorgang festmachen am Rückgang der sozialen Kompetenz der in den Kirchen organisierten Religion als Mittel sozialer Kontrolle.[5]

Insoweit ist Säkularisierung ein Vorgang der strukturellen Differenzierungsprozesse moderner Gesellschaften, in deren Gefolge die Religion ihre Bedeutung als gesamtgesellschaftliche Legitimations- und Integrationskraft verlor.

Doch geht es nicht nur um sozialstrukturelle Vorgänge, vielmehr: »Säkularisierung wirkt sich auf die Totalität des kulturellen Lebens und der Ideation aus und läßt sich am Verschwinden religiöser Inhalte aus den Künsten, der Philosophie und Literatur sowie ... am Aufkommen der Naturwissenschaften als autonome, durch und durch säkulare Weltansicht beobachten. Mehr noch, wir implizieren, daß der Säkularisierungsprozeß auch eine subjektive Seite

---

[3] Zur Herkunft und zum Bedeutungswechsel dieses Begriffes s. H. Lübbe, 1965.

[4] Als wichtige, am historischen Material durchgeführte Arbeit sei hier die Studie des Staatskirchenrechtlers M. Heckel, 1983, genannt. Ein weiterer Überblick über die Sachfragen und die Literatur findet sich bei H. H. Schrey, 1981, und in den »Acts of the XIX international conference for the sociology of religion« (CISR, 1987); vgl. auch F. X. Kaufmann, 1989, S. 32 ff.; einen Überblick über die verschiedenen Themenfelder der Debatte zur »Säkularisierung« gibt A. Müller, 1990.

[5] So schon Howard Becker, 1932.

hat. Wie eine Säkularisierung der Kultur und Gesellschaft, so gibt es auch eine Säkularisierung des Bewußtseins. Das heißt also, daß mindestens in Europa und den Vereinigten Staaten heutzutage eine ständig wachsende Zahl von Menschen lebt, die sich die Welt und ihr eigenes Dasein auch ohne religiösen Segen erklären können.«[6]

Die Kulturbedeutung des Säkularisierungsvorganges liegt also auch darin, daß im Lebensführungshorizont der Gesellschaftsmitglieder Religion selbst sich privatisierte und in einem Prozeß gesellschaftlicher Segmentierung abwanderte in den Bereich partieller privater Sinngebung oder ihre Bedeutung als Lebensführungsmacht ganz verlor. Generalisierend läßt sich mit Peter L. Berger zusammenfassen: Es ist »für den modernen Menschen eine völlig neue Situation geschaffen. Vielleicht zum erstenmal in der Geschichte haben religiöse Legitimationen der Welt ihre Plausibilität nicht nur für eine Handvoll intellektueller und anderer gesellschaftlicher Randfiguren verloren, sondern für die breiten Massen ganzer Gesellschaften.«[7]

Die Abnahme der öffentlichen Geltungskraft der Religion, vor allem in ihren institutionalisierten Formen, kennzeichnet freilich nur eine Seite der modernen Entwicklung. Studiert man den tatsächlichen Verlauf der Genese und Geschichte der Moderne in ihren unterschiedlichen Stufen und Verzweigungen, spürt man den sie tragenden Ideen, Weltbildern und den von ihnen angetriebenen Bewegungen nach, zeigt sich: Das Zurückgehen der sozialen Mächtigkeit der historischen Religion hat die Fragen, auf die sie einst öffentliche und verbindliche Antwort gab, nicht einfach verschwinden lassen, diese sind vielmehr in das säkulare Feld innerweltlicher Beantwortung eingegangen. Die reale Verlaufsgeschichte der Moderne hat *auch* ihre eigene säkulare Religionsgeschichte. Es ist dies die Geschichte der säkularen innerweltlichen Heilsversprechen und Erlösungshoffnungen. »Unsere heutige Situation ist nicht einfach das Resultat eines Säkularisierungsprozesses, der eigene weltliche Ordnungen schuf. Die säkulare Gesellschaft verzichtete zwar auf den alten Glauben, aber damit nicht auf den Glauben. Im Zeichen eines neuen Glaubens vielmehr ist sie entstanden und in des-

---

6 P. L. Berger, 1973, S. 103 f.
7 P. L. Berger, ebd., S. 128.

sen Zeichen hat sie gesiegt. Deshalb hat die säkulare Gesellschaft ihre eigene Glaubensgeschichte ...«[8]

Diese Sicht einer säkular-religiösen Dimension des Säkularisierungsprozesses ist somit gleichzeitig eine Abgrenzung gegenüber anderen Verständnissen von Säkularisierung.

Zum einen ist es die Abgrenzung gegenüber jenen aufklärungsbestimmten Vorstellungen, nach denen die Geschichte der Neuzeit der Prozeß einer sich selbst entfaltenden, von allen heterogenen Bindungen und Fundamentierungen sich emanzipierenden Vernunft sei. Diesem, einem bestimmten Erbe der Aufklärung verpflichteten Denken galt und gilt es als ausgemacht, daß alle historische Religion das entscheidende Hemmnis der Vernunft darstelle, das den Menschen an der Entfaltung seines Selbst und damit an der Herstellung seines Glückes hindere. Der Weg in die Moderne war und ist diesem Denken ein Weg der gegenüber der Religion sich siegreich durchsetzenden und endlich zu sich selbst kommenden Vernunft. Hier gilt die Religion als ein historisches Stadium der Menschheit, das im Zuge des menschlichen Fortschrittes mehr und mehr schwinde. Doch ist gerade, im Kontext unseres Verständnisses von der Glaubensgeschichte der Moderne, dieses Denken *selbst* Ausdruck einer säkular-religiösen Hoffnung, hat als einer ihrer Hauptantriebe die Glaubensgeschichte der Moderne bestimmt und ist deshalb als »Vernunftreligion« oder »Fortschrittsglaube« immer wieder beschrieben worden.[9]

Zum anderen bedeutet die Rede von der »säkularen Religionsgeschichte« auch eine bestimmte Distanz gegenüber einem rein struktur-funktionalistischen, wie auch systemtheoretischen Verständnis von Säkularisierung, wie es sich z.B. in folgender Definition von Niklas Luhmann findet: »Säkularisierung ist eine der Konsequenzen des Umbaus der Gesellschaft in Richtung auf ein

---

[8] F. H. Tenbruck, 1976, S. 6. – Dieses Verständnis des Säkularisierungsprozesses, dem wir uns hier anschließen, hat in den Arbeiten F. H. Tenbrucks besonders klaren Ausdruck und Fundamentierung gefunden (vgl. Tenbruck, 1976, 1977 b, 1984, 1989)

[9] Eine prägnante Zusammenfassung dieses Befundes findet sich bei R. Spaemann, 1980.

primär funktional differenziertes System, in dem jeder Funktions-
bereich höhere Eigenständigkeit und Autonomie gewinnt, aber
auch abhängiger wird davon, daß und wie die anderen Funktionen
erfüllt werden.«[10]

Ein solches Verständnis von Säkularisierung, auf der Grundlage
einer differenzierungstheoretischen Betrachtung, gibt zwar Einblick in jenen gesellschaftlichen »Umbau«, in dem Religion ihre
gesamtgesellschaftliche Integrationskraft verlor und zu einem Teil-
system der Gesellschaft wird, wie wir dies oben schon erwähnt haben. Doch es verstellt ein solcher Zugang, wo er generalisierend als
»Theorie« der Moderne verstanden ist, den Einblick in die kulturelle Kraft der *Inhalte* der säkular-religiösen Orientierungen, die
mit eigenem Anspruch auftraten, die »alte« Religion zu überwinden sich anschickten und so den Prozeß der Modernisierung wesentlich bestimmten.[11]

»Säkularisierung« nach unserem Verständnis heißt also nicht nur
die Beschreibung der Abnahme der kulturellen Bedeutung der
überlieferten Religion und ihrer institutionalisierten Formen,
vielmehr das Aufkommen neuer, rein diesseitsorientierter Daseinsverständnisse.[12]

Somit gilt es, dieser »Glaubensgeschichte der Moderne« (Tenbruck) nachzuspüren, den säkularreligiösen Weltbildern nachzugehen, die in ihr wirksam wurden und die Lebensführung der ihnen
Verpflichteten bestimmten, ihre Erlösungshoffnungen, Heilsziele
und Glaubensbestände zu studieren. Denn so erst entschlüsseln
sich uns die Selbst- und Weltdeutungen, in denen die Moderne sich
selbst verstand, die in ihr kulturbestimmend wurden und aus deren

---

10 N. Luhmann, 1977, S. 255.

11 Hier ist auf die Hinweise zum kultursoziologischen Ansatz dieser
Arbeit in der »Einleitung« zu verweisen.

12 Ob dann »Säkularisierung« noch ein adäquater Begriff sein kann,
wäre eigens zu bedenken. So hat etwa D. Bell vorgeschlagen zwischen »secularization« und »profanization« zu unterscheiden. »Secularization« ist für
Bell die Beschreibung eines rechtlich-politischen und sozialen Prozesses,
wohingegen »profanization« den Bereich der kulturellen Entwicklung der
Moderne und ihre Glaubensvorstellungen beschreiben soll. (s. D. Bell,
1976, bes. S. 178 ff.).

Antrieben die modernen gesellschaftlichen Ordnungen wuchsen — welch andere Faktoren dabei auch ihre bestimmende Rolle noch gespielt haben mögen.

Welcher Glaube, welche Glaubensbestände waren es nun, die im Laufe der Moderne bestimmend wurden? Dem in den Grundlinien näher nachzugehen, ist die Aufgabe der folgenden Abschnitte. Dabei sei eigens noch einmal betont, daß wir hier nur ausgewählten, freilich wirkungsmächtigen und für das Thema vom Neuen Menschen fundamentalen Linien folgen können.

III. Geschichte als Faszinosum und Schicksal

Wie immer man den Beginn der »Neuzeit« historisch markieren will, es zeigt schon das Studium geistiger Selbstzeugnisse des 17. Jahrhunderts, daß es zum Selbstverständnis der Zeit gehörte, nunmehr in eine »neue«, die bisherige Welt- und Menschheitsentwicklung überholende Epoche hineinzuleben. Die neue Weltdimensionen erschließenden Entdeckungen, die weithin die vordem erfahrbare Wirklichkeit umwälzenden Erfindungen, markieren nicht nur einen Neubeginn in der äußeren Anschauung der Welt und ihrer technisch zunehmenden Beherrschbarkeit, sie sind vor allem Grundlage auch eines neuen *inneren* Verhältnisses zur Welt und zur menschlichen Entwicklung. Denn nun sind es nicht mehr die »Alten« in Philosophie, Religion und Wissenschaft, auf deren Autorität die moderne Welt- und Daseinsauffassungen ruhen, sondern die neuen Entwicklungen lassen sich in den Überlieferungen nicht mehr fassen und heben deren Autorität auf: »Veritas filia temporis ... non autoritatis«. So formuliert Francis Bacon die neue Selbstgewißheit und das neue Selbstverständnis der Zeit.[13]

Um die neue *Wahrheit* geht es, die in den Umwälzungen der Zeit aufscheint. In dem neuen Zeitalter wird — wie G. Bruno sagt — »Kolumbus als ein neuer Tiphys verherrlicht ...« und es hat

---

13 F. Bacon, Novum Organum Scientiarum (zit. nach J. Ritter, HWPh, Bd. 2, 1972, S. 1038).

»der Geist in den Himmel eindringend und die erdichteten Grenzen der Sphären zerstörend ›diejenigen Hallen der Wahrheit geöffnet, die sich überhaupt von uns öffnen lassen‹«.[14] Daß es in der Erkenntnis der Welt um die neue Wahrheit geht, die die »Evidenz der Erfahrung« auf ihrer Seite hat, zeigt eindrucksvoll ein Brief-Zitat Blaise Pascals: »Ich trenne mich nicht ohne Bedauern von diesen allgemeinen Lehren [der Alten] und tue dies nur, indem ich der Wahrheit weiche, die mich zwingt. Ich habe diesen neuen Gefühlen widerstanden, doch schließlich hat mich die Evidenz der Erfahrung genötigt, Meinungen aufzugeben, an denen ich in der Ehrfurcht vor dem Altertum festgehalten hatte«![15]

Das konstituierende Merkmal dieses neuen Selbstverständnisses ist ein qualitativ *neues Verständnis der menschlichen Geschichte*. Dies ist bestimmt von einem sich gegenüber den vorneuzeitlichen Auffassungen abhebenden Fortschrittsgedanken. War »Fortschritt« vormals eingebunden in den kosmischen Kreislauf oder theologisch verankert in den heilsgeschichtlichen Kontext von Schöpfung, Inkarnation und Wiederkunft Christi, so wird Fortschritt jetzt zum immanenten weltgeschichtlichen Entwicklungsgeschehen.[16]

Es läßt sich gerade am Begriff ›Fortschritt‹ die elementare Transformation aufzeigen, die der Begriff in der Entwicklung des neuzeitlichen Geschichtsverständnisses durchlief. Dabei gilt, daß begriffsgeschichtliche Analysen immer die Analysen in Begriffen geronnener geschichtlicher Erfahrung und des Selbstverständnisses der jeweiligen Epoche sind.

Der Wandel leitender Begriffe weist hin auf eine Umwälzung der historischen Erfahrung und der Selbstdeutung, in denen sich eine Epoche ihrer selbst versichert. So auch verstehen Brunner,

---

14 HWPh a.a.O., Sp. 1037. Das Zitat von Giordano Bruno findet sich in G. Bruno, Das Aschermittwochsmahl, dt. F. Fellmann, eingel. H. Blumenberg 1969, S. 72, 74 (Zit. nach HWPh).

15 Brief an Périer vom 15. November 1647 (zit. nach HWPh, a.a.O., Sp. 1037).

16 Dabei ist nicht zu übersehen, daß auch im Mittelalter dieser Fortschrittsgedanke schon antizipatorisch vorgebildet ist, so vor allem bei Roger Bacon. (S. auch dazu: HWPh, a.a.O., Sp. 1036)

Conze und Kosselleck die begriffsgeschichtlichen Bestimmungen, die in ihrem Sammelwerk »Geschichtliche Grundbegriffe« niedergelegt sind, worauf die folgenden begriffsgeschichtlichen Überlegungen im wesentlichen sich beziehen.[17] Das modernitätsspezifische Verständnis des Fortschrittsbegriffes besteht nach Koselleck darin, daß der weltimmanente Fortschritt zum »geschichtlichen Oberbegriff für die Geschehenseinheit auf dieser Welt« wird.[18] Dies war im vormodernen, theologisch geprägten Geschichtsverständnis »undenkbar, als man sich seit Christi Erscheinen im letzten Zeitalter der Welt wußte, in dem sich grundsätzlich nichts Neues mehr ereignen konnte«.[19]

Der Lauf der Zeit und der Gang der Geschichte sind in vorneuzeitlich christlich-eschatologischem Verständnis vorgezeichnet und gehen zu auf das zwar verborgene, aber doch gewisse Ende der Zeit. (Augustin: Ad occultum temporis finem.) ›Fortschritt‹, sei es das individuelle Vervollkommnungsstreben oder der Fortschritt der Menschheit, war eingebunden in die eschatologische Heilsgeschichte. Das epochal neue Verständnis im Begriff des Fortschritts bildet sich in jener, von Brunner, Conze und Koselleck als »Sattelzeit« bezeichneten Schwelle im 18. Jahrhundert. Kossellek faßt zusammen, wie das neuzeitspezifische Verstehen des Fortschritts sich entwickelte und ›Fortschritt‹ nun erst zur Leitidee des neuzeitlichen Selbstverständnisses wurde: »Er bildet sich in drei Phasen, die sich überlappen: zunächst wird das Subjekt des Fortschritts universalisiert. Es bezieht sich nicht mehr auf umgrenzbare Sektoren, wie Wissenschaft, Technik, Kunst usw., die bisher das konkrete Substrat des Fortschreitens waren. Das Subjekt des Fortschritts wird ausgeweitet zu einem Agens von höchster Allgemeinheit oder in zwingendem Allgemeinheitsanspruch, dem sich niemand mehr entziehen kann: Fortschritt der Menschheit — denn wer wäre kein Mensch —, des Glücks — denn wer wollte daran nicht teilhaben —, Fortschritt der Moral, des Geistes, der Kultur, der Gesellschaft,

---

17 Brunner / Conze / Koselleck, 1972 ff. — Einen guten Überblick inmitten der umfangreichen Literatur bietet auch: L. Oeing-Hanhoff, 1981.

18 R. Koselleck, Artikel »Fortschritt«. In: Brunner / Conze / Koselleck Bd. II, 1975, S. 363.

19 R. Koselleck, ebd., S. 388 f.

ferner bereits formaler Fortschritt der Zeit, und, sehr viel später, Fortschritt der Geschichte. So wird aus den Geschichten der Fortschritte der Fortschritt der Geschichte. Im Zug der Universalisierung tauschen Subjekt und Objekt ihre Rolle. Dies ist die zweite Phase. Der genitivus subjectivus wird zum genitivus objectivus, der Fortschritt übernimmt den führenden Part, er wird selbst zum geschichtlichen Agens. Die zeitliche Modalität tritt in die Funktion des Handlungsträgers ein. In einer dritten Etappe verselbständigt sich der ›Fortschritt‹ zum Fortschritt schlechthin, der zum Subjekt seiner selbst wird. Dieser exklusive Wortgebrauch wird erst im 19. Jahrhundert geläufig, als der Ausdruck zum politischen Schlagwort wurde.«[20] Diese Entwicklung des Begriffes ›Fortschritt‹ zum Kollektivsingular sicherte ihm den Rang des unverwechselbaren geschichtsphilosophischen, aber im weiteren Fortgang auch politisch-ideologischen Leitbegriffs der Moderne.

So wie die einzelnen, individuellen oder kollektiv-menschheitlichen ›Fortschritte‹ sich neuzeitlich in den Kollektivsingular ›Fortschritt‹ umbildeten, so formiert sich entsprechend in der »Sattelzeit« das neuzeitspezifische Verständnis von ›Geschichte‹.[21] Nicht mehr um die Summe der einzelnen ›Geschichten‹ geht es, vielmehr umfaßt ›Geschichte‹ nunmehr die drei in der Überlieferung unterschiedenen Sphären der Historie: Inhalt (res gestae), Bericht (narratio rerum gestarum) und Geschichtswissenschaft (historia). Es wuchs ein »genuiner Wirklichkeitsanspruch der Geschichte ..., sobald er mehr umfaßte als die Summe aller Fakten, die nur aufgezählt zu haben, ein dauernder Vorwurf der Aufklärer an ihre Vorgänger war.«[22] Das Ergebnis begriffsgeschichtlicher Transformation lautet: Geschichte wird verstanden als »Wirkungszusammenhang, ... [der] als eigenständiger Bereich erkannt wurde, der in seiner

---

20 R. Koselleck, ebd., S. 388 ff.

21 Siehe dazu – neben R. Koselleck 1975, – auch den Artikel »Geschichte«, (G. Scholtz †) in: Historisches Wörterbuch der Philosophie, 1971 ff., Bd. 3, Sp. 344 ff. und Artikel »Geschichte / Geschichtsschreibung / Geschichtsphilosophie« VII (Joachim Mehlhausen). In: Theologische Realenzyklopädie, Bd. 12, 1984, S. 630.

22 R. Koselleck, a.a.O., S. 649.

Komplexität alle menschliche Erfahrung leitet. Die Geschichte selbst wurde, sprachlich gewendet, zu ihrem eigenen Subjekt.«[23]

So auch erst durch die »Freilegung der Geschichte« (Kosselleck) konnte eine eigentliche Philosophie der Geschichte sich bilden und sich im 18. Jahrhundert als eigenständige wissenschaftliche Disziplin etablieren.[24]

Geschichte ist nun nicht mehr die das Gewesene bezeichnende Historie, sondern wird neuzeitlich »zum anthropologischen und sozial-historischen Entwurf, der die Entstehung des rationalen Menschen erklären sollte«.[25]

Es gehören Geschichte und Fortschritt im oben bezeichneten neuzeitlichen Sinne nunmehr untrennbar zusammen. Die prinzipielle Offenheit der Zukunft, die sich nun als immanent stetig sich vervollkommnende und verbesserbare denken läßt, ist Merkmal des neuen Geschichtsdenkens: Es geht um jenen »Durchbruch der neuzeitlichen Erwartung, die sich von aller bisheriger Erfahrung abzulösen genötigt sieht ... Daß sich die bisherigen Geschichten immer gleich geblieben seien, ist seitdem kein Einwand mehr gegen die Erwartung, die kommende Geschichte werde ganz anders sein, und zwar besser. Die Entdeckung der Geschichte als einmalig und immer neuzeitlich sich überholend, vollzieht sich im Medium des Fortschrittsbewußtseins, das die Krise der alten Welt in eine offene und beherrschende Zukunft zu überführen sucht.«[26]

Diese kurzen begriffsgeschichtlichen Hinweise und Bemerkungen haben durchweg schon anklingen lassen: In den Transformationen der Begriffe artikuliert sich entscheidend ein neues *inhaltliches* Verstehen der menschlichen Geschichte.

---

[23] R. Kosselleck, a.a.O., S. 649 f.

[24] S. dazu zum Beispiel Artikel »Geschichte« a.a.O., Sp. 359 ff. — Es war Voltaire, der — so weit bekannt — als Erster den Terminus »Geschichtsphilosophie« verwandt hat (Philosophie de l'histoire, 1765).

[25] R. Kosselleck, a.a.O., S. 389.

[26] R. Kosselleck, a.a.O., S. 389.

Geschichte steht nun für »den Gesamtzusammenhang des zivilisatorischen Prozesses als sinnvoller Einheit«[27] — und dies in rein weltimmanenter Dimension, ohne theologisch-heilsgeschichtliche Einordnung und Fundamentierung.

›Geschichte‹ ist nun also die prinzipiell nach vorne offene, in einen linearen Zukunftshorizont eingebundene Fortschrittsgeschichte. Es läßt sich dieser Befund illustrieren an einer bestimmten, modernitätsspezifischen Umformung, den die Utopien im Laufe des modernen Denkens genommen haben. Es ist bekannt, daß utopische Entwürfe die Kulturgeschichte immer begleitet und in Literatur, Philosophie und Religion immer wieder zur Ausbildung vollendeter utopischer Entwürfe geführt hat, wie denn auch bekannt ist, daß das utopische Denken zur besonderen Signatur der Neuzeit gehört. Ohne in die Beschreibung der jeweiligen Inhalte und Sachfragen einzutreten, läßt sich die spezifisch neuzeitliche Umformung der utopischen Entwürfe in die Begriffe ›Historisierung‹ und ›Verzeitlichung‹ fassen. In einer Formulierung von Manuel Sarkisyanz kann die Entwicklung der neuzeitlichen Utopien auf die Formel gebracht werden: von der Utopie zur Euchronie. »Im Gegensatz zu den stabilen, unhistorisch und zeitlos-idyllischen Utopien der Jahrhunderte vor der Französischen Revolution sind diejenigen des 19. Jahrhunderts nicht ›Nirgendländer‹ (U-Topien) sondern Zukunftsstaaten (Euchronien) ... zusammen mit solcher neuen, vom Zeitablauf erwarteten Dynamik erscheint in diesen ›euchronischen Utopien‹ nun auch das Problem der Selbstverwirklichung des Individuums und seiner Freiheit (z.B. bei Fourier).«[28] Hierfür mag als ein Beleg für viele ein Zitat St. Simons stehen: »Die Vorstellung der Poeten hat das goldene Zeitalter an den Anfang der Menschheit gestellt, in die Ignoranz und die Brutalität der Freiheit ... Das goldene Zeitalter der Menschheit liegt nicht hinter uns, es ist vor uns, es ist die Perfektion der sozialen Ordnung. Un-

---

27 J. Gebhardt, 1984, S. 51. (Die vorstehenden Ausführungen geschahen in teilweiser Anlehnung an diesen Aufsatz von Gebhardt.)

28 M. Sarkisyanz, 1980, S. 48.

sere Väter haben sie nicht gesehen, unsere Kinder werden eines Tages dorthin gelangen, wir müssen ihnen den Weg bahnen.«[29]

Daß die neuzeitlichen Utopien in die diesseitige Zukunftserwartung eingebunden wurden, mag auch damit zu tun haben, daß durch die Entdeckungsreisen der Europäer im 18. Jahrhundert die Räume, in denen sich Utopien hätten ansiedeln können, immer enger, weil der menschlich-empirischen Erfahrung zugänglich wurden und somit allein die Zukunft zum utopischen Medium werden konnte.[30]

Entscheidender aber ist, daß diese Historisierung und Verzeitlichung der modernen Utopieentwicklung in der Konsequenz des oben beschriebenen neuzeitlichen Geschichtsverständnisses liegt.

Dies neue Geschichtsdenken, das wesentlich im Horizont immanent-diesseitigen Fortschrittsbewußtseins sich formulierte, läßt sich noch einmal *zusammenfassen:* Als der christliche Glaube an die Heilsgeschichte und Schöpfungsordnung, in denen der einzelne sich aufgehoben wissen konnte, im Laufe der säkularen Diesseitsorientierung seine Kraft zunehmend verlor, blieb übrig die reine Profangeschichte, die nun selbst zum Ort säkularreligiöser Hoffnungen, Erlösungssehnsüchte und Heilserwartungen wurde. Anders gewendet: Mit dem Schwund des Jenseitsglaubens also wurde die immanente menschliche Geschichte, im Horizont der neuzeitlichen Fortschrittsidee, zum alleinigen Feld, in dem Heil oder Unheil, Verdammnis oder Erlösung sich entscheiden mußten und die Erwartung des Eschatons verankert war. Der bloßen Profangeschichte erwuchs in den säkularen Erlösungshoffnungen und Weltauslegungen, insbesondere in den Heilsversprechen ihrer Utopien, ihre neue Dimension: sie wurde zur *säkularen Heilsgeschichte.* Nicht mehr das Buch der Offenbarung, schließlich auch nicht mehr das zu entschlüsselnde Buch der Natur, sondern das Buch der Zeit, der

29 H. de Saint-Simon, De la réorganisation de la société européenne, Œuvre choisi II (Zit. nach J. Gebhardt,1984, S. 43).

30 R. Koselleck, 1982. Dieser Aufsatz Kosellecks über die »Verzeitlichung« der Utopien belegt nicht nur den eben angeführten Befund, sondern bietet am Beispiel von Merciers »Das Jahr 2440« und Carl Schmitts »Die Buribunken« darüber hinaus wichtige Einsichten in die Verlaufsgeschichte neuzeitlicher Utopieentwürfe. Siehe dazu auch Raymond Trousson, 1982.

Geschichte also ist es, das zum Buch der Bücher der säkularen Religionsgeschichte wurde.

Dies macht insbesondere das Studium der revolutionären Bewegungen, vor allem des 19. Jahrhunderts exemplarisch deutlich, deren säkular-messianischem Charakter wir uns nunmehr zuwenden.

IV. Die Religion der Revolution

Durch die aufkommende Dominanz der »Geschichte als Weltbild« (F. H. Tenbruck) war der Idee der Boden bereitet, daß der Mensch durch sein im weitesten Verständnis politisches Handeln sich die Welt seinen wirklichen Zwecken gemäß einrichten könne, daß schließlich das universale Glück der Menschheit historische Wirklichkeit würde. Heil, Errettung und Erlösung sind nun, eingebunden in den diesseitsgerichteten Fortschrittsgedanken, dem menschlichen Handeln überantwortet. Die neuzeitlichen revolutionären Bewegungen sind die realgeschichtliche Konsequenz solchen Geschichtsdenkens. Sie vollzogen, welch strukturelle Bedingungsfaktoren auch immer mächtig mit einflossen, das Programm einer Idee: Daß das Heil in Zeit und Geschichte durch das vernunftgeleitete Handeln des Menschen sich realisieren lasse. Der politische Messianismus vor allem des 19. Jahrhunderts hat hier seine ideell-weltbildhafte Wurzel. Sein Heilsanspruch läßt sich vorab mit J. L. Talmon zusammenfassen: »Das wesentliche an der Religion der *Geschichte,* die dem politischen Messianismus zugrunde liegt, ist der tiefe Glaube daran, daß die Abfolge der Zeiten gleichbedeutend sei mit einer ständig wachsenden Integration und Bindung menschlicher und gesellschaftlicher Inhalte, die ihrerseits ein immer größeres Maß an individuellem Selbstausdruck durch Aktivierung aller Kräfte des Menschen in einem harmonischen Ganzen ermöglichen. In dieser Hinsicht betrachteten alle messianischen Richtungen das Christentum, manchmal die Religion als solche, immer aber die historische Form des Christentums, als den Erzfeind. Sie proklamierten sogar sich selbst triumphierend als Ersatz dafür. Ihre eigene Heilsbotschaft war gänzlich unvereinbar mit der grundlegenden christlichen Doktrin von der Erbsünde, mit ihrer Vision der Geschichte als der Geschichte des Sündenfalls und ihrer Leugnung der Macht des Menschen, durch eigene Anstrengung zur Erlösung zu gelangen. Die Dichotomien von Theorie und Praxis, Seele und Körper, Geist und Materie, Himmel und Erde, Kirche und Staat, die alle von diesem ersten Grundsatz herrührten, wurden hinfällig vor der majestätischen Einheit des Lebens und der Geschichte sowie der Vision einer gerechten und harmonischen Gesellschaft am Ende der Tage.«[31]

»Die Vision einer gerechten und harmonischen Gesellschaft« — damit ist das geheime oder offene Hauptdogma der Religion der Revolution genannt: der innerweltlich-eschatologische Glaube an das diesseitige universale Glück der Menschheit. Es war Karl Löwith, der in seinem bahnbrechenden Buch »Weltgeschichte und Heilsgeschehen« diesen eschatologischen Charakter des modernrevolutionären Geistes, wie er sich im 18. und 19. Jahrhundert formte, herausgearbeitet hat. Es ist hier nicht der Ort, die Löwithsche These in ihrem theoretischen Gehalt zu diskutieren, nämlich, daß die neuzeitlich-innerweltliche Eschatologie ein Säkularisat christlich-theologischer Heilsgeschichte darstelle. Immerhin gibt es Selbstzeugnisse von Trägern des messianisch-revolutionären Geistes, die sich selbst nunmehr als die Vollender der steckengebliebenen, weil theistisch fehlgeleiteten Revolution, die mit dem Judentum und Christentum begann, wußten, wie dies das folgende Zitat Proudhons eindrucksvoll belegt: »Wie wir es heute tun, so versuchte vor 1800 Jahren ein Mensch, die Menschheit zu erneuern. Der Genius der Revolution (Lucifer), der Widersacher des ›Ewigen‹, glaubte in diesem Menschen wegen seines heiligen Lebens, seiner überragenden Intelligenz und Einbildungskraft seinen eigenen Sohn zu erkennen. Er begab sich zu ihm, zeigte ihm die Reiche der Welt und sagte zu ihm: ›Das alles will ich dir geben, so du niederfällst und mich anbetest.‹ ›Nein‹, antwortete der Nazarener, ›ich bete nur Gott an ...‹ Der inkonsequente Reformator wurde ans Kreuz geschlagen. Nach ihm kamen Pharisäer, Zöllner, Priester und Könige, despotischer, raubgieriger und ruchloser als je zu-

---

31 J. L. Talmon, 1963, S. 11. — Die folgenden Ausführungen beziehen sich vielfach auf diese, für das Verständnis der revolutionären Bewegungen bahnbrechenden Arbeiten Talmons.

vor, und die Revolution wurde zwanzig mal begonnen und wieder aufgegeben und blieb ein ungelöstes Problem.«[32] So bleibt festzuhalten: »Die Flamme der Eschatologie im 19. Jahrhundert« ist nicht durch »liberale Theologen«, sondern durch die säkularen Theologen der Revolution am Leben gehalten worden.[33] Die Verkünder und Träger der neuen Eschatologie wußten sich als Vorkämpfer des Reiches Gottes auf Erden, die Revolution von 1789 war für revolutionäre Geister, wie Turgot, Condorcet oder Proudhon die Erfüllung aller vorhergegangenen revolutionären Anstrengungen der Menschheit und Anzeichen der neuen Zeit. Die in der futurischen Eschatologie der jüdischchristlichen Tradition auftretenden Topoi: Reich Gottes, Himmlisches Jerusalem, Erlösung von dieser Welt der Verderbnis, Ende der Geschichte und Anfang der Königsherrschaft Jesu Christi, bekommen nun in der ›Religion der Revolution‹ ihren zentralen Ort, in freilich säkular-diesseitsorientierter Transformation. Die neuen Namen sind nun zum Beispiel ›Ende des Reiches der Notwendigkeit‹ und ›Anfang des Reiches der Freiheit‹ oder, wie Heinrich Heine den neuen Glauben prägnant formulierte: »Wir wollen hier auf Erden schon das Himmelreich errichten.« Die Priester und Propheten der modernen revolutionären Bewegungen, »diese Doktoren der Revolution und ihre mitleidlos entschlossenen Schüler« (»ces docteurs en révolution et leurs disciples impitoyablement determinés«)[34] verstanden sich als Träger, Verkünder und Beweger der säkularen Heilsgeschichte. »L'avenir est à nous« (St. Simon) ist das Losungswort des politischen Messianismus.

Es war diese säkulartheologische, diesseitig-heilsgeschichtliche Dimension, die das moderne Revolutionsverständnis prägte und dem Wort ›Revolution‹ seine modernitätsspezifische Bedeutung verlieh, die sie von allen vorhergegangenen Revolten, Aufständen oder Putschen unterscheidet. In diesem messianischen Geist liegt auch begründet, was dem Wort Revolution neuzeitlich anhaftet: ihr *Totalitäts- und Universalitätsanspruch.* Solche Revolutionen wollen »ein für alle mal ein neues Lebensprinzip in die Weltgeschichte

---

32 Zit. nach Karl Löwith, 71979, S. 66.

33 Karl Löwith, ebd., S. 67.

34 H. Heine, De l'Allemagne, zit. nach D. Sternberger, 1976, S. 50.

einführen, also eine Totalumwälzung ... die Revolution, die diesen Namen verdient, will zur Welt kommen und der ganzen Welt einen neuen Anstoß und eine neue Ordnung mitteilen. Die Revolutionen ... sind die Umwälzungen, die sich der Welt mitteilen wollen.«[35]

So ging es der ›Religion der Revolution‹ auch nicht um die Bekämpfung des einen oder anderen Unrechts, sondern es geht um die Beseitigung *des* Unrechts, um die Umwälzung der Welt und die Errichtung universaler Gerechtigkeit. Eingeleitet in der Französischen Revolution, war »die Religion der Revolution beseelt von dem Glauben an die permanente Revolution.«[36] Die »Priester der Religion der Revolution« wußten sich als Auserwählte der Geschichte, »als Treuhänder der Welt von Morgen und als Vollstrecker des wirklichen – obwohl nicht ausdrücklich geäußerten Willens des Volkes oder der Geschichte.«[37]

Es war dieser ›Geist‹ der Revolution, der seit 1789 die europäische Geschichte im 19. Jahrhundert durch vielerlei Umformungen, nationale Besonderheiten und Brechungen hindurch im wesentlichen bestimmte und ohne den die weltverändernden Umbrüche des 20. Jahrhunderts nicht zu verstehen sind. Mit der Französischen Revolution begann »recht eigentlich die Formierung der modernen politischen Strömungen und Ideenkreise.«[38]

J. L. Talmon hat dargestellt, wie in der ersten Hälfte des 19. Jahrhunderts der revolutionär-politische Messianismus sich formierte. »Weder vorher noch nachher hat eine Epoche eine derart üppige Blüte utopischer Pläne erlebt, die für das Problem des sozialen Übels eine in sich geschlossene, vollständige und endgültige Lö-

---

35 E. Rosenstock-Huessy, 1951, S. 5.

36 J. L. Talmon, 1963, S. 5.

37 J. L. Talmon, ebd., S. 5.

38 K. D. Bracher, 1982, S. 29. – Freilich war im Denken der Aufklärung schon des 18. Jahrhunderts der geistige Boden bereitet, in den das politische Handeln dann einmünden konnte. Dies gilt insbesondere für den Platz, den die Vernunft im aufklärerischen Denken im Blick auf die Herstellbarkeit des menschlichen Glücks und der menschlichen Vervollkommnung einnahm.

sung bieten wollte. Niemals sind kühnere Versuche unternommen
worden, um zu beweisen, daß die Geschichte einem logischen Plan
folgt und einem endgültigen Ziel zustrebt. Selten ist mit größerer
Ausdauer versucht worden, historische Zwangsläufigkeit und
menschliche Freiheit miteinander in Einklang zu bringen und die
Forderung nach revolutionärer Neuerung auf deterministische
Entwicklungsgesetze zu gründen.«[39] Hier bildeten sich jene
Grundfigurationen heraus, die im Fortgang insbesondere ge-
schichtsmächtig wurden: Sozialismus in seinen vielerlei Schattierungen, die Wissenschaftsreligion des Positivismus und der Nationalismus. Ohne in eine Beschreibung der Geschichte der revolutionären Bewegungen einzutreten, ist doch darauf hinzuweisen,
daß in den Entstehungsjahren des sozialistischen und nationalistischen Messianismus weder im Bewußtsein der Akteure noch auch
in den sonstig historisch erhebbaren Daten eine unbedingte Ge-
schiedenheit oder gar ein prinzipieller Antagonismus zwischen den
Konzepten bestand. Was die Akteure einte, war der ›Geist‹ der
Revolution. »Die Religion der Revolution umfaßte eine ungeheure
Vielfalt von Interessen, Hoffnungen, Tendenzen und Erwartungen,
die vom Nationalismus bis zum Kommunismus, von evangelischer
Armut bis hin zu industrieller Technokratie reichten. Ihnen war
klar, daß sie eine internationale Bruderschaft darstellten.«[40] So sah
sich auch der Nationalismus als revolutionäre Bewegung, der dem
vorher angeführten Universalitätsanspruch verpflichtet war. Es bedarf etwa für Mazzini die vollendete Weltharmonie der Bindung
des Individuums an eine Nation, da diese nun zum historisch notwendigen Mittler zwischen dem Individuum und dem Ganzen der
Menschheit wird: »durch Arbeit nach dem richtigen Prinzip für
unser Land arbeiten wir für die Menschheit ... Bevor die Menschen sich mit den die Menschheit bildenden Nationen verbinden
können, müssen sie ein nationales Dasein haben.«[41]

---

[39] J. L. Talmon, 1963, S. 1. — Siehe dazu etwa auch: F. Valjavec,
²1977.

[40] J. L. Talmon, ebd., S. 4.

[41] G. Mazzini, zit. nach J. L. Talmon, a.a.O. S. 235. — Aber auch später, als der sozialistische Internationalismus und der Nationalismus in
schärfster Gegnerschaft standen, zeigt sich der letztlich säkularreligiöse

Es ist bekannt, daß die in den Jahrzehnten nach 1789 sich bildenden politisch-revolutionären Ideenkreise, wie vor allem Sozialismus und Nationalismus, im weiteren Verlauf in Konkurrenz zueinander traten, ja deren Kampf gegeneinander im weiteren die europäische Geschichte umstürzend bestimmte. Dies aber hat zentral mit dem eben beschriebenen säkularreligiösen Charakter der revolutionären Bewegungen zu tun. Die Religion der Revolution begann sich in ›Kirchen‹ zu formieren, die nun um die *eine,* unteilbare Wahrheit zu streiten und zu kämpfen hatten. Als solche formierten sich der Sozialismus, der Marxismus, der Nationalismus und ihre jeweiligen Gegenbewegungen. Sie traten als Heilsbewegungen, als absolute Wahrheit verbürgende säkulare Glaubensmächte zum Kampf gegeneinander an. So waren die alten Konfessionskriege, die im Lichte der Vernunft überwunden zu haben das Pathos der Aufklärung war, nur abgelöst von den neuen latenten oder offenen Kreuzzügen, geführt nunmehr um die Wahrheit der säkularen Ideologien und Weltverständnisse und deshalb nicht we-

---

Charakter der jeweiligen Lager deutlich. Dies zeigt — neben zahlreichen anderen Beispielen — etwa die Verehrung bzw. das Erwarten eines politischen Messias. So konnte Lassalle in der sozialdemokratischen Bewegung als Messias gefeiert werden:
»Ich glaube an Ferdinand Lassalle,
Den Messias des neunzehnten Jahrhunderts;
An eine sozialpolitische Wiedergeburt
Meines im Elend schmachtenden Volkes;
An die unumstößlichen Dogmen des Arbeiterstandes,
Gelehrt durch Ferdinand Lassalle,
Der geboren aus verachtetem Namen,
Gelebt im Herzen des Volkes,
Gelitten durch Bourgeoisie und Reaktion,
Gestorben durch meuchlerische Hand,
Auferstanden in der Brust treuer Jünger,
Aufgefahren in dem Geist des Arbeiter-Volkes,
Von dannen er kommen wird, zu richten
Alle Feinde seiner Lehre.« (Freundschuh)
Zu ungefähr gleicher Zeit schrieb Paul de Lagarde, der Prophet der nationalen Religion: »Nur Eines Mannes guter, fester, reiner Wille kann uns helfen, eines Königs Wille, nicht Parlamente, nicht Gesetze, nicht das Streben machtloser Einzelner.« (P. d. Lagarde, 1924, S. 268)

niger blutig als jene, die einst um die Wahrheit des alten Glaubens geführt worden waren.

Der Drang der Religion der Revolution, sich in Kirchen und Gemeinden zu formieren, entfaltete eine die überlieferten sozialen Ordnungen revolutionierende struktur- und kulturverändernde Dynamik: »Ähnlich wie einst religiöse und reformatorische Botschaften, so zogen nun säkulare Ideen Menschen aus ihren sozialen Ordnungen heraus; sie stifteten neue Gemeinschaften mit eigener Identität, die sich über die alten Gruppierungen nach Ständen, Kirchen, Staaten und Nationen schoben oder diese gar auflösten ... So entstanden aus Ideen säkulare Gesinnungsgemeinschaften, die zu den bisherigen sozialen Ordnungen quer lagen.«[42] Die missionarische Kraft der innerweltlichen messianischen Heilsversprechen und ihr Drang zur Gemeindebildung trafen zunehmend auf eine von ihnen selbst mitgeschaffene Kulturlage, in der »die Deutung der innerweltlichen Geschichte inzwischen zu einem Bedürfnis der zur Gestaltung der Verhältnisse aufgerufenen Massen geworden war.«[43]

Was mit der Religion der Revolution begann, in den konkurrierenden messianisch-revolutionären Bewegungen und deren Verfestigungen sich fortsetzte, endete in der schließlichen Ideologisierung jeder Politik — ohne die etwa der Ausbruch des 1. Weltkrieges nicht erklärt werden kann, welch andere Faktoren dabei ihre bestimmende Rolle noch gespielt haben mögen. Schließlich ist »mit Kommunismus, Faschismus und Nationalsozialismus, also im Zeichen totalitärer, antidemokratischer Hegemonie- und Gleichschaltungspolitik, die internationale Dimension einer ideologisch dogmatisierten Politik zur Geltung gekommen«.[44]

----

42 F. H. Tenbruck, 1984, S. 150 f.

43 F. H. Tenbruck, ebd., S. 151.

44 K. D. Bracher, 1982, S. 28. — Bracher selbst schlägt in dem darauf folgenden Abschnitt den Bogen wirkungsgeschichtlich zurück zur Französischen Revolution von 1789: »Bürgerliche Aufklärung und Liberalismus, Freiheits- und Gleichheitsforderung, Volksherrschaft und ideologisches Sendungsbewußtsein, Nationalismus und Internationalismus treten hier fast gleichzeitig auf den Plan, mit all ihren Widersprüchen. Im Verlauf der Fran-

Summierend läßt sich noch einmal festhalten: Die Religion der Revolution, die in der Französischen Revolution historische Gestalt gewann, war eine der prägenden geschichtlichen Gestaltungsmächte des 19. Jahrhunderts und grundstürzend wirksam bis in die erste Hälfte des 20. Jahrhunderts. Sie übte mit der Schubkraft einer Macht, die sich auf der Seite der Geschichte und des Neuen wußte, auch dort, wo sie Gegenbewegungen hervorbrachte und die Verfechter und Verteidiger der überlieferten Ordnung auf den Plan rief, ihren Bann aus.[45]

›Religion der Revolution‹ — das meint: Wo die Profangeschichte selbst zur säkularen Heilsgeschichte geriet, mußte in ihr auch der Glaube an das zukünftige, endgültige Heil, an das universale Glück der Menschheit erwartet und als Werk des Menschen erkämpft werden. Die säkulare Geschichtstheologie etwa des Marxismus, aber in anderer Weise auch des Nationalismus und anderer revolutionärer Bewegungen proklamierte die Beendigung der bisherigen Verfallsgeschichte der Menschheit und das Heraufführen des neuen Äons. Dies war der *Glaube,* der die Revolutionen trug und vorantrieb. Oder anders gewendet: Die Geister, die man mit der alten Religion vertrieben glaubte, kehrten in säkular-revolutionärem Gewand wieder. Die Vorstellung etwa vom Ende der Welt, dem christlichen Glauben immer innewohnend und dem frühen Christentum als apokalyptische Naherwartung des Weltendes lebendig, schlägt um in das eschatologisch-revolutionäre Zerstörungsmotiv: »Alles zerstören, um alles neu zu machen« (St. Etienne); oder in der frühbolschewistischen Losung: »Zertrümmern der alten und Errichten einer neuen Welt« — in der Gewißheit: »Dann steigt aus den Trümmern der alten Gesellschaft die sozialistische Weltrepublik.«[46]

---

zösischen Revolution und der napoleonischen Hegemonie über Europa, im Namen jener Ideen geführt, kommen die innen- und außenpolitischen Ideologisierungen der Politik zum ersten Mal voll zur Geltung.« (S. 29)

45 Vgl. etwa K. D. Bracher, 1982: »Die Modernisierung von Politik und Denken geschieht seit Aufklärung und Revolution im Zeichen einer wahren Explosion des Fortschrittsgedankens, dem selbst Romantik und Konservativismus ihren (defensiven) Tribut zollen müssen, wie es auch die kritische Demokratiebetrachtung eines Tocqueville tut.« (S. 25 f.)

46 S. W. E. Mühlmann, 1961, S. 374 f.

Der revolutionäre Geist, der zur Signatur der Moderne untrennbar gehört, läßt sich abschließend in einem Zitat Leszek Kolakowskis zusammenfassen: »Allgemein gesprochen ist die revolutionäre Mentalität diejenige Geisteshaltung, die sich durch den besonders intensiven Glauben auszeichnet, die totale Erlösung des Menschen sei möglich und stehe im absoluten Gegensatz zum gegenwärtigen Zustand seiner Sklaverei, so daß es zwischen beidem weder Kontinuität noch Vermittlung gebe; weiter: die totale Erlösung sei das einzige wahre Ziel der Menschheit, dem alle anderen Werte als Mittel unterzuordnen sind. Es gibt danach nur einen Zweck und einen Wert, und der ist die totale Verneinung der bestehenden Welt.«[47]

V. Wissenschaft als Glaubensmacht

»Ein neues Interesse wird [in der sozialistischen Gesellschaft] nun ein allgemein gesellschaftliches werden, das zur Zeit der Barbarei noch gar nicht bestand und das seit seinem Aufkommen bis heute nur das Monopol einer Aristokratie bildete: das *wissenschaftliche* ... Für die Entwicklung der Wissenschaft gibt es keine Grenze als jene, die dem Bestehen der Menschheit selbst gesetzt ist ... Unbegrenzt ist das Gebiet der Wissenschaft, das Universum, das ewige und unendliche All. Es läßt sich nie erschöpfen. Für die großen Eroberer der Zukunft bleibt nur noch die Wissenschaft übrig: Kein gewaltigeres Schlachtfeld kann sich ihnen bieten, kein Triumph kann stolzer, erhabener und reiner sein als der der wissenschaftlichen Eroberer, keine Tätigkeit beglückender als die, in ihrem Gefolge zu kämpfen. Die glänzendste Großtat des Sozialismus wird die bilden, daß er nicht bloß Wohlleben, Gesundheit und Muße, sondern auch den Genuß der Wissenschaft zum Gemeingut aller macht.«[48]

Diese Sätze Karl Kautskys, einschließlich des Pathos, von dem sie getragen sind, sind der beispielhafte Ausdruck des prinzipiellen

[47] L. Kolakowski, 1972, S. 7.
[48] K. Kautsky, 1910, S. 267 f.

sozialistischen Glaubens: Wissenschaft und Sozialismus gehören zueinander. Der schließliche Triumph des Sozialismus wird auch der schließliche Triumph der Wissenschaft sein.

Was für den Sozialismus in all seinen Schattierungen galt und in mancherlei Brechung noch weithin gilt, ist der generelle Selbstanspruch der säkular-messianischen Bewegungen. Ob wir an St. Simon und den auf ihn gründenden St.-Simonismus, an Auguste Comte und die ›Kirche‹ des Positivismus oder eben an Sozialismus und Kommunismus denken oder an den Anarchismus eines Bakunin und Kropotkin, an die nationalen Bewegungen oder auch an den Liberalismus des 19. Jahrhunderts: Immer wußten sich die Stifter, Propheten und Priester solcher Bewegungen, aber auch die ihnen folgenden Massen auf der Seite des *wissenschaftlichen* Fortschrittes. Die Wissenschaft sollte die Wahrheit der jeweiligen Verheißung verbürgen, sie war die Garantiemacht, die den ihren Gesetzen und Offenbarungen Folgenden die Gewißheit verlieh, den wahren Heilsweg der Geschichte zu gehen.

Diese Gewißheit gewann explosive geschichtliche Kraft, als die messianischen Bewegungen des 19. zu Beginn des 20. Jahrhunderts zu totalitären Ideologien sich verdichteten und solcher Wissenschaftsglaube »der politischen Ideologisierung die quasi-absoluten Versatzstücke« lieferte und »zum Instrument der technisch-industriellen Steigerung politischer Machtverfügung [wurde]. Am extremsten geschah dies dann im Fall der pseudowissenschaftlichen und technizistischen Glaubenssysteme des Sozialismus und Kommunismus einerseits, des Faschismus und Nationalsozialismus andererseits: Klassen- oder Rassedenken als Antriebskräfte und Legitimationen totalitärer Diktatur verdanken ihre Durchschlagskraft und destruktive Gleichschaltungsmacht nicht zuletzt einem vulgarisierten und biologisierten Wissenschaftsglauben, sei dieser nun soziologisch oder biologistisch begründet.«[49]

Dieser Zugriff auf die Wissenschaft durch die totalitären Ideologien ist weithin bekannt und häufig genug beschrieben worden und bedarf keiner weiteren Ausdeutung. Es bedeutete aber ein zu kurzschlüssiges Verständnis allein schon dieses Sachverhalts, wollte man hier nur die späte und illegitime Inanspruchnahme von Wis-

---

[49] K. D. Bracher, 1982, S. 27.

senschaft durch den politischen Totalitarismus sehen. In Wahrheit verweist der Vorgang auf einen tiefgreifenden und elementaren Befund: Es war die Wissenschaft schon längst zur umfassenden Legitimationsinstanz der säkularen Moderne geworden (der sich die totalitären Ideologien dann eben zur Sicherung ihres vor allem inneren Machtanspruchs bedienen konnten.)

Die Wissenschaft als säkulare Legitimationsinstanz der Moderne: — die These führt in die tiefen Gewässer der neuzeitlichen Wissenschaftsgeschichte und der Kulturgeschichte der Moderne überhaupt. So muß, was für die vorhergehenden Kapitel schon galt, hier noch einmal eigens festgehalten werden: es lassen sich im folgenden nur die Grundlinien bezeichnen, in denen sich diese These von der Wissenschaft als einer der leitenden Glaubensmächte der säkularen Moderne erfassen lassen.[50]

Zunächst ist von der Einsicht auszugehen: Die Genese der modernen Wissenschaft ist nicht allein begründet im bloßen Erkenntnisinteresse, in der bloßen menschlichen Neugier nach Wissen und Erkenntnis, die, nachdem die mittelalterlichen theologischen und überhaupt religiösen Bande gesprengt waren, sich ungehindert frei entfalten konnte.

Vielmehr: Genese und Konstitution der modernen Wissenschaft begannen in der Naturwissenschaft mit der religiös begründeten Suche nach der göttlichen Ordnung in der Natur. Gegenüber dem mehrdeutigen, menschlicher Interpretation ausgelieferten Buch der Bibel, wie dies vor allem in der nachreformatorischen Konfessionsspaltung erfahrbar wurde, galt es nun, das »Buch der Natur« zu entziffern und den mit dem Instrumentarium exakter Naturwissenschaft eindeutig und klar zu erkennenden »Weg zu Gott« zu entschlüsseln. Der Vorgang läßt sich mit Max Weber prägnant zusammenfassen: »Aber man erwartete von der Wissenschaft im Zeitalter der Entstehung der exakten Naturwissenschaften noch mehr. Wenn Sie sich an den Ausspruch Swammerdams erinnern: ›Ich bringe Ihnen hier den Nachweis der Vorsehung Gottes in der

---

50 Im folgenden beziehen wir uns insbesondere auf die Arbeiten F. H. Tenbrucks, der in immer neuem Zugriff die Kulturbedeutung der Wissenschaft in der säkularen Moderne herausgearbeitet hat. — Vgl. vor allem: F. H. Tenbruck, 1975, 1976, 1977a, 1977b, 1981, 1984 (s. Literaturverzeichnis).

Anatomie einer Laus‹, so sehen Sie, was die (indirekt) protestantisch und puritanisch beeinflußte wissenschaftliche Arbeit damals sich als ihre eigene Aufgabe dachte: den Weg zu Gott. Den fand man damals nicht mehr bei den Philosophen und ihren Begriffen und Deduktionen: Daß Gott auf diesem Weg nicht zu finden sei, auf dem ihn das Mittelalter gesucht hatte, das wußte die ganze pietistische Theologie der damaligen Zeit, Spener vor allem. Gott ist verborgen, seine Wege sind nicht unsere Wege, seine Gedanken nicht unsere Gedanken. In den exakten Naturwissenschaften aber, wo man seine Werke physisch greifen konnte, da hoffte man, seinen Absichten mit der Welt auf die Spur zu kommen.«[51]

Dieser wissenschaftsgeschichtliche Sachverhalt ist deshalb festzuhalten und zu betonen, denn er zeigt, daß das Aufkommen rationaler naturwissenschaftlicher Methodik von Anfang an verbunden war mit dem Anspruch, die wahre Ordnung der Welt zu entdecken und sich der Stellung des Menschen in ihr zu vergewissern. »Man kann nicht oft genug darauf hinweisen, daß die Geschichte der modernen Wissenschaft mehr gewesen ist als die Geschichte ihrer Erkenntnis und das unabänderliche Ergebnis des objektiven Erkenntnisfortschritts. Die moderne Wissenschaft begann mit einem Bündel von Annahmen, Erwartungen und Hoffnungen nicht nur über ihre zukünftigen Erkenntnismöglichkeiten, sondern

---

51 M. Weber, 1973, S. 597. — Für diesen Zusammenhang seien aus der Fülle der neueren Literatur nur genannt: M. Schramm, 1984 und B. Nelson, 1972, der in seinen subtilen Studien zur Entstehungsgeschichte der modernen Wissenschaft zum gleichen Resümee kommt: »Die Begründer der neuzeitlichen Wissenschaft, und Philosophie waren alles andere als Skeptiker. Sie waren vielmehr überzeugte Anhänger der neuen Wahrheiten, die so deutlich vom Buch der Natur verkündet wurden. Das Buch der Natur enthüllte in ihren Augen all jenen seine Geheimnisse, die sich in gutem Glauben ernstlich bemühten und die Zeichen entzifferten, die der Autor der Natur so verschwenderisch darbot. Für sie war das Buch der Natur in Zahlen geschrieben, es trog niemals; dagegen war die Bibel mit Worten geschrieben, die leicht mißdeutet werden und zu Mißdeutungen verführen konnten. Männer wie Galilei und Descartes waren sich in weit höherem Maße der Wahrheit gewiß, die ihnen die Zahlen offenbarten, als der auf Schriftauslegung gestützten Wahrheit in den Kommentaren der Theologen.« S. für unseren Zusammenhang vor allem auch A. Koyré 1957 und 1965.

über deren Bedeutung für die objektive und subjektive Selbstvergewisserung, also in dem Glauben an ihren geschichtlichen Auftrag, die Menschen in das Licht der Gewißheit für sich selbst und ihre Angelegenheiten zu führen. Sie trug deshalb von Anfang an die Züge einer Heilslehre, die zu Apostolat und Mission im Kampf gegen die Mächte der Finsternis berufen war.«[52]

So auch erst, in der Dynamik solchen Anspruchs, konnte die Wissenschaft mit der Schubkraft einer neuen Legitimationsquelle das Erbe der im Prozeß der Verdiesseitigung sich entkräftigenden, verflüchtigenden, zumindest privatisierten Religion antreten. Was rechtens und legitim sei, ja welches die Wahrheit über die Welt und ihre Ordnungen und über die Stellung des Menschen in ihr sei, ging über an die neue Instanz: die Wissenschaft.

Es waren ja mit dem Schwund der alten Religion die Fragen nach den richtigen Daseinsformen und deren Legitimität nicht einfach verschwunden. Sie fanden neue Antworten und Begründungen in der neuen Glaubensmacht Wissenschaft, die mehr und mehr den Platz der alten Religion einnahm. »Die große wissenschaftliche Revolution im 17. Jahrhundert markiert einen fundamentalen Wechsel des Legitimationsprinzips. Mit ihr ging das Monopol, gültige Ordnungen zu beglaubigen, an die Wissenschaft über. Nur weil die Wissenschaft dieses Recht übernahm und übte, konnte unsere moderne Welt entstehen. Sie ist auf den Legitimitätsversprechen der Wissenschaft erbaut worden. Die moderne Wissenschaft hat ihren Siegeszug mit der Verheißung begonnen, die wahre Ordnung der Dinge in Natur, Religion, Politik, Gesellschaft, Moral, Kultur bloßzulegen. Sie wollte nicht nur, wie wir heute meinen, Erkenntnisse gewinnen, sondern die falschen Autoritäten entlarven und durch echte ersetzen, die der Mensch mit letzter Gewißheit aus dem rationalen Zwang freier Vernunft anerkennen konnte. So mußte vor ihrer Entschiedenheit alles, was bisher Gültigkeit hatte, als illegitim weichen, und sie selbst wurde in ihrem Fortschritt zur einzigen Autorität in der modernen Welt. Im Namen ihrer Versprechungen wurden die überkommenen Daseinseinrichtungen aufgelöst und neue Ordnungen ins Werk gesetzt. Im Namen und mit Hilfe der Wissenschaft entstanden so die Daseinsapparate der

---

52 F. H. Tenbruck, 1984, S. 48.

modernen Gesellschaft, deren ständige Ausgestaltung als Durchsetzung der letztlich legitimen Ordnung betrieben worden ist. Als Quelle der Anweisungen auf legitime Ordnungen ist Wissenschaft entstanden. In dieser Eigenschaft hat sie unsere heutige Welt geschaffen.«[53]

Was F. H. Tenbruck hier in systematischer Zusammenfassung als wirkungsgeschichtliches *Ergebnis* der säkularen Kulturmacht »Wissenschaft« festhält, bedürfte nun freilich einer genaueren Beschreibung der historischen Stufen und Stadien, in denen dieser Vorgang sich im Laufe der neuzeitlichen Geschichte entfaltete und darstellte.[54] Im Rahmen unserer Darlegungen muß der folgende grobe Abriß genügen.

Die von durchaus religiösen Vergewisserungsantrieben bewegte »Physiko-Theologie« der frühen Naturwissenschaft wurde mehr und mehr abgelöst durch jenes von der Aufklärung bestimmte Denken, das in der positiven Religion entweder den Sündenfall der Menschheit schlechthin, oder doch ein überwundenes, menschheitliches Kindheitsstadium sah. Gerade der naturwissenschaftliche Wissenschaftsfortschritt wurde so zunehmend eingebunden in den diesseits gewendeten neuen Glauben einer Vernunftreligion. Dieser sollten nun die Naturwissenschaften die Bausteine für ein neues naturwissenschaftliches »Weltbild« liefern, nachdem das überlieferte der »alten« Religion seine Geltungskraft verlor. Von der Hoffnung, es werde nun der menschlichen Vernunft durch die Erforschung aller Bezirke der Natur endlich gelingen, die innersten Gesetze der Welt zu entschlüsseln, wurde der Siegeszug der Naturwissenschaft vorangetrieben. Die atemberaubenden Erfolge der Naturwissenschaft in der Erkenntnis der äußeren Wirklichkeit nährten die Gewißheit, der Mensch werde als »maître et possesseur de la nature« (so schon Descartes) die Welt endgültig seinen wahren Zwecken gemäß einrichten können. Seine eigene Dynamik gewann dieser Glaube an die Heilsbedeutung der Naturwissenschaft, als er sich — wie oben schon angedeutet — mit den messianischen Bewegungen des 19. und 20. Jahrhundert verband. Die Weltanschauungskämpfe

---

[53] F. H. Tenbruck, 1976, S. 6 f.
[54] S. dazu insbesondere F. H. Tenbruck 1975.

des 19. Jahrhunderts wurden auch mit den Waffen aus den Arsenalen der Naturwissenschaft geführt. So haben sich auch die politischen Säkularreligionen des 20. Jahrhunderts (insbesondere Marxismus/Leninismus und Nationalsozialismus) »ihrer« Naturwissenschaft als Instrumente der Gewißheitsbegründung bedient.

Doch nicht nur in den politischen Messianismus der verschiedenen Richtungen war dieser Glaube an die säkular-religiöse Bedeutung der Naturwissenschaften verwoben. Die immanente Naturwissenschaftsgeschichte des 19. Jahrhunderts war, bis in die Gegenwart hineinwirkend, auch die Geschichte eines solchen Glaubens. Liest man die Reden etwa Rudolf Virchows, so ist der Glaube an die rettende und heilsbringende Kraft der Naturwissenschaft durchweg zu spüren.[55] Was als »Weg zu Gott« begann, wurde nun der Weg zum Menschen und seiner eigentlichen Bestimmung. So hat für Virchow die Wissenschaft als einziges Ziel, »dem Humanismus zu dienen und in die Rolle einzutreten, welche in früheren Zeiten den transzendenten Bestrebungen der Kirche zugefallen war«.[56]

Im Hinblick auf den historischen Ort einer solchen Bewußtseinslage ist nun freilich sogleich auf jenen Vorgang hinzuweisen, den F. H. Tenbruck den »Trivialisierungsprozeß« der Naturwissenschaften nennt. Er bedeutet, daß die Naturwissenschaften mehr und mehr vom Anspruch, selbst und allein die wirkliche Ordnung der Welt und die Stellung des Menschen in ihr aufweisen und begründen zu können, zurücktraten. Das Ergebnis solcher Selbstzurücknahme des eigenen Heilanspruches ist nach Tenbruck: »Die Na-

---

55 R. Virchow, 1971 (1859). — Als ein weiterer Beleg für viele mag der Hinweis Tenbrucks dienen: »Eine Analyse der Sprache der 1822 gegründeten und für die Geschichte der Naturwissenschaft im deutschen Raum bedeutendsten Vereinigung, der ehrwürdigen Gesellschaft der deutschen Naturforscher und Ärzte, zeigt eine klare religiöse Terminologie. Da sind nur einige der wiederkehrenden Formeln zu zitieren, die Naturwissenschaftler die Himmelsboten höchster Offenbarung, da steigen sie kühn in die Tiefen des Universums und bauen am heiligen Tempel der Natur, da schaffen sie als Pilger zum Heiligen Land der Natur den Tempel der Heilkunde und siegen im Zeichen des wissenschaftlichen Heils.« (F. H. Tenbruck, 1975, S. 29)

56 Zit. nach F. H. Tenbruck, 1975, S. 29.

turwissenschaften nahmen ... Abschied von der Hoffnung, mittels Erkenntnis Orientierung zu gewinnen, wurde es doch, je mehr ihre Kenntnisse fortschritten, nur immer deutlicher, daß eben hierdurch die Natur entzaubert wurde. Es blieben nur die für alle möglichen technischen Zwecke wichtigen, aber für die Daseinsorientierung bedeutungsfreien Erkenntnisse der Tatsachenzusammenhänge übrig. Damit fiel die Natur als Quelle der Daseinsauslegung aus.«[57] Freilich, die neuen Instanzen standen schon bereit. Es waren dies die Wissenschaften, die vom Menschen handelten, von den dem menschlichen Handeln unterworfenen, von ihm gestalteten und veränderbaren Daseinsbereichen: Kultur und Gesellschaft.

So waren es nun die Human- und Sozialwissenschaften, denen der Anspruch zuwuchs, über das wahre Wissen zu verfügen, um die Perfektibilität von Welt und Mensch ins Werk zu setzen. Es war diese säkularreligiöse Dimension, die die Geschichte der Human- und Sozialwissenschaften immer wieder begleitet hat und ohne die auch deren heutige Kulturbedeutung nicht zu erfassen ist. Von den Naturwissenschaften die Methodik einer objektivierenden »Gesetzeswissenschaft« übernehmend, übertrugen die Human- und Sozialwissenschaften, nach der Entzauberung der Natur als säkularreligiösem Bedeutungsraum, den Glauben an die letztgültige Beherrschbarkeit der Welt und die Suche nach der gültigen menschlichen Selbstvergewisserung in den Raum von Kultur und Gesellschaft. Es ist dieser Übergang des säkularen Glaubens an die Wissenschaft von der Naturwissenschaft zu den Human- und Sozialwissenschaften nicht einfach ein bloßer Wechsel, sondern bedeutet Steigerung und Radikalisierung: War die Natur dem menschlichen Handeln noch ein sozusagen ›objektives‹ Gegenüber, so wird für das »säkularreligiöse« Denken in Kultur und Gesellschaft schlechthin alles dem menschlichen Handeln verfügbar, umkehrbar und den wahren menschlichen Zwecken und Bedürfnissen gemäß gestaltbar.

Es ist in wichtigen Arbeiten der vergangenen Jahre dieser Siegeszug der Human- und Sozialwissenschaften in seiner säkularreli-

---

57 F. H. Tenbruck, 1984, S. 66; siehe dagegen zum Beispiel noch R. Virchow, 1971 (1859), S. 52 ff.

giösen Dimension beschrieben worden.[58] Wir können hier nicht in die genauere Beschreibung der Geschichte der Human- und Sozialwissenschaften eintreten, die dann etwa deren national und kulturell unterschiedliche Entwicklungen darstellen müßte. Auch ist zu betonen, daß diese »säkularreligiöse Dimension« nur eine, freilich wirkungsmächtige, Tendenz darstellt. Doch es bleibt für unsere Untersuchungsabsicht festzuhalten: Es sind die Human- und Sozialwissenschaften, insbesondere in ihrer Führungswissenschaft Soziologie mit dem Anspruch und der Schubkraft einer expliziten neuen Religion einst angetreten, wie wir dies bei St. Simon und Comte und den ihnen folgenden Glaubensgemeinschaften studieren können.[59] Doch auch wo im Fortgang solcher Anspruch expliziter Religion zurücktrat, blieb der Geschichte der Human- und Sozialwissenschaften häufig die Verheißung einverwoben, das menschliche Handeln könne, sei es auf der Erkenntnis empirisch feststellbarer sozialer Gesetzmäßigkeiten ruhend (wie im Positivismus) oder durch Erkenntnis der wahren Gesetze der menschlichen Geschichte (so in marxistischer Orientierung), in empirisch-geschichtlicher Realisation die wirkliche Bestimmung von Welt und Mensch heraufführen.

58 S. insbesondere F. H. Tenbruck, 1975, 1976, 1984; vgl. auch die materialreiche Arbeit von M. Bock, 1980.

59 Aus der grundlegenden Literatur hierzu seien genannt: F. v. Hajek, 1959; R. Spaemann, 1959; F. E. Manuel, 1962; J. L. Talmon, 1963; D. Sternberger, 1976; Th. Petermann, 1979 und M. Bock, 1980.

DRITTES KAPITEL:
DER NEUE MENSCH IN DER
SÄKULAREN RELIGIONSGESCHICHTE

I. Allgemeine Hinweise und Bemerkungen

Die Suche nach dem Neuen Menschen in der säkularen Moderne
ist in ihren wesentlichen Ausprägungen in den oben beschriebenen
Deutungsrahmen hineinverwoben. Es ist also der »Neue Mensch«
zu einem *säkularreligiösen Heilsziel* geworden. Dies meint: Es ist das
Feld der *Profangeschichte,* in dem diese säkulare Heilshoffnung gesucht und seine Verwirklichung in der Geschichte erstrebt wurde.
Es ist das politische, insbesondere *politisch-revolutionäre Handeln,*
wodurch der Neue Mensch geschaffen werden soll und wodurch er
erst in die Geschichte eintreten kann. Es ist die *Glaubensmacht*
»*Wissenschaft*«, die das Wissen und die Instrumente bereitstellt, um
den Neuen Menschen heraufzuführen; dies deshalb, weil die Wissenschaft als die Instanz gilt, welche die insbesondere von der Religion produzierten und befestigten Irrtümer und Illusionen des
Menschen von sich selbst und seiner Stellung in der Natur und
Welt aufhebt und durch die erst die wahren Einsichten in die wirklichen Gesetze der Natur, der Geschichte und des Menschen ans
Licht treten können.

Blickt man nunmehr auf die Realgeschichte der Moderne, so zeigt
sich, daß dieses Heilsziel »Neuer Mensch« von ihren Anfängen an
bis in unsere Gegenwart herein immer wieder das Handeln Einzelner bestimmte, vor allem aber das Ziel ganzer Bewegungen war.
So war schon in der Renaissance die Idee von dem immer »vollkommener« werdenden Menschen und des »uomo universale« ein
leitendes Kulturideal, und es war schon die frühe Aufklärung vorangetrieben von der Idee der »Selbstvervollkommnung« des Men-

schen, der, die Hülsen des alten Aberglaubens abstreifend, als neuer, noch nie dagewesener Mensch zu seiner wahren Bestimmung findet.

Vor allem aber waren es die politisch-messianischen Bewegungen des 19. und 20. Jahrhunderts, die die Losung vom Neuen Menschen auf ihre Fahnen geschrieben hatten. So findet sich dieses Heilsziel »Neuer Mensch« in den *verschiedensten* weltanschaulichen und politisch-ideologischen Lagern und Zweigen. Dies eben ist nicht zufällig. Denn es gehört, wie oben beschrieben, das utopische Denken wesentlich zur Signatur der Moderne und zu den sie wesentlich bestimmenden Strömungen und Bewegungen: Mit der Neuen Zeit, der Neuen Gesellschaft, der Neuen Welt oder dem Neuen Reich werde auch der alte Mensch überwunden und der Neue Mensch erstanden sein. So findet sich diese Vorstellung bei den französischen Utopisten, unter der Intelligentsia des vorrevolutionären Rußland und im frühen Sowjetstaat, bei den Anarchisten, etwa aber auch im Zionismus, wie auch in der faschistischen Bewegung und im Nationalsozialismus. Doch auch außerhalb der politisch-revolutionären Lager sind die Vorstellungen vom Neuen Menschen in der Geschichte der okzidentalen Neuzeit lebendig. Hier ist es insbesondere der Gedanke der vernunftgeleiteten *Erziehung,* die den Menschen stetig vervollkommnen und zu seiner wahren Bestimmung führen soll oder geradezu seine Wieder- oder Neugeburt zum Ziel hat.[1] So ist schon die aufklärerische Erziehungs- und Erbauungsliteratur des 18. Jahrhunderts von der Vorstellung geprägt, der Mensch könne durch Erziehung seiner moralischen Fähigkeiten, die in jedem Menschen angelegt seien, sich stetig vervollkommnen. Grundlage dieses aufklärerischen Selbstvervollkommungsgedankens ist die prinzipielle Abkehr von der die christlich-augustinische Tradition bestimmenden Annahme des naturhaft Bösen im Menschen; hier ist es der neue Glaube der Aufklärung, — der geistes- und christentumsdogmengeschichtlich seine Vorläufer hat — der Mensch sei naturhaft gut oder es bestehe

---

[1] Eine interessante Studie hierzu stellt das Buch von H. G. Wittig dar. (1970) Ein allgemeiner, vor allem auch den angelsächsischen Raum miteinbeziehender Überblick findet sich bei J. Passmore, 1975 (besonders S. 164 ff.).

doch wenigstens der Geist des Menschen bei Geburt und Kindesalter aus »leeren Räumen« (John Locke), die es durch die gesellschaftlichen Ordnungen und Mächte zur Vervollkommnung zu
entwickeln gelte. Insbesondere ist hier der Neue Mensch der durch
vernunftgeleitete Erziehung unendlich verbesserbare und verbes-
serte Mensch, wie er im Banne des Trugs der alten Mächte bislang
noch nicht hat ans Licht treten können.

Diese wenigen, allgemeinen Bemerkungen und Hinweise sollten
nur in Einleitung andeuten, daß die Suche nach einem Neuen Menschen eines der zentralen Kapitel der beschriebenen säkularen Religionsgeschichte darstellt und sich in den verschiedensten weltanschaulichen und politisch-ideologischen Lagern und Bewegungen
findet und auch — wie in den späteren Darlegungen noch deutlicher werden wird — in den verschiedensten nationalen Besonderheiten und Sonderwegen der okzidentalen modernen Geschichte
zu studieren ist.

Um diesen Befund nicht im Gestrüpp dürrer Generalisierungen zu
belassen, die auch eine detailliertere Beschreibung der historischen
Tatsachen und Ereignisse im Rahmen dieser Studie nicht wirklich
verlassen könnte, wird im folgenden nunmehr nach den geistigen
Wegbereitern gefragt, die insbesondere diese Suche nach dem
Neuen Menschen in der säkularen Religionsgeschichte der Moderne bestimmt oder doch vielfältig beeinflußt haben. Dies bedarf
im Falle von Karl Marx und Friedrich Nietzsche kaum einer besonderen vorgängigen Begründung. Für Condorcet, der als Name
und Person weniger markant in die moderne Glaubensgeschichte
eingegangen ist, gilt aber: In ihm hat jenes aufklärerische Denken,
das von einer stetigen und unendlichen Fähigkeit des Menschen
zur Selbstvervollkommung ausgeht, seinen exemplarischen Ausdruck gefunden.
   Neben anderen fehlen insbesondere zwei Namen, die in die
Reihe der »Geistigen Wegbereiter« dieser Suche nach dem Neuen
Menschen unbedingt hineingehören: Jean Jacques *Rousseau* und
Charles *Darwin*. Der hier gesetzte Rahmen verhindert eine ausgeführte Darstellung, die gerade bei diesen beiden Namen leicht in
allzu weite und auch allzu diffuse Gefilde der Wissenschafts- und

Kulturgeschichte führte und sich auch nur schwer begrenzen ließe. Doch sollen wenigstens einige Hinweise und Bemerkungen folgen, die Rang und Bedeutung von Rousseau und Darwin für unsere Fragestellung andeuten.

In seinem Traktat »Emile oder von der Erziehung«[2] legt *Rousseau* sein Programm der Bildung des Neuen Menschen vor, dessen Wirkungen in die Pädagogik, aber mehr noch ins allgemeine geistige Bewußtsein bis heute kaum überschätzt werden können. »Emile« ist ein utopischer Entwurf, eine Vision des Neuen Menschen, der hier erscheint als Wiedergeburt einer einmal bestehenden Einheit von Natur und Mensch. Denn der Mensch vor aller Zivilisation lebte — nach Rousseau — in einer unentzweiten Verbindung mit der Natur in Selbstliebe (»amour de soi«), Selbstgenügsamkeit und Unschuld. Bei Eintritt in die Geschichte, also sobald der Naturmensch in das Geflecht der sozialen und kulturellen Verhältnisse eingesponnen wird, verliert er diese seine Unschuld und gerät in einen grundlegenden inneren Widerspruch zu sich selber. Der Ausdruck dieser Selbstentfremdung ist die Umschmelzung der »amour de soi« als des unschuldigen Egozentrismus des »beau sauvage« zur »amour propre« *des* Egoismus, der immer des Anderen bedarf, um sich selbst zu befriedigen. Die Sozialität des Menschen ist die Wurzel seiner Selbstentfremdung und begründet seine Entzweiung mit seiner Welt, in die er gleichwohl unabdingbar verstrickt ist.

Die Lösung dieses Widerspruchs, die im »Emile« vorgelegt wird, ist eine utopische, aber sie ist die einzige für Rousseau, die verbleibt: Es gilt, durch Erziehung einen Menschen zu schaffen, der *unter den Bedingungen der Zivilisation* wieder zu einem Menschen der Natur wird und in unschuldiger »amour de soi« sein Leben lebt. Wie dies aussehen kann, wird im »Emile« ausgemalt. Ziel der Erziehung ist nicht die Sozialisierung des Kindes, sondern seine von allen heteronomen Einflüssen möglichst freie Entfaltung. Vor allem gilt es, eine der entscheidenden Ursachen für die Selbstentfremdung durch die Erziehung auszuschalten: die durch die Zivilisation dem Menschen angesonnenen überflüssigen Bedürfnisse. Sie

---

[2] Siehe hierzu vor allem die Interpretation von R. Spaemann in seinem Nachwort zu »Emile« (1978; S. 693 ff.)

abzulegen ist ein Quell von Freiheit und Bedingung der Rückkehr zur inneren Einheit. Es ist dieser utopische Entwurf Rousseaus, der immer wieder und bis in unsere unmittelbare Gegenwart herein Konzepte emanzipatorischer Pädagogik mit dem Neuen Menschen als Vision und Ziel bestimmt hat: Aufhebung der Entfremdung des Menschen durch eine Erziehung, die ihn befreit von den Beschädigungen einer ihm fremden Gesellschaft.

Es gehört zum Geschick des Werkes von Charles *Darwin,* daß es von seinen Anfängen an immer hineingestellt war in weltanschaulich-ideologische Deutungen. Darwin selbst war kein »Darwinist« und wollte es nie werden und doch ist sein Name untrennbar verknüpft mit dem sich auf ihn berufenden Darwinismus, der als »Sozialdarwinismus«, als »darwinistischer Monismus« oder als »Vulgärdarwinismus« usw. auftrat. Es wurde »seine Theorie zum Impulsgeber und Vehikel für zahlreiche weltanschaulichen Strömungen, vom Materialismus über den Sozialdarwinismus bis hin zum Rassismus«.[3]

Doch es sind schon, bei bewußter Zurückhaltung Darwins allen weltanschaulichen Deutungen gegenüber, im Werk selbst Hinweise anzutreffen, in denen Darwin die weltanschauliche Dimension seiner naturwissenschaftlichen Forschungen und Erkenntnisse zumindest andeutet. Dies gilt insbesondere für die Stellung des Menschen in Natur und Welt und für die Frage nach der Zukunft des Menschen. So spricht Darwin ausdrücklich in seiner Autobiographie von seinem Glauben, »that man in the distant future will be a *far more perfect creature than he now is* ...«[4]. Oder es finden sich am Ende von Darwins Werk »Die Abstammung des Menschen und die geschlechtliche Zuchtwahl« die Sätze, die fast schon den Rang prophetischer Rede beanspruchen: »Der Mensch ist wohl entschuldigt, wenn er einigen Stolz darüber empfindet, daß er, wenn auch nicht durch seine eigenen Anstrengungen, zur Spitze der ganzen organi-

---

[3] G. Altner, 1981, S. 2. — In diesem von Altner herausgegebenen Sammelband finden sich die wichtigsten Texte, insbesondere zur Wirkungsgeschichte des Darwinismus. Die folgenden Bemerkungen beziehen sich auf dieses Buch, aber auch auf die Ausführungen von E. Benz, 1961, S. 84 ff.

[4] N. Barlow, London 1958 (zit. bei E. Benz, 1961, S. 156)

schen Stufenleiter gelangt ist; und die Tatsache, daß er in dieser Weise emporgestiegen ist, statt ursprünglich schon dahin gestellt worden zu sein, kann ihm die Hoffnung verleihen, in der fernen Zukunft eine noch höhere Bestimmung zu haben.«[5] So also stand Darwin selbst schon die Vorstellung eines im Evolutionsprozeß sich bildenden Neuen Menschen vor Augen; eine Vorstellung, die freilich bei den »Darwinisten« der verschiedensten Lager ausgeführtere, ja ungehemmte Formen annahm. Es war — neben anderen — vor allem Ernst Haeckel, der den Gedanken der »natürlichen Zuchtwahl« popularisierte und dessen Schriften eine ungeheure Wirkung ausübten.[6] Hier war es der Glaube, der geradezu »die Weihe einer nationalen Religion« annahm, es werde, geführt durch das Darwinsche Zuchtwahlprinzip »die menschliche Kulturentwicklung in Zukunft zu bisher unerreichbaren Höhen emporsteigen können«[7] und durch Züchtung ein bisher nicht gekannter vollkommener Mensch historische Wirklichkeit werden. Basis dieses Glaubens, worin die naturwissenschaftlichen Erkenntnisse eingebunden waren, war ein prinzipieller Evolutionismus, das heißt es wurde der Entwicklungsgedanke auf die Spezies »Mensch« angewandt oder, wie es David Friedrich Strauß formulierte, der sich als treuer Anhänger Darwins wußte: Es hat der Mensch »eine Bahn vor sich ..., von der noch gar nicht abzusehen ist, wie weit und hoch sie uns noch führen wird.«[8]

Gerade im Zusammenhang des Darwinismus gewann die Idee des Neuen Menschen eine besondere Zuspitzung in der Vorstellung vom *Übermenschen*. Daß der Neue Mensch als Übermensch in die Geschichte eintreten wird, war schon vor Nietzsche eine im 19.

5 Charles Darwin, »Die Abstammung des Menschen und die geschlechtliche Zuchtwahl«. (Zit. nach E. Benz, S. 156)

6 Eine eindringlich-kritische Darstellung findet sich schon sehr früh bei Oscar Hertwig, 1918.

7 Die Zitate finden sich bei O. Hertwig, ebd., S. 176, wie Hertwig auch zahlreiche weitere Belege anführt.

8 D. Friedrich Strauß, Der alte und der neue Glaube. Dieser Satz bildet den Abschluß eines Abschnittes, in dem Strauß die Wahrheit der Darwinschen Evolutionslehre — wie er sie verstand — gegenüber dem biblischen Schöpfungsmythos verteidigt.

Jahrhundert durchaus geläufige Vorstellung. Ernst Benz ist in einem großen Essay dieser Idee des Übermenschen nachgegangen und hat auch einen gültigen Überblick über die Übermensch-Vorstellung in der säkularen Moderne vorgelegt.[9] So findet sich schon bei Jean Paul die Gestalt des Übermenschen, der als »Hochmensch« die Welt revolutionierend verändert und als dessen Inkarnation — nicht nur bei Jean Paul — Napoleon galt. Der Übermensch ist das »schaffende Genie, das seine eigene Moral und seine eigenen sittlichen Geniezüge aufweist, die nicht in Regeln ... zu fassen sind, ... der Übermensch, dessen vulkanisches, anfangs verwüstendes Feuer alle Berge in der Geschichte aus dem Wasser hob, der Feuer-Reformator, der aus einer faulenden modrigen Welt eine grünende emportreibt, ... dessen Kraft und Glauben Handlungen rechtfertigt, die den Schwachen und Zweifelnden als Vermessenheit und Sünde erscheinen, der große Mensch, in dessen Taten sich die höhere Menschheit neu erhöht und verklärt, ... der Prophet und Messias, dessen Seele, vom unendlichen Genius mit dem höchsten Enthusiasmus angerührt, still und kalt wird und ewige Gewißheit empfängt«; und Ernst Benz schlußfolgert: »Hier fehlt nur noch ein Darwin, der zu alledem seine Entwicklungs- und Deszendenzlehre zusteuert, um den Nietzscheschen Antichristen aus der Leier Zarathustras ans Licht treten zu lassen.«[10]

Es findet sich weiterhin der Übermenschgedanke vor Nietzsche in der Philosophie der Linkshegelianer[11], so etwa bei Bruno Bauer, und mit den genannten darwinistischen Einflüssen in Strömungen der philosophischen Anthropologie des 19. Jahrhunderts, wobei vor allem Ludwig Büchner und Eugen Dühring zu nennen sind, aber auch — mit direktem Einfluß auf Nietzsche — der Engländer Alfred Wallace und der Amerikaner Ralph Waldo Emerson.

Diese knappen Bemerkungen und Hinweise zu Rousseau und Darwin leiten über zu den geistigen Wegbereitern, die insonderheit die Suche nach dem Neuen Menschen in der säkularen Religionsge-

---

[9] E. Benz, 1961, S. 78 ff., worauf sich die folgenden Bemerkungen im wesentlichen beziehen.

[10] E. Benz, ebd.

[11] D. Tschizewskij (1930), informiert darüber eingehend.

schichte wesentlich bestimmten und denen wir uns nunmehr zuwenden.

II. Geistige Wegbereiter der Suche nach dem Neuen Menschen in der Moderne

1. Vorbemerkungen

Im folgenden sollen nun — wie schon im vorigen Abschnitt angedeutet — die mit den Namen Condorcet, Marx und Nietzsche sich verbindenden Ideen und Gedankengebäude untersucht werden, die besonders wirkungsmächtig in die säkularreligiöse Geschichte der Moderne und deren Suche nach dem Neuen Menschen eingegangen sind. Dieses Vorhaben bedarf einiger erläuternder Vorbemerkungen.

Da gilt es zunächst, sich im Grundsätzlichen daran zu erinnern, daß der reale Gang der Geschichte mit den in ihm verwobenen politischen, strukturellen und kulturell-ideellen Bedingungsfaktoren nach seiner eigenen Logik verläuft und sich nicht nach den von Intellektuellen ersonnenen Theoremen richtet. Die Wirkungsgeschichte von Ideen ist nicht identisch mit der Theorie ihrer Begründer. Dies gilt gerade auch dort, wo etwa der Philosoph oder Soziologe mit seinem Gedankengebäude oder Theoriesystem auf die Zeit wirken *will;* auch da verändern sich die genuinen Ideen und die auf sie gründenden Theoriekonstruktionen mit den jeweiligen ideellen und materiellen Interessen neuer historischer Gemengelagen.

Daß die Frage nach der Wirkungsgeschichte sich gerade im Falle von Marx und Nietzsche und auch für Condorcet, nimmt man ihn als genuinen Ausdruck aufklärerischen Denkens, stellt, bedarf keiner weiteren Begründung. Deren jeweilige Wirkungsgeschichte wird im folgenden nicht ausführlich behandelt, sondern in wenigen summierenden Hinweisen thematisiert. *Welche* Wirkungsgeschichte Marx, Nietzsche und Aufklärung hatten und welche übermächtigen Schatten sie warfen, werden immer wieder, explizit oder in nuce, die Kapitel zur »Realgeschichte« des Neuen Menschen deutlich machen. Im *folgenden* geht es vielmehr um das möglichst authentisch-unverstellte Bild des Neuen Menschen in den *Schriften* der behandelten Verfasser.

Dies zwingt die folgende Interpretation, sich hart an die jeweiligen zentralen Texte zu halten, weshalb im folgenden nach Möglichkeit breit aus den Werken zitiert wird.

Die Rezeption der — zumindest für Marx und Nietzsche — vom Einzelnen kaum mehr zu überschauenden Sekundärliteratur beschränkt sich auf eine Auswahl derjenigen Autoren, die nach unserer Auffassung für ein *Verstehen* des jeweiligen Werkes unabdingbar sind; Diskussion und Auseinandersetzung mit unterschiedlichen, in der Sekundärliteratur verhandelten Interpretationen findet nicht, oder in Einzelfällen nur en passant, statt; dies auch deshalb, da es ansonsten den Blick auf den zentralen Sachgehalt, den wir herauszupräparieren wünschen, eher verstellte.

Ebenso können — dies gilt insbesondere für Marx und Nietzsche — die im folgenden herausgearbeiteten Befunde nicht eigens auf das Gesamt der Systematik des Werkes bezogen und diskutiert werden; vielmehr gilt es, in direktem Zugriff das jeweilige Verständnis vom Neuen Menschen zu erarbeiten.

2. Condorcet: Die Vervollkommnung des Menschen

In den Schriften des Marquis de Condorcet (1743—1794) fand das Denken der französischen Aufklärung, wie es sich insbesondere in der zweiten Hälfte des 18. Jahrhunderts herausbildete, wenn nicht seinen originellsten, so doch seinen klaren und durchgebildeten Ausdruck. Zum Kreis der »Enzyklopädisten« zählend, verfügte Condorcet über das Wissen seiner Zeit, zu dem er als Mathematiker selbst entscheidend beitrug; insbesondere aber suchte er, der sich der Revolution 1789 anschloß und 1792 zum Präsidenten der Gesetzgebenden Nationalversammlung gewählt wurde, das Wissen der Zeit in nationalökonomischer, sozialwissenschaftlicher und aufklärungsphilosophischer Perspektive auf das Feld der Politik zu beziehen.[12]

---

12 Einen Überblick bieten unter anderem die frühen Arbeiten von Robinet (1893), Natorp (1894) und Buisson (1929); aus den wenigen neueren

In seiner »Esquisse d'un tableau historique des progrès de l'esprit humain«, faßte Condorcet seine Vorstellungen von der vernunftgeleiteten Entwicklung der menschlichen Möglichkeiten im Fortschritt der menschlichen Geschichte zusammen. Dieser philosophische Traktat ist eine noch heute eindrucksvolle, weil jenes aufklärungsbestimmte Denken unverstellt enthüllende Lektüre. Als Anhänger der Gironde verfolgt und zur Flucht gezwungen, schrieb Condorcet den größten Teil seiner »Esquisses« 1793 in einem Versteck, bevor er 1794 einen Tag nach seiner schließlichen Verhaftung unter nicht völlig geklärten Umständen, vermutlich durch Gift, starb. So wurde der unbeirrbare Repräsentant des siècle des lumières zum Opfer eben der Revolution, deren Anwalt er bis zuletzt war. Es sind schon allein diese äußeren Umstände des Lebensgeschicks, die Condorcet selbst zu einer Gestalt der säkularen Religionsgeschichte machen. So war er nicht nur Verkünder des säkularen Glaubens an die Macht der menschlichen Vernunft, sondern auch dessen existentieller Repräsentant, der so in die Hagiographie der säkularen Religionsgeschichte eingegangen ist. Auguste Comte, dessen Werk ohne den unmittelbaren und prägenden Einfluß Condorcets nicht zu denken ist, schrieb denn auch: Condorcet gab mit seinem Tod eines der großen Beispiele »ergreifender Selbstverleugnung, verbunden mit einer ruhigen und unerschütterlichen Festigkeit des Charakters, die angeblich nur die Religion hervorbringen und erhalten kann«.[13]

In Sonderheit aber ist es der sachliche Gehalt, der der »esquisse« besonderen Rang verleiht. In ihr vereinigt sich paradigmatisch das Denken der Zeit, ihre säkularen Hoffnungen und Glaubensziele. Für Benedetto Croce ist es »das Buch, in dem das Jahrhundert sich selbst auf einen zusammenfassenden Ausdruck bringt und das an seiner Neige fast wie sein Testament erscheint …«[14]

Schon in der Einleitung der »esquisse« bezeichnet Condorcet Absicht und Ergebnis des Werkes, bei dem es darum gehe, »durch

---

Veröffentlichungen sei — neben den Artikeln der einschlägigen Nachschlagewerke — K. Vondung (1971) genannt.

[13] Zit. nach K. Löwith, 1953, S. 88

[14] E. Croce, 1915, S. 201

Vernunft Schlüsse und den historischen Fakten gemäß darzutun, daß die Natur der Vervollkommnung der menschlichen Fähigkeiten keine Grenzen gesetzt hat; daß die Fähigkeit des Menschen zur Vervollkommnung tatsächlich unabsehbar ist; daß die Fortschritte dieser Fähigkeit zur Vervollkommnung, die inskünftig von keiner Macht, die sie aufhalten wollte, mehr abhängig sind, ihre Grenzen allein im zeitlichen Bestand des Planeten haben, auf den die Natur, uns hat angewiesen sein lassen«.[15] Der Fortschritt der menschlichen Geschichte hin zur Vervollkommnung des Wissens und damit auch des menschlichen Glücks ist unbegrenzt. Der Blick zurück in vorhergehende Epochen der Menschheitsgeschichte ist immer nur der Blick in überwundene Irrtümer, aus denen sich die Menschheit erst langsam, dann mit Beginn der Dämmerung »der Morgenröte der Wissenschaft« immer schneller zu lösen beginnt. Der Weg führt von der Finsternis (obscurité) des Nichtwissens in das Licht (lumière) der Vernunft, an deren schließlichem Sieg nicht zu zweifeln ist.[16] So kennt Condorcet auch kein goldenes Zeitalter der Menschheit, sondern die Rückschau führt nur in die Zeit des Unglücks und des Aberglaubens. Dieser Befund belegt denn auch hier jenen Vorgang, den wir in dem vorhergehenden Grundlagenkapitel unter dem Stichwort »Verzeitlichung« der Utopie beschrieben haben. In zehn Epochen faßt Condorcet seine Schau von der Gesamtentwicklung der Menschheit zusammen, die sich in drei großen Entwicklungsschüben vollzog und weiter vollzieht: die Vorgeschichte bis hin zur Entwicklung alphabetischer Schrift und der ersten Erkenntnisse der Wissenschaft, die Zeit hin bis zur Französischen Revolution und schließlich die Zukunft als der Zeit nach der Revolution.

Es ist das berühmt gewordene 10. Kapitel (»Von den künftigen Fortschritten des menschlichen Geistes«), in dem Condorcets Vor-

---

15 »Esquisse ...«, S. 31. – Es wird im folgenden durchweg nach der von W. Alff besorgten Ausgabe zitiert. (Frankfurt 1963)

16 Für Löwith ist dies der Beleg dafür, daß hier ein Säkularisat christlicher Heilsgeschichte vorliegt. »... gerade dieser übertrieben weltliche Glaube an Fortschritt und Perfektibilität verbindet Condorcet ... mit der christlichen Hoffnung auf eine künftige Vollkommenheit ...« (K. Löwith, 1953, S. 88)

stellungen des kommenden Neuen Menschen und neuen Menschengeschlechts niedergelegt sind und dessen genauerer Beschreibung wir uns nunmehr zuwenden.

In seiner Einleitung schon summiert Condorcet, worum es in diesem Kapitel 10 geht: um »unsere Hoffnungen und Fortschritte, die den künftigen Generationen vorbehalten sind. Dabei wäre zu zeigen, über welche Stufen hinweg das, was uns heute unbegründete Hoffnung scheinen mag, nach und nach möglich, ja selbst leicht werden muß; zu zeigen …, daß allein die Wahrheit auf Dauer triumphieren muß; zu zeigen, durch welche Bande die Natur den Fortschritt der Aufklärung mit dem der Freiheit, der Tugend, der Achtung vor den natürlichen Rechten des Menschen unaufhaltsam verknüpft hat … Ist nur erst einmal die gesamte Klasse der aufgeklärten Menschen eins geworden, so werden nur noch Freunde der Menschheit zu ihr zählen, die im Einverständnis miteinander daran arbeiten, Vervollkommnung und Glück der Menschheit schneller herbeizuführen«.[17]

Condorcet bleibt freilich keineswegs bei bloß konfessorischer Proklamation des unaufhaltsamen Fortschrittes und schließlichen Sieges der Vernunft bestehen. Bis in die Einzelfragen etwa der Nationalökonomie, der Sozial- und Familienpolitik, der Pädagogik usw. treibt er seine Analyse. Auch ist sein Blick durchaus kosmopolitisch. Um die »Menschheit« geht es und somit auch um die Beseitigung der insbesondere kolonialgeschichtlich bedingten Ungleichheit zwischen den Völkern und Kontinenten.[18]

Die Vorstellungen umfassen die Errichtung einer Art von Sozial- und Alterssicherung ebenso wie vermögens- oder agrarpolitische Vorschläge[19]. In all dem geht es um die Abschaffung der gesell-

---

17 »Esquisses …«, S. 36 f.

18 Fast läßt sich Condorcet, der die »Freunde der Menschheit« als Helfer und Partner der Kolonisierten versteht, als der programmatische Vordenker heutiger westlicher »Dritte-Welt-Politik« lesen. Siehe z.B. »Wird einmal der Zuckeranbau auf dem unermeßlichen afrikanischen Kontinent eingeführt sein, dann wird die schmachvolle Räuberei aufhören, die Afrika seit zwei Jahrhunderten zugrunde richtet und entvölkert.« (»Esquisses …« S. 196)

19 Vorschläge, die sich heute noch originell lesen: »Man setzt Zufall gegen Zufall; das heißt, man sichert demjenigen, der ein bestimmtes Alter er-

schaftlich produzierten, aber auch natürlich gegebenen Ungleichheit zwischen den Menschen. Entscheidende Bedeutung kommt künftig dem »Unterricht« zu, der, den »Aufgeklärtesten« übertragen, die Ungleichheit überwindet und auch die von der »Natur gemachten« Unterschiede ausgleicht. Doch mit der Abschaffung der Ungleichheit ist nur eine Stufe des Vervollkommnungsprozesses von Mensch und Menschheit erreicht. Durch Wissenschaft und die auf sie gründende Technik wird sich der Mensch die Welt und ihre »Tatsachen« in immer genauerem und bislang nicht ahnbarem Maße aneignen. Fast schon wie ein Vorgriff auf die Entwicklung des elektronischen Zeitalters liest sich Condorcets Vorausschau: »Die Energien und die natürliche Reichweite der menschlichen Sinnesorgane werden sich gleich geblieben sein; doch das Instrumentarium, über das sie verfügen, wird sich vergrößert und vervollkommnet haben; ... anstatt daß man, wie in der Mechanik, die Kraft nur steigern kann, indem man die Geschwindigkeit vermindert, werden diese Methoden, die das Genie bei der Auffindung neuer Wahrheiten leiten, seine Kraft wie die Schnelligkeit seiner Operation gleicherweise steigern«.[20]

Durch »universalen Unterricht« werden immer mehr Menschen sich bislang ungeahnte Fähigkeiten aneignen können und durch die Errungenschaft der sich fortentwickelnden Technik, unbelastet von äußerer Daseinsvorsorge, ihren wahren Bedürfnissen gemäß leben können. So wird etwa »eine immer kleinere Bodenfläche ... eine Masse von Nahrungsmitteln erzeugen können, die von größerem Nutzen oder von höherem Wert sind; man wird mehr genießen; man wird weniger Ausgangsmaterial benötigen, um mehr zu produzieren, und das Produzierte wird im Gebrauch haltbarer sein«.[21] Auf diesem Weg hin zur Vervollkommnung werden die Kriege ebenso verschwinden wie die Ungleichheit zwischen den Geschlechtern. Zwar wird die Fortschrittsgeschichte auch

---

reicht, eine aus seinen Ersparnissen herrührende Unterstützung, die aber durch die Ersparnisse derjeniger Individuen vermehrt wird, die den gleichen Beitrag leisten, jedoch vor dem Zeitpunkt sterben, zu welchem sie seiner Vorteile bedürftig geworden wären ...« (Ebd., S. 201)

[20] Ebd., S. 205
[21] Ebd., S. 207

neue Probleme aus sich heraus setzen, die zu überwinden aber der von Aberglauben und Vorurteilen geläuterten Vernunft leicht sein wird. Condorcet nennt hier etwa eine zu erwartende Überbevölkerung, die »sich aus den Fortschritten der Industrie und der Wohlfahrt ergibt, wodurch jede Generation, sei es durch eben diesen Fortschritt, sei es durch die Erhaltung der Produkte frühen Fleißes, zu reicherem Genuß und danach, in Folge der physischen Konstitution des Menschengeschlechts, zu einer Vermehrung der Zahl der Individuen eingeladen« wird.[22] Condorcet schlägt die Einführung einer Geburtenregelung vor, deren Notwendigkeit sich nicht nur aus den äußeren Zwängen etwa der begrenzten Nahrungsmittelressourcen ergibt, vielmehr ist diese ein moralisches Postulat aufgeklärter Vernunft. Diese verleiht den künftigen Menschen das Wissen, »daß sofern sie gegenüber den Wesen verpflichtet sind, die noch nicht sind, ihre Verpflichtungen nicht darin bestehen, ihnen das Leben zu geben, sondern das Glück; ... und nicht das kindische Vorhaben, die Erde mit unnützen und unglücklichen Wesen zu bevölkern«.[23]

Schon diese Bemerkungen und Beispiele zeigen, wie nahe Condorcet in seinem Entwurf der künftigen Fortschrittsgeschichte der tatsächlichen Realentwicklung der Moderne gekommen ist. Dem näher nachzugehen, überstiege freilich den Rahmen unserer Untersuchungsabsicht. Vorläufig läßt sich aber Condorcets Bestimmung des Neuen Menschen der künftigen Entwicklung zusammenfassen: Es ist der sich selbst ständig weiter vervollkommnende, durch Wissenschaft und Technik seine Welt immer mehr beherrschende, die insbesondere von Religion und Aberglaube bestimmten Vorurteile der »alten« Welt zurücklassende Mensch. Dabei ist es entscheidend festzuhalten: Für solch aufklärungsbestimmtes Denken, für das Condorcet ein geradezu idealtypischer Repräsentant ist, geht es nicht nur um Fragen der zunehmenden äußeren Beherrschung der Welt. Zwar gilt es, mit den Methoden der Naturwissenschaft — und bei Condorcet insbesondere der Mathematik — sich die Tatsachen immer genauer und vertiefter zu ordnen, anzueignen und

---

22 Ebd., S. 207
23 Ebd., S. 208 f.

dem politischen Handeln verfügbar zu machen. Aber es geht zugleich um die Vervollkommnung der moralischen und affektiven Fähigkeiten und Anlagen. Auch sie stehen »wie alle anderen Fähigkeiten einer unbegrenzten Vervollkommnung offen ...«[24] Es wird der künftige Mensch so auch seine »Tugend« immer mehr vervollkommnen. »Wahrheit, Glück und Tugend« werden sich stetig weiter entfalten bis dahin, wo die »Freunde der Aufklärung« zu der sich ihres inneren und äußeren Glücks erfreuenden Menschheit zusammenwachsen werden, denn »sie wird also kommen, die Zeit, da die Sonne hienieden nur noch auf freie Menschen scheint. Menschen, die nichts über sich anerkennen als ihre Vernunft; da es Tyrannen und Sklaven, Priester und ihre stumpfsinnigen oder heuchlerischen Werkzeuge nur noch in den Geschichtsbüchern und auf dem Theater geben wird; da man sich mit ihnen nur noch befassen wird, um ihre Opfer zu beklagen ...«[25]

Doch reichen die fortschrittsbestimmten Verheißungen Condorcets vom kommenden neuen Menschen noch in eine andere Dimension. Wenn die Möglichkeit der Vervollkommnung des Menschen unbegrenzt ist, seine Perfektibilität ins Grenzenlose geht, dann betrifft dies auch seine *naturhafte* Ausstattung. Wie groß die Fortschrittsmöglichkeiten des Menschen auf der Basis seiner bisherigen conditio humana sind, hat Condorcet in den bislang zusammengefaßten Passagen dargelegt. Nun aber fragt er abschließend: »Wie groß wäre also vielleicht erst die Gewißheit, das Ausmaß seiner Hoffnungen, wenn man annehmen könnte, daß diese natürlichen Fähigkeiten, diese Organisation selber möglicherweise sich verbessern?«[26]

Condorcet argumentiert hier auf sozusagen »empirischer« Ebene: So wie es bei Pflanzen und Tieren organische Degenerationserscheinungen gebe, so sei auch die Möglichkeit organischer Vervollkommnung ein Gesetz der Natur. Dies freilich muß dann auch für den Menschen selbst gelten. Die Fortschritte der Medizin, der Ernährung, der Wohlfahrtspflege, also all der äußeren Daseinslagen, aber auch die politisch und moralisch sich stetig perfektio-

24 Ebd., S. 212
25 Ebd., S. 198 f.
26 Ebd., S. 219

nierende Lebensorganisation werden dazu beitragen, die Lebensdauer ständig zu verlängern und auch alle Krankheit künftig auszumerzen; sie werden sodann aber auch die »physische Organisation« des Menschen »ändern und verbessern«.[27] So können etwa auf dem Wege der Vererbung, aber auch durch die Macht der Erziehung die in einer Generation erreichten Fortschrittsstufen an die nächste weitergegeben werden: »Können nicht unsere Eltern, die uns die Vorzüge oder Mängel ihrer Gestalt vererben, denen wir die je eigenen Züge unseres Aussehens und die Veranlagung zu bestimmten physischen Affekten verdanken, nun auch jenen Teil der physischen Organisation vererben, von dem Intelligenz, Geisteskraft, Seelenstärke und moralische Empfindsamkeit abhängen? Ist es nicht wahrscheinlich, daß die Erziehung, indem sie diese Eigenschaften vervollkommnet, auf die physische Organisation Einfluß nimmt, sie ändert und verbessert?«[28]

Es liegt in der Logik der Auffassung einer unbegrenzten Perfektibilität des Menschen, solche Grundannahmen auf dessen biologisch-anthropologischen Grundlagen anzuwenden und sie in die Fortschrittsgeschichte einzubinden. Auch Tod und Sterben werden zwar nicht ungültig werden, aber doch, indem sie sich immer weiter hinauszögern, auf eine qualitativ neue Stufe gehoben werden: »... daß eine Zeit kommen muß, da der Tod nunmehr die Wirkung außergewöhnlicher Umstände oder des immer langsameren Abbaus der Lebenskräfte sein wird; ... daß die mittlere Dauer der Zeit von der Geburt bis hin zu diesem Abbau *keiner bestimmbaren* Grenze unterliegen wird? Ohne Zweifel wird der Mensch nicht unsterblich werden; aber kann nicht der Abstand zwischen dem Augenblick, in dem er zu leben beginnt, und der Zeit sich *unablässig* vergrößern, da sich ihm von Natur aus die Schwierigkeit zu sein bemerkbar macht«[29]. (Heraushebung G.K.)

So läßt sich noch einmal zusammenfassen: Es ist die Grundüberzeugung Condorcets, daß das Menschengeschlecht eines nicht be-

---

27 Ebd., S. 221
28 Ebd., S. 221
29 Ebd., S. 219 f.

grenzten Fortschrittes fähig ist. Die Grenzen, die sich uns heute darstellen, sind noch bedingt durch die Zeit, in der wir leben, die morgen schon überwunden sein wird. Der Mensch der Zukunft wird in solch einem Prozeß unendlicher Vervollkommnung, der seine geistig-intellektuellen, moralischen und physischen »Anlagen« umfaßt, geleitet durch die Vernunft der exakten Wissenschaft, zu dem werden, was seine Bestimmung ist: ens perfectum. Der Philosoph sieht schon jetzt dieses »neue Menschengeschlecht, das von allen Ketten befreit, der Herrschaft des Zufalls und der Feinde des Fortschritts entronnen, sicher und tüchtig auf dem Wege der Wahrheit, der Tugend und des Glücks vorwärtsschreitet«; er weiß sich in Gedanken schon jetzt eins »mit dem künftigen Menschen, der in seine Rechte wie in die Würde seiner Natur wieder eingesetzt ist«.[30]

3. Karl Marx: Der totale Mensch

»Solange der Mensch sich nicht als Mensch erkennt und daher die Welt menschlich organisiert hat, erscheint dies *Gemeinwesen* unter der Form der *Entfremdung*. Weil sein *Subjekt,* der Mensch, ein sich selbst entfremdetes Wesen ist. Die Menschen, nicht in einer Abstraktion, sondern als wirklich, lebendige, besondre Individuen *sind* dies Wesen. *Wie* sie sind, so ist daher es selbst. Es ist daher ein identischer Satz, daß der *Mensch* sich selbst entfremdet, und daß die *Gesellschaft* dieses entfremdeten Menschen die Karikatur seines *wirklichen Gemeinwesens,* seines wahren Gattungslebens sei, daß daher seine Tätigkeit als Qual, seine eigene Schöpfung ihm als fremde Macht, sein Reichtum als Armut, das *Wesensband,* was ihn an den anderen Menschen knüpft, als ein unwesentliches Band und vielmehr die Trennung vom anderen Menschen als sein wahres Dasein, daß sein Leben als Aufopferung seines Lebens, daß die Verwirklichung seines Wesens als Entwirklichung seines Lebens, daß seine Produktion als Produktion seines Nichts, daß seine Macht über den Gegenstand als die Macht des Gegenstandes über

---

30 Ebd., S. 221

ihn, daß er der Herr seiner Schöpfung als der Knecht dieser Schöpfung erscheint.«[31]

Dieses Zitat aus den »Exzerptheften« von Karl Marx läßt einleitend Grundlinien der Marxschen Bestimmung des Menschen erkennen: Das Dasein des Menschen, unter gegebenen historischen Bedingungen, ist ein Dasein der *Entfremdung.* Sodann: Der Mensch ist kein abstraktes »Wesen«, vielmehr immer nur der in bestimmten historischen und gesellschaftlichen Konstellationen hervorgebrachte konkrete Mensch oder, wie Marx es in der sechsten seiner berühmten Thesen zu Feuerbach formuliert: »Das menschliche Wesen ist kein dem einzelnen Individuum innewohnendes Abstraktum. In seiner Wirklichkeit ist es das Ensemble der gesellschaftlichen Verhältnisse.«[32] Darüber hinaus gehört es zur grundlegenden Bestimmung des Menschen, daß er als »Gattungswesen« zu verstehen ist, wie dies das Studium der »naturwüchsigen« Gemeinschaftsformen lehrt. »Der Mensch erscheint ursprünglich als Gattungswesen, Stammwesen, Herdentier.«[33] Erst der historische Prozeß, kulminierend in der kapitalistischen Stufe der Menschheitsentwicklung und in den durch sie begründeten Eigentumsverhältnissen, produziert die Vereinzelung des Menschen, wie sie in dem bürgerlichen Individuum ihre letzte und vollendete Ausprägung findet.

Entfremdung heißt zunächst einmal — wie dies auch das eingangs angeführte Zitat schon verdeutlicht: Das ursprünglich ge-

---

31 Aus den »Exzerptheften«. In: Studienausgabe II, S. 253.

32 Deutsche Ideologie. In: Frühschriften, S. 340.

33 Grundrisse der Kritik der politischen Ökonomie. In: Studienausgabe II, S. 150. — Der gemeinte Sachverhalt wird im Werk in immer neuen Wendungen zusammengefaßt, so zum Beispiel: »Das Individuum *ist* das gesellschaftliche Wesen. Seine Lebensäußerung — erscheint sie auch nicht in der unmittelbaren Form einer gemeinschaftlichen, mit anderen zugleich vollbrachten Lebensäußerungen — *ist* daher eine Äußerung und Bestätigung des *gesellschaftlichen Lebens.* Das individuelle und das Gattungsleben des Menschen sind nicht *verschieden,* so sehr auch — und dies notwendig — die Daseinsweise des individuellen Lebens eine mehr *besondere* oder mehr *allgemeine* Weise des Gattungslebens ist, oder je mehr das Gattungsleben ein mehr besonderes oder *allgemeines* individuelles Leben ist.« (Nationalökonomie und Philosophie. In: Frühschriften, S. 238 f.)

meinte Verhältnis des Menschen zur Gemeinschaft, das im Begriff
»Gattungswesen« gefaßt ist und das in einer ungeschieden organischen Beziehung von Mensch und Gemeinschaft besteht, ist aufgelöst. Die »Vereinzelung«, der historisch freilich notwendige Indivi-
dualisierungsprozeß, zerstören dies ursprüngliche Verhältnis, so
daß nunmehr die »Gemeinschaft« oder, auf neuzeitlicher frühkapi-
talistischer Stufe die »Gesellschaft«, dem Menschen als fremd, ja
feindlich gegenübertritt. »In der bürgerlichen Gesellschaft steht der
Arbeiter zum Beispiel rein objektivlos, subjektiv da; aber die Sache
die ihm gegenübersteht, ist das wahre Gemeinwesen nun geworden, das er zu verspeisen sucht und von dem er verspeist wird.«[34]
Gerade *weil* der Mensch wesensmäßig das Ensemble der gesellschaftlichen Verhältnisse ist, bestimmt ihn die von ihm losgelöste,
sich ihm gegenüber verselbständigte Gesellschaft selbst zu einem
Dasein der Entfremdung.

Entfremdung: Das ist die Zentralkategorie Marxens, aus deren
Verstehen heraus sich erst entfaltet, was denn der Neue Mensch für
Marx letztendlich darstellt. Die Traditionslinien, aus denen sich
der Marxsche Entfremdungsbegriff herleitet, sind in der kritischen
wie auch parteiischen Marxismus-Literatur häufig genug beschrieben worden. Es ist bekannt, daß Marxens Entfremdungsbegriff
sowohl auf Fichte zurückgreift, wie vor allem aber auf die spekulative Philosophie Hegels, deren Entfremdungsverständnis wiederum
ohne gnostisch-mystische Traditionen, wie sie vor allem über den
schwäbischen Pietisten Oetinger auf Hegel gewirkt haben, nicht zu
denken ist.[35]

---

34 A.a.O., S. 150.
35 Aus der Fülle der Literatur sei genannt: A. Popitz, 1953; A. Gehlen,
1963; A. Cornu, 1957; J. Israel, 1979; Ph. Merlan, 1976 und E. Topitsch,
1961. — Wichtige Anweise finden sich neuerdings auch bei M. Kukoć, M.
Damnjanović und A. Cović; wobei diese Aufsätze jüngerer Intellektueller
aus dem früheren Jugoslawien auch einen lebendigen Einblick in die gegenwärtige, die früheren Positionen der »Praxis-Gruppe« noch übersteigende
»postmarxistische« Debatte geben, deren Richtung allein schon die Titel-
formulierung des Aufsatzes von M. Kukoć erkennen läßt: »Das *Schicksal*
der Entfremdung und die *Fraglichkeit* ihrer Aufhebung«. (Heraushebung
G.K.)

Zum Kern der Marxschen Bestimmung von »Entfremdung« stößt man freilich erst vor, wo man ein Grundelement der Marxschen Anthropologie in den Blick nimmt. Für Marx gewinnt der Mensch nur insoweit sein »Wesen«, als er sich in seiner Arbeit von sich selbst entäußert. Auch hier Hegel beerbend, versteht Marx den Menschen als animal laborale, insofern der Mensch erst durch seine Arbeit er selber wird, als Arbeitender sich selbst vergegenständlicht: »Ein Wesen, welches seine Natur nicht außer sich hat, ist kein *natürliches* Wesen, nimmt nicht teil am Wesen der Natur. Ein Wesen, welches keinen Gegenstand außer sich hat, ist kein gegenständliches Wesen. Ein Wesen, welches nicht selbst Gegenstand für ein drittes Wesen ist, hat kein Wesen zu seinem *Gegenstand*, das heißt verhält sich nicht gegenständlich, sein Sein ist kein gegenständliches. Ein ungegenständliches Wesen ist ein *Unwesen*.«[36] In seiner Arbeit schafft der Mensch sich nicht nur seine Güter, sondern eben sich selbst. »Wie die Individuen ihr Leben äußern, so sind sie. Was sie sind, fällt also zusammen mit ihrer Produktion, sowohl damit, *was* sie produzieren, als auch damit, *wie* sie produzieren.«[37] Die Entfremdung, unter den Entwicklungen der kapitalistischen Produktions- und Arbeitswelt, ist für Marx eben deshalb total, weil hier jegliche menschliche Arbeit notwendigerweise immer nur die Entfremdung weiter produzieren und befestigen kann.

Das Privateigentum an Produktionsmitteln, Arbeitsteilung und Warenfetischismus sind die kapitalistischen Strukturelemente, die der Arbeit den Charakter der Entfremdung verleihen; und insofern die Arbeit des Menschen es ist, in der er sich gewinnt oder verliert, ist es die entfremdete Arbeit, die den Menschen der kapitalistischen Gesellschaft an seiner eigentlichen Bestimmung hindert. Es sind ihm nicht gehörende und somit fremde Gegenstände, die der Arbeiter schafft und indem sie ihm nicht gehören, gehört er auch nicht sich selbst. Es ist die Arbeitsteilung, deretwegen dem Arbeiter das Ganze seiner Arbeit entgleitet und weshalb er sich selbst

---

[36] Nationalökonomie und Philosophie. In: Frühschriften, S. 274. – In dieser Schrift hat Marx seine Bestimmung des Menschen am konzisesten niedergelegt. Eine genauere Analyse, insbesondere auch der Verbindungen zu Hegel, findet sich bei K. Löwith, 1987.

[37] Deutsche Ideologie. In: Frühschriften, S. 347.

nicht mehr als Ganzer wissen kann. »Die Arbeitsteilung reduziert den Arbeiter auf eine degradierende Funktion. Dieser degradierenden Funktion entspricht eine degradierte Seele.«[38] Es ist das Privateigentum, das den Menschen sich seiner selbst entäußert, daß er »sich als ein fremder und unmenschlicher Gegenstand wird, daß seine Lebensäußerung seine Lebensentäußerung ist, seine Verwirklichung seine Entwirklichung, eine *fremde* Wirklichkeit ist ...«[39]

, Entfremdung heißt also: Die Realentwicklung des historischen Prozesses, die gewordene tatsächliche Verfaßtheit der »gegenständlichen« Welt, trennt den Menschen von den Möglichkeiten, er selbst zu sein und zu werden. Diese Entwicklung zunehmender Entfremdung hat ihren Höhepunkt in der kapitalistischen Welt erreicht, da sie den Arbeiter (wie in anderer Weise übrigens auch den Bourgeois) in seinem Arbeiten und Handeln immer nur tiefer und endgültiger seiner Bestimmung entfremdet. Gerade insofern er zur Gewinnung seiner selbst das auf Arbeit angewiesene Wesen ist, produziert er doch immer mehr eine Welt, die ihm nicht gehört und zu der er nicht gehört und in der er deshalb sich selbst nicht gehört.

Es ist bekannt, wie in Entwicklung des historischen und dialektischen Materialismus Marx und Engels sich die Überwindung des Kapitalismus hin zum Sozialismus und dem schließlichen »Reich der Freiheit« des Kommunismus dachten. Im Kern geht es freilich dabei darum, daß diese Entwicklung eine Entwicklung hin zu einem Neuen Menschen darstellt. Es macht schon die bisherige Beschreibung der Kategorie »Entfremdung« deutlich: Die Überwindung von Entfremdung bedeutet notwendig eine neue Stufe des Menschseins. Dabei ist freilich gleich anzumerken und geht aus den bisherigen Darlegungen auch schon hervor: Das Neusein und Neuwerden des Menschen bedarf für Marx der Wiedergewinnung der verlorenen Bestimmung des Menschen. Woher Marx diesen normativen Begriff des eigentlichen, nicht entfremdeten Menschen hernimmt, wäre eigens zu untersuchen.[40] Festzuhalten bleibt aber

---

38 Das Elend der Philosophie. In: Frühschriften, S. 516.

39 Nationalökonomie und Philosophie. In: Frühschriften, S. 239.

40 Einen wichtigen Beitrag stellt hierfür die Studie von Ernst Kux dar (1967), auf die im folgenden auch immer wieder Bezug genommen wird.

zunächst: Es geht beim Neuen Menschen des Karl Marx um die Wiedergewinnung, um die »*Reintegration* oder *Rückkehr* des Menschen in sich«. (Hervorhebung G.K.)[41]

Es ist der »Kommunismus« das die Welt und Mensch nicht einfach bloß umwälzende Geschehen, sondern das Geschehen, in dem Welt und Mensch zu ihrer eigentlichen Bestimmung und Heimat kommen. Der Weg dorthin führt über die »Vernichtung« der die Entfremdung produzierenden, gesellschaftlichen Institutionen und Ordnungen, wie Religion, Familie, Staat usw.[42] Im Kommunismus gewinnt der sich fremd gewordene Mensch sich wieder, indem er sich die Welt so aneignet, daß sie ihm nicht mehr als fremd und entfremdungserzeugend gegenüber steht, sondern zum Teil seiner selbst wird. Auch die ökonomische Theorie des »späten« Marx, wie sie vor allem im »Kapital« entwickelt wird, ist eingebettet in das Erlösungsschema des wieder zu sich selbst kommenden und seiner Welt zugehörigen Menschen. So geht es in der Abschaffung des Privateigentums zuletzt um die »Vindikation des wirklichen menschlichen Lebens als seines Eigentums« und es ist der Kommunismus die »positive Aufhebung des Privateigentums als menschlicher Selbstentfremdung und darum als wirkliche Aneignung des menschlichen Wesens durch und für den Menschen«.[43]

So hat das Privateigentum im Entstehen der kapitalistischen Gesellschaft Elend, Unglück und die Entfremdung des Menschen hergestellt; es wird die Aufhebung des Privateigentums in der schließlichen kommunistischen Gesellschaft das universale Glück des Menschen ermöglichen. Es war das Aufkommen des Privateigentums der »Sündenfall« des Menschen; es ist seine Aufhebung der Schritt in die wahre Geschichte des Menschen, der Anfang des »Reiches der Freiheit«. Marx selbst hat noch im »Kapital« die Analogie zum biblischen Sündenfallbericht gezogen: »Diese ursprüngli-

41 Nationalökonomie und Philosophie. In: Frühschriften, S. 235.

42 Wichtig hier der Hinweis Karl Löwiths: »Durch diese beiläufige Modifikation des ›Aufhebens‹ in ein ›Vernichten‹ unterscheidet sich Marx auch methodisch von Hegel und insofern prinzipiell, während er im übrigen seine Kategorien übernimmt und sie in versinnlichter Form bis ins Kapital hinein festhält.« (K. Löwith, 1978, S. 303)

43 Nationalökonomie und Philosophie. In: Frühschriften, S. 235.

che Akkumulation spielt in der politischen Ökonomie ungefähr dieselbe Rolle wie der Sündenfall der Theologie ... Adam biß in den Apfel und damit kam über das Menschengeschlecht die Sünde ... Die Legende vom theologischen Sündenfall erzählt uns allerdings, wie der Mensch dazu verdammt worden sei, sein Brot im Schweiß seines Angesichts zu essen; die Historie vom ökonomischen Sündenfall aber enthüllt uns, wieso es Leute gibt, die das keineswegs nötig haben. So kam es, daß die ersten Reichtum akkumulierten und die letzteren schließlich nichts zu verkaufen hatten als ihre eigene Haut. Und von diesem Sündenfall datiert die Armut der großen Masse, die nichts zu verkaufen hat als sich selbst ...«[44]

Was ist das »Reich der Freiheit«? Im dritten Band des »Kapitals« gibt Marx in wenigen Sätzen die Richtung an, dabei freilich nur die Grundgedanken seiner früheren Schriften aufnehmend.[45] Dieses »Reich der Freiheit«, mit dem Kommunismus beginnend, hat zunächst zu seiner ökonomischen Vorbedingung: die Verkürzung des Arbeitstages. Denn dieses Reich der Freiheit setzt den Menschen frei zu dem selbstbestimmten, nicht entfremdeten Tätigsein. »Das Reich der Freiheit beginnt in der Tat erst da, wo das Arbeiten, das durch Not und äußere Zweckmäßigkeit bestimmt ist, aufhört; es liegt also der Natur der Sache nach jenseits der Sphäre der eigentlichen materiellen Produktion ... Die Freiheit in diesem Gebiet kann nur darin bestehen, daß der vergesellschaftete Mensch,

---

44 Kapital I (MEW, Bd. 23), S. 741.

45 Es gab in der westlichen Marxismus-Debatte, vor allem der 60er und 70er Jahre, den interpretatorischen Versuch, das Marxsche Werk in einen »jungen«, und einen »späten« Marx zu teilen; dies sowohl in der theologischen Marx-Debatte und in den christlich-marxistischen Dialoganstrengungen, wie auch in der Debatte zwischen Marxisten und Existenzphilosophen in Frankreich. (Vgl. z.B. E. Thier, 1967 und J. P. Sartre, R. Garaudy et al. 1965.) Das Interesse dieses Interpretationsversuches lag vor allem darin, den jungen »humanistischen« Marx gegenüber dem späten rein »ökonomischen« Marx abzusetzen. Die genaue Analyse der Texte widerspricht freilich m.E. den »Marx-Halbierern« (Ernst Bloch); ohne daß veränderte Schwerpunkte im Werk zu übersehen wären, halten sich doch die geschichtsphilosophischen und anthropologischen Grundlegungen im Marxschen Werk durch. Dies gilt übrigens etwa auch für das Postulat der Notwendigkeit der Gewalt als Mittel des gesellschaftlichen Umsturzes.

die assoziierten Produzenten, diesen ihren Stoffwechsel mit der Natur rationell regeln, unter ihre gemeinschaftliche Kontrolle bringen, statt von ihm als von einer blinden Macht beherrscht zu werden; ihn mit dem geringsten Kraftaufwand und unter den ihrer menschlichen Natur würdigsten und adäquatesten Bedingungen vollziehen. Aber es bleibt dies immer ein Reich der Notwendigkeit. Jenseits desselben beginnt die menschliche Kraftentwicklung, die sich als Selbstzweck gilt, das wahre Reich der Freiheit ...«[46]

In diesem Zitat klingt auch schon an, wie denn der Neue Mensch des Reiches der Freiheit beschaffen ist. Es ist der »vergesellschaftete Mensch«, der zwar noch mit einem Minimum an Kraftaufwand seine materielle Existenz zu sichern hat, dessen eigentliches Leben aber jenseits des Reiches der Notwendigkeit »aufblühen« wird. Dieser »vergesellschaftete Mensch« wird nicht mehr der beherrschte oder herrschende Mensch sein — Zeichen des alten Reiches der Notwendigkeit —, sondern der in freier »Assoziation« lebende Mensch, in der es die Ausbeutung des Menschen durch den Menschen nicht mehr geben wird. Es wird dies die Zeit sein, in der der Mensch nur noch mit Freude tätig sein wird, eine Gesellschaft frei assoziierter Individuen, in der jeder nach seinen Fähigkeiten und nach seinen Bedürfnissen in nicht entfremdeter Arbeit zu seinem eigentlichen Wesen kommt. Dies hat Marx in schwer zu überbietender Prägnanz und Anschaulichkeit in den berühmten Sätzen der »Deutschen Ideologie« formuliert, deren Gehalt freilich das ganze Werk durchzieht: In der alten arbeitsteiligen, Entfremdung produzierenden Gesellschaft hat der Mensch einen »bestimmten, ausschließlichen Kreis der Tätigkeit, der ihm aufgedrängt wird, aus dem er nicht herauskann; er ist Jäger, Fischer oder Hirt oder kritischer Kritiker, und muß es bleiben, wenn er nicht die Mittel zum Leben verlieren will — während in der kommunistischen Gesellschaft, wo jeder nicht einen ausschließlichen Kreis der Tätigkeit hat, sondern sich in jedem beliebigen Zweige ausbilden kann, die Gesellschaft die allgemeine Produktion regelt und mir eben dadurch möglich macht, heute dies, morgen jenes zu tun, morgens zu jagen, nachmittags zu fischen, abends Viehzucht zu treiben, auch

---

[46] Kapital Bd. III (MEW,Bd. 25), S. 829.

das Essen zu kritisieren, ohne je Jäger, Fischer oder Hirt oder Kritiker zu werden, wie ich gerade Lust habe.«[47]

In all dem ist noch einmal als entscheidend festzuhalten, daß der Neue Mensch erst als der »vergesellschaftete Mensch« zu seinem eigentlichen Wesen kommt. »Wenn der Mensch von Natur gesellschaftlich ist, so entwickelt er seine wahre Natur erst in der Gesellschaft«.[48] Das Humanum des Menschen ist seine gesellschaftliche Existenz, das sich verwirklicht dort, wo der Mensch im Kommunismus, in dem die Verhältnisse selbst menschlich gebildet sind, zurückkehrt zu sich selbst aus den Entfremdungen, in die er durch die falschen ökonomischen Verhältnisse und durch die auf ihn aufbauenden Institutionen, Religion, Familie, Staat usw. gebannt war. »Der *Kommunismus* als *positive* Aufhebung des *Privateigentums* als *menschlicher Selbstentfremdung* und darum als wirkliche *Aneignung des menschlichen* Wesens durch und für den Menschen; darum als vollständige, bewußte und innerhalb des ganzen Reichtums der bisherigen Entwicklung gewordene Rückkehr des Menschen für sich als eines *gesellschaftlichen,* das heißt menschlichen Menschen. Dieser Kommunismus ist als vollendeter Naturalismus = Humanismus als vollendeter Humanismus = Naturalismus; er ist die *wahrhafte* Auflösung des Widerstreits zwischen dem Menschen mit der Natur, und mit dem Menschen, die wahre Auflösung des Streits zwischen Existenz und Wesen, zwischen Vergegenständlichung und Selbstbestätigung, zwischen Freiheit und Notwendigkeit, zwischen Individuum und Gattung. Er ist das aufgelöste Rätsel der Geschichte und weiß sich als diese Lösung.«[49]

Noch konkreter und anschaulicher wird Marxens Utopie des Neuen Menschen, wenn man seine Vorstellungen von der »allseitigen Entwicklung des Individuums« hinzunimmt.[50] Die Entfrem-

---

[47] Deutsche Ideologie. In: Frühschriften, S. 361.

[48] Die Heilige Familie. In: Frühschriften, S. 334.

[49] Nationalökonomie und Philosophie. In: Frühschriften, S. 235.

[50] Ein Terminus, der sich in mancherlei Variationen immer wieder findet, so z.B. noch in den »Randglossen zum Programm der Deutschen Arbeiterpartei« (1875). In: Studienausgabe III, S. 180.

dung des Menschen, wie sie die kapitalistische Gesellschaft durch ihre Hauptstrukturelemente »Privateigentum« und »Arbeitsteilung« notwendig produziert, hat ihre anthropologische Zuspitzung darin, daß sie den Menschen in seiner »Sinnlichkeit« verkrüppelt. Ernst Kux hat in seiner Studie[51] diesen Begriff und den damit verbundenen Sachgehalt konzise entfaltet. Im Kern geht es darum, daß die Marxsche Anthropologie in der Kategorie »Sinnlichkeit« des Menschen dessen »Fähigkeiten, Sinnesorgane, Triebe, Leidenschaften, Vorstellungsvermögen, Bewußtsein und Denken« zusammenfaßt.[52] Entfremdung in kapitalistischer Gesellschaft heißt somit: Verkrüppelung der Sinne; es hat »das Privateigentum uns so dumm und einseitig gemacht, daß ein Gegenstand erst der *unsrige* ist, wenn wir ihn haben ... An die Stelle aller physischen und geistigen Sinne ist daher die einfache Entfremdung *aller* dieser Sinne der Sinn des *Habens* getreten.«[53] Aufhebung der Entfremdung im sich entwickelnden Kommunismus bedeutet dann: »Die Aufhebung des Privateigentums ist daher die vollständige Emanzipation aller menschlichen Sinne und Eigenschaften; aber sie ist diese Emanzipation gerade dadurch, daß diese Sinne und Eigenschaften *menschlich*, sowohl subjektiv als objektiv geworden sind. Das Auge ist zum *menschlichen* Auge geworden, wie sein *Gegenstand* zu einem gesellschaftlichen *menschlichen*, vom Menschen für den Menschen herrührenden Gegenstand geworden ist.«[54] So ist der Neue Mensch des Kommunismus der »reiche all- und tiefsinnige Mensch«[55], der sich der Natur bemächtigt und dem sich die Natur als sein Eigenes anverwandelt. Die Gegensätze von Subjekt und Objekt, von Natur und Person haben sich versöhnt. »Naturalisierung des Menschen − Humanisierung der Natur« − im Neuen Menschen ist diese Versöhnung vollendet.[56] Der »vollsinnliche Mensch« des Karl

---

51 E. Kux, 1967.

52 E. Kux, a.a.O., S. 65.

53 Nationalökonomie und Philosophie. In: Frühschriften S. 240.

54 A.a.O., S. 240 f.

55 A.a.O., S. 243

56 Hier auch reiht sich der berühmte Satz Marxens über den Tod ein: »Der Tod scheint als ein harter Sieg der Gattung über das Individuum und

Marx ist der »totale Mensch«, wie es ihn in der Urgeschichte schon einmal gegeben haben mag und der als der Neue Mensch im Kommunismus wieder aufersteht: »Der Mensch eignet sich sein allseitiges Wesen auf eine allseitige Art an, also als ein totaler Mensch.«[57] Es ist dieser totale Mensch, der, gerade weil er als vollendet vergesellschafteter Mensch der Welt der »Gegenstände« nicht mehr gegenüber steht, diese Welt nunmehr total bewegen und beherrschen kann. Er ist nunmehr das »total entwickelte Individuum« das über die »absolute Disponibilität« verfügt.[58]

Schließlich gehört zur Bestimmung des Neuen Menschen bei Karl Marx die Frage: Wie kommt es in historischem Vollzug zur Bildung eines solchen Neuen Menschen? Marx hat sich ja stets strikt gegen den bloßen Utopismus etwa der Frühsozialisten gewandt und darauf bestanden, der Kommunismus sei kein »Ideal, wonach die Wirklichkeit sich zu richten habe«, er sei vielmehr »die *wirkliche* Bewegung, welche den jetztigen Zustand aufhebt«.[59] Auch wenn dieser Frage im Rahmen unserer Studie, in der es ja im wesentlichen um die Vorstellungen des Neuen Menschen im Marxschen Denken geht, nicht nachgegangen werden kann — es käme dies einer Rekonstruktion des historischen und dialektischen Materialismus gleich — sei ein für unsere Verstehensabsicht wesentlicher Punkt festgehalten: es gibt — gerade unter den Bedingungen vollendeter Entfremdung, wie sie im Kapitalismus vorliegen — schon den Vorschein auf die wahre Geschichte, auf die Geschichte des Neuen Menschen, gleichsam dessen Keimzelle: *das Proletariat*.

Nur die von aller Selbstbetätigung vollständig ausgeschlossenen Proletarier der Gegenwart sind imstande, »ihre vollständige, nicht

---

ihrer Einheit zu widersprechen; aber das bestimmte Individuum ist nur ein bestimmtes Gattungswesen, als solches sterblich.« (a.a.O., S. 239)

57 A.a.O., S. 240. — E. Kux hat unter Verwendung einer frühen Arbeit von Tschichevsky (1929) darauf aufmerksam gemacht, daß Marx in seiner Vorstellung des »vollsinnlichen Menschen« auf die romantische Vorstellung des Genies und Übermenschen zurückgreift; eine Vorstellung, die auch in Marxens Umgebung durchaus geläufig war und sich etwa auch bei Moses Hess findet. (Kux 1967, S. 11 und Anmerkung 21)

58 Kapital I (MEW, Bd. 23), S. 512.

59 Deutsche Ideologie. In: Frühschriften S. 361.

mehr borniere Selbstbetätigung, die in der Aneignung einer Totalität von Produktivkräften und der damit gesetzten Entwicklung einer Totalität von Fähigkeiten besteht, durchzusetzen.«[60] Gerade weil das Proletariat selbst der vollendete Ausdruck der Entfremdung ist, ist es zu deren Überwindung historisch berufen. »Allein das Proletariat kann als der völlige Verlust des Menschen auch fähig sein zu einer totalen Wiedergewinnung der Einheit und Ganzheit des Menschen. Gerade aus dieser Ausnahme von der bürgerlichen Gesellschaft schöpft Marx seine Idee von einem neuen und allgemeinen, schlechthin menschlichen Menschen.«[61] So faßt Karl Löwith die universale messianische Heilsaufgabe zusammen, die Marx dem Proletariat zumißt. Es ist das Proletariat im Marxschen Verständnis nicht einfach eine partikulare »Klasse«, vielmehr zugleich Vorschein und Vorgriff auf den Neuen Menschen und berufene Instanz im Gang der Weltgeschichte, die universale Erlösung zu realisieren. Die Geschichte des Neuen Menschen hat im Proletariat schon begonnen und wird durch das Proletariat in revolutionärem Umbruch zu seiner universalen Verwirklichung geführt.

Diese Darlegungen bedürfen nicht einer nochmaligen Zusammenfassung. Doch es sei abschließend noch einmal der säkularreligiöse Charakter der Marxschen Utopie vom Neuen Menschen festgehalten. Die Marx-Interpretation hat immer wieder auf den messianischen Charakter des Marxschen Denkens hingewiesen und dabei mitunter auch vor allem das jüdisch-christliche (insbesondere aber jüdische) Erbe Marxens betont. Wie immer hierbei die Dinge stehen mögen: Es haben gerade die letzten Bemerkungen zur weltgeschichtlichen Erlösungsrolle des Proletariat deutlich gemacht, wie sehr Marx in säkular-messianischen Kategorien dachte.[62] Läßt sich

---

60 A.a.O., S. 406 f.

61 K. Löwith, S. 338. — Das Kapitel, dem diese Sätze entnommen sind, bietet eine präzise Analyse dieser zentralen Marxschen Grundannahme.

62 Prägnant auch hier K. Löwith: »Es ist deshalb kein Zufall, daß der letzte Antagonismus der beiden feindlichen Lager, der Bourgeoisie und des Proletariats, dem Glauben an einen Endkampf zwischen Christus und Antichrist in der letzten Geschichtsepoche entspricht, und daß die Aufgabe des Proletariats der welthistorischen Mission des auserwählten Volkes analog ist. Die universale Erlösungsfunktion der unterdrückten Klasse ent-

womöglich der ganze »historische Materialismus als Heilsgeschichte in der Sprache der Nationalökonomie verstehen«[63], so gilt
sicherlich von der Marxschen Utopie des Neuen Menschen, daß sie
nur als säkularreligiöse Heilsgeschichte verstanden werden kann.
Es ist dies die Geschichte vom Fall des Menschen in die Entfremdung und von seiner schließlichen Wiedererlösung am »Auferste-
hungstag«, wo nicht nur »die Deutschen zu *Menschen*« werden[64],
wo alles in allem eins sein wird. »Wir haben gesehen, wie unter der
Voraussetzung des positiv aufgehobenen Privateigentums der
Mensch den Menschen produziert, sich selbst und den anderen
Menschen ... Das *menschliche* Wesen der Natur ist erst da für den
gesellschaftlichen Menschen; denn erst hier ist sie für ihn da als Band
mit dem Menschen ...; erst hier ist sie da als *Grundlage* seines eigenen *menschlichen* Daseins. Erst hier ist ihm sein natürliches Dasein
sein menschliches Dasein und die Natur für ihn zum Menschen
geworden. Also die Gesellschaft ist die vollendete Wesenseinheit
des Menschen mit der Natur, die wahre Resurrection der Natur,
der durchgeführte Naturalismus des Menschen und der durchgeführte Humanismus der Natur.«[65]

4. Friedrich Nietzsche: »Der Übermensch ist der Sinn der Erde.«

»Der Übermensch ist der Sinn der Erde«.[66] In diesem Satz ist
Nietzsches Vorstellung des Neuen Menschen zusammengefaßt.

---

spricht der religiösen Dialektik von Kreuz und Auferstehung und die Verwandlung des Reiches der Notwendigkeit in ein Reich der Freiheit der
Verwandlung des alten in einen neuen Äon. Der ganze Geschichtsprozeß,
wie er im ›Kommunistischen Manifest‹ dargestellt wird, spiegelt das allgemeine Schema der jüdisch-christlichen Interpretation der Geschichte als
eines providentiellen Heilsgeschehens auf ein sinnvolles Endziel hin.« (K.
Löwith, Weltgeschichte und Heilsgeschehen, 1953, S. 48).

[63] A.a.O., S. 48.
[64] Zur Kritik der Hegelschen Rechtsphilosophie. In: Frühschriften,
S. 223 f.
[65] Nationalökonomie und Philosophie. In: Frühschriften, S.237
[66] »Zarathustras Vorrede«. In: »Also sprach Zarathustra.« (Im folgenden abgekürzt »Zar.«) Werke Band 1, S. 294.

Diese in das Raster einer kurzen Darstellung zu fassen, fällt schwer; dies vor allem aus folgenden Gründen:

Es ist der Anspruch Nietzsches, nicht nur die überlieferte Philosophie, sondern auch die überlieferten Kulturtraditionen des Abendlandes zu überwinden. Er tut dies auch in begrifflicher und methodischer Konsequenz. Sein Kampf etwa gegen die überlieferte Philosophie ist auch insofern total und radikal, als er sich weigert, ihn in den überlieferten Begriffen zu führen. Nietzsche wählt die Sprache des Dichters. Dabei scheut er sich keineswegs, sich selbst als Person in seine Aussagen hinein zu verweben, er tut dies mit Konsequenz und literarischem Raffinement. Teils sich hinter Masken versteckend, teils in unverhüllter pathetischer Selbstidentifikation (Prinz Vogelfrei, Zarathustra, Dionysos) will Nietzsche Prophet und Inkarnation seiner Botschaft sein. Dieser prinzipielle und gewollte Subjektivismus, bei gleichzeitigem Anspruch letztgültiger Allgemeinheit der Aussage, ist es zum einen, der die Dynamik und Faszination Nietzsches ausmacht. Dann die Radikalität und Totalität seiner Kulturkritik: Hier geht es nicht um diese oder jene Fehlentwicklung der abendländischen Geistes- und Kulturgeschichte. Dem Gesamt dieser Geschichte wird in Nietzsches Schriften der Prozeß gemacht. Und schließlich: Nietzsche bleibt bei der Elementarkritik nicht stehen. Er will auf Wege heraus aus den Trümmern der gesamten abendländischen Fehlentwicklung führen: Er hat eine Utopie.

Der messianische Selbstanspruch also, die Fundamentalität seiner Kritik und die Verkündigung einer utopischen Botschaft, schließlich die Magie des Wortes, die Nietzsche zu Gebote stand, — diese stellen eine einzigartige Melange dar und haben die Faszination Nietzsches schon zu Lebzeiten,[67] aber durch die verschiedenen Epochen hindurch bis heute begründet. Zugleich aber ist es eben diese Mixtur, die eine dürre »Zusammenfassung« der Philosophie Nietzsches schwer macht.

Dies gilt insbesondere für Nietzsches Darstellung vom »Übermenschen«. Denn in ihr fokussieren die genannten Elemente am intensivsten. Vorgetragen hat Nietzsche seine Botschaft vom

---

67 Vgl. z.B. die Nachrufe bei Nietzsches Tod. In: C. P. Janz, 1981, Band 3, S. 352−358.

»Übermenschen« in »Also sprach Zarathustra«. Ob man in dem Buch den »ursprünglich bildstarken und gleichnisfrohen Ausdruck einer ›Offenbarung‹« sieht[68], oder eher »opernhaften Posaunen- und Fanfarenklang ... und theatralische Kostümierung mit einem lang wallenden Prophetengewand«[69] — fest steht: im »Zarathustra« — Nietzsche nennt das Werk selbst den »Ja-sagenden Teil« seiner Philosophie — sind die im übrigen Werk ansonsten oft vereinzelt dastehenden Grundelemente des Gedankengebäudes Nietzsches zusammengefaßt. Diese Grundelemente lassen sich mit Karl Löwith in die drei Thesen summieren: »Nietzsches eigentlicher Gedanke ist ein Gedanken-System, an dessen Anfang der *Tod Gottes,* in dessen Mitte der aus ihm hervorgegangene *Nihilismus* und an dessen Ende die Selbstüberwindung des Nihilismus zur *ewigen Wiederkehr* steht.«[70]

Im Bilde des Übermenschen tritt uns Nietzsches Überwindung des Nihilismus vor Augen, die freilich die vorhergehenden Stufen — den Tod Gottes und den die abendländischen Kulturüberlieferungen verneinenden Nihilismus — in sich schließt. Wer also ist der Übermensch Nietzsches? Der Philosoph selbst spricht in »Ecce Homo« im Nachgang davon, daß ihm die Gedanken zu seinem Zarathustra, »wie ein Blitz« aufleuchteten; ... wie eine »Offenbarung« überfielen. »Man hört, man sucht nicht; man nimmt, man fragt nicht, wer da gibt; ... dies ist meine Erfahrung von Inspiration ...«[71] Gleichwohl wäre — trotz der Selbstaussage des Philosophen — nach den Quellen zu fragen, aus denen der Begriff, mehr aber noch die Sachaussagen sich herleiten, die mit der These vom Übermenschen sich verbinden. Ohne hier in die Einzelheiten gehen zu können, läßt sich als Befund summarisch zusammenfassen: Die Traditionsbestände, die sich herleiten lassen, sind in ihrer Herkunft vielschichtig, in ihren Inhalten schillernd. Nietzsches Bild des Übermenschen »umfaßt in sich noch die alten christlichen Elemente des urkirchlichen Übermensch-Begriffs, die christologischen Begriffe, die seiner Lehre vom Übermenschen den Charakter

68 E. Fink, 1960, S. 63.
69 E. Benz, 1961, S. 128.
70 K. Löwith, 71987 (1941), S. 211.
71 Ecce homo, Werke, Band I, S. 281 f.

einer antichristlichen Christologie verleihen, die Elemente des antiken Herrscherkultes und des Heroenbildes der Renaissance, die Impulse des idealistischen Geniebegriffs, der im ›Sturm und Drang‹ bereits ins Dämonische hinüberspielte, den Heroen-Begriff Carlyles, die Evolutionslehre Darwins — aber alle diese Elemente umgeprägt, neu zentriert, aus ihrem alten Zusammenhang herausgelöst und jeweils in polemischer Weise zu ihren geistigen Vätern selbst in Antithese gesetzt.«[72]

Im folgenden ist nun dieses Bild Nietzsches vom Übermenschen in seinen Grundformen herauszuarbeiten, wie es sich anhand der Texte erschließt. — Schon in »Zarathustras Vorrede« steht die Proklamation des Übermenschen: »*Ich lehre euch den Übermenschen.* Der Mensch ist etwas, das überwunden werden soll. Was habt ihr getan, ihn zu überwinden? — Alle Wesen bisher schufen etwas über sich hinaus: und ihr wollt die Ebbe zur großen Flut sein und lieber noch zum Tiere zurückgehen, als den Menschen überwinden? — Was ist der Affe für den Menschen? Ein Gelächter oder eine schmerzliche Scham. Und eben das soll der Mensch für den Übermenschen sein: ein Gelächter oder eine schmerzliche Scham. — Ihr habt den Weg vom Wurme zum Menschen gemacht, und vieles ist in euch noch Wurm. Einst wart ihr Affen, und auch jetzt noch ist der Mensch mehr Affe als irgend ein Affe. — Wer aber der Weiseste von euch ist, der ist auch nur ein Zwiespalt und Zwitter von Pflanze und von Gespenst. Aber heiße ich euch zu Gespenstern oder Pflanzen werden? — Seht, ich lehre euch den Übermenschen. — Der Übermensch ist der Sinn der Erde. Euer Wille sage: der Übermensch *sei* der Sinn der Erde.«[73]

Auf den ersten Blick scheint Nietzsche hier ganz im Banne der Darwinschen Abstammungslehre zu stehen. Und tatsächlich ist diese Gedankenreihe »der Weg vom Wurme zum Menschen« ohne Rezeption Darwins kaum erklärbar. Studiert man den Text freilich genauer, fällt der prinzipielle Unterschied auf. Auch noch der »Weiseste von euch« ist »Zwitter von Pflanze und von Gespenst«. Dies meint: Der gegenwärtige Mensch ist noch ganz eingebunden

---

[72] E. Benz, a.a.O., S. 129.
[73] Zar., Werke, Band 1, S. 293 f.

in die natürliche Evolutionsgeschichte der Arten, wie Darwin sie lehrte. Der Übermensch aber ist Neuschöpfung, er entsteht nicht von selbst in naturhafter *Weiterentwicklung* des Menschen, sondern durch dessen *Überwindung:* »Der Mensch ist etwas, das überwunden werden soll.« Das Verhältnis Darwin — Nietzsche ist zweifellos verwickelter, als es hier darstellbar ist, und die Rezeption Darwins durch Nietzsche sicher größer, als Nietzsche selbst es wahrhaben wollte[74], im Ergebnis aber wehrt sich Nietzsche zu Recht in »Ecce homo« gegen den Vorwurf des Darwinismus: »Andres gelehrtes Hornvieh hat mich seinethalben des Darwinismus verdächtigt ...«[75] So bleibt vorläufig festzuhalten: Der Übermensch Nietzsches ist nicht bloße Höher- und Weiterentwicklung des bisherigen Menschen, sondern das Hervortreten eines gänzlich neuen, bislang nicht gekannten Menschentypus. In immer neuen Anläufen und Bildern will Nietzsche dieses radikale Neu- und Anderssein des Übermenschen festhalten. Noch die »Besten«, noch die »Höchsten« und die »Weisen« der bisherigen Menschheitsentwicklung werden von dem kommmenden Übermenschen sich kategorial unterscheiden, ja sie werden sein Kommen nur mit Abwehr und Furcht erleben. »So fremd seid ihr dem Großen mit eurer Seele, daß euch der Übermensch furchtbar sein würde in seiner Güte! — Und ihr Weisen und Wissenden, ihr würdet vor dem Sonnenbrande der Weisheit flüchten, in dem der Übermensch mit Lust seine Nacktheit badet! — Ihr höchsten Menschen, denen mein Auge begegnete! Das ist mein Zweifel an euch und mein heimliches Lachen: Ich rate, ihr würdet meinen Übermenschen — Teufel heißen! — Ach, ich ward dieser Höchsten und Besten müde: aus ihrer ›Höhe‹ verlangte mich hinauf, hinaus, hinweg zu dem Übermenschen!«[76]

---

[74] Eine Darstellung des Verhältnisses Darwin — Nietzsche findet sich bei E. Benz, a.a.O., S. 123 ff.; siehe dazu vor allem aber auch H. Ottmann, 1987, S. 265 ff.

[75] Ecce homo, a.a.O., S. 186. — Nietzsche wehrt sich in der Fortsetzung dieses Zitats auch gegen die These, er habe die Carlylsche Figur des »Heros« rezipiert: »... selbst der von mir so boshaft abgelehnte ›Heroenkultus‹ jenes großen Falschmünzers wider Wissen und Willen, Carlyles, ist darin wiedererkannt worden.« (Ebd., S. 186) Siehe auch dazu E. Benz, a.a.O., S. 121 ff.

[76] »Von der Menschen-Klugheit«. In: Zar., Werke Band I, S. 413.

Kontur und Prägnanz gewinnt diese Prophetie vom kommenden Übermenschen freilich erst, wo man ihr den Menschen gegenüber stellt, der Ergebnis der abendländischen, insbesondere vom Christentum geprägten Kultur ist. Nietzsche faßt dies in das Bild des *Letzten Menschen.* »So will ich ihnen vom Verächtlichsten sprechen: das aber ist der *Letzte Mensch!* ... Was ist Liebe? Was ist Schöpfung? Was ist Sehnsucht? Was ist Stern? — So fragt der letzte Mensch und blinzelt ... ›Wir haben das Glück erfunden‹ — sagen die letzten Menschen und blinzeln ... Ein wenig Gift ab und zu: das macht angenehme Träume. Und viel Gift zuletzt, zu einem angenehmen Sterben. Man arbeitet noch, denn Arbeit ist eine Unterhaltung. Aber man sorgt, daß die Unterhaltung nicht angreife ... Wer will noch regieren? Wer noch gehorchen? Beides ist zu beschwerlich, kein Hirt und eine Herde! Jeder will das Gleiche, jeder ist gleich ... Man zankt sich noch, aber man versöhnt sich bald — sonst verdirbt es den Magen. Man hat sein Lüstchen für den Tag und sein Lüstchen für die Nacht: aber man ehrt die Gesundheit ...«[77]

So ist der Letzte Mensch der Mensch, der von sich selbst nichts mehr weiß, weil er sich selbst keine Aufgabe mehr ist; der Mensch, der, vom Leben satt, am Leben krankt; der innerlich erstorbene Mensch, der in schierer äußerer Befindlichkeit sich wohnlich einrichtet, aber »keinen Stern mehr gebären wird«. Er ist der verächtlichste Mensch, der in die Banalität bloßer Eindimensionalität gebannt, nicht einmal mehr »sich selber verachten kann«.[78]

Der Letzte Mensch ist der Mensch, wie er sich in Vollendung der Moderne vollends ausbilden wird. Er wird geradezu gewollt, herbeigesehnt von den Menschen der Gegenwart, die schon ganz in seinem Banne stehen. So rufen die Zuhörer der ersten Rede Zarathustras: »Gib uns diesen Letzten Menschen ... Mache uns zu diesem Letzten Menschen! ...«[79] Die Zeit des Letzten Menschen also hat schon begonnen, seine schließliche Vollendung, die schon ihre Schatten wirft, wird dann sein, wenn gilt: »Wehe! Es kommt die Zeit, wo der Mensch nicht mehr den Pfeil seiner Sehnsucht über

77 Zar., ebd., S. 297 f.
78 Zar., ebd., S. 298.
79 Zar., ebd., S. 298 f.

den Menschen hinaus wirft und die Sehne seines Bogens verlernt hat, zu schwirren! ...«[80] Diese Zeit der Entwicklung hin zum Letzten Menschen ist freilich notwendig. Erst wo der Letzte Mensch sich vollendet, kann er auch an sein Ende kommen und so dem schließlichen Einbruch des Übermenschen den Weg bereiten.

Zum Kern dieses Dramas und in die Tiefe der Diagnose Nietzsches vom Letzten Menschen *und* seiner Prophetie vom Übermenschen stößt man freilich erst vor, wo man jenes für Nietzsches Auge grundstürzende, alles umwälzende Ereignis der Neuzeit im Blick hat: den *Tod Gottes.* Für Hegel — den wahren philosophischen Antipoden Nietzsches — war der Tod Gottes selbst noch eingebunden in den sich im »spekulativen Karfreitag« selbst entfremdenden absoluten Geist, der durch solche Nicht-Identität hindurch erst zu seiner eigenen Vollendung findet. »Vollendung der abendländischen Metaphysik in ihrem abgeschlossenen, nichts mehr außer sich lassenden Begriff, der alles bislang Geschehene als Entfaltung seiner Selbst durchschaut und am Ende des Wegs wieder in sich zurückholt.«[81] Ganz anders Nietzsche: Nicht die Vollendung der abendländischen Metaphysik, sondern ihr Ende ist im Tod Gottes proklamiert.

Es ist dieses Ereignis des Todes Gottes, das den Menschen erst wirklich sich selbst gegenüber stellt. Denn es markiert der Tod Gottes das Ende aller bisherigen Idealität in der Gestalt eines Jenseits des Menschen. Im Glauben an Gott hatten die Menschen bislang den Pol ihres Lebens gefunden. Doch es war ein trügerischer

---

[80] Zar., ebd., S. 297. — Es ist gerade diese Bestimmung des »Letzten Menschen«, die der Kulturkritik Nietzsches für viele seiner Leser und Interpreten bestürzende Dringlichkeit und Aktualität verleiht; repräsentativ dafür etwa die Sätze Eugen Finks: »In schneidender Schärfe zeichnet Nietzsche das Bild unseres modernen Lebens: der Letzte Mensch, das sind wir, wir alle, die am Sonntag an Gott glauben, die die circensischen Massenvergnügen, die organisierte Freizeit brauchen, um nicht von der entsetzlichen Langeweile eines Lebens, das nichts mehr will, das im Grunde das ›Nichts‹ will, verschlungen zu werden. Die Zeit ist gekommen, die Nietzsche voraussah ...« (E. Fink, a.a.O., S. 66)

[81] M. Frank, 1988, S. 19.

Pol, denn er war selbst eine Schöpfung der Menschen.[82] In diesem imaginären Himmel verschlüsselten sich nur die unerfüllten Träume des Menschen von sich selbst und seine Sehnsüchte fanden dort ihr freilich unverwirklichtes Ziel. Mit dem Zusammenbruch dieses Jenseits brach all das zusammen, was dem menschlichen Leben bislang die Heimat und seinem Handeln den Grund gab. Der Tod Gottes ist der »Einsturz des leuchtenden Sternengewölbes über der Lebenslandschaft des Menschen«.[83] Er bedeutet: »Der Nihilismus steht vor der Tür: ... dieser unheimlichste aller Gäste ...«[84]

Erst das ungeheuerliche Ereignis des Todes Gottes, in dem der Mensch selbst »diese Erde von ihrer Sonne losketet«, wie es in der berühmten Erzählung vom »tollen Menschen« formuliert ist, treibt in jene Dynamik, die sowohl den Letzten Menschen, wie auch die Möglichkeit des Übermenschen hervortreten läßt. Der Letzte Mensch vermag an die Stelle des verlorenen Pols »Gott« nichts anderes mehr zu setzen. Er ist der dem Nihilismus *ausgelieferte* Mensch. Der »unheimliche Gast« des Nihilismus wird zu seiner letzten Wirklichkeit. Der Tod Gottes bedeutet für ihn gleichfalls inneres Absterben, das heißt eine barbarische letzte Verarmung seines Menschseins ergreift ihn. Wo er keinen Ort mehr hat, wohin er seine Hoffnungen und Sehnsüchte projizieren könnte, ist es seine »Lösung«, die Hoffnungen und Sehnsüchte, alles »Idealische« in ihm verkümmern und schließlich ganz absterben zu lassen. Deshalb sind lähmende Trivialisierung und Banalisierung die Kennzeichen des Lebens der Letzten Menschen.

So wie den Letzen Menschen läßt der Tod Gottes auch den Übermenschen hervortreten. So steht denn auch *vor* der ersten Proklamation des Übermenschen im Zarathustra das Wort vom »Tode Gottes«.[85] So schließt auch das erste Buch des »Zarathustra«:

---

[82] Nietzsche ist hier ganz im Sinne der Feuerbachschen Religionskritik zu verstehen.

[83] E. Fink, a.a.O., S. 67.

[84] »Aus dem Nachlaß 1885–1888«, Werke Band 2, S. 254. – Aus der Fülle der Literatur, die sich mit Nietzsches Verständnis des »Todes Gottes« und des »Nihilismus« befaßt, sei eigens Martin Heideggers bekannte Studie genannt. (M. Heidegger, 1950)

[85] »Zarathustras Vorrede«. In: Zar., a.a.O., S. 293.

»Tot sind alle Götter, nun wollen wir, daß der Übermensch lebe
— dies sei einst am großen Mittage unser letzter Wille!«[86] Denn
auch für den Übermenschen gilt: Erst, wo der Mensch nach dem
Einsturz des Sternengewölbes unverstellt sich selbst gegenüber
steht, ist die Bedingung seiner Überwindung hin zum Übermenschen gegeben. »Einst sagte man Gott, wenn man auf ferne
Meere blickte; nun aber lehrte ich euch sagen: Übermensch. —
Gott ist eine Mutmaßung; aber ich will, daß euer Mutmaßen nicht
weiter reiche als euer schaffender Wille. — Könntet ihr einen Gott
schaffen? — So schweigt mir doch von allen Göttern! Wohl aber
könntet ihr den Übermenschen schaffen ... Hinweg von Gott und
Göttern lockt mich dieser Wille; was wäre denn zu schaffen, wenn
Götter — da wären! — Aber zum Menschen treibt er mich stets
von neuem, mein inbrünstiger Schaffens-Wille ... Ach, ihr Menschen, im Steine schläft mir ein Bild, das Bild meiner Bilder! ...
Des Übermenschen Schönheit kam zu mir als Schatten: Ach,
meine Brüder! Was gehen mich noch — die Götter an!«[87]

So beginnt für Nietzsche mit dem Neuen Menschen als dem
Übermenschen erst die wahre Geschichte der Menschheit, die nun,
von der wahnhaften Krankheit des Gottesglaubens geheilt, zum
Schöpfer ihrer eigenen Welt werden kann. Der Neue Mensch
Nietzsches ist der wache, vom narkotischen Schlaf des religiösen
Menschen erwachte, er ist der schaffende, den Traumgespinsten
der Religion nicht länger nachjagende Mensch. In ihm kommt die
Freiheit des Menschen ans Ziel. »Nun aber starb dieser Gott! Ihr
höheren Menschen, dieser Gott war eure größte Gefahr. Seit er im
Grabe liegt, seid ihr erst wieder auferstanden. Nun erst kommt der
große Mittag, nun erst wird der höhere Mensch — Herr! ...
Wohlan, wohlauf! Ihr höheren Menschen! Nun erst kreißt der Berg
der Menschen-Zukunft. Gott starb: Nun wollen *wir*, daß der
Übermensch lebe.«[88]

Fragt man nun genauer, wie denn diese Neugestalt des Menschseins aussehe, fragt man also nach den Merkmalen und Eigenschaf-

---

[86] Zar., ebd., S. 354.
[87] Zar., ebd., S. 359 ff.
[88] Zar., ebd., S. 540.

ten des Neuen Menschen bei Nietzsche, so werden die Aussagen —
ähnlich wie dies beim »totalen Menschen« Karl Marxens der Fall
ist — eher spärlich und andeutend. Ernst Benz konstatiert sogar:
»Gerade weil die Notwendigkeit einer Überformung der jetztigen
Gestalt des Menschen mit einer so prophetischen Emphase betont
wird, ist man überrascht und enttäuscht, keinen positiven Hinweis
auf die neuen höheren übermenschlichen Fähigkeiten dieser
Menschheit zu erhalten. Spekulationen über neue supramentale
oder parapsychische Fähigkeiten des Übermenschen sind ihm
fremd. Das Bild des Übermenschen, wie ihn Nietzsche beschreibt,
weist im Grunde nur eine bestimmte, eng begrenzte Auswahl
durchaus normaler spezifisch menschlicher Eigenschaften auf, und
dabei ist das Prinzip ihrer Auswahl selbst rein negativ, nämlich die
Ausmerzung aller jener Eigenschaften die in irgendeiner Weise mit
der christlichen Sittenlehre zusammenhängen.«[89] Dies Urteil ist
freilich sogleich auch zu relativieren. Nietzsche hat — bei aller
Spärlichkeit in den konkreten Aussagen — doch nicht nur einen
Begriff, sondern auch ein gefülltes Bild des Übermenschen zumindest angedeutet.

Am Anfang dieses Bildes steht die negative Abgrenzung, die
Antithese des Übermenschen gegenüber dem von der Christentumsgeschichte geprägten Menschentypus. Hierbei gilt es noch
einmal festzuhalten: Der Übermensch ist keine bloße Fortentwicklung bislang im Menschen schon angelegter Tendenzen, so als ob es
nur darum ginge, die vom Christenglauben geprägte Geschichte
nun auf eine höhere Stufe zu heben. Vielmehr ist er gerade der An-
titypus zum »christlichen Menschen«; war dieser zu schwach, um
ohne Gott auszukommen, so zeigt der Übermensch seine titanen-
hafte Stärke, daß er sich als alleiniges Zentrum weiß. So muß, was
in der Christentumsgeschichte, einschließlich ihrer Säkularisate, als
Tugend galt, nunmehr verdammt sein. Wo einst die Schwäche,
christlich verklärt zur Tugend wurde, als Mitleid und Nächsten-
liebe die sittlichen, kulturprägenden Ideale waren, wird nun die
Stärke und der »Wille zur Macht« die Haupttugend des Übermenschen sein. In ihm wird die »Umwertung aller Werte« zur historischen Wirklichkeit. So wird auch das Böse, das heißt das dem

---

[89] E. Benz, a.a.O., S. 132.

christlichen Geist bislang als das Böse geltende, dem Übermenschen zur Tugend und dessen Verwirklichung ein Teil seiner heroischen Aufgabe.[90]

Doch Nietzsche bleibt bei solcher Negation und Umwertung nicht stehen. Die *Erde* ist es, die an die Stelle des toten Gottes und an die Stelle der leergewordenen Ideenwelt tritt. »Das Diesseits, das Hiesig-Irdische, die raum-zeitliche Welt, die unser Lebensschauplatz ist, ist nicht mehr zum Vorläufigen, Vordergründigen und Uneigentlichen entwertet, – denn die wahre Welt liegt nicht mehr jenseits von Raum und Zeit als das nur dem Denken zugängliche Ding an sich, das Ideenreich, der Gott und sein Himmelreich.«[91] Der Ruf Zarathustras: »Brüder bleibt der Erde treu!« ist nicht nur Warnung vor den »Giftmischern«, die vom Jenseits reden, sondern Ruf zurück in die eigentliche Heimat des Menschen: die Erde.[92]

Was der Begriff »Erde« bei Nietzsche genau meint, ist ebenso wie das oft verwandt gebrauchte Wort vom »Leben« dunkel und schwer zu fassen. In abgekürzter Formulierung läßt sich sagen: »Erde« ist nicht das bloß Vorhanden-Dingliche der Welt, es ist die schaffende Kraft selbst, die »Poiesis«[93] durch die alle Dinge sind. Alles was ist, ist »Gewächs« der Erde. Der Sinn der Erde aber ist der Übermensch. Denn: »In der Daseinswandlung zum Übermenschen stellt sich Geist und Freiheit in die Erde zurück, erkennt sich als ein Teil der Erde, als eins mit ihr.«[94] So erst, durch das Kommen des Übermenschen, kommt auch die Erde zu ihrer eigentlichen Be-

---

90 Vgl. »Ecce homo«: »Zarathustra ... sagt: Gute Menschen reden nie die Wahrheit. Falsche Küsten und Sicherheiten lehrten euch die Guten; in Lügen der Guten wart ihr geboren und geborgen. Alles ist in den Grund hinein verlogen und verbogen durch die Guten. In diesem Sinne nennt Zarathustra die Guten bald die ›Letzten Menschen‹, bald den ›Anfang vom Ende‹; vor allem empfindet er sie als die schädlichste Art Mensch, Zarathustra, der erste Psycholog der Guten, ist – folglich – ein Freund der Bösen.« (In: Werke, Band 1, S. 193)

91 E. Fink, a.a.O., S. 76.

92 »Zarathustras Vorrede«, a.a.O., S. 294.

93 E. Fink, a.a.O., S.77.

94 E. Fink, ebd., S. 76.

stimmung, zu ihrer »Genesung ... Und schon liegt ein neuer Geruch um sie, ein heilbringender und eine neue Hoffnung.«[95]

So erst vollendet sich im Übermenschen der Sinn der Erde; wie denn auch der Mensch erst als Übermensch, das heißt als der Erde endlich gehörende Mensch, zu seiner Bestimmung kommen kann. Dieses Eingebundensein des Menschen in die »Erde«, in dem der schaffende Mensch und die poiesis der Erde zueinander gehören, ermöglicht erst die gültige Bejahung des Lebens.

Es ist nur noch als These anzufügen, daß dieser Gedanke erst seine Ausformung und Begründung gewinnt, indem Nietzsche ihn einordnet in seine Lehre von der »ewigen Wiederkehr des Gleichen«. Die Darstellung dieser Lehre entzieht sich dem uns in dieser Studie gesetzten Rahmen.[96] Doch läßt sich Nietzsches Prophetie vom kommenden Übermenschen zuletzt nur verstehen, wo Nietzsche sie, vermöge seiner Lehre von der ewigen Wiederkehr, einordnet in das Ganze des Seins und der Zeit. So liegt es denn auch in der Logik des »Zarathustra«, daß dessen dritter Teil, das Herzstück des Buches, in freilich vielfacher Verschlüsselung, um den Gedanken der ewigen Wiederkehr kreist.[97]

---

95 »Von der schenkenden Tugend«, Zar., a.a.O., S. 352 f.

96 Es sei aber wenigstens auf die nach wie vor grundlegende Untersuchung von K. Löwith hingewiesen (³1978); ebenso auf H. Ottmann 1987, S. 361 ff. (Dort auch weitere Literatur.)

97 Im Kern geht es bei der Lehre von der ewigen Wiederkehr um die »Lösung« der Frage nach der Zeit, nach Vergangenheit und Zukunft; so heißt es in »Gesicht und Rätsel«, in der Begegnung Zarathustras mit dem Zwerg: »Siehe diesen Torweg! Zwerg! ... Der hat zwei Gesichter. Zwei Wege kommen hier zusammen: die ging noch niemand zu Ende. Diese lange Gasse zurück ... die währt eine Ewigkeit. Und jene lange Gasse hinaus – das ist eine andere Ewigkeit ... Muß nicht, was laufen kann von allen Dingen, schon einmal diese Gasse gelaufen sein? Muß nicht, was geschehen kann von allen Dingen, schon einmal geschehen, getan, vorübergelaufen sein? ... Denn, was laufen kann von allen Dingen: auch in dieser langen Gasse hinaus – muß es noch einmal noch laufen! – Und diese langsame Spinne, die im Mondscheine kriecht, und dieser Mondschein selber, und ich und du im Torwege, zusammen flüsternd, von ewigen Dingen flüsternd, müssen wir nicht alle schon dagewesen sein? – Und wiederkommen und in jener anderen Gasse laufen, hinaus, vor uns, in dieser langen schaurigen Gasse – müssen wir nicht ewig wiederkommen? –« (Zar., a.a.O., S. 424)

Es läßt sich die Botschaft Nietzsches vom Übermenschen noch einmal so zusammenfassen[98]: Die Bestimmung des Menschen ist es, wegzukommen von der Fremdbestimmung des »Du sollst«, Ergebnis der Bindung an die Gebote fremder Götter oder Ideale und hinzufinden zu dem »Ich will« des Menschen, der sich nach dem Tode Gottes als alleiniges Zentrum weiß. Doch auch dieses »Ich will« wird im Übermenschen noch überstiegen sein und sich vollenden in: »Ich bin«. Der Übermensch lebt in der »neuen Unmittelbarkeit« (Walter Schulz), in einem fraglosen Eingebundensein in die »Erde« und hineingestellt in ein »heiliges Ja-Sagen« zum Leben. Im Übermenschen werden auch die Fragen des Menschen nach sich selbst, nach dem Ziel und Sinn der Erde an ihr Ende gekommen sein; oder in der Formulierung von Walter Schulz: »An die Stelle des ›Warum‹ ist — mit Heidegger gesprochen — das Weil getreten im Sinne des Verweilens. ›Das Spiel ist ohn' Warum. Es spielt, dieweil es spielt. Es bleibt nur Spiel: das höchste und das tiefste.‹ — Aber ... diese neue Unmittelbarkeit ist noch nicht da. Sie steht noch aus. Der Übermensch, der wie das Kind nicht von der Vernunft, sondern vom Leib her lebt, ist noch ein Ziel der Sehnsucht.«[99]

Der Übermensch also ist dort nicht geschichtliche Wirklichkeit, sondern Verheißung. »Niemals noch gab es einen Übermenschen. Nackt sah ich beide, den größten und den kleinsten Menschen: — allzu ähnlich sind sie noch einander. Wahrlich, auch den Größten fand ich — allzu menschlich!«[100] Freilich hat mit »Zarathustra« die zukünftige Geschichte des Übermenschen schon begonnen, in ihm ist, in dichterischer Prolepse, schon das Bild des Übermenschen erstanden, was bisher Mensch hieß, überwunden; am Ende verläßt Zarathustra seine Höhle, »glühend und stark wie eine Morgensonne, die aus dunklen Bergen kommt.«[101] Die Geschichte des Übermenschen kann beginnen.

Wie diese Geschichte des Übermenschen aussehen wird, darüber finden sich kryptische, schwer zu entschlüsselnde Andeutun-

---

[98] Ich folge hier den Darlegungen von Walter Schulz (1972), S. 417.

[99] W. Schulz, a.a.O., S. 417.

[100] »Von den Priestern«, Zar., ebd., S. 366.

[101] »Das Zeichen«, Zar., ebd., S. 576.

gen im vierten Teil des »Zarathustra«. Diese Geschichte führt zunächst hinein in unerhörte Erschütterungen, in einen »Krampf von Erdbeben: denn wenn die Wahrheit mit der Lüge von Jahrtausenden in Kampf tritt, werden wir Erschütterungen haben, einen Krampf von Erdbeben, eine Versetzung von Berg und Tal, wie dergleichen nie geträumt worden ist. Der Begriff Politik ist dann gänzlich in einem Geisterkrieg aufgegangen, alle Machtgebilde der alten Gesellschaft sind in die Luft gesprengt — sie ruhen allesamt auf der Lüge: es wird Kriege geben, wie es noch keine auf Erden gegeben hat ...«[102] Der Weg hin zum Übermenschen ist ein Weg zum »Paradies unter dem Schatten der Schwerter«.[103]

Es bleibt für die Beschreibung von Nietzsches Neuem Menschen als einem Übermenschen noch jener Gedanke beizufügen, der insbesondere die Wirkungsgeschichte von Nietzsches Werk so stark geprägt hat: die *Züchtung* des Übermenschen. Hier sind es insbesondere die entsprechenden Kapitel, der unter dem Titel »Der Wille zur Macht« zusammengefaßten nachgelassenen Schriften Nietzsches, in denen dieser Gedanke mehr aphoristisch denn systematisch entfaltet ist. »Es bedarf einer Lehre, stark genug, um züchtend zu wirken: stärkend für die Starken, lähmend und zerbrechend für die Weltmüden.«[104] — Es läßt sich also der Übermensch durch »Züchtung« *schaffen,* er läßt sich planend herstellen. So steht es schon im »Zarathustra«: »Könntet ihr einen Gott schaffen? So schweigt mir doch von allen Göttern! Wohl aber könntet ihr den Übermenschen schaffen. Nicht vielleicht ihr selber, meine Brüder! Aber zu Vätern und Vorfahren könntet ihr euch umschaffen des Übermenschen: und dies sei euer bestes Schaffen.«[105]

102 »Ecce homo«, Werke, Band 1, S. 191.

103 Dies ist auch der Titel eines gehaltvollen Aufsatzes von Horst Baier (1984) auf den besonders aufmerksam gemacht werden soll; in dichter Reflexion gibt Baier eine aufschlußreiche Interpretation jenes im Werk mehrfach wiederkehrenden Wortes vom »Paradies unter dem Schatten der Schwerter«.

104 »Der Wert der Zukunft«. In: Der Wille zur Macht, 4. Buch, Werke, Band 2, S. 391.

105 Zar., a.a..O., S. 360.

Faßt man die zahlreichen aphoristischen Äußerungen, insbesondere aus dem »Willen zur Macht« zusammen, so zeigt sich durchgehend: Der Übermensch ist planbar und herstellbar. Das »Schaffen« des Übermenschen gehört zum einen in den Bereich pädagogisch-politischer Einwirkung: Züchtung durch Lehre. Doch bleibt Nietzsche dabei nicht stehen und schreckt vor dem Gedanken einer geplanten biologischen Mutation nicht zurück. »Eine Frage kommt uns immer wieder, eine versucherische und schlimme Frage vielleicht: Sie sei denen ins Ohr gesagt, welche ein Recht auf solche fragwürdigen Fragen haben, den stärksten Seelen von heute, welche sich selbst auch am besten in der Gewalt haben: Wäre es nicht an der Zeit, je mehr der Typus ›Herdentier‹ jetzt in Europa entwickelt wird, mit einer grundsätzlichen, künstlichen und bewußten Züchtung des entgegengesetzten Typus und seiner Tugenden den Versuch zu machen?«[106] Um einen neuen Typus »Mensch« also geht es, der Ergebnis bewußter und künstlicher Züchtung ist. Wer aber hat das Recht zu solcher Züchtung? Dies ist Aufgabe einer neuen aristokratischen Kaste, die sich selbst schon vom »Herdentier« absetzt. Sie, »die herrschende Kaste«, gilt es, allererst zu bilden, »als die zukünftigen Herren der Erde«. Es ist dies »eine Geistes- und Leibaristokratie, die sich züchtet, immer neue Elemente in sich hinein nimmt und gegen die demokratische Welt der Mißratenen und Halbgeratenen sich abhebt.«[107] Freilich bleibt unklar, ob in diesen »Herren der Erde« nicht schon der Übermensch realisiert ist oder ob jene erst jenen Typus darstellen, der den Übermenschen wirklich schaffen kann. Der Übermensch wäre dann das Zuchtprodukt der neuen herrschenden Kaste. Gleichviel: Es ist diese neue Herrenrasse schon selbst der Typus eines neuen Menschen. »Es ist von nun an die Entstehung von internationalen Geschlechtsverbänden möglich gemacht, welche sich die Aufgabe setzen, eine Herrenrasse heraufzuzüchten, die zukünftigen ›Herren der Erde‹; eine neue, ungeheure, auf der härtesten Selbstgesetzgebung aufgebaute Aristokratie, in der dem Willen philosophischer Gewaltmenschen und Künstlertyrannen Dauer über Jahrtausende gegeben wird: — eine höhere Art Menschen, die sich,

106 »Wille zur Macht«, zit. nach E. Fink, a.a.O., S. 175.
107 »Wille zur Macht«, Werke, Band 2, S. 400.

dank ihrem Übergewicht von Wollen, Wissen, Reichtum und Einfluß, des demokratischen Europas bedienen als ihres gefügigsten und beweglichsten Werkzeugs, um die Schicksale der Erde in die Hand zu bekommen, um am ›Menschen‹ selbst als Künstler zu gestalten.«[108]

So wenig es, wie schon betont wurde, Aufgabe dieser Studie sein kann, die Wirkungsgeschichte der Prophetie Nietzsches vom Übermenschen nachzuzeichnen, so sehr zwingen doch gerade diese letzten Abschnitte zu einigen *wirkungsgeschichtlichen Hinweisen und Bemerkungen.*

Es ist bekannt und oft beschrieben worden, welche politisch-ideologische Inanspruchnahme durch den Nationalsozialismus und Faschismus, insbesondere Nietzsches These von der Züchtung des Neuen Menschen und von der neuen Herrenrasse erfahren haben. Wie im Ergebnis illegitim eine solche Inanspruchnahme auch sicherlich war[109], in der eine »nihilistische Revolution« (Hermann Rauschnig) sich philosophischen Gehalt und messianische Weihe zu geben versuchte, so zeigt der Vorgang aber doch: Nietzsches Werk ist in die säkularreligiöse Geschichte der Neuzeit eingegangen. Dies in einer freilich viel umfassenderen Weise, als das bekannte Beispiel des Nationalsozialismus es nahelegt.

Nietzsche hat nicht nur — in Widerspruch und Aneignung — auf die gesamte ideologisch-politische Entwicklung seit 1890 gewirkt, er wurde geradezu zur Kultfigur der verschiedensten Bewegungen und Strömungen.[110] So ist Nietzsche zu einem »Kulturereig-

---

108 »Wille zur Macht«, ebd., S. 401.

109 Siehe hierzu insbesondere H. Ottmann, 1987, S. 245 ff. (und öfter, siehe besonders auch die Einleitung S. 1 ff.). — Auf eine Diskussion der zwar immer noch populären, aber im Ergebnis unhaltbaren These: Nietzsche sei »schuld« am Nationalsozialismus, es führe also ein direkter Weg von »Nietzsche zu Hitler«, sei hier verzichtet. (Siehe dazu H. Ottmann, a.a.O., S. 2 ff., einschließlich der dort angegebenen Literatur.)

110 Wenig bekannt und erforscht ist noch die Wirkung die Nietzsche auf das sozialistische Lager ausgeübt hat. Daß aber eine solche Wirkungsgeschichte Nietzsches existiert, hat insbesondere Richard Hinton Thomas (1983) gezeigt. (Den Hinweis auf Hinton Thomas verdanke ich einer mündlichen Mitteilung von H. Ottmann.)

nis« (H. Ottmann) der neueren deutschen, aber auch europäischen Geschichte geworden.[111] »Ob der ›Übermensch‹ Mode wurde oder die Bohème den neuen Gott Dionysos feierte, ob Konservative, Revolutionäre, Faschisten oder Nationalsozialisten sich seiner bedienten, ob man ihn als Anarchisten denunzierte oder als Ideologen des Kapitalismus beschimpfte — stets wußte man, wer dieser Nietzsche war.«[112]

Die Gründe für diese einzigartige Wirkung, die mit dem Namen Nietzsche sich verbindet sind sicherlich so vielschichtig und vielgesichtig, wie diese Wirkungs- und Rezeptionsgeschichte selbst es ist. Es war die schon ab 1890 an sich selber müde gewordene Zeit, der in ihren verschiedensten Orientierungs- und Ideologiebedürfnissen Nietzsche mit der Radikalität und Fundamentalität seiner Kulturkritik entgegenkam. Dazu trat die Magie seiner Sprache. Es war aber insbesondere der Nietzsche, der als *Prophet* — sei es in inszenierter Selbststilisierung oder in ernsthaftem Selbstbewußtsein — die Gebildeten, oft auch nur Halbgebildeten ergriff und ihnen eine Botschaft vermittelte, die »Sinn« versprach, über die Decadence hinaus wies und sich als Überwindung des Nihilismus wußte. Es stellte der Philosoph, der Prophet und Dichter war für nicht wenige der an der geistigen Lage ihrer Gegenwart Zweifelnden und Verzweifelnden, die Zeit vor die Frage, welche der sie prägenden Bewegungen sie sich anschließen will: »Die eine Bewegung ist unbedingt die Nivellierung der Menschheit, ein großer Ameisenhaufen und so weiter. Die andere Bewegung, *meine* Bewegung ist … das Schaffen Übermächtiger. Jene erzeugt den letzten Menschen, *meine* Bewegung den Übermenschen.«[113]

Die letzten Bemerkungen zur kulturellen Wirkungsgeschichte Nietzsches leiten zu dem allgemeinen Hinweis über, daß das Denken der Aufklärung, daß Rousseau und Darwin, Marx und Nietz-

---

111 Einen detaillierten Überblick bietet das große, zweibändige Werk von F. Krummel (1974, 1983).

112 H. Ottmann, a.a.O., S. 1. — Ein Einblick in die Wirkungsgeschichte der Dionysos-Vorstellung Nietzsches findet sich in: M. Frank, 1988, S. 9 – 104.

113 »Wille zur Macht«, Werke, Band 2, S. 398.

sche vielfach in die säkulare Glaubensgeschichte der Moderne und insbesondere in deren Vorstellungen eines Neuen Menschen eingegangen sind.

Dabei ist freilich, wie schon erwähnt, noch einmal eigens zu betonen, daß in der geschichtlichen Realität diese Konzeptionen der »Geistigen Wegbereiter« nicht in ideeller Reinheit, sondern in unterschiedlichen kulturellen Gemengelagen rezipiert, transformiert und verändert wurden. Eben deshalb sprechen wir im folgenden von der »Realgeschichte« der Vorstellungen vom Neuen Menschen, um gegenüber einer rein »ideengeschichtlichen« Betrachtung aufzuzeigen, daß die Idee eines Neuen Menschen immer eingebunden war in die jeweiligen historisch-kulturellen Lagen. Dabei zeigen die Studien, denen wir uns nunmehr zuwenden, immer wieder, daß die dort untersuchten Bewegungen explizit oder unausgesprochen vielfach im Erbe der »Geistigen Wegbereiter« stehen.

VIERTES KAPITEL:
ZUR REALGESCHICHTE DES NEUEN MENSCHEN IN DER
MODERNE

I. Revolution und Neuer Mensch: Die russische Intelligenzija

1. Vorbemerkung

Die Darlegungen zu den Haupttendenzen der säkularen Religionsgeschichte (Zweites Kapitel) haben schon deutlich vor Augen geführt: Seit 1789 sind die revolutionären Bewegungen wirkungsmächtige Kräfte in der Entwicklung der gesellschaftlichen und geschichtlichen Wirklichkeit. In ihren beiden Hauptformen, als nationale Befreiungs- oder Einigungsbewegungen einerseits und als
soziale oder politische Revolutionsbewegungen andererseits, haben
sie Staaten geschaffen, zerstört oder verändert. Dabei lassen sich
die revolutionären Bewegungen nur aus der Verbindung und der
Herausforderung zwischen mehreren Staaten und Kulturen verstehen. Hierbei ist das Ideengut, das die revolutionären Bewegungen
prägte und vorantrieb und das mit universalistischem Anspruch in
Westeuropa entstanden war, in die jeweiligen nationalen Sonderwege und deren kultureller Herkunftsgeschichte eingegangen.
    Es liegt in der Logik des beschriebenen politisch-revolutionären
Messianismus, insbesondere in dem von ihm programmatisch formulierten Totalitäts- und Universalitätsanspruch, daß Verheißungen des Neuen Menschen in ihm bestimmend sind — durch die verschiedenen ideologischen Begründungszusammenhänge und nationalen Sonderwege hindurch. Diese Verbindung von Revolution und
Hoffnung auf den Neuen Menschen, der mit dem Umbruch des

revolutionären Prozesses in die Geschichte eintreten wird, ist in seinem generellen Zusammenhang bekannt[1]; insbesondere ist weithin bekannt, daß der Neue Mensch ein Heilsziel vor allem der Revolution von 1917 und des sich formierenden Sowjetstaates war.[2]

Dabei ist gerade im letzteren Falle daran zu erinnern, daß die Sowjetunion, gerade in ihrem Anspruch, den Neuen Menschen zu schaffen, Hoffnungsinhalt und -ziel des marxistischen Flügels der westeuropäischen Arbeiterbewegung, insbesondere aber weiter Teile der westeuropäischen Kulturintelligenz war. Ein geradezu idealtypisches — im Verlauf des individuellen Lebensgeschicks freilich besonders tragisches — Exempel ist Heinrich Vogeler, dessen 1925 veröffentlichter Reisebericht denn auch den Titel trägt: »Reise durch Rußland. Die Geburt des Neuen Menschen.«[3]

Der Hinweis auf den Einfluß der ideologischen Gehalte des revolutionären politischen Messianismus, insbesondere des Marxismus, auf die geistigen Orientierungsbedürfnisse der Kulturintelligenz, vor allem der 20er und 30er Jahre, führt zu der allgemeinen Bemerkung: Nicht nur daß die revolutionären Verheißungen auf die Kulturintelligenz wirkten, gehört zum Charakter der revolutionären Bewegungen, diese sind vielmehr selbst durch die geistige Führerschaft von Intellektuellen vorbereitet, aber auch in ihrer historischen Dynamik wesentlich geprägt worden — wie dies — als die bekannten Beispiele — Garibaldi und Mazzini, Bakunin, Marx, Trotzki und Lenin, aber auch Theodor Herzl und Kemal Atatürk zeigen.

Diese einleitend genannten Hinweise finden ihre exemplarisch-historische Ausformung in jener geistigen Strömung, deren An-

---

1 Als ein Beispiel sei der knappe, wesentliche Grundlinien herauspräparierende Aufsatz von Helmut Kuhn genannt: »Revolution und Revolutionismus« (1984).

2 Hier ist — neben älteren Arbeiten — vor allem auf das jüngst erschienene Buch von Andrej Sinjawskij hinzuweisen (1989).

3 Heinrich Vogeler 1925. — Zu Vogelers Lebensweg siehe z.B. D. Erlay (1972); über die Umstände seines Todes im stalinistischen Rußland berichtet u.a. H. Hackmack 1969. Insbesondere ist auf einen jüngst erschienenen Sammelband hinzuweisen: E. Meyer-Stiens / Barkenhoff-Stiftung (Hg.), 1993.

schauung vom Neuen Menschen wir uns nunmehr zuwenden: die russische Intelligenzija.

2. Die vorrevolutionäre und frühsowjetische Intelligenzija

Wie vielfach vermerkt, war die russische Oktoberrevolution von 1917 geprägt von der Leitidee des neuen sozialistischen Menschen.[4] Diese Idee galt als Erfüllung eines alten Traumes der vorrevolutionären russischen Intelligenzija, in deren Sozialutopie die Vorstellung eines Neuen Menschen, der in Rußland entstehen wird, zentraler Inhalt war. Im unterdrückten Volk, in den ungebildeten Bauern, liege der Urgrund, aus dem heraus der neue russische Mensch sich bilden würde, sobald einmal die Verhältnisse umgewälzt seien. Dann könne der bislang noch rohe, unwissende Bauer, durch Wissenschaft belehrt, Einsicht in die Gesetze der Natur und der menschlichen Geschichte nehmen.

Wo die — bislang gefesselten — Urkräfte des Volkes und die Wissenschaft zueinanderkämen, da beginne die Stunde eines neuen Zeitalters. Ein Neuer Mensch mit bislang ungeahnten Kräften werde geboren. Mit ihm werde der Weg der Menschheit in bislang nicht vorstellbare Höhen führen. Dies war der Glaube der Intelligenzija, der sich dann mit den Ereignissen von 1917 verband.

Bevor nun Eigenart und Bedeutung der vorrevolutionären russischen Intelligenzija im folgenden skizziert werden, gilt es, sich noch einmal des allgemeinen Befundes zu vergewissern: Die revolutionären Bewegungen, seit 1789 eine der wirkungskräftigsten Mächte bei der Gestaltung der gesellschaftlichen und geschichtlichen Wirklichkeit, sind durchgehend wesentlich geprägt von dem westeuropäischen Ideenstrom, wie er sich in der vor allem französischen Aufklärung gebildet und in der französischen Revolution umstürzende historische Wirksamkeit entfaltet hat. Freilich traf dieses westeuropäische Gedankengut auf die jeweiligen besonderen nationalen Lagen und Traditionen, verband sich mit ihnen, so daß

---

4 In diesem Kapitel folge ich meinem Aufsatz von 1987 in den »Studies in Soviet Thought« (Küenzlen 1987).

die nationalen revolutionären Bewegungen nationale Sonderwege einschlugen, sosehr sie sich jeweils getragen wußten von internationalistischen und universalistischen Antrieben.[5]

Dies eben zeigt insbesondere das Beispiel Rußland: »Zu Revolutionen führt ein langer geschichtlicher Weg und in ihnen enthüllen sich die nationalen Eigenarten ... Jedes Volk macht Revolution mit dem Gepäck, das es in seiner Vergangenheit angesammelt hat.«[6] Sosehr die Deutung Berdjaevs, daß die »Geister der russischen Revolution« zuallererst russische Geister seien, im grundsätzlichen gilt, sosehr ist doch auch der Einfluß des westlichen Gedankengutes prägend, dem sich die Intelligenz in Rußland in den entscheidenden Jahren von 1838 bis 1848 — der Entstehungsdekade der Intelligenzija — so urplötzlich ausgesetzt sah. »Man trat sozusagen auf einmal und zugleich vor Locke, Hume und Adam Smith, vor Voltaire, Rousseau und Condorcet, vor Kant, Herder und Hegel, Saint Simon, Comte, Fourier und all die sonstigen weltanschaulichen und wissenschaftlichen Lehren, wie auch vor all die liberalistischen oder sozialistischen Bewegungen, die nun eben von sich reden machten.«[7] Die Wucht dieser Bewegung — sie eröffnete die Chance, aus der Situation der »überflüssigen Leute«[8]

---

[5] Siehe dazu F. H. Tenbruck 1984, S. 142 ff.

[6] Berdjaev 1977 (1918) S. 9 f.

[7] F. H. Tenbruck 1984, S. 145 f. — Ein eindrucksvoller Beleg hierfür findet sich etwa in den faszinierenden Erinnerungen von Alexander Herzen (Byloe i dumi), wenn Herzen etwa von seinen ersten geistigen Eindrücken berichtet, die er schon als Knabe, vermittelt durch die väterliche Bibliothek empfing: Herzen nennt hier vor allem die Werke Saint Simons und Fouriers (A. Herzen 1907, Band I, S. 55 ff.).

[8] Der Begriff des »überflüssigen Menschen«, ist von Turgenjew eingeführt worden (»Tagebuch eines überflüssigen Menschen«, 1850) — ein Menschentyp, der in den russischen Romanen des 19. Jahrhunderts immer wieder begegnet, so in Puschkins Onegin oder in Lermontovs Petschorin. Einen Einblick in das Lebensgefühl der »überflüssigen Leute« gibt das Gedicht »Betrachtung« (Duma) von Lermontow:

»Ich blicke kummervoll auf das Geschlecht von heute
wie dunkel, leer ist seiner Zukunft Schoß!

(Lisnie Liudi) herauszukommen, einem Grundgefühl, das im zaristischen Rußland der ersten Hälfte des 19. Jahrhunderts die vornehmlich der gehobenen Adelsschicht entstammenden Intellektuellen wesentlich geprägt hat. Denn hier, im säkularen westlichen Ideengut lag ein Orientierungsangebot für die eigene Existenz und gleichzeitig ein Missionsauftrag an die Intellektuellen, dieses Ideengut hineinzutragen in die eigene russische Kultur und Gesellschaft. Die Erinnerungen Alexander Herzens geben Einblick in die Geburtsstunde der Intelligenzija und in deren innere Antriebe. Getrieben von der Angst, dem Quietismus und Zynismus, als dem Lebensschicksal der Gebildeten ihrer Zeit, zu verfallen, konstituierte sich die »Intelligenzija« als Gemeinschaft; ihre Mitglieder verstanden sich als die Träger einer Botschaft der Befreiung von der Kette des Unwissens, des Aberglaubens und der Angst vor der zaristischen Unterdrückung; sie wußten sich als die einzigen in Rußland, die von dem aufklärerisch-emanzipatorischen Gedankengut Westeuropas angerührt waren; und das Licht jener Ideen in die russische Dunkelheit zu tragen, war ihnen höchste Berufung und zugleich der innere Zusammenhalt ihrer Gruppe.

Erst auf diesem Hintergrund läßt sich jener eigenartige Charakter verstehen, der die russische Intelligenzija prägte und dem Wort »Intelligenzija« seitdem anhaftet: Die Gruppe der Intelligenzija war getragen von einem säkularen Glauben. Politische Fragen wurden hier grundsätzlich zu Gesinnungsfragen; auf welchem Ufer man politisch-weltanschaulich stand, entschied darüber, wessen Freund man sein konnte, regelrechte Bekehrungserlebnisse prägen die Biographien der Akteure. Die Intelligenzija war eine säkularreligiöse

---

Erdrückt von Kenntnissen, des Zweifels Beute,
wächst es heran und altert tatenlos.

Des Alters Weisheit und der Jugend Sünden
das erbten wir! Das Leben ist ein Fest,
wo wir als Gäste Langeweil' empfinden,
ein Weg der ohne Ziel uns irren läßt …«

(Gedicht von N. J. Lermontoff. Im Versmaß des Originals von Friedrich Fiedler, Leipzig 1893. – Ein umfassender Überblick über die Lyrik Lermontovs und ihrer deutschen Übersetzungen findet sich bei K. Küenzlen 1980).

Gesinnungsgemeinschaft.[9] »The concept of intelligentsia must not be confused with the notion of intellectuals. Its members thought of themselves as united by something more than mere interest in ideas; they conceived themselves as being a dedicated order, almost a secular priesthood, devoted to the spreading of a specific attitude to life, something like a gospel.«[10]

Ohne nun auf die politischen, kulturellen und sozialen Lagen näher einzugehen, die der Entstehung der Intelligenzija zugrundelagen[11], ohne auch die weiteren Etappen in der Entwicklungsgeschichte der vorrevolutionären russischen Intelligenz genauer nachzuzeichnen, seien hierzu einige wesentliche Kennzeichen vermerkt: Hier ist vor allem zu nennen die Scheidung in »Westler« und »Slavophile«, aber auch die sich verändernde soziale Schichtung, aus der sich die Intelligenzija rekrutierte; entstammten die »Überflüssigen Leute« der 30er und 40er Jahre der gehobenen Adelsschicht und waren geprägt von einem Gefühl innerer Leere und Sinnlosigkeit, so rekrutierte sich die Intelligenzija ab den 60er Jahren vornehmlich aus Kleinbürgerkreisen oder aus Familien von Geistlichen und kleinen Beamten. Diese »raznocincy« fühlten sich auch als sozial deklassiert und so zur revolutionären Aktion getrieben«[12]; schließlich wäre noch besonders zu betrachten die Bewegung der »narodniki«, derer die »ins Volk gingen«.

In der Intelligenzija begegnet uns also geradezu im Idealtypus eine Verkörperung säkularer Religionsgeschichte. In deren Logik liegt denn auch begründet, daß in der Intelligenzija auch die eschatologischen, ja geradezu apokalyptischen Weltdeutungen gediehen. Dies umso mehr, als sich in den »importierten« westlichen Sozialismus nun kräftig die messianischen russischen Traditionen misch-

---

9 Auch hier liefern die Erinnerungen A. Herzens ein eindrucksvolles Anschauungsmaterial, so z.B. wenn Herzen den wegen politisch-ideologischer Überzeugungen für ihn unvermeidlichen Bruch mit Granowski, einem seiner besten Freunde, schildert. Herzen 1907 I, S. 392.

10 I. Berlin, 1978, S. 167; siehe auch S. 179.

11 Siehe dazu besonders I. Berlin, 1978; ferner: J. H. Billington, 1959 und R. Pipes, 1961.

12 Siehe D. Tschizewskij, 1974, S. 63 f.

ten.[13] Berdjaev: »Selbst im russischen Atheismus steckt etwas von apokalyptischem Geist, das mit dem westlichen Atheismus überhaupt keine Ähnlichkeit hat«.[14] Hier liegt, neben dem Gedankengut der französischen Frühsozialisten und dem später dazukommenden Marxismus die Wurzel dafür, daß »der russische revolutionäre Sozialismus niemals als ein vorübergehender Zustand, als zeitlich begrenzte relative Form der Gesellschaftsordnung gedacht war«.[15] Vielmehr wurde er »stets als endgültiger Zustand, als Reich Gottes auf Erden, als die Lösung nach der Frage nach den Geschicken der Menschheit gedacht«.[16] So erhob »die Religion des Sozialismus« den Anspruch, die »ganze Menschheit nach einem neuen Plan umzuformen«.[17]

»Die ganze Menschheit nach einem neuen Plan« − das war der Boden, auf dem dann zwangsläufig auch die Vorstellungen eines Neuen Menschen gedeihen mußten.

Zudem gab es in Rußland geistig-kulturelle Traditionen, in denen die Idee des Neuen Menschen nicht nur vorbereitet, sondern selbst schon − in religiöser Ausprägung − lebendig war und in den die Intelligenzija, sei es auch im Widerspruch ihres aufklärerischen Anspruches, hineingestellt war. So war in der Theologie, vor allem in der Mystik der Ostkirche, jene Vorstellung lebendig, nach der der Glaubende auf dem Weg fortschreitender Heiligung mehr und mehr sich vergöttliche; eine Vorstellung deren Basis eine − gegenüber der westlichen Theologie vor allem der Reformation − grundlegend andere theologische Anthropologie und eine andere Auffassung der Gnade war: »Die ostkirchliche Theologie ist niemals so stark wie die westliche dem Schema der Repristination erlegen, das sich durch die stark juristische Interpretation von Rechtfertigung und Versöhnung in der christlichen Theologie des Westens durchsetzte. Die ostkirchliche Anthropologie hat stets betont, daß die Erneuerung des Menschen durch die Gnade einen Prozeß fortschreitender Transformationen mit dem Ziel der Ver-

---

13 Siehe dazu M. Sarkisjanz 1955 und N. A. Berdjaev 1977 (1918).
14 Berdjaev ebd. S. 30.
15 Ebd. S. 31.
16 Ebd. S. 31.
17 Ebd. S. 32.

göttlichung des Menschen darstellt. Der Neue Mensch ist nicht die Wiederherstellung des Menschen aus den Scherben seiner durch die Sünde zerstörten ersten Form, sondern eine Neuschöpfung, das Ergebnis einer fortschreitenden Transformation des Menschen von einer Herrlichkeit zur anderen bis zur völligen Einformung in ... den vollkommenen Menschen Christus.«[18]

In diesem Zusammenhang liegt auch begründet, daß in der russischen Religionsphilosophie Nietzsches Lehre vom Übermenschen, die in der westlichen Theologie nur auf Ablehnung stoßen konnte, eine *auch* positive Rezeption erfahren hat. Diese Idee des Übermenschen, war sie ihres antichristlichen Charakters entkleidet, ließ sich in die religiös-östliche Anthropologie einbinden, die von der erwähnten fortschreitenden Transformation des Glaubenden hin zum Neuen Menschen aus ging.[19] Die deutlichste Ausprägung im Verständnis eines charismatisch-christlichen Übermenschen findet sich bei Vladimir Solovjev, der, in Adaption und Kritik Nietzsches, eine christliche Übermensch-Konzeption entfaltete.[20]

An solche Überlieferungen der eigenen geistig-kulturellen Tradition konnte nun die säkular-diesseitigen Vorstellungen vom Neuen Menschen, unter Einschluß des mit universalistischem Anspruch auftretenden Ideenguts der Aufklärung, der Frühsozialisten und dann des Marxismus, vielfach anknüpfen. Ohne hier nun die Linien ganz auszuziehen und ohne gar eine vollständige Beschreibung

---

18 E. Benz 1961, S. 148. — Benz weist hier vor allem auf den prägenden Einfluß der Homilien des altgriechischen Theologen Makarius (»Der Ägypter«) hin, in dessen Schriften diese Vorstellungen ihren besonderen Ausdruck fanden; so z.B.: »Denn deßwegen ist unser HERR JESUS Christus erschienen, daß er die Natur verändere und verwandele, erneuere und die Seele wiederum von Neuem schaffe ...: So ist er kommen, daß er einen neuen Sinn, eine neue Seele, neue Augen, neue Ohren, eine neue geistliche Zunge, und mit einem Worte, neue Menschen, die da ihm glaubeten, machete.« (Zit. bei E. Benz 1961, S. 161, nach einer Übersetzung von Gottfried Arnold 1716).

19 E. Benz, ebd. S. 146 ff.

20 Dies hat Ludolf Müller in seinen verschiedenen Arbeiten zum Werk Solovjevs herausgearbeitet und 1961 in einem Aufsatz knapp zusammengefaßt (L. Müller 1961).

dieser säkularen Heilshoffnungen im vorrevolutionären Rußland zu liefern, sei vorweg resümiert:

Die Erlösungshoffnungen der vorrevolutionären russischen Intelligenzija und insbesondere ihre Erwartung eines Neuen Menschen haben den Weg hin zur russischen Revolution wesentlich mitbestimmt, ja wirkten in vielfach gebrochener und verschlungener Weise bis ins spätere Sowjetsystem nach. Dies soll im folgenden mit ausgesuchten Belegen und Hinweisen verdeutlicht werden, wobei sich dann auch die Intensität dieses säkularen Glaubens und die zuletzt bis ins Aberwitzige sich steigernden Hoffnungen seiner Heilsziele zeigen.

Wie sehr der Neue Mensch eine säkularreligiöse Hoffnung des vorrevolutionären geistigen Rußlands war, zeigt schon der Blick auf die russische Literatur des 19. Jahrhunderts, wie dies an den folgenden Hinweisen zu Dostojewskij und Cernysevskij exemplarisch deutlich wird.

In Dostojewskijs »Dämonen« eröffnet sich ein faszinierender Einblick in die inneren Antriebe der vorrevolutionären russischen Intelligenzija. Insbesondere ist in der Gestalt Kirilows die Suche nach dem Neuen Menschen, wie sie die zeitgenössische Intelligenzija bewegt hat, in ihrer extremen Form idealtypisch beschrieben. Kirilow, der sich selbst als der verkörperte Vorläufer des Neuen Menschen sieht, verkündet, daß durch die »Vernichtung Gottes« dem Neuen Menschen der Weg historisch bereitet werde, »... dann wird man die Geschichte in zwei Teile teilen: vom Gorilla bis zur Vernichtung Gottes und von der Vernichtung Gottes ... bis zur physischen Umgestaltung der Erde und bis zur physischen Umgestaltung des Menschen«.[21] Erst wo Gott nicht nur auf dem Wege des Fortschritts mehr und mehr aus dem Horizont der Menschen schwinde, sondern wo er durch die Tat des Menschen »ermordet« wird, kann der Neue Mensch sich bilden, und es kann durch einen solchen, auch anthropologisch-physisch umgestalteten neuen Typus »Mensch« die wirkliche Geschichte beginnen. »Jetzt ist der Mensch noch nicht der richtige Mensch. Es wird einen Neuen Menschen geben, einen glücklichen und stolzen Menschen. Wem

---

21 F. M. Dostojewskij, 1986, S. 154.

es ganz egal sein wird, ob er lebt oder nicht, der wird eine Neuer Mensch sein.«[22]

Sodann sei wegen seiner weitgestreuten Wirkung und seines paradigmatischen Charakters vor allem der Roman Cernicevskijs genannte: »Was tun?« (Cto delat?) Geschrieben 1863 auf der Peter-Paul-Festung, formulierte er die Hoffnung der Radikalen der 60er Jahre auf den für die nächste Zukunft erwarteten Aufstand des Volkes. Basis dieser Hoffnung sind in dem Roman die »Neuen Menschen«, die schon im Volke leben. Cernicevskij ist getragen von der Gewißheit, solche Neuen Menschen seien schon eine Erscheinung der 60er Jahre und würden in der nächsten Zukunft ans Licht treten. »Wenige Jahre werden vergehen und man wird sie anrufen: ›Rettet uns!‹ und was sie sagen werden, werden alle erfüllen.« Diese Zukunft wird »licht und wunderschön« sein.[23]

Unter den Vordenkern, deren Einfluß auf die russische Intelligenzija bedeutend war, ist vor allem Nikolaj Fedorov (1828–1903) zu nennen. In seinem Denken steht jene Idee im Zentrum, die schon in der Ideengeschichte der russischen Intelligenzija vor ihm anklang: Der Neue Mensch, in der Revolution geboren, werde auch den Tod überwinden können. Der Tod nämlich ist der letzte und härteste Feind des menschlichen Fortschrittes. Seinen Ursprung hat er in der Ich-Bezogenheit und Vereinzelung des bisherigen Menschen. Wo dieser aber fortschreite zu einer allgemeinen Brüderlichkeit, werde auch die Natur befreit aus ihrer Entfremdung vom Menschen, die der Quell ist des bisherigen menschlichen Sterbens. In diesem Prozeß könne sich die Natur dem Menschen immer mehr anverwandeln, der nun versöhnt mit seinem Ursprung ewig leben wird. Ja, die Verstorbenen der bisherigen Menschheitsgeschichte werden in diesem gigantischen Wandel aus

---

22 Ebd. S. 153. — Die sachliche Nähe zu Nietzsches »Übermensch« ist unübersehbar. Eine Untersuchung zum Verhältnis des Werkes Nietzsches und Dostojewskijs findet sich bei A. Ignatow, der wirkungsgeschichtlich die Linie bis zur Antizipation des Totalitarismus des zwanzigsten Jahrhunderts bei Dostojewskij und Nietzsche zieht (1989).

23 Ein Wesenszug dieser Neuen Menschen etwa ist das Ideal eines »vernünftigen Egoismus«, zu dem der Held sich bekennt und zu dem er eine andere Hauptfigur des Romans bekehrt.

ihrer Versunkenheit befreit und als Auferstandene zu neuem Leben erwachen.[24]

In Wissenschaft und Technik stehen die Mittel bereit, mit denen der Mensch der Zukunft die Natur erlösen und sich dienstbar machen könne: »Hier ... sollte die Technik in das Werk des Menschen eingespannt werden, hier sollte die von Gott in der Potenz angelegte beste aller Welten als schlechthin vollkommene Schöpfung vollendet werden — und zwar nicht nur für den Menschen, sondern für die Kreatur überhaupt. Wenn alle verstorbenen Ahnen wieder zum Leben erweckt seien, dann wären auch die anderen Sterne mit Menschen bevölkert.«[25]

Studiert man schließlich die Literatur der Revolutionsjahre und die frühsowjetische Literatur, stößt man auf vielfältige Spuren und Belege des Glaubens an den kommenden Neuen Menschen, dem die Revolution den Weg bereitet hat. Bis zu welchen konkreten Hoffnungen dieser Glaube führt, dafür liefert Leo Trotzkij ein eindringliches Beispiel: »Der befreite Mensch wird ein größeres Gleichgewicht in der Arbeit seiner Organe erreichen, eine gleichmäßigere Entwicklung und Abnutzung seiner Gewebe, um schon allein dadurch die Angst vor dem Tode in die Grenzen einer zweckmäßigen Reaktion des Organismus auf Gefahren zu verweisen, weil es gar keinen Zweifel darangeben kann, daß gerade die äußerste Disharmonie des Menschen — die anatomische, wie die physiologische — die außerordentliche Unausgeglichenheit der Entwicklung und Abnutzung der Organe und Gewebe dem Lebensinstinkt eine verklemmte, krankhafte und hysterische Form der Angst vor dem Tode verleiht, die den Verstand trübt und den dummen und erniedrigenden Fantasien von einem Leben nach dem Tode Nahrung gibt ...

Der Mensch wird sich zum Ziel setzen, seiner eigenen Gefühle Herr zu werden, seine Instinkte auf die Höhe des Bewußtseins zu heben, sie durchsichtig klar zu machen, mit seinem Willen bis in die letzten Tiefen seines Unbewußten vorzudringen und sich so auf eine Stufe zu erheben — einen höheren gesellschaftlich-biologi-

---

24 Siehe dazu P. Scheibert, 1961, S. 191 ff.
25 P. Scheibert, ebd. S. 194.

schen Typus, und wenn man will — den Übermenschen zu schaffen ...

Der Mensch wird unvergleichlich viel stärker, klüger und feiner; sein Körper wird harmonischer, seine Bewegungen werden rhythmischer und seine Stimme wird musikalischer werden. Die Formen des Alltagslebens werden dynamische Theatralität annehmen. Der durchschnittliche Menschentyp wird sich bis zum Niveau des Aristoteles, Goethe und Marx erheben. Und über dieser Gebirgskette werden neue Gipfel aufragen.«[26]

Nicht um bloße Fortentwicklung des bisherigen Menschen also geht es; vielmehr wo an die Revolution als eine in qualitativem Sprung geschehende Umwälzung aller Verhältnisse gedacht und geglaubt wird, wird auch der Mensch in bislang ungekannter Weise neu ins Leben treten. Die Maschine ist das Werkzeug, das in den Händen des kommenden Menschen auch die Wiedergeburt der Natur ins Werk setzt. Revolution ist dann Mensch und Natur in ein neues Dasein setzendes, kosmologisches Ereignis. So heißt es 1924 bei W. Kirillow: »Hier ist er, der Erlöser der Erde, der Beherrscher titanischer Kräfte, im Geräusch der Drähte, dem Funkeln der Maschinen, dem Glanze elektrischer Sonnen. Man glaubte, er käme im Sternenkleid, im Heiligenschein göttlicher Mysterien. Doch er kam im Rauch von Fabriken und Vorstädten. Jetzt schreitet er über Abgründe von Ozeanen, unbesiegbar, unaufhaltbar ... er bringt der Welt eine neue Sonne.«[27]

Oder aus der gleichen Sammlung frühsowjetischer Lyrik: »... die alten Naturkräfte, eigenwillige Menschenarbeit und glühende Vernunft, leuchtende Vernunft der Gottheit. Triumphiere, erschalle siegreich, oh wiedergeborene Natur. Lobe den Messias aus Eisen, den Helden des neuen Tages. In seinen braunen Händen ist unbeschränkte Freiheit, in seinen Muskeln aus Eisen ist der Menschheit Morgenrot.«[28] Und noch einmal Gastew: »Oh viele werden sterben ... sie werden ohne Zahl sterben, doch ich bin überzeugt, sie werden das Weltall mit den Schienen des menschli-

---

[26] L. Trotzij, 1968 (1924) S. 214 f.

[27] Zit. nach M. Sarkisyanz 1955, S. 43.

[28] Zit. nach Sarkisyanz, ebd., S. 42.

chen Willens überspannen. Dann wird aus eisernen Anstrengungen geboren, dann wird sich stolz über die Welt erheben eine neue, uns noch unbekannte Schönheit und Entzücken, das erste Wunder des Weltalls, der Furchtlose, der Arbeiter und Schöpfer: der Mensch.«[29]

Auch hier ist auf einen traditionsgeschichtlichen Zusammenhang hinzuweisen, auf den Sarkisyanz aufmerksam machte: In der besonderen Eigenart des russichen Bolschewismus lasse sich ein bestimmtes Weiterwirken alter Glaubensinhalte der russischen Orthodoxie beobachten; in diesem Zusammenhang vor allem: Die Vergottung der Materie, die Auferstehung der Natur seien Belege eines »dialektischen Verhältnisses — und nicht nur einer Antithese — zwischen traditioneller russischer Religion und bolschewestischem Materialismus«.[30]

Revolution als kosmologisches, Mensch und Natur qualitativ veränderndes Ereignis: Da ist es nur folgerichtig, daß auch der Unsterblichkeitsgedanke, wie er bei Fedorov (s.o.) seinen Ausdruck fand, sich zumindest im frühen Sowjetismus weiter durchhielt. So gab es um 1923 in Moskau unter Leitung von Murav'ev ein Institut, das »sich mit der Rationalisierung der Arbeitsleistung befaßte, unter dem Gesichtspunkt, daß ganz rasche Arbeit im Grenzfall überhaupt keine Zeit mehr erfordere, daß infolgedessen der Mensch, insofern er arbeitet, der Unsterblichkeit sich nähere und insofern er schläft, dem Tod entgegen gehe«.[31] Die Umwandlung der Natur und der in ihr bislang gültigen, in Raum und Zeit gebannten Gesetze und somit die schließliche Überwindung des Todes — der Maßlosigkeit dieser revolutionären Heilserwartung entspricht die Hypostasierung des Mediums, das diese Erlösung verspricht: die menschliche Arbeit. »Schlaf schneller Genosse« — das ist insofern nur die satirische Fassung des in der marxistischen Philosophie angelegten, in der frühbolschewistischen Revolutionsgeschichte bis ins Fantastische gesteigerten Gedankens: daß der Mensch nichts ist, als das »animal laborans« und daß er, wo er dies

29 Zit. nach Sarkisyanz, ebd., S. 44.

30 M. Sarkisyanz, ebd., S. 43.

31 P. Scheibert, 1961, S. 195.

als seine einzige Wahrheit über sich weiß, im revolutionären Neubeginn seine eigene Erlösung schafft.

So ist es auch mehr als eine bloß skurrile Episode, wenn berichtet wird, daß noch um 1950 eine Olga Lepesinskaja eine medizinische Rezeptur entwickelte haben wollte, wie das menschliche Leben, den normalen Alterungsprozeß überwindend, in bislang nicht gekannte Dimensionen verlängert werden könne. Nur die dekadente bürgerliche Biologie müsse davon ausgehen, daß das Leben an alternde Zellen gebunden sei; eine neue, befreite, die alte Gesetze hinter sich lassende Biologie des Neuen Menschen weiß dagegen von einer neuen, den alten Naturgesetzen nicht mehr unterworfenen Dimension.[32]

Es wäre ein reizvolles Unternehmen und einer weiteren, dann freilich sehr ausgedehnten Studie wert, nun den Weg weiterzuverfolgen, den der Glaube an den Neuen Menschen in der weiteren Verlaufsgeschichte der sowjetischen Ideologie nahm. Dies freilich überstiege bei weitem den uns hier gesetzten Rahmen. Doch es sei abschließend zumindest vermerkt, daß in der Ideologie des Sowjetstaates die Hoffnung auf den Neuen Menschen, zumindest ritualistisch, als ideologisches Ziel weiter tradiert wurde und im Terminus von »der allseitig entwickelten Persönlichkeit« einen integralen Bestandteil der sowjetischen Ideologie darstellte.[33]

---

[32] P. Scheibert, ebd., S. 195, der auch davon berichtet, daß Olga Lepesinskaja auf den alternden Stalin großen Einfluß gehabt habe, wie auch davon, daß ihre Theorien in der damaligen Sowjetzone mit großem Aufwand propagiert worden seien.

[33] H. Dahm, 1982, S. 525 ff.

II. Der Neue Mensch in der Deutschen Jugendbewegung

1. Allgemeiner Überblick

»Du Jugend schreite, ewig dich gebärend, / Erstarrung ewig du zerstörend, / so schaffe Leben gluterfüllt vom Geist.«

In diesem Vers aus Ernst Tollers 1918 erschienenem Drama »Die Wandlung«[34] klingt das Leitthema jenes Aufbruchs an, der als »Deutsche Jugendbewegung« zu den prägendsten deutschen Kulturerscheinungen dieses Jahrhunderts geworden ist. Jugend als Erlösung! – Dieser Glaube tritt neben die sozialistischen und nationalistischen Erlösungshoffnungen, in der sozialen und kulturellen Realität freilich dann vielfach mit ihnen verschmolzen.

Es bedürfte einer eigenen Abhandlung, um den strukturellen und kulturellen Lagen näher nachzugehen, die dazu führten, daß um die Jahrhundertwende und in den Jahrzehnten danach »Jugend« in herausragender Weise zur eigenständigen kulturellen Größe wurde. Für unseren Fragezusammenhang freilich ist vorläufig festzuhalten: Die Rede von der »Jugend« – etwa im Sinne des Tollerschen Zitates – hatte wenig zu tun mit einer Altersgruppierung, mit Adoleszenzkrise oder dem immer schon erfahrenen Generationenkonflikt. »Jugend« wurde zur Hoffnungskategorie, galt messianisch als Träger einer Mission. Ihr wurde die Vitalität zugeschrieben, Beweger einer neuen Zeit zu sein. Fragt man nach den geistigen Wurzeln, so ist auch hier der Schatten Friedrich Nietzsches mächtig, der in einem kommenden Jugendtypus den Überwinder des alten, abgelebten Europas sah und in seiner Zukunftsschau von einem »Geschlecht von Kämpfern und Schlangentötern« sprach, »das einer glücklicheren und schöneren Bildung und Menschlichkeit voranzieht, ohne von diesem zukünftigen Glücke und der einstmaligen Schönheit mehr zu haben als eine verheißende Ahnung«.[35]

---

34 E. Toller, 1961, S. 280.
35 Fr. Nietzsche, 1966, S. 282.

Als im Sommer 1897 einige Berliner Gymnasiasten sich unter Führung des Studenten Hermann Hoffmann zu einer Wandergruppe zusammenschlossen, war dies der Anfang für »die größte auf freiwilliger Basis von ›unten‹ gewachsene, nicht von oben her kommandierte Jugendbewegung«.[36] 30 Jahre später umfaßte dieser Aufbruch 96 verschiedene Gruppen und Bünde mit rund 4½ Millionen Mitgliedern.

Studiert man die — freilich kaum mehr überschaubare — Literatur über die deutsche Jugendbewegung, vor allem aber vertieft man sich in die überlieferten Quellen, die Reden, Schriften und Manifeste, wird alsbald deutlich, wie unterschiedlich, ja disparat die Motivlagen, die weltanschaulichen und politischen Orientierungen waren, die der Jugendbewegung das bestimmende Gepräge gaben.

Dies zeigt schon die Aufzählung einiger, meist erst später bekannt gewordener Namen, die sich mit der Jugendbewegung verbinden: da stehen Ernst und Friedrich Georg Jünger neben den Kommunisten und späteren DDR-Ministern Johannes R. Becher und Alfred Kurella. Da finden sich Träger der deutschen Widerstandsbewegung im Nationalsozialismus neben späteren NS-Funktionären und freilich auch in ihren politisch-weltanschaulichen Glaubensüberzeugungen so schwankende Gestalten wie der Literat Arnolt Bronnen; spätere Kirchenführer in beiden Kirchen, aber auch bekannte Freidenker leiten sich in ihrer geistigen Prägung aus der Zeit »ihrer« Jugendbewegung her.

Läßt man Einzelheiten beiseite und verzichtet auf die Aufzählung der verschiedensten Gruppen, Bünde und Kreise, so ergeben sich im wesentlichen zwei Richtungen, in denen sich die Jugendbewegung darstellte:

Die bündische Jugend, die als Wandervogel, Neue Schar usw. aus »grauer Städte Mauern« in die Natur, in die Wälder hinauszog, eher antiintellektuell auf formulierte Weltanschauungskonzepte verzichtete und im Natur- und Heimat- und Gemeinschaftserlebnis eine unmittelbare und unverstellte Erfahrung suchte. Die »Nichtbündischen«, die — freilich mit ähnlichen Gemeinschafts- und Naturerlebnissen — festgefügteren Weltanschauungen verpflichtet

---

[36] Fr. Heer, 1973, S. 63.

waren. Dies betrifft die christlichen Gruppen und Kreise beider Konfessionen und gleichermaßen die proletarisch-sozialistischen Gruppierungen.[37]

Dieser eher formale Befund läßt sich erweitern, gibt man erste inhaltliche Kriterien hinzu. Otto Stählin folgend[38] lassen sich folgende beiden Hauptrichtungen unterscheiden — eine radikale Richtung, wie sie etwa in der Parole von der »neuen Jugendkultur« von Gustav Wyneken repräsentiert war. Für sie war kennzeichnend die Propagierung eines neuen »Jugendreiches« unter schroffem Bruch mit der Erwachsenenwelt und einer mit antihistorischem Pathos vorgetragenen Absage an die bisherige Überlieferung. So heißt es im »Anfang«, der mit dem späteren »Aufbruch« das Sprachrohr dieses radikalen Flügels war: »Wir (die Jugend) kennen die Welt der Erwachsenen nicht. Wir verstehen nicht ihre Maschinen, ihre Gesetze, ihre Fabriken, ihre Sitten. Wir harren des Tags, wo wir sie mit ihrem ganzen Krempel zum Teufel jagen werden ...«[39] Die andere, gemäßigtere Richtung, repräsentiert etwa in der »Freideutschen Jugend«, proklamiert auch das Eigenrecht der Jugend, ohne freilich den revolutionären Bruch nachzuvollziehen. »Die Vermittlung der Werte, welche die Älteren erworben und überliefert haben, wollen wir dadurch ergänzen, daß wir mit innerer Wahrhaftigkeit unter eigener Verantwortlichkeit unsere Kräfte selber entwickeln.«[40]

Doch bei all den Unterschieden der verschiedenen Richtungen und Strömungen, bei all den konkurrierenden, sich auch teils gegenseitig ausschließenden politischen und weltanschaulichen Konzepten zeigt das Studium der überlieferten Texte der Zeit: Es gibt einen

---

37 Siehe dazu z. B. Norman Körber, 1927, in: W. Kindt, 1963, S. 479 ff.

38 O. Stählin, 1922, S. 17 ff.; es wird im folgenden nach Möglichkeit zeitgenössische Literatur herangezogen; dies nicht nur wegen des dadurch »authentischen« Gehaltes, sondern weil die später, insbesondere heute erscheinende Literatur nicht immer frei ist von ideologisch eingefärbten und von außen herangetragenen Werturteilen.

39 Zit. nach O. Stählin, a.a.O., S. 25.

40 Bericht über »Die Marburger Tagung der Freideutschen Jugend«, Hamburg 1914; zit. nach O. Stählin, a.a.O., S. 19.

sich durchhaltenden, in den verschiedenen Lagern identifizierbaren Grundcharakter, der es letztendlich doch erlaubt, von *der* deutschen Jugendbewegung zu sprechen. Gemeint ist dabei das der Jugendbewegung eigene Ringen um die elementaren Daseinsfragen, um ein neues Bild vom Menschen und damit verbunden die Frage nach dem Wohin und Wozu der Kultur als dem Gehäuse des Menschen. So sind die verschiedenen Gruppen und Strömungen, bei aller Differenz der Inhalte, von einer wesentlich *religiösen Dimension* getragen. Daß dies nicht eine nachträgliche, von außen herangetragene Interpretation ist, sondern im Bewußtsein der Beteiligten lebendig war, zeigen viele zeitgenössische Aussagen.

So bedeutet die Entdeckung der *Natur* eben nicht reine Naturschwärmerei oder Verstehen der Natur als bloßen Flucht- und Erholungsort vor der industrialisierten Welt der Stadt. Natur wird in religiöser Überhöhung eine Heilskategorie, der Ort, wo das wahre Wesen des Menschen sich finden und allererst bilden kann. So schreibt Wilhelm Stählin 1918: »Mit dem Instinkt des Lebens hat die Jugend ihren Bundesgenossen gefunden und liebt ihn mit inbrünstiger Freundschaft: die Natur. Die ganze heutige Jugendbewegung hat vom Wandern ihren Ausgangspunkt genommen ... Brennende Sehnsucht nach der Natur. ›Oh, so öffnet Euch Mauern und gebt den Gefangenen ledig, zu der verlassenen Flur kehr er gerettet zurück!‹ Diese Stimmung, die wir einst aus Schillers Spaziergang in uns einsogen, lehrte ein neues Geschlecht der Jugend, in der Natur die Freiheit und die Lehrstätte *ihres eigenen Wesens* zu finden.«[41] Um die Entdeckung des eigenen Inneren ging es bei diesen Fahrten in die Berge und Wälder, in der die »Natur als ein Reich der freien Seele«[42] sich zeigte.

Der bis in die Sprachgestalt wirkende religiöse Charakter der Orientierungen der Jugendbewegung ließe sich durchgehend belegen. So etwa auch bei der Entdeckung des Körpers, der Bedeutung von Gemeinschaft, der Gruppe, des Bundes, des Volkes, der Vorstellung vom »Führer«, der Betonung sittlicher Grundsätze (innerer Wahrhaftigkeit, Hingabe, Wahrheitswillen, Pflichtbewußtsein

[41] W. Stählin, Der neue Lebensstil, 1918; in: W. Kindt, 1963, S. 309 (Heraushebung von G.K.)

[42] Gustav Wyneken, 1916; in: W. Kindt, 1963, S. 154.

usw.). Auch in denjenigen ihrer Strömungen, die keine formulierten Weltanschauungsziele kannten, war die Jugendbewegung getragen von einer »immanenten Mystik, d.h. einer ganz säkularen Religiosität, die aus unausgeschöpften Lebenstiefen quillt.«[43]

So also hat die deutsche Jugendbewegung ein herausragendes Kapitel der säkularen Religionsgeschichte geschrieben.

Dies zeigt mit besonderer Intensität die Suche nach einem neuen Bild vom Menschen, auf das man zu leben wollte und das dem Denken, Handeln und Fühlen die Richtung weisen sollte. Der »Neue Mensch« ist Heilsziel und Hoffnungsinhalt des Aufbruchs der Jugendbewegung. *Im Neuen Menschen läßt sich geradezu die einheitliche Chiffre sehen, die die verschiedenen Strömungen und Richtungen miteinander verband.* Der Glaube an den Neuen Menschen und der Wille, ihn hervorzubringen: Dies ist die Grundorientierung der Jugendbewegung, — so verschieden dann auch Inhalt und Richtung dieses neuen Bildes vom Menschen sich darstellten, je nach den politischen und weltanschaulichen Werthaltungen, denen man sich in den verschiedenen Gruppen, Kreisen und Bünden verpflichtet wußte.

Dieser Befund läßt sich aus den zeitgenössischen Texten vielfach belegen. So schreibt Norman Körber in seinem umfassenden Essay »Das Bild vom Menschen in der Jugendbewegung und unsere Zeit«: »Ein solcher Wille (nach Gestaltung der Umwelt) hat, tiefer gesehen, wo er echt ist, seine Wurzel in dem Glauben an die Möglichkeit einer neuen menschlichen Haltung, in dem Willen oder doch der Sehnsucht nach dem neuen Menschen. Alle Umbildung der Welt beginnt bei ihm und zielt auf ihn ab. Diese Sehnsucht, dieser Glaube, dieser Wille ist die treibende und die neue Jugend in allen Lagen kennzeichnende Kraft der Bewegung. Dieser Mensch

---

[43] E. Spranger, 1949, S. 300. — Einen Einblick in die religiöse Dimension damaligen jugendlichen Lebensgefühls gibt auch Walter Benjamin, der 1914 über »Die religiöse Stellung der neuen Jugend« schreibt: »Die Jugend, die sich zu sich selbst bekennt, bedeutet Religion, die noch nicht ist ...« In: Die Tat Nr. 6, 1914/15, S. 211. — Dieser Hinweis ist dem Aufsatz von Frank Trommler entnommen: Mission ohne Ziel. Über den Kult der Jugend im modernen Deutschland. In: Th. Koebner, R. P. Jantz, F. Trommler, 1985, S. 31.

aber ist, ganz allgemein bestimmt, der grundsätzlich ›unbürgerli-
che‹, das heißt der nicht zweckhaft bestimmte, sondern aus inner-
stem Gesetz, aus Gewissensnotwendigkeit oder Schicksalsbe-
stimmtheit lebende Mensch.«[44]

In diesem Zitat klingt auch schon an, daß Sehnsucht und Suche
nach dem Neuen Menschen immer auch gespeist sind von einer als
elementar krisenhaft empfundenen Gegenwart, von dem Grundgefühl, daß die Lebensmächte der Zeit die Möglichkeit vollen
Menschseins verstümmeln und verkümmern lassen. Daß dies in
besonders fundamentaler Weise für die Zeit um 1900 und die Jahrzehnte danach gilt, ist vielfach beschrieben und in das Wort von
der »Kulturkrise« gefaßt worden. Ohne dies im folgenden noch
einmal auszumalen, läßt sich summarisch festhalten: In einer Zeit
elementarer Krise zu leben, war kennzeichnend für das Lebensgefühl vieler bewußt lebender Zeitgenossen. Dies zeigen auch die
ganzen Umbrüche, die sich in Wissenschaft, Dichtung, Bildender
Kunst usw. vollzogen.[45] Das grundstürzende Ereignis des Ersten
Weltkrieges war insoweit nur der historisch erfahrene Beleg für das
Bewußtsein, in einer Epcche des Umbruchs zu leben.

Dieses Lebensgefühl, durch die Lebensmächte der Zeit von den
Möglichkeiten vollen Menschseins abgeschnitten zu sein, war prägend für die Orientierung der Jugendbewegung und ein Quellgrund
für ihre Suche nach dem Neuen Menschen. Diese Lebensmächte
waren die industrialisierte Welt, zu deren Symbol die »Stadt«
wurde, waren Technik und Wissenschaft. Sie reduzierten — in der
Lebenswahrnehmung der Jugendbewegung — das Menschsein auf

---

44 N. Körber, 1927, in: W. Findt, 1963, S. 472. — Dieser Aufsatz Kör-
bers zählt — da erst 1927 erschienen — zu den Spätschriften der Deutschen Jugendbewegung. Aber gerade deshalb, wegen der schon vorhandenen zeitlichen Distanz zu den Anfängen und doch aus den Orientierungen der Jugendbewegung heraus geschrieben, zeugt dieser Aufsatz von besonderer Urteilskraft. Auch deshalb wird auf ihn im folgenden kontinuier-
lich zurückgegriffen.

45 Ein markanter Ausdruck dieses Umbruchs stellt zum Beispiel auch
der Einbruch der »Dialektischen Theologie« dar, die in vielem selbst Ausdruck der geistigen Krise war und in der These vom Christentum als
»Krise jeglicher Kultur« (Gogarten) einen theologischen Versuch darstellt,
diese Kulturkrise geistig zu bewältigen.

»Zweckhaftigkeit« und bloße Rationalität; schnitten es ab, auch in ihren Vergnügungs- und Genußangeboten[46], von den Möglichkeiten unmittelbarer Erfahrung, wie sie dann im Natur- und Gemeinschaftserlebnis gesucht wurde. So beschreibt Körber dieses Grundgefühl: »Aber das ist ja gerade das furchtbar Fragwürdige und Sinnwidrige unserer heutigen abendländischen Kultur (im weitesten Sinne), daß wir uns überall eingespannt sehen in den Kreislauf eines eigengesetzlich gewordenen, bürgerlichen, sozialen, wirtschaftlichen, politischen und im engeren Sinne kulturellen Lebens. Allerdings ist auch diese Mechanik der Dinge geistigen Ursprungs, Ausdruck geistiger Mächte, aber eben von Mächten, die weithin losgelöst sind von dem sinngebenden göttlichen Urgrund, ja vielfach durchaus widergöttlicher Natur sind. Erlebte das Mittelalter diese Mächte als Teufel, Alben und Dämonen, so der heutige Mensch, in Sonderheit der nach dem Sinn fragende Mensch der Jugendbewegung, in der gewaltigen Hybris der vom Sinngrund gelösten, autonom gewordenen technisch-wirtschaftlich-zivilisatorischen Umwelt ... Das Erlebnis der Wirklichkeit bedeutet heute für den Menschen der Jugendbewegung das Erlebnis des Bruches ...«[47]

In all dem ist es entscheidend — und das eben angeführte Zitat ließ auch dies anklingen: Um sich ein wirkliches Verstehen der Antriebe und Motivlagen der deutschen Jugendbewegung zu sichern, vor allem aber um ihr Ringen um einen Neuen Menschen letztlich zu begreifen, gilt es den Umstand zu betonen: Es geht nicht nur um die Umgestaltung der äußeren Umstände. Der Jugendbewegung war in den meisten ihrer Strömungen und Lager bewußt, daß die äußere Wirklichkeit wesentlich bestimmt wird von der Sinnhaftigkeit, die ihr verliehen wird. Die Zerrissenheit der Kultur galt der Jugendbewegung letztlich als geistigen Ursprungs und nur geistig zu überwinden.[48] Was Romano Guardini

---

[46] Als Symbol dieser Vergnügungs- und Genußangebote galt in der Jugendbewegung das »Kino« mit seiner nur vorgespiegelten Realität, das Rauchen und der Alkoholgenuß.

[47] N. Körber, 1927, in: W. Kindt, 1963, S. 477 f.

[48] Daß dies in gewissem Sinn auch für den ansonsten marxistischem Gedankengut verpflichteten proletarisch-sozialistischen Flügel der Jugendbewegung gilt, soll im folgenden noch kurz angedeutet werden.

für die Katholische Quickborn-Bewegung festhält, gilt im Grundsatz ebenso für andere, auch für die konfessionell und weltanschaulich weniger festgelegten Strömungen der Jugendbewegung: »Das Suchen Quickborns kommt ... aus einem ganz sicheren und richtigen Trieb nach jenen Wesenszusammenhängen, aus denen allein unser in wahnwitziger Zerrissenheit verzuckendes Kulturleben wieder gesunden kann.«[49] So also ist es auch bei der Jugendbewegung das Leiden an der »alten« Welt, aus denen die Hoffnungen auf den Neuen Menschen erwachsen. Und noch einmal: So gewiß — in der Wahrnehmung der Träger der Jugendbewegung — die Krise der Kultur geistigen Ursprungs war, so gewiß war ihnen die Überzeugung, daß nur aus in weitestem Sinne religiösen Antrieben ein neues Menschsein heraufgeführt werden kann. »Der Glaube an den Neuen Menschen war letzten Endes religiös — und überall waren religiöse Kräfte am Werk ... Sie führten die Jugend zu Edda und zu Laotse, zu Meister Eckehard und zu Rudolf Steiner. Aber auch hier — wie in der Politik — gab es kein gemeinsames inhaltliches Bekenntnis. Die Heilslehren überschnitten und vermischten sich ... im Gegensatz zu den allmächtigen Konventionen des Positivismus und Intellektualismus forderten sie eine Rückkehr zu den Quellen des Lebens.«[50] Dieses Zitat führt dann auch zu der weitergehenden Frage: Welche Konzepte, welche inhaltlich-weltanschaulichen Vorstellungen waren es, die das Bild des Neuen Menschen in den jeweiligen Richtungen und Strömungen prägten? Dies soll im folgenden an ausgewählten Beispielen paradigmatisch und in systematischem Zugriff verdeutlicht werden.

2. Die blaue Blume

»Die Großstadt verschandelt die Jugend, verbildet ihre Triebe, entfremdet sie immer mehr einer natürlichen, harmonischen Lebensweise. Aus den großen Häusermeeren steigt das neue Ideal: Erlöse dich selbst, ergreife den Wanderstab ... Da hatte die Jugend eine

---

49 R. Guardini, 1922, in: W. Kindt, 1963, S. 342.

50 F. Borinski / W. Milch, 1982, S. 25.

neue Heilswahrheit — selber gefunden.«[51] So hat Hans Breuer, einer der Wortführer der Wandervogelbewegung vor dem Ersten Weltkrieg, eine der entscheidenden Grundorientierungen der Jugendbewegung formuliert: Im Wandern erfährt die Jugend sich neu, genauer noch: Hier findet sie Erlösung. Man hat die deutsche Jugendbewegung immer wieder verstanden als Prostest gegen Zivilisation und Verstädterung. Doch nicht um bloßen Protest und Reaktion ging es, es ging um die Suche nach einer neuen Dimension des Menschseins. Der Wandervogel läßt im Erleben unverstellter Natur nicht nur die Verkümmerungen des »Stadtmenschen« zurück, jene »bedauernswerten Menschen, zu denen nie Waldeinsamkeit und Vogelsang gesprochen hat«, jene, die »leben als willenlose Geschöpfe von Industrien, welche die Mode vorschreiben«[52] — es bildet in der Natur als dem »Reich der freien Seele« (Gustav Wyneken) der Mensch sich neu im Einklang seiner eigentlichen Bestimmung. Stadt und Zivilisation haben den Menschen getrennt von seinem Inneren, der »Neue Mensch« ist der zu seinem Wesen erlöste Mensch; der Mensch, der wieder leben kann im Einklang und Gleichklang mit der Natur, der mit seinem Urgrund, der Natur, wieder neu verschmolzene Mensch. Frank Fischer, Gründungsmitglied und Inspirator des frühen Wandervogels, beschreibt dies in seinem »Epilog eines Wandervogelführers«: »Das nämlich sollst du jetzt in dir verschmelzen: das traumhafte Weiterschweifen und das zaubervolle Durchfühlen und Beseelen jedes Augenblicks und jedes Bildes ... Wandern ist ein Nie-Verweilen, ein traumhaftes Schweifen durch die Weite der Welt. Denn im Wandern und Schweifen sollst du den Raum tragen und fühlen, der dich umschließt und sollst ihm atmend danken ... Du mußt die Natur kennen vom langen Wandern, wenn sie so zu dir sprechen soll. Wie einem Freunde mußt du ihr lauschen können. Mit einem Freunde ist Reden und Hinhören ... ein sanftes Strömen, ein wechselndes Eingehen und Auslösen. Es ist wie ein andeutendes Spiel mit längst Vertrautem, ein Schwingen um verbundene Zen-

---

51 Zit. nach: G. Sautermeister, in: Koebner / Jantz / Trommler, 1985, S. 130 ff.
52 Hans Paasche, zit. nach Conti, 1984, S. 101.

tren in gleichmäßigen Kreis hinein ... ein zartes Berühren gleichgestimmter Saiten.«[53]

Wo die Natur also wieder das »längst Vertraute« wird, ist die blaue Blume gefunden. Dies freilich nicht als bloß romantisch-träumerische Sehnsucht, sondern als präsentische Erfahrung: »Von einer solchen träumerischen Grundhaltung war im Wandervogelreich keine Rede. Es war höchste Gegenwart. Die blaue Blume, von der der Wandervogel sang und die er suchte, wurde auch täglich gefunden.«[54]

In diesen Zusammenhang fügt sich auch ein, was die Jugendbewegung in wesentlichen Strömungen geprägt hat: Man verstand sich als Gemeinschaft, die die Klassen-, Standes- und Schichtunterschiede der bürgerlichen Hauptkultur überwunden hat. Man wußte sich als Vorboten eines einigen Volkes, das die Klassen- und Interessengegensätze hinter sich gelassen haben wird und das schon seinen Anfang nahm im Gemeinschafts- und Erlösungserlebnis der Wandervögel. Volksgemeinschaft und Volkstum — dies waren der Jugendbewegung nicht nationalistisch verengte Vorstellungen, sondern Hoffnungsziele, die auch über die Grenzen der eigenen Nation hinaus reichten. »Gereinigt und wiedergeboren im Bade des Volkstums, wird die Nation aufwärts steigen als eine Überwinderin ihrer Zeit und mit ihr das neue Weltbürgertum kommen, das des Miteinander und nicht des Gegen- und Durcheinander.«[55]

3. Neues Körpergefühl

Einklang und Gleichklang mit der Natur: Diese Lebensmaxime umschloß auch ein neues Verständnis von der Körperlichkeit des Menschen. Freie Seelen und freie Körper gehörten zusammen; dies war ausgeprägt vor allem in der Wandervogeltradition. Der seelischen und geistigen Verkrüppelung des Stadtmenschen entsprach seine körperliche Verarmung. »Wer den ganzen Tag zwischen den Wänden der Schule sitzt oder in den steinernen Straßen der Städte

---

53 Zit. nach W. Kindt, 1963.

54 G. Ziemer / H. Wolf, 1963, zit. nach G. Sautermeister, 1985, S. 475.

55 H. Breuer, zit. nach Ch. Conti, 1984, S. 108.

umherläuft, der hat eigentlich gar keinen Körper, er läuft wie ein Wagen in steinernen Geleisen.«[56] Der Pädagoge und Schulreformer Gustav Wyneken — einer der Hauptredner auf dem Hohen Meissner und, freilich oft umstrittener, Sprecher der Wandervogelbewegung — proklamierte, daß der historische Auftrag der Jugendbewegung im Entdecken, Ausbilden und Erleben eines neuen Körpergefühls liege. »Die Jugend ist ihrem Wesen nach Trägerin des Prinzips der Leiblichkeit, des Körpergefühls, und weil dies Gefühl gegenwärtig einen weltgeschichtlichen Durchbruch erlebt, so ist jetzt im besonderen auch die Zeit der Jugend, des Durchbruchs der Jugend, der Jugendbewegung.«[57]

Freilich machte Wyneken in seinem 1916 erschienen großen Aufsatz über den »weltgeschichtlichen Sinn der Jugendbewegung« deutlich, was die Hoffnungen und Grundorientierungen der Jugendbewegung durchweg prägte: Nicht um bloße Antihaltung gegen die Verarmung der städtischen Zivilisation ging es; so ging es auch bei dem Gewinnen des neuen Körpergefühls nicht um »reformerische« Aneignung von Sport, Leibeserziehung usw., vielmehr: »Das Reich des Körpers aber ist — wohl gemerkt — ein geistiges Reich. Mit Körperpflege und Rassenhygiene hatte gerade der Wandervogel nichts zu tun; seine beiden Pole waren Natur und Eros; die Natur als ein Reich der freien Seele, der Eros als der Bildner einer neuen Gemeinschaft. Der Wandervogel ist nie ... mit Sport oder Wandervereinen verwandt gewesen; er ging also auch nicht aus der Opposition zu einzelnen Mißständen hervor, war weder schulreformerisch noch hygienisch interessiert, sondern ging von vornehrein auf das *Ganze einer neuen Lebensführung,* eines neuen jugendlichen Lebensstils.«[58]

Um das »Ganze eines neuen Lebens« (Wyneken) also ging es bei der Entdeckung des neuen Körpergefühls. Entscheidend auch hier, daß das Finden und Ausbilden des neuen Körpergefühls ein geistiger Vorgang ist; das neue geistige und seelische Verhältnis des

---

56 G. Wyneken, 1916, in: W. Kindt, 1963, S. 152.
57 G. Wyneken, a.a.O., S. 152.
58 G. Wyneken, a.a.O., S. 154; Heraushebung G.K.

Menschen zur Natur und damit zu sich selbst drückt sich aus auch in einem neuen Verhältnis zu seinem Körper.[59]

Neue, reformerische Kleidung und die neuempfundene »Freude an der Nacktheit«, der »Festtracht der Griechen« (Wyneken), wobei letztere nicht in allen Strömungen der Jugendbewegung propagiert wurde, waren Ausdruck eines geistigen Kampfes: »Der Kampf der Jugend ist ja tatsächlich ein Kampf ... es ist der Kampf des Lebens wider den Begriff, es ist der Freiheitskampf des Leibes.«[60]

So zeigt der Neue Mensch sich auch in seiner neu gefundenen Körperlichkeit. Diese freilich ist erst noch im Entstehen: »Wir sind noch zu häßlich. Dennoch muß es dahin kommen. Es müssen wieder körperliche Wertmaßstäbe, ein sicherer Blick für Güte und Fehler des Körpers Allgemeingut werden, und das kann nur geschehen bei unbefangener neuer Freude am nackten Körper (was etwas ganz anderes ist als Sonnen- und Familienbäder und sonstige Gebietserweiterungen des Nackten).«[61]

Das Ziel ist klar: Es geht um das »Ganze eines neuen Lebens«. Es geht um die Neuschöpfung des Menschen, vollzogen aus »innerer Notwendigkeit«.[62] Neuer Geist und neuer Körper: »Hier wird ein *neuer Menschentyp* gefühlt und geschaut und hingestellt, der höchstens noch an einem gemessen werden kann: am Sinn des Menschen überhaupt.«[63]

---

59 Dies macht z.B. auch ein Zitat Alfred Kurellas deutlich: »Beim Einzelmenschen nennen wir diesen Zustand, in dem die Seele in ihm klar zum Ausdruck kommt — nach Angelus Silesius — Wesentlichkeit; wir beginnen heute zu ahnen, wie die Erringung dieses höchsten menschlichen Zustandes mit der Ausbildung des in uns neu sich regenden Körpergefühls verbunden ist, durch das wir ein inniges Verhältnis unseres Geistes zu allen, harmonisch ausgebildeten Teilen und Kräften unseres Körpers anstreben. Unser ›Geist‹, wie wir sagen, läßt uns bewußt werden, wann diese Ordnung erreicht ist.« Alfred Kurella, 1918, in: W. Kindt, 1963, S. 172 f.

60 G. Wyneken, a.a.O., S. 152.

61 G. Wyneken, a.a.O., S. 154.

62 G. Wyneken, a.a.O., S. 154.

63 G. Wyneken, a.a.O., S. 154.

Daß, wie Wyneken konstatiert, »eine bewußte Betonung des Körperlichen allen Gruppen der Jugendbewegung gemeinsam ist«[64], läßt sich kurz an der katholischen Quickborn-Bewegung verdeutlichen.[65] Gegenüber dem Wandervogel und der »Freideutschen Jugend« von einer ganz anderen — konfessionell bestimmten — geistigen Herkunftsgeschichte geprägt, war doch auch für den Quickborn die Suche nach einem neuen Zusammenhang von Geist und Körper prägend. Dies machte Romano Guardini, der entscheidende geistige Mentor des »Quickborn«, in seiner 1922 erschienen Schrift: »Quickborn — Tatsachen und Grundsätze« deutlich.[66] Um »Quickborns Wesen und Wille« zu erfassen, gilt es auch hier zunächst das umfassende Ziel zu benennen: »Quickborn will mitschaffen am Werden eines neuen Menschen, einer neuen Zeit.« Dann aber heißt die Frage: »Wie aber sieht der neue Mensch aus? Welches sind seine Maße? Sie sind bezeichnet durch die Möglichkeiten, welche in ungebrochener Natur, voll entbundener Schaffenskraft und in einem ganz lauteren katholischen Christentum liegen.«[67] Klingt hier schon an, wie verschieden — verglichen mit Wyneken — die Vorstellungen des Neuen Menschen waren, so wird dies vollends deutlich im Verständnis der neuen Körperlichkeit. Quickborn lebt zu auf eine Neuentdeckung der Idee, die als ein »Kronjuwel« der Kirche »neu hervorstrahlen soll«[68], nämlich der Idee des »reinen Leibes«. Auf diese »kaum noch bekannte« Idee neu hinzustreben, sie zum Wesensmerkmal des Neuen Menschen werden zu lassen, ist eine entscheidende Grundorientierung des Quickborn. Diese Idee des »reinen Leibes« darf freilich nicht klischeehaft als »Körperfeindlichkeit« verstanden werden. Vielmehr, gerade in der Enthaltsamkeit, in bewußt gelebter Askese, in der »Entschlossenheit, aus dem eigenen Leben alles hinauszuschaffen, was hinabziehen, körperlich und seelisch stumpf und grob machen kann«,[69] liegt das Streben, den Körper·zu seiner eigentlichen

64 G. Wyneken, a.a.O., S. 153.
65 Zu Quickborn im ganzen siehe J. Binkowski, 1981.
66 R. Guardini, 1922, in: W. Kindt, 1963.
67 R. Guardini, a.a.O., S. 393.
68 R. Guardini, a.a.O., S. 339.

Würde sich entwickeln zu lassen. Und dazu bedarf es der Überwindung all der »zerrüttenden Einflüsse der Stadt«[70], des Strebens nach innerem »Freisein des ganzen Körpers von all den Stoffen und Einflüssen, welche ihn überreizen, erniedrigen, abstumpfen, ihm das innere Gleichgewicht stören.«[71] Somit kann das Ideal des »reinen« Leibes, »der gesund, stark, harmonisch ist«,[72] errungen werden.

Der gesunde, starke und harmonische Körper wird freilich erst dort Wirklichkeit werden können, wo sein ihm zugedachtes Verhältnis zur Seele neu errungen wird. Das Ziel heißt: »Der Leib muß wieder beseelt werden.«[73] Wo der Körper Ausdruck der Seele wird, zeigt er dies in »Anmut, Haltung, Herrschaft über jede Bewegung, feiner Beseelung der ganzen Gestalt und jeder Gebärde.«[74] Erlernt und errungen werden die neuen Körpertugenden etwa im Reigentanz: »Der Reigen aber ist vollendete Herrschaft der Seele, Adel und Anmut ... Er ist die Kunst, die Freude und den Reichtum der Seele in der Bewegung auszudrücken; als beseelte, durch Lied und Klang verklärte Bewegung.«[75] Auch im Spiel, das »nichts zu tun hat mit dem rohen Treiben unseres heutigen Sportwesens«, bildet der Körper im Einklang mit der Seele sich neu: »Kampf, aber beherrscht durch Besonnenheit, unbedingte Zuverlässigkeit und vornehmen Sinn für den Gegner; Kraft, aber durch Maß und wachsame Selbstbeherrschung zur Anmut gebändigt.«[76] Auch in neuer Kleidung erstrebt Quickborn einen neuen Ausdruck des Körpers als Spiegel der Seele. »Einfach« soll sie sein, »gesund, praktisch, zugleich aber schön und eigenartig.«[77] In all dem bleibt aber festzuhalten: Neues Verhältnis zum Körper, der Körper als Aus-

[69] R. Guardini, a.a.O., S. 339.

[70] R. Guardini, a.a.O., S. 340.

[71] R. Guardini, a.a.O., S. 339.

[72] R. Guardini, a.a.O., S. 339.

[73] R. Guardini, a.a.O., S. 340.

[74] R. Guardini, a.a.O., S. 340.

[75] R. Guardini, a.a.O., S. 340.

[76] R. Guardini, a.a.O., S. 340.

[77] R. Guardini, a.a.O., S. 340.

druck der Seele, wie es Reigen, Spiel und Kleidung zeigen, das alles zielt hin auf »ein werdendes neues Sein«.[78]

Wo vom Erstreben eines neuen Körpergefühls in den verschiedenen Richtungen der deutschen Jugendbewegung gehandelt wird, ist auch die Frage nach der Sexualität berührt; genauer: Welche Auffassungen von der Beziehung der Geschlechter waren jeweils leitend? Darüber ist viel geschrieben und räsonniert worden, das zusammenzufassen unseren Darstellungsrahmen sprengte. Immerhin seien einige Anmerkungen beigefügt, die sich in den Zusammenhang unserer Frage nach dem »werdenden neuen Sein« einfügen.

Die am Beispiel des Quickborn genannten Leitvorstellungen von Enthaltsamkeit, Askese und »reinem Leib« kennzeichneten weit über die konfessionell geprägten Kreise und Richtungen hinaus, die Auffassung von Sexualität bei wesentlichen Strömungen der deutschen Jugendbewegung. »Reine« Kameradschaft, auch gerade zwischen den Geschlechtern in den gemischten Wandervogelgruppen, sollte gelebt werden und wurde gelebt. Diese Zielvorstellung der »reinen« Kameradschaft muß freilich zunächst gesehen werden wiederum als Protest und Überwindung der städtischen Zivilisation, wie sie sich gerade auch im Bereich der Sexualität darstellte: »Einer der Hauptangriffe der Jugendbewegung richtete sich gegen die bürgerliche Geselligkeitskultur, besonders gegen die Rohheit der sexuellen Sitten im öffentlichen wie privaten Leben, die ihr keusches Empfinden an jeder Straßenecke brutalisierte. Angewidert durch die schmutzige Aufdringlichkeit all dieser Äußerungen einer korrupten Moral, sah die Jugend in ihrem Reinheitsverlangen zunächst keinen anderen Ausweg, als die völlige Ablehnung des Geschlechtlichen überhaupt.«[79]

Doch lag in der »reinen Kameradschaft« selbst ein ureigener Wert, der zur neuen Zeit, zum neuen Menschsein führen sollte. Dies sei verdeutlicht an Auszügen aus einem Gedicht: »Kameraden«, aus der Zeitschrift »Der Ausbruch«, in dem die Idee der Kameradschaft, gegenüber Elternhaus und flüchtigen sexuellen Kontakten, als Vorbote der neuen Zeit gepriesen wird:

---

78 R. Guardini, a.a.O., S. 340.
79 E. Busse-Wilson, 1919, in: W. Kindt, 1963, S. 329.

»...
Das ist die Flucht vor den zu eng Verwandten,
Die mich berührten, ehe sie mich kannten —!
Noch immer wie in ihrem hohlen Schoß
Läßt mich Gebornen Elterndruck nicht los.

...

Doch lieber Haß und Wüste dieser Stadt
Als eure Liebe, die mich grundlos hat!
Wir wählten niemals uns! Daß ihr mich säugtet,
Wird es Gefühl denn, daß ihr mich erzeugtet?

...

Und seh die Paare ohne Harmonien
im eisig klarem Bund nach Hause ziehn

...

Verwandtes Blut aus Elternliebesnacht,
Ohn' unser Wollen ihnen nah gebracht,
Geschied'nes Blut, gepaart in Straßenliebe:
Daß beides nun ein neuer Ruf vertriebe —:

...

Ein Ruf nach Freundschaft —! daß in finstren Zimmern
Die Mauern stürzen und die Nackten schimmern
Entblößt von Decken dumpf und unsichtbar
Und von gespenstischen Gefühlen klar!

...

Daß Unerfüllte ihrer armen Zeit
Aus Gräbern wehn in unsre Geistigkeit,
Und Neue mit gefühlteren Gebärden,
Voll blühnder Herzen nun geboren werden!

...

Das sind die Willen, ganz aus Licht getrieben,
Die sich als Willensangesichter lieben,
Das ist die lautre lauteste Melodie,
Die süße nahe weite Kameraderie!«[80]

---

[80] zit. nach: J. Reulecke, 1985, S. 206 f.

Ohne die ganze Entwicklung nun weiter nachzuzeichnen, ohne die Fragen nach dem Männerbundgedanken[81], nach Frauenemanzipation[82] usw. aufzunehmen, sei noch beigefügt: Die Idee vom Neuen Menschen fand nach dem Ersten Weltkrieg seine Ausprägung in bestimmten Strömungen auch im Gedanken freier Sexualität.[83] Doch reicht diese Entwicklung, die dann besonders von der »proletarischen« Jugend getragen war, über die »klassische« Epoche der Jugendbewegung hinaus. Deren Auffassung von der Beziehung der Geschlechter läßt sich noch einmal mit Worten Wilhelm Stählins zusammenfassen: »Ein strenger und herber Idealismus hat zunächst eine von jeder Liebelei meilenweit entfernte Kameradschaft als Ideal aufgestellt ... Es schwebt ein Hauch von herber Reinheit über all der jugendlichen Freude. Unter dem Dach des Himmels oder der Bäume kann manches gar nicht aufkommen, was in schwülen Sälen üppig wuchern darf; von der wie selbstverständlichen Gesundheit der Natur, in der sich die Geselligkeit fast ausschließlich bewegt, strömt der würzige Atem der Gesundheit über auf Körper und Seele derer, die da wandern, singen und tanzen ... Dem Eros gegenüber gebührt das Doppelte: Ehrfurcht und Verantwortung.«[84]

Das »werdende neue Sein« zeigt sich also auch in einer neuen Körperlichkeit. Dies läßt sich abschließend noch einmal resümieren und illustrieren am Beispiel der Bilder des Malers Fidus. Die Bilder von Fidus waren die vorweggenommene Utopie des gesunden, reinen und schönen Körpers: »Die Gestalten, wie sie Fidus zeichnet, sind Menschen, wie wir welche werden wollen: von der Sonne gebräunt, von der Luft gestählt, vom Wandern und Arbeiten selig, von Idealen hell blickend! Er stellt sie nackt vor uns hin, wie er sie mit seinem inneren Auge sieht. Und dabei haben wir nie das Gefühl von Zweideutigkeiten ... Bis in die gespannten Muskeln seiner Menschenbilder hinein glauben wir die Regungen der Seele vernehmen zu können. Auch der Leib ist ihm heilig, der Seele gleich-

---

[81] siehe J. Reulecke, a.a.O.

[82] siehe besonders den Aufsatz von E. Busse-Wilson, 1919, in: W. Kindt, 1963.

[83] siehe dazu U. Linse, 1985, S. 269 ff.

[84] W. Stählin, 1918, in: W. Kindt, 1963, S. 316.

wertig. Er räumt endlich mit dem schauderhaften Märchen auf, daß der Menschen Leib immer ein mehr oder weniger unwürdiges und schmutziges Gefäß für die göttliche Seele sei. Seine Gestalten leben immer im innigsten Verhältnis mit der Natur.«[85]

4. Dämon – Priester – Weißer Ritter

Die bisherige Darstellung hat immer wieder gezeigt: Das Ziel eines Neuen Menschen ist in allen Strömungen und Richtungen der Jugendbewegung leitend. Freilich sei auch noch einmal festgehalten: Worauf sich die Hoffnungen und auch Gewißheiten eines entstehenden Neuen Menschen richteten, hing ab von der »verschiedenen Stellung zu den hintergründlichen Geistmächten im Leben.«[86] Dies sei im folgenden noch einmal an ausgewählten Beispielen verdeutlicht.

Norman Körber folgend, zeigten sich schon innerhalb der Bündischen Jugend verschiedene Konzeptionen des Neuen Menschen. Die Bündische Jugend – das waren vor allem die Wandervogelgruppen und das Neupfadfindertum, das, im Gegensatz zu dem »Altpfadfindertum«, unter den prägenden Einfluß der Jugendbewegung geriet, dann ein Teil von ihr wurde und dem es »ebenfalls um eine Erneuerung des Menschen an Haupt und Gliedern ging«.[87]

Für Körber war im Wandervogel ein »dämonisches« Bild vom Menschen leitend, das zu leben der Wandervogel erstrebte, »ein Verlangen nach innerer Befreiung durch ein aus dem eigenen Gesetz, aus lebendigster Vitalität, aus schöpferischer Dämonie gelebtes Leben.«[88] Dieser »teils faustische, teils mystische Drang nach Erlösung«, war die Suche nach Vereinigung mit dem göttlichen Urgrund, gefunden etwa im Natur- und Gemeinschaftserlebnis und der Bund gab die Möglichkeit, diesem Erlösungsstreben und Erlö-

---

85 entnommen der Zeitschrift der Jugendbewegung »Junge Menschen«; zit. nach Ch. Conti, 1984, S. 112. – Zu Fidus siehe R. E. Jantz, 1985, S. 310 ff.; J. Frecot / J. Gneist / D. Krebs, 1972.

86 N.Koerber, 1927, in: W. Kindt, 1963, S. 474.

87 N. Koerber, a.a.O., S. 475.

88 N. Koerber, a.a.O., S. 475.

sungserlebnis Form und Halt zu geben. »Dämonischer Menschentyp« deshalb, weil die Erlösung hin zum Neuen Menschen keiner Botschaft von außen bedurfte, wie in den christlichen oder auch sozialistischen Bewegungen, sondern weil der verschüttete und zivilisatorisch verdorbene Wesensgrund des Menschen selbst zu seiner eigenen Befreiung drängte. Das erstrebte Ziel eines neuen Menschseins war: »Sicherheit in sich selbst, die ruhige Freiheit und Zielsicherheit des ›aus sich rollenden Rades‹ aus einer vollkommenen Gebundenheit an die Stimme des eigenen Daimonions.«[89] Im Neupfadfindertum hingegen ist das Bild vom heldischen, adligen Menschen leitend: der dem »Neuen Reich« sich in Dienst stellende Ritter, der in der verschworenen Gemeinschaft des »Bundes« einer heldischen Zukunft den Weg bahnt. So schrieb Martin Voelkel 1921 in der Neupfadfinderzeitschrift »Der weiße Ritter«: »... So ward der Riese zum Recken, der Recke zum Helden, der Held zum Ritter. So wächst auch heute aus denen, die zur Ritterschaft erkoren sind und ihre Sendung auch im Sturm der Zeiten treu bewährt haben, das Bild des Menschen reiner und höher empor. Und dies inwendige Sein, das allein Adel verleiht, dies neue Menschenbild zu schützen und zu krönen, geben wir uns in strengen Dienst und nehmen wir uns in herbe Zucht.«[90]

Wer in den Bund eintritt, unterstellt sich der Pflicht, am Werden des Neuen Menschen, der neuen Zeit mitzuwirken: »Ihr Bund ist ein Bund der höchsten Verpflichtung. Vor ihnen steht fordernd und gebietend das Bild des neuen Menschen, des neuen Volkes, der neuen Menschheit.«[91]

In welcher Intensität dieser Glaube sich darbot, zeigt besonders auch der Mythos vom »Weißen Ritter«, der als visionäres Symbol im Neupfadfindertum lebendig war. Wo das reine und heldische Rittertum in den Bünden sich formt, der neue ritterliche Mensch anfängt sich zu bilden, wird der Weiße Ritter sich zeigen und sein Gefolge in die Zukunft des »Reiches« führen. »Aber es gibt eine Jugend, die unter den schaffenden Frühlingsgewalten nicht zersprungen ist, die unter dem Zwang eiserner Jahre das Heldenbild

89 N. Koerber, a.a.O., S. 475.
90 M. Voelkel, 1921, in: W. Kindt, 1963, S. 371.
91 F. L. Habel, 1922, in: W. Kindt, 1963, S. 366.

nur fester in sich bewahrte. Edle Leiber und todgetreue Seelen — den schmutzigsten Winkel mit Schönheit erleuchtend und gebildet genug, um jeden Platz auszufüllen; in Kameradschaft verwachsen mit dem Volk, und zugleich hinreißende Führergestalten; stolz im Schmucke des Sturmhelms, und demütig mit Helm ab zum Gebet. Hier hebt sich das neue Bild empor. Schon weht es nicht mehr auf Rauchschwaden und Wolkenfetzen als Wanderer zwischen beiden Welten dahin. Sondern die Götter haben es an den Himmel versetzt ... und aus den Tiefen der Wälder hebt ein junges Geschlecht gläubige Augen zu diesem Gestirn, denn der Kompaß in seiner Brust weist ihm den Weg zu solchem vollen und heldischen Menschentum. Das ist der Weiße Ritter, der nun wieder aufbricht, die Welt zu erlösen durch sein Reich ...

Die in der Burg des Weißen Ritters als sein Gefolge weilen, die sind von ihm erkoren und streben, seiner Wert zu sein. Sie kennen einander mehr an Haltung, Blick und Gebärde, denn an Abzeichen und Namen. Sie sind gebunden aneinander mehr durch Liebe und Treue denn durch Satzung und Form. Sie schaffen aus Freude und nicht aus Fron, und sie kämpfen in Ehren und achten auch den Feind ...«[92]

Die nichtbündischen Strömungen der Jugendbewegung — das waren, neben der Freideutschen Jugend, vor allem die christlichen Jugendverbände beider Konfessionen und dann auch die proletarisch-sozialistischen Gruppen. Läßt man die Freideutsche Jugend beiseite, in deren Orientierungen »ein inhaltlich bestimmtes, lebendiges Bild vom Menschen«[93] sich nicht leicht ausmachen läßt, so zeigt ein Blick auf den sozialistischen Flügel der Jugendbewegung: Es ist sicher nicht überraschend, daß hier der Wille hin zu einem Neuen Menschen zentraler Inhalt war, wie dies denn auch für politisch-revolutionäre Strömungen immer kennzeichnend ist. So waren auch in der sozialistisch-proletarischen Jugendbewegung deren Vorstellungen eines Neuen Menschen zweckhaft eingebunden in die politischen Zielsetzungen der »Erwachsenenwelt« der sozialistischen Arbeiterbewegung und insoweit in Übereinstimmung mit

92 M. Voelkel, 1921, in: W. Kindt, 1963, S. 372.
93 N. Koerber, 1927, in: W. Kindt, 1963, S. 481.

den Hoffnungen auf den durch die Revolution heraufkommenden und herzustellenden sozialistischen Neuen Menschen. Dabei ist freilich nicht zu übersehen, daß auch in den Orientierungen der sozialistischen Jugendgruppen typisch »jugendbewegte« Elemente sich finden, die über die bloß politisch-revolutionären Parolen hinausreichen. Gemeinschafts- und Naturerlebnis wird auch hier zum Wert an sich und kennzeichnet auch den kommenden sozialistischen Menschen, der »in dem Bilde« sich fassen läßt »eines zwar titanischen, aber liebeerfüllten neuen Menschen, der imstande ist, seine persönlichen Interessen freiwillig denen der Gemeinschaft unterzuordnen und wahrhafte Gemeinschaft zu leben.«[94]

Die christlichen Jugendbünde — das waren vor allem der Köngener Bund und die Neuwerksjugend im evangelischen, Quickborn und Großdeutsche Jugend im katholischen Bereich. Deren Auffassungen vom Werden eines Neuen Menschen seien abschließend in einigen Hinweisen skizziert; dabei sei eigens an den Befund der vorangegangenen Abschnitte erinnert, der verdeutlichte, wie sehr bestimmte Grundannahmen in allen Richtungen und Strömungen der Jugendbewegung prägend waren, so vor allem die Betonung des Gemeinschafts- und Naturerlebnisses, aber etwa auch die zentrale Forderung nach »Innerer Wahrhaftigkeit«. Für die christlich bestimmten Teile der Jugendbewegung galt als Leitbild, auf das hin man lebte und strebte: »der priesterliche Mensch«. Er hat für die christlichen Jugendbünde seine vollkommene Verkörperung erfahren in der Person Christi, die, quer durch die Konfessionen, zum Zentrum wurde, an dem sich die Vorstellungen des neuen Menschseins formierten. Die Urgemeinde, als der Kreis der in Christus Neuen Menschen, wurde zum Inbegriff religiöser Sehnsucht. Auf diese Urgemeinde wollte man neu hinleben und der Bund war die Gemeinde der Jünger, die der neuen Königsherrschaft Jesu Christi den Weg bahnen. Der Bund als geistlicher Ritterorden war die Gemeinschaft der auf das Bild vom priesterlichen Menschen Ausgerichteten. Führung im Bund wurde dem zugesprochen, der das Charisma des priesterlichen Menschen am klarsten ausstrahlte. »Besitzt für die bündische Jugend das Bild des heldischen oder des dämonischen schicksalbestimmten Menschen bannende und gestal-

---

94 N. Koerber, a.a.O., S. 482.

tende Kraft, so lebt in der christlichen Jugend eine tiefe Sehnsucht nach Führung durch den, der ›Vollmacht im Geiste‹ hat.«[95]

III. Der Neue Mensch in der deutschen »Studentenbewegung« von 1968

1. Allgemeiner Überblick

Die Studentenrevolte der Jahre 1967–1969 gehört zu den grundstürzenden Ereignissen der deutschen Nachkriegsgeschichte.[96] Viel ist inzwischen im Nachgang geschrieben, diskutiert und darüber räsoniert worden, welche Wirkung diese wenigen Jahre auf Kultur und Gesellschaft ausgeübt haben. So richtig es zweifellos ist, daß zum Verstehen unserer unmittelbaren sozialen und kulturellen Gegenwart eine Analyse dieser Jahre unabdingbar ist, so gilt es freilich auch festzuhalten: Eine gültige Interpretation der Zeit der »Studentenbewegung« und ihrer Wirkung steht noch aus. Das hat seine verschiedenen Gründe. Zum einen ist der zeitliche Abstand noch kurz; zu verwoben in die Zeit und ihre geistigen und ideologischen Plausibilitäten fällt eine objektivierende Betrachtung schwer: So zeigen denn auch die gegenwärtigen Veröffentlichungen zum Thema »Studentenbewegung« notwendigerweise ein widersprüchliches Bild. Je nach eigener geistiger Orientierung wird ein »Scheitern« der Ziele und Ansprüche der »68er-Bewegung« konstatiert, oder werden »Spuren« vermerkt, die sie hinterließ, oder aber ist von einer »Kulturrevolution« die Rede, die einen tiefen Einschnitt in das kulturelle und geistige Gefüge unserer Gesellschaft markiert.

---

95 N. Koerber, a.a.O., S. 483.

96 Dabei ist nicht übersehen, daß die Studentenrevolte ein internationales westliches Phänomen war. Einen informativen Überblick hierüber bieten die, freilich eher populärwissenschaftlichen, Bücher von Stephen Spender 1969 und von Klaus Mehnert 1976.

Zum anderen fällt ein sicheres Urteil auch deshalb schwer: Zu vielschichtig und disparat war, was »Studentenbewegung« genannt wird; zu unterschiedlich waren die Antriebe und Motivlagen, die ihre Akteure bewegten, um diese Zeit und ihre Wirkung in festgefügten Thesen zu analysieren und zu deuten. So wäre es ganz sicher verkürzt, die Studentenrevolte als rein *politische* Bewegung zu sehen, so sehr dies etwa der auch häufig verwendete Begriff der »Außerparlamentarischen Opposition« (APO) nahelegt und so sehr die politischen Forderungen, Manifeste und Aktionen die Schlagzeilen beherrschten. Es gilt aber im Blick zu halten, daß die Zeit der 60er Jahre in vielem eine Zeit des Umbruchs der »Alltagskultur« darstellt, daß insbesondere eine eigene »Jugendkultur« sich formte, die sich absetzte von den Jahren davor. Dies zeigten – in kurzen Andeutungen – vor allem etwa neue Formen in der jugendlichen Musikszene, wo Pop- und Rockmusik (repräsentiert etwa in den »Beatles« und »Rolling Stones«) neuer Ausdruck jugendlichen Lebensgefühls waren; eines Lebensgefühls, das sich in zunehmender Verbreitung auch subkulturell formierte, so etwa im aufkommenden Drogenkonsum mit seiner Verheißung einer Bewußtseinserweiterung. Die »Hippie-Bewegung« war nur der extreme Ausdruck eines verbreiteten jugendlichen Bewußtseins: Leben als Happening. Dies alles floß in die Studentenrevolte mit ein, war mit prägend für die Orientierungen und Daseinsverständnisse der Beteiligten. Leben als Happening – dies bedeutete zumindest in der Frühphase der Studentenbewegung, daß nun auch »Politik« und politische Aktionen Happeningcharakter annahmen. (Die für die Endphase der »Bewegung« dann typische marxistisch-leninistische Kaderbildung hatte für dergleichen dann freilich keinen Sinn mehr und setzte diesem »Spaß« ein Ende.)

Diese wenigen Andeutungen mögen genügen, um vorweg festzuhalten: Ein auf die bloße politische Dimension beschränktes Verständnis der »Studentenbewegung« gerät zu kurz. Es geht um einen *Kulturvorgang,* um grundlegende Welt- und Daseinsverständnisse, um eine die Beteiligten bis in ihre geistigen und moralischen Innenlagen hinein prägende Bewegung.

Welches waren die sozialen und kulturellen Beweggründe, die um die Mitte der 60er Jahre diese Protestbewegung entstehen ließen?

Wäre dies auch einer eigenen kultursoziologischen Studie wert, so ist in den folgenden Abschnitten dennoch kurz dieser Frage nachzugehen; denn zum Verstehen unserer jetzigen kulturellen Lage (weit über die gegenwärtige Situation an den Hochschulen und Universitäten hinaus) ist ein solcher Erklärungsversuch vonnöten: Ein umstürzendes Ereignis wie jene Protestbewegung hat vorab aller Wertung und genauerer Beurteilung nicht nur seine Spuren hinterlassen, — vielmehr, die Gründe, die dazu führten, können erst Jahrzehnte danach nicht ganz und gar verschwunden sein; ihnen nachzugehen, hat, bei all den Veränderungen seither, Erklärungskraft für unsere unmittelbare Gegenwart.

Dabei ist noch einmal der *internationale* Charakter der Protestbewegung zu betonen. Eine ausführlichere Untersuchung dazu müßte sich also auch darauf richten, welche strukturellen und kulturellen Ähnlichkeiten der modernen Gesellschaft des Westens die Bereitschaft darstellten, die erst der Revolte den Boden bereiten konnte. Diese globalen Aspekte sich entwickelnder Internationalisierungsprozesse gilt es also zu beachten; freilich immer in ihrer Gemengelage mit den jeweils spezifischen nationalen Lagen. Wie jede Protest- und revolutionäre Bewegung, ging auch die studentische Protestbewegung ihre nationalen Sonderwege.

Richtet man also den Blick auf die Bundesrepublik Deutschland, so gilt es zunächst einmal festzuhalten: Die »Studentenbewegung« traf die Gesellschaft, insbesondere die Politik und Wissenschaft, absolut unvorbereitet. Keine diagnostische Stimme aus Politik, Wissenschaft und Kultur, die den Protest prognostiziert hätte. Ganz im Gegenteil war es nahezu wissenschaftlicher und politischer Konsens, die politische Abstinenz, ja Apathie gerade der Studenten zu beklagen. Auch ein so kluger und die Zeitlagen scharfsinnig auf Begriffe bringender Wissenschaftler wie Helmut Schelsky hat noch 1963 konstatiert, daß die bundesrepublikanische Jugend sich revolutionär-radikalen Ideologien »nie revolutionär, in flammender kollektiver Leidenschaft«[97] zuwenden könne. Oder wir lesen noch 1965 (!) in einer sozialwissenschaftlichen Studie zur Lage der Jugend aus der Feder des Soziologen Ludwig von Friedeburg den

---

97 H. Schelsky, 1963, S. 381.

Satz: »In der modernen Gesellschaft bilden Studenten kaum mehr ein Ferment produktiver Unruhe.«[98] Ein Jahr später begann die »Unruhe« und zwei Jahre später waren ganze Fakultäten und Institute (vor allem der Geisteswissenschaften) bestimmt von Geist und Praxis der Revolte.

Das unerwartete und denn auch für viele Zeitgenossen zunächst ganz unerklärbare Phänomen des Protestes entzieht sich auch im nachhinein einer schnell fertigen »Erklärung«. Vor allem greifen auf »Strukturfragen« reduzierte Erklärungsmodelle zu kurz. Daß zum Beispiel »Mißstände« an den Universitäten, wie etwa der aufkommende Numerus clausus, *ursächlich* für die Entstehung des Protestes gewesen seien, erklärt nicht die Wucht der Ereignisse; wie denn überhaupt die Trägerschaft des Protestes keine materiell oder sozial deklassierte Gruppe darstellte, sondern eher dem materiell sichergestellten Bildungsbürgertum entstammte. Auch daß die Protestbewegung eine Variante des Gesellschaften und Gruppen schon immer mitbestimmenden Konfliktes zwischen den Generationen gewesen sei, ist sicher nur zu einem bestimmten Teil richtig. Vielmehr weisen empirische Befunde bei einem Teil der Beteiligten ein hohes Maß an Übereinstimmung zwischen politisch liberal gestimmtem Elternhaus und Jugendlichen nach, so daß der Erklärungsversuch in dieser Perspektive eher dahin zu gehen hat, daß für jenen Teil der Akteure die Teilnahme am Protest eine Möglichkeit war, die Einstellungen des Elternhauses unter veränderten Lagen und mit anderen Mitteln politisch zu »realisieren«.[99] Daneben ist freilich nicht zu übersehen, daß wirkungsmächtig auch Elemente des Protestes gegen die »Vätergeneration« mitschwangen.

Dies wird insbesondere deutlich am ersten der drei Gesichtspunkte, unter denen im folgenden — in eklektischem Zugriff — der gestellten Frage nachgegangen werden soll: Welches waren die Gründe, die zur Entstehung der Protestbewegung beitrugen? Aufstand gegen die »Vätergeneration« — das hieß eben auch Aufstand gegen die »unbewältigte Vergangenheit« des Nationalsozialismus. Ohne nun weiter über die verbreitete These zu räsonieren, daß die

---

98 L. von Friedeburg, 1965, S. 18.

99 Vgl. dazu Klaus R. Allerbeck, in: Allerbeck / Rosenmayer, 1971, S. 181.

Zeit des Aufbaus, die Anfang der 60er Jahre an ihr Ende kam, eine Zeit der geistigen und moralischen Verdrängung der nationalsozialistischen Vergangenheit war, gilt es festzuhalten: Im *Bewußtsein* vieler der Akteure galt der Protest als Abrechnung mit dem geistigen und moralischen Versagen der »Vätergeneration«. Einen eindringlichen Beleg hierfür bietet der Roman »Die Reise« von Bernward Vesper, einem Sohn des früheren »NS-Schriftstellers« Will Vesper.100 Das Bewußtsein, nunmehr erst die Generation zu sein, die wirklich mit der nationalsozialistischen Vergangenheit brach, war ein prägendes Motiv und das Pathos für die Studentenbewegung. »Antiautoritär« *mußte* man ja auch deshalb sein, weil die Autorität in der Wahrnehmung eines Teils der jungen Generation ihre Legitimität im Versagen gegenüber des Nationalsozialismus schon längst verloren hatte. So auch ist es zu erklären, daß der »Faschismus«-Verdacht zur universalen Chiffre der Ideologie-Diskussion der Studentenbewegung wurde. Ein weiteres Schlüsselmotiv des Protestes lag im Krieg in Vietnam. Der Protest gegen diesen Krieg geriet geradezu zum Sammlungs- und Identifizierungsmotiv der Bewegung. Dies wird erst verstehbar, wenn man sich die besondere Rolle der USA in ihrer Kulturbedeutung in der deutschen Nachkriegsgeschichte vergegenwärtigt. Die USA galten am Ende des 2. Weltkrieges eben nicht nur als militärischer, sondern in Westdeutschland weithin auch als geistiger Sieger. Ein kulturellgeistiger »Amerikanismus« prägte in entscheidenden Bereichen die sich neu formierende Gesellschaft der Bundesrepublik Deutschland. Weit über den Import von Chewing Gum, Coca-Cola und Blue Jeans hinaus bedeutete der Einfluß der USA eben auch: das Versprechen, eine einfache und überzeugende Verschreibung für das rechte Zusammenleben der Menschen und Völker zu besitzen. Nicht um bloße Propagierung eines »American Way of Life« ging es, es ging um das Faszinosum der Demokratie als Lebensform, die Glück und Zukunft verspricht. »Amerika« war weit mehr als der Überbringer einer politischen Staatsform; es war auch Botschafter,

---

100 Der Roman bietet auch ansonsten authentische Einblicke in die seelischen und geistigen Lagen und Antriebe vieler Beteiligter bis hin zu jenem Weg in den Terrorismus, den ein Teil der Bewegung zum Schluß genommen hat.

Garant und Hüter des *moralisch Guten* in der Welt. Der Demokratie als Lebensform entsprach der mündige, demokratisch aufgeklärte Staatsbürger. In diesem Versprechen, ja durchaus auch in dieser Gewißheit wuchs eine ganze Generation auf, mit dem Appell, politische Verantwortung zu übernehmen. Die Klage der 50er und noch der 60er Jahre über die politische Abstinenz der Jugend hatte ja gerade darin ihre Begründung: Demokratie als Lebensform bedarf der in ihren Verheißungen lebenden, mündigen Bürgern.

Von hier aus erklären sich auch ein Stück weit Schlagkraft und Dynamik der Studentenrevolte. Zum mindesten in ihren Anfängen war die Bewegung auch getragen vom Bewußtsein, ja vom moralischen Pathos ihrer Akteure: im Protest die eigentlichen Verfechter der Verheißungen der Demokratie, in denen man aufwuchs, zu sein. Zumindest also am Anfang der Studentenbewegung war es eine ihrer tragenden Motivationen, nunmehr im Protest den eigenen Anspruch des westlichen »Systems« einzulösen.

Diesen — kurz skizzierten — Kulturhintergrund der deutschen Nachkriegsgeschichte also gilt es, im Blick zu haben, um zu verstehen, welchen Einbruch der Vietnamkrieg markierte. Er wurde zum Signal, daß die Weltmacht, die Garant des politisch und moralisch Guten, Verkünder und Träger der Idee des Westens: der Freiheit, war, schließlich eben auch nur eine Weltmacht war, die ihre Großmachtinteressen, wenn nötig mit unverhüllter Militärgewalt, durchsetzte. So geriet der Vietnamkrieg zum Symbol der Entzauberung der geistig-moralischen Verheißungen des Westens. Die Revolte war zu einem Teil *auch* geboren aus der Enttäuschung, daß die Realgeschichte der Welt einen anderen Verlauf nahm, als die Ideen, mit denen man politisch aufwuchs, versprachen. In diesem Enttäuschungserlebnis war dann auch der geistige und psychologische Boden bereitet, um den Vietnamkrieg zum Anlaß für eine dann einsetzende politisch-agitatorische Propaganda für Sozialismus und Kommunismus zu nehmen.

Ganz gleich, wie man im Nachgang das militärische Eingreifen der USA politisch wertet: Im geistigen Erleben eines Teils vor allem der studentischen Generation war hier eine der Stellen, die eine Distanz, ja den Bruch mit der gesellschaftlichen Ordnung des Westens darstellen, in der man bis dahin in weithin unbefragter

Selbstverständlichkeit lebte. Man muß diesen Befund bis in die existentiellen Innenlagen der Beteiligten hinein interpretieren, um die wirkliche Dimension der Revolte zu erfassen.

Wo aber bislang unbefragte, geistige und eben auch politische Plausibilitäten unsicher, ja für einen bestimmten Teil, besonders der studentischen Generation, ungültig wurden, bedurfte es neben der politischen auch einer neuen geistigen Orientierung. Anders gewendet: Die Zeitlage, sofern sie, wie oben beschrieben, als Bruch erfahren wurde, drängte zu neuer Deutung; einer Deutung, die dem Gegenwartserleben Sinnhaftigkeit verlieh und Handlungsorientierung anbot.

Das Stichwort »Handlungsorientierung« stellt sich deshalb zentral, weil die Studentenrevolte noch ganz eingebunden war in das Fortschrittsdenken, das wesentlich die geistige Orientierung des Nachkriegsdeutschlands prägte. Ganz gleich, ob man in diesem Fortschrittsdenken nur eine sich verändernde Fortführung dieser bis dahin dominierenden Grundorientierung sieht oder es dem dann rezipierten Neomarxismus zuschreibt, fest steht: Liest man die Dokumente, Schriften und Manifeste der »Studentenbewegung«, zeigt sich massiv der Glaube an den menschlichen Fortschritt und an seine Sinnhaftigkeit.

Dazu trat ein sozialer und kultureller Protest, der im folgenden eher angedeutet als ausführlich beschrieben werden kann: Die Zeit des Wiederaufbaus als der Zeit der unmittelbaren Daseinsfürsorge war zu Beginn der 60er Jahre an ihr Ende gekommen. Fragen nach dem Wohin und Wozu von Mensch und Kultur, die in der Zeit des Wiederaufbaus zwar nicht einfach verschwunden, aber im Bewußtsein breiter Schichten eher in den Hintergrund getreten waren, meldeten sich verstärkt, als der Zwang zur unmittelbaren Sicherung des Daseins mehr und mehr wegfiel. Sicher wäre es zu vordergründig, die schließliche »Studentenbewegung« als »Wohlstandsphänomen« zu begreifen, aber es gilt doch: Zu ihrem sozialen und kulturellen Kontext gehört, daß sie sich zu Beginn der 60er Jahre zu formieren begann, als die Notwendigkeit zu Wiederaufbau und Daseinssicherung zurücktrat. In diesen eher strukturellen Prozeß war ein geistig-kultureller Vorgang hineinverwoben, der sich beschreiben läßt als das »Ende der skeptischen Generation«[101]; jener Generation, die — so die weithin bekannte und akzeptierte Grundthese des Buches von Helmut Schelsky — von einer deutlichen Abstinenz gegenüber Weltanschauungskonzepten und gar Ideologien geprägt war.

Es läßt sich zusammenfassend festhalten: Eingebunden in eine Zeit ohnedies neu aufbrechender Kulturfragen bedurfte es für jenen Teil der jungen, vor allem studentischen Generation, der im Bewußtsein eines Bruches mit bislang ungefragten Plausibilitäten und eben auch politischen Verheißungen lebte, neuer Deutungsmuster; Deutungsmuster, die das Grundgefühl des Scheiterns der überkommenen, auch politischen Gewißheiten zu deuten versprachen, Handlungsorientierung zu einem Weg heraus anboten, dem Fortschrittsdenken neue Richtung wiesen und der schließlichen Revolte geschichtlichen Sinn und Legitimation verleihen und ihr die Ziele setzen sollte.

Es war die marxistische Gesellschafts- und Geschichtsauffassung, die diesen Anspruch einzulösen versprach. Es kann im folgenden den besonderen Überlieferungszusammenhängen und Verzweigungen des marxistischen Denkens im Verlauf des 20. Jahrhunderts bis Mitte der 60er Jahre nicht weiter nachgespürt werden. Doch es war vor allem die marxistisch orientierte »Kritische Theorie«, wie sie vor allem von der »Frankfurter Schule« Max Horkheimers und Theodor W. Adornos und wesentlich auch von Herbert Marcuse entwickelt und formuliert wurde, die der Rebellion den »theoretischen« Gehalt verlieh und das Bewußtsein ihrer Akteure vielfach prägte.[102] Ohne in die Einzelheiten zu gehen, ist doch folgender bemerkenswerte Umstand festzuhalten: Die Grundschriften der »Kritischen Theorie«, darunter gerade auch solche, die in der Studentenrevolte dann ihre Rolle spielten, sind Jahrzehnte *vor* der

---

101 H. Schelsky, 1963.
102 Zur Entstehungsgeschichte der »Frankfurter Schule« informiert umfassend Martin Jay, 1976.

Revolte geschrieben.[103] So läßt sich sagen: Die Zeit, genauer das Bedürfnis der Akteure der Revolte nach theoretischer Vermittlung ihrer Aktionen und der Vergewisserung ihrer Sinnhaftigkeit suchte sich die geeignete Theorie — wobei freilich ebenfalls angemerkt sei, daß die »Kritische Theorie« im Vollzug ihrer Rezeption dann selbst politisch-dynamische Schubkraft entwickelte und die Revolte vorantrieb.[104]

Worin bestand nun die besondere Leistung der »Kritischen Theorie«? Sie bot sich dar als umfassende »Theorie der Gesellschaft«, als Deutung der politisch-kulturellen Gegenwart; in all dem war sie mehr als nur politisch-praktische Handlungsanweisung, — so sehr sie *dazu* auch instrumentalisiert wurde, wogegen sich dann vor allem Horkheimer und Adorno schließlich wehrten; sie bot aber — bei ihren verschiedenen Vertretern in freilich unterschiedlicher Intensität — ein Wissen von der Überwindung der

---

103 So wurden etwa die dann wichtig werdenden Aufsätze Max Horkheimers schon in den 30er und 40er Jahren geschrieben; so z.B. »Traditionelle und kritische Theorie«, 1937; »Zur Kritik der instrumentellen Vernunft«, 1944, usw. Diese und andere 1968 in zwei Bänden neu herausgegebenen Aufsätze unter dem Titel »Kritische Theorie. Eine Dokumentation« waren in der Emigration geschrieben und zuerst in der Zeitschrift des von Horkheimer geleiteten Instituts für Sozialforschung publiziert worden. Daß Horkheimer, der ursprünglich keine Sammlung und Neuherausgabe der Aufsätze beabsichtigte, sich schließlich 1968 doch dazu entschloß, hängt gerade mit der Rolle zusammen, die diese Arbeiten in der Studentenbewegung spielten: Horkheimers Aufsätze wurden, wie andere Texte der »Kritischen Theorie« in der Zeit der Studentenrevolte in sogenannten »Raubdrucken« vervielfältigt. Horkheimer mußte es nun darum gehen, Mißverständnissen und falschen Interpretationen seiner Arbeiten entgegenzutreten, die kaum in praktisch-politischer Absicht geschrieben waren und auch einem anderen historisch-politischen Kontext entstammten. Deshalb auch nannte Horkheimer seine Aufsatzsammlung von 1968 auch ausdrücklich »Dokumentation« (Max Horkheimer, 1968; s. bes. das Vorwort des Autors, dessen Brief an den Verlag und das editorische Nachwort).

104 Freilich soll hier nicht behauptet werden, die »Kritische Theorie« allein hätte den theoretischen »Überbau« für die Revolte geliefert; hierfür wurden — vor allem in der Spätphase — auch »orthodoxe« marxistische Deutungsmuster herangezogen.

»spätkapitalistischen« Gesellschaft; und eben auch des »spätkapitalistischen Menschen«.

Dies sei im folgenden am Beispiel der Schriften *Herbert Marcuses* dargestellt. Dies zunächst vor allem deshalb, weil im Denken Marcuses die Überwindung des spätkapitalistischen Menschen und dann das Heraufziehen eines Neuen Menschen am eindeutigsten formuliert ist; sodann ist daran zu erinnern, daß Marcuse am unmittelbarsten in Schrift und durch persönliches Engagement die Revolte begleitet hat.

2. Der eindimensionale Mensch

Marcuse folgt zunächst der anthropologischen Bestimmung des Menschen, wie sie Karl Marx vor allem in den »ökonomisch-philosophischen Manuskripten«[105] entwickelt hat. Danach ist es die Bestimmung des Menschen, sich als freies, in und durch Arbeit zu sich selbst kommendes Wesen zu konstituieren, das im Einklang mit der Natur und in freiem Austausch mit den Mitmenschen lebt. Doch ist diese Bestimmung durch die für die bürgerlich-industrielle Gesellschaft kennzeichnenden Produktionsverhältnisse und die daraus resultierende Klassenlage versperrt; Entfremdung von dem eigentlich gemeinten Wesen und strukturell-ökonomische und politische Gewaltverhältnisse sind Kennzeichen der bürgerlichen-kapitalistischen Gesellschaft. Der Weg heraus und damit »objektiven« Geschichtsverläufen folgend heißt Revolution; Träger der Revolution ist das Proletariat, das, wo es vom Bewußtsein seines historischen Auftrags ergriffen wird, eine geschichtsphilosophisch notwendige Aufgabe erfüllt. In der proletarischen Klasse der Lohnarbeiter schließlich leuchtet schon ein Vorschein des kommenden »allgemeinen Menschen« (Karl Marx) auf, der das schließliche »Reich der Freiheit« bewohnen wird.

---

[105] Marcuse hat schon 1932 diese damals erst entdeckten Manuskripte als »Neue Quellen zur Grundlegung des Historischen Materialismus« ausführlich beschrieben und gewürdigt. Wiederabdruck in: H. Marcuse, 1969a, S. 7 ff.

Genau hier beginnt Marcuse Marx zu revidieren. Zwar der Marxschen Anthropologie verpflichtet und von der Notwendigkeit des revolutionären Prozesses ausgehend, vermag Marcuse aber im Proletariat den Träger der Revolution nicht mehr zu entdecken. Die »objektive«, strukturell-ökonomischen Klassenlagen entspringende Geschichtstendenz zur Revolution hat für Marcuse in der fortentwickelten »spätkapitalistischen« Industriegesellschaft keine erkennbare Realität mehr. Die unverhüllte Expropriation der lohnabhängigen Arbeiter hat in der modernen Industriegesellschaft aufgehört zu existieren, die »Verelendungstheorie« Marxens hat getrogen, das Proletariat als Klasse ist nicht mehr identifizierbar. Vielmehr hat der moderne Kapitalismus Mechanismen der Integration und Gratifikation entwickelt, die der »klassischen« Marxschen Revolutionstheorie den Boden historischer Realität und Realisierbarkeit entzogen.

Diese Mechanismen der Integration und Gratifikation beschränken sich freilich nicht nur auf die ökonomisch-materiellen Erleichterungen der unmittelbaren Daseinsfürsorge. Vielmehr ist es entscheidend die Manipulation des *Bewußtseins,* die den Wunsch, ja Trieb nach Freiheit verkümmern oder gar nicht erst spürbar werden läßt. Eben dies ist Kennzeichen des »eindimensionalen Menschen«, daß er über seine Bestimmung zur Freiheit nichts mehr weiß, vielmehr, *einverstanden mit seinem Unglück,* als geschichtliches Subjekt revolutionärer Veränderungen ausfällt. Die manipulierende Energie des Systems ist es, die mit Hilfe hochgezüchteter Werbung in ihren Konsumangeboten den Menschen »falsche« Bedürfnisse nicht nur aufzwingt, sondern ihn dazu bringt, diese auch noch für seine »wahren« Bedürfnisse zu halten.[106] Dazu tritt die manipulative Kraft des politischen Systems der westlichen Demokratie, die »Freiheit« suggeriert, doch in den »freien« Wahlen nur die Freiheit zuläßt, das »System« weiter zu zementieren. Aber: »Die freie Wahl der Herren schafft die Herren oder die Sklaven nicht ab.«[107] So ist es für Marcuse »der kennzeichnende Zug der fortgeschrittenen Industriegesellschaft, daß sie diejenigen Bedürf-

---

[106] Zum Marcuseschen Verständnis der »wahren« und »falschen« Bedürfnisse s. z.B. H. Marcuse, 1967, S. 25 f.

[107] Ebd. S. 27.

nisse wirksam drunten hält, die nach Befreiung verlangen — eine Befreiung auch von dem, was erträglich, lohnend und bequem ist — während sie die zerstörerische Macht und unterdrückende Funktion der Gesellschaft ›im Überfluss‹ unterstützt und freispricht. Hierbei erzwingen die sozialen Kontrollen das überwältigende Bedürfnis nach Produktion und Konsumtion von unnützen Dingen; das Bedürfnis nach abstumpfender Arbeit, wo sie nicht mehr wirklich notwendig ist; das Bedürfnis nach Arten der Entspannung, die diese Abstumpfung mildern und verlängern; das Bedürfnis, solche trügerischen Freiheiten wie freier Wettbewerb bei verordneten Preisen zu erhalten, eine freie Presse, die sich selbst zensiert, freie Auswahl zwischen gleichwertigen Marken und nichtigem Zubehör bei grundsätzlichem Konsumzwang. Unter der Herrschaft eines repressiven Ganzen läßt Freiheit sich in ein mächtiges Herrschaftsinstrument verwandeln.«[108]

Die »Herrschaft des repressiven Ganzen«: das ist das totalitär gewordene Gehäuse der spätkapitalistischen Industriegesellschaft, deren Rafinnement eben in der »Manipulation von Bedürfnissen«[109] besteht. Nicht nur, daß der Kapitalismus nicht an seinen eigenen Widersprüchen zugrunde geht, er hat es sogar erreicht, die Widersprüche in den Köpfen der Betroffenen auszumerzen. Er gaukelt den Menschen Glück und Bedürfnisbefriedigung vor und verhindert so, als weiterhin repressives, Entfremdung produzieren-

---

108 Ebd. S. 27.
109 Ebd. S. 23. — Man hat wiederholt darauf hingewiesen, daß Marcuse hier in einer *bestimmten* Nähe zum Werk Max Webers stehe (s. z.B. Lipp, 1970, S. 217 ff.). Weber hat ja bekanntlich den okzidentalen Rationalisierungsprozeß einmünden sehen in das »stahlharte Gehäuse«, aus dem der Geist, der es erbaute, entwich. Freilich haben Webers Einsichten in die Mächtigkeit des okzidentalen religiösen Rationalisierungsprozesses und dessen Anteil an der modernen Entwicklung bei Marcuse, entsprechend dessen marxistischer Geschichtsorientierung, keine Aufmerksamkeit gefunden (zu Weber in diesem Zusammenhang s. u.a. G. Küenzlen, 1980). In der *Diagnose* der okzidentalen Kulturlage freilich ist Marcuse Weber sehr nahe gekommen; so vor allem in der Betonung der Übermächtigkeit des »bürokratischen Apparates«. Genauso gibt es Übereinstimmungen mit den kulturkritischen Analysen etwa von A. Gehlen und dessen These vom »posthistoire«, mit Helmut Schelsky und seiner These vom »Sachzwang«; mit Hans Freyer und seiner These vom »sekundären System«.

des System durchschaut zu werden. Die Herrschaft des Systems, gekennzeichnet vor allem durch den sich verselbständigenden bürokratischen »Apparat« und durch die sich verselbständigende Technik, ist übermächtig; es verschlingt die Individuen und schaltet sie gleich in einem unaufhaltsamen Prozeß der »Verdinglichung«: »Im Medium der Technik werden Mensch und Natur ersetzbare Objekte der Organisation ... Die Technik ist zum großen Vehikel der *Verdinglichung* geworden; der Verdinglichung in ihrer ausgebildetsten und wirksamsten Form. Gesellschaftliche Stellung des Individuums und seine Beziehung zu anderen scheinen nicht nur durch objektive Qualitäten und Gesetze bestimmt, sondern diese Qualitäten und Gesetze scheinen auch ihren geheimnisvollen und unkontrollierbaren Charakter zu verlieren. Sie erscheinen als berechenbare Manifestationen (wissenschaftlicher) Rationalität. Die Welt tendiert dazu, zum Stoff totaler Verwaltung zu werden, die sogar die Verwalter verschlingt. Das Gewebe der Herrschaft ist zum Gewebe der Vernunft selbst geworden, und diese Gesellschaft ist verhängnisvoll darein verstrickt.«[110]

Diese verhängnisvolle Verstrickung des Menschen in das Gewebe der fortentwickelten Industriegesellschaft gewinnt für Marcuse seine schließliche Unentrinnbarkeit deshalb, weil sie bis in die »Triebstruktur« des Menschen reicht, geradezu zur »biologischen« Determinante wird[111]: »Die sogenannte Konsumentenökonomie und die Politik des korporativen Kapitalismus haben eine *zweite Natur* (Heraushebung G.K.) der Menschen erzeugt, die sie libidinös und aggressiv an die Warenform bindet. Das Bedürfnis, technische Gebrauchsartikel, Apparate, Instrumente und Maschinen zu besit-

---

110 Marcuse, 1967, S. 182 f.

111 Die These vom Zusammenhang von »Triebstruktur und Gesellschaft« ist im Denken Marcuses von zentraler Bedeutung (s. Marcuse 1966). Die Einbeziehung psychoanalytischer Kategorien in das marxistische Denken ist generell kennzeichnend für die Kritische Theorie von ihren Anfängen an (s. dazu M. Jay, 1976). – Diese Kombination von Freud und Marx war für die Studentenbewegung von besonderer Faszination: Sie erlaubte ein Zusammendenken »objektiver« ökonomisch-materieller Strukturtendenzen mit dem »subjektiven Faktor«. Die eigene Lebensgeschichte und so auch das individuelle Erlebnis des Bruches der Zeit ließ sich so im Zusammenhang mit den gesellschaftlichen Lagen deuten.

zen, zu konsumieren, zu bedienen und dauernd zu erneuern, Waren, die den Leuten angeboten und aufgedrängt werden, damit sie diese selbst bei Gefahr ihrer eigenen Zerstörung gebrauchen, ist zu einem ›biologischen‹ Bedürfnis ... geworden. Die zweite Natur des Menschen widersetzt sich jeder Veränderung, welche diese Abhängigkeit der Menschen von einem immer dichter mit Handelsartikeln gefüllten Markt sprengte oder vielleicht abschaffte – seine Existenz als Konsument aufhöbe, der sich im Kaufen und Verkaufen selbst konsumiert. Die von diesem System geschaffenen Bedürfnisse sind deshalb stabilisierende, konservative Bedürfnisse: die Konterrevolution ist in der Triebstruktur verankert.«[112]

Der »eindimensionale Mensch« also ist der seine Bestimmung zur Freiheit verfehlende, der verstümmelte, Unterdrückung und Entfremdung geradezu als Glück und Befriedigung empfindende Mensch der fortentwickelten industriellen Gesellschaft. Eingesponnen in das feinmaschige Netz der Versprechungen und kleinen Gratifikationen, bis in sein Innerstes hinein vom Verblendungszusammenhang der Gesellschaft determiniert, kann er, da er von Freiheit nichts mehr weiß und auch gar nicht wissen will, immer nur weiter seine tatsächliche Unfreiheit und Unterdrückung perpetuieren. Der Entfremdungscharakter der Gesellschaft ist total, die Wege der Befreiung sind versperrt. »Triumph und Ende der Introjektion bildete die Stufe, auf der die Menschen das Herrschaftssystem nicht ablehnen können, ohne sich selbst, ihre eigenen repressiven Triebbedürfnisse und Werte, abzulehnen. Wir müßten daraus schließen, daß Befreiung Umsturz gegen den Willen und gegen die vorherrschenden Interessen der großen Mehrheit des Volkes bedeutet. In dieser falschen Identifikation gesellschaftlicher und individueller Bedürfnisse, in dieser tief verwurzelten ›organischen‹ Anpassung der Menschen an eine schreckliche, aber einträglich funktionierende Gesellschaft liegen die Grenzen demokratischer Überzeugungskraft und Entwicklung. Von der Überwindung dieser Grenzen hängt die Errichtung der Demokratie ab.«[113]

---

112 H. Marcuse, 1969b, S. 27.
113 Ebd., S. 34 f.

3. Der »neue Menschentyp«

Noch einmal: Die überkommene marxistische Revolutionslehre, aufbauend auf dem Klassenantagonismus der kapitalistisch bestimmten Gesellschaft, hat somit für Marcuse keine reale gesellschaftliche Grundlage mehr. Das Proletariat als historisch notwendiges Subjekt der Revolution hat als revolutionäre Klasse aufgehört zu existieren. Doch bleibt auch für Marcuse die Revolution als die Überwindung der »alten«, Entfremdung produzierenden Welt der notwendige Weg, wo am Ziel des »Reiches der Freiheit« festgehalten werden soll, in dem der Mensch erst zu seinem eigentlichen Wesen gelangt. Der einzige Weg zu dieser »befriedeten Gesellschaft«, der unter den Bedingungen der zuzementierten Gesellschaftsverhältnisse bleibt, ist die Revolution des Menschen selbst: »Nicht mehr die proletarische Revolution steht auf der Tagesordnung ..., sondern die umfassende, unmittelbar menschliche Revolution.«[114] Der Mensch allein in seinem naturhaften Dasein bleibt der einzige »Stoff«, aus dem die Kraft zum Weg heraus aus der »totalität« gewordenen Gesellschaft sich gewinnen läßt. Es bedarf also des »Neuen Menschen«. Dem »neuen Menschentyp«[115] allein kann es gelingen, die sichtbaren und unsichtbaren Gewaltverhältnisse allererst zu erkennen, um dann an ihrer Zerschlagung zu arbeiten. Und genau wie die universale Entfremdung bis in die naturhaft-biologische Dimension der menschlichen Existenz sich ausdehnte, ist der Neue Mensch gekennzeichnet von neuen »vitalen« Bedürfnissen, kann er nur entstehen, vermöge der »Aktivierung, (der) Befreiung einer Dimension der menschlichen Existenz diesseits der materiellen Basis, (der) Aktivierung der *biologischen Dimension* (Heraushebung G.K.) der Existenz«. Denn: »Was auf dem Spiel steht, ist die Idee einer neuen Anthropologie, nicht nur als Theorie, sondern ... als Existenzweise.«[116]

So hat die strukturell-gesellschaftliche Umwälzung zu ihrer Voraussetzung den »neuen Menschentyp«, der zu seiner Herauf-

---

114 H. Marcuse, 1967a, S. 62.

115 H. Marcuse, 1969a, S. 38.

116 H. Marcuse, 1967a, S. 15. Vgl. dazu besonders auch »Eine biologische Grundlage des Sozialismus?« in: H. Marcuse, 1969b, S. 21 ff.

kunft der »*triebmäßigen Transformation*« bedarf. »Der Aufbau einer solchen Gesellschaft setzt jedoch einen Menschentyp voraus, der sowohl eine andere Sensibilität als auch ein anderes Bewußtsein besitzt: Menschen, die eine andere Sprache sprechen, andere Ausdruckformen haben, anderen Impulsen folgen; Menschen, die eine Schranke gegen Grausamkeit, Brutalität und Häßlichkeit aufgerichtet haben. Solch eine triebmäßige Transformation ist nur dann als Faktor sozialen Wandels denkbar, wenn sie in die gesellschaftliche Arbeitsteilung eindringt, in die Produktionsverhältnisse selbst.«[117]

Der Neue Mensch also ist Postulat der praktisch-revolutionären Vernunft, »weil die Entwicklung der modernen Industriegesellschaft den Punkt erreicht hat, wo so ein solcher neuer Mensch nicht nur möglich, sondern auch notwendig ist, wenn die Menschheit nicht in eine zivilisierte oder nicht-zivilisierte Barbarei verfallen soll. Der heutige Zustand ist die Perpetuierung der immer gleichen repressiven Bedürfnisse, immer gleichen Ziele, immer gleichen Werte in eine zukünftige Gesellschaft hinein.«[118]

Die revolutionäre Forderung nach dem Neuen Menschen ist dabei nicht bloßes »wishful thinking«, vielmehr ist die gesellschaftliche und kulturelle Entwicklung soweit fortgeschritten, daß der Neue Mensch in der fortentwickelten Industriegesellschaft eine reale Grundlage für seine Entstehung hätte. »Wir haben ... heute ein geschichtliches Novum, insofern die technische und wissenschaftliche Entwicklung der Produktivität eine Stufe erreicht hat, an der dieser neue Mensch nicht mehr eine Sache der mehr oder weniger willkürlichen Spekulation ist, sondern ... aus dem Stand der Produktivkräfte abgeleitet werden kann ... daß, wenn die Technik wirklich bis zur Grenze der heute möglichen Rationalität entwickelt würde, dann das möglich wäre, was Marx die Abschaffung der Arbeit genannt hat. Das heißt, daß die Arbeit ... überhaupt den Charakter einer physischen Last, den Charakter der Entfremdung verlieren könnte. Das heißt aber, daß ein neuer Mensch möglich geworden ist, der nicht mehr in seinem Leben und in seinen Instinkten bestimmt ist durch das, was Max Weber die ›innerweltliche Askese‹ genannt hat, ... ein neuer Menschen-

---

117 H. Marcuse, 1969a, S. 40.
118 H. Marcuse, 1967b, S. 115.

typus also, der das gute Gewissen zum Glück hat, der das Leben nicht verdienen muß, sondern der das Leben wirklich genießen kann ... Das ist ... etwas, was wir als technische Möglichkeit heute zum ersten Mal sehen können.«[119]

Wenn also die objektiven Bedingungen für das Heraufkommen des Neuen Menschen als dem schließlichen Schöpfer der »befriedeten Gesellschaft« gegeben sind, so ist zu fragen: Welche Chancen der Entstehung des Neuen Menschen lassen sich bestimmen angesichts des übermächtigen Verblendungszusammenhangs der Gesellschaft? Genauer: »Wie können die verwalteten Individuen — die ihre Verstümmelung zu ihrer eigenen Freiheit und Befriedigung gemacht haben und sie damit auf erweiterter Stufenleiter reproduzieren — sich von sich selbst wie von ihren Herren befreien?«[120] Marcuses Antwort lautet zunächst: Der erste Schritt muß heißen: »Die große Verweigerung«. Der totalen Determination durch die Gesellschaft kann nur in totaler Negation begegnet werden. »... Negation des Bedürfnisses nach dem Existenzkampf, ... Negation des Bedürfnisses, das Leben zu verdienen, ... Negation des Leistungsprinzips, der Konkurrenz, ... Negation des Bedürfnisses nach einer verschwendenden ... Produktivität, ... Negation ... des Bedürfnisses nach verlogener Triebunterdrückung.«[121] So also, in der Negation des alles verschlingenden Gewebes der modernen Gesellschaft ist der erste Schritt getan zu »neuen vitalen Bedürfnissen«, der Schritt hin zur »Wiederherstellung der Natur«.[122] Durch die große Verweigerung erst wird dem Individuum die Möglichkeit eröffnet, seine »falschen Bedürfnisse«, die ihm aufgezwungen und eingeprägt sind, zu durchschauen und seine »wahren Bedürfnisse« in den Blick zu nehmen.[123]

---

119 H. Marcuse, ebd. S. 115 f.

120 H. Marcuse, 1967a, S. 261.

121 Ebd. S. 18.

122 Ebd. S. 18.

123 Marcuse orientiert sich hier explizit an Plato (insbesondere an »Politeia«) »Platos Kritik des Hedonismus ... erarbeitet zum erstenmal den Begriff des wahren und falschen Bedürfnisses ...« (H. Marcuse, 1968, S. 142).

Die entscheidende Frage freilich ist: Welche sozialen Gruppen und Schichten haben überhaupt die reale Chance, aus der Übermacht der gesellschaftlichen Verwaltung auszubrechen, dem Lemurendasein des eindimensionalen Menschen zu entrinnen und sich auf den Weg hin zum Neuen Menschen zu machen? Marcuses − freilich skeptische[124] Hoffnung liegt bei den gesellschaftlichen Randgruppen, bei den sozial und kulturell Deklassierten, bei denen, die der mächtige Integrationsprozeß der Gesellschaft nicht hat erfassen können. Es ist dies das »Substrat der Geächteten und Außenseiter: die Ausgebeuteten und Verfolgten anderer Rassen und anderer Farben, die Arbeitslosen und die Arbeitsunfähigen. Sie existieren außerhalb des demokratischen Prozesses; ihr Leben bedarf am unmittelbarsten und realsten der Abschaffung unerträglicher Verhältnisse und Institutionen. Damit ist ihre Opposition revolutionär, wenn auch nicht ihr Bewußtsein. Ihre Opposition trifft das System von außen und wird deshalb nicht durch das System abgelenkt; sie ist eine elementare Kraft, die die Regeln des Spiels verletzt und es damit als ein aufgetakeltes Spiel enthüllt ... Ihre Kraft steht hinter jeder politischen Demonstration für die Opfer von Gesetz und Ordnung. Die Tatsache, daß sie anfangen, sich zu weigern, das Spiel mitzuspielen, kann die Tatsache sein, die den Beginn des Endes einer Periode markiert«.[125]

Im »Substrat der Geächteten und Außenseiter« also liegt die historische Chance zur revolutionären Umwälzung, die der befriedeten Gesellschaft voranzugehen hat. Freilich: Die soziale Lage der gesellschaftlich nicht Integrierten ist revolutionär, nicht aber ihr Bewußtsein. Deshalb bedarf es der Aufklärung, der revolutionären Bewußtseinsbildung dieser Schichten, um sie zur Wahrnehmung ihrer eigentlichen »wahren Bedürfnisse« zu befähigen. Hierzu greift Marcuse auf eine gedankliche Utopie zurück, die, bei Plato am

[124] »Nichts deutet darauf hin, daß es ein gutes Ende sein wird« (Marcuse, 1967c, S. 267). Diese Skepsis ist nicht nur eine individuelle, sondern gründet in Grundannahmen der »Kritischen Theorie« selbst. »Die Kritische Theorie der Gesellschaft besitzt keine Begriffe, die die Kluft zwischen dem Gegenwärtigen und seiner Zukunft überwinden könnten; indem sie nichts verspricht und keinen Erfolg zeigt, bleibt sie negativ« (H. Marcuse, 1967c, S. 268).

[125] Ebd. S. 267.

klarsten formuliert, in der Geschichte der Utopien immer wieder zum Vorschein kam: die *Diktatur der Philosophen und Gelehrten.* »Trotzdem bleibt die Frage bestehen: Wie kann die Zivilisation ungehemmt die Freiheit hervorbringen, wenn die Unfreiheit zum Anteil und Kernstück des psychischen Apparates geworden ist? Und wenn nicht, wer hat das Recht, objektive Wertmaßstäbe aufzustellen und sie durchzusetzen? – Von Plato zu Rousseau besteht die einzig ehrliche Antwort in der Idee einer erzieherischen Diktatur, die von denen ausgeübt wird, denen man zutrauen könnte, daß sie das Wissen um das wirkliche Gute erworben haben.«[126]

Die Forderung nach einer Diktatur im Sinne der Philosophen-Könige Platos bleibt keinesfalls theoretische Konstruktion: Zwar kann der Neue Mensch durch eine Diktatur der Intellektuellen nicht einfach gezüchtet werden, »aber die Intellektuellen könnten und sollten die [zur Bildung des Neuen Menschen notwendige] vorbereitende Arbeit leisten. Ich glaube, daß die Revolution zu einer Erziehungsdiktatur tendiert, die sich in ihrer Erfüllung aufheben würde.«[127]

Dem Einwand, daß Diktaturen nach historischer Erfahrung ihre eigene Aufhebung äußerst selten betreiben, vielmehr dazu neigen, ihre Herrschaft auf Dauer zu stellen, begegnet Marcuse mit dem Hinweis, daß es gerade Zeichen des dann entstehenden Neuen Menschen sei, daß er seinen bisherigen Aggressionstrieb befriedet und Herrschaft nicht mehr anstrebt. Gefordert also wird die »Umprogrammierung des Menschen« und »das hieße ja nur: die bestehende Programmierung durch ihren Gegensatz aufheben, die faktisch bestehende Zensur durch die Gegenzensur negieren! Was auf dem Spiel steht, ist in der Tat das, was wir beinahe eine *biologische Veränderung* (Heraushebung von G.K.) nennen könnten. Da gehe ich ja auf Freud zurück. Ich glaube nicht, daß der Mensch so etwas wie ein primäres Machtstreben hat ... Dann handelt es sich nur darum, im Neuen Menschen die heute unterdrückten Triebe und Triebstrukturen für die Bedürfnisse einer befriedeten Gesellschaft

---

126 H. Marcuse, 1966, S. 221 f.

127 H. Marcuse, 1967 b, S. 116. Dieses Interview, mit dem programmatischen Titel »Philosophen als Staatsregenten«, ist für Marcuses Auffassung von der Erziehungsdiktatur außerordentlich aufschlußreich.

zu entwickeln.«[128] Dies alles ist nicht bloße Utopie. Vielmehr, im Aufbruch der Studenten wurde zur realpolitischen Kraft, was bislang bloß utopische Konzeption des Sozialismus war. Hier, in den Revolten von Berkeley, Paris und Berlin nahm »das Einbrechen der Freiheit in das Reich der Notwendigkeit und die Vereinigung von Kausalität aus Notwendigkeit und Kausalität aus Freiheit«[129] seinen Anfang. So gilt etwa für die französische Mai-Rebellion von 1968: »Sie war die großartige, reale transzendierende Kraft, die idée neuve bei der ersten machtvollen Rebellion gegen das Ganze der bestehenden Gesellschaft, der Rebellion für die totale Umwertung der Werte, für qualitativ andere Lebensweisen ... Die Wandaufschriften der ›jeunesse en colère‹ vereinigten Karl Marx und André Breton; die Parole imagination au pouvoir paßte gut zu les comités (soviets) partout; das Piano mit dem Jazz-Spieler stand trefflich zwischen den Barrikaden; schicklich zierte die rote Fahne die Statue des Autors von ›Les Misérables‹; ... die neue Sensibilität ist zur politischen Kraft geworden ... sie ist ansteckend; denn die Atmosphäre, das Klima der etablierten Gesellschaften trägt den Virus in sich.«[130]

Bei den rebellierenden Studenten also hat der Prozeß der Neubildung des Neuen Menschen schon begonnen. Sie sind — bei historisch freilich noch völlig offenem Ende dieses Prozesses — berufen zur Avantgarde der neuen befriedeten Welt. »... sie haben gelernt, sich nicht mit ihren falschen Vätern zu identifizieren, welche Auschwitz und Vietnam geduldet und vergessen haben, die Folterkammern all der weltlichen und kirchlichen Inquisitionen und Verhöre, die Ghettos und die monumentalen Tempel der Konzerne, und welche die höhere Kultur dieser Realität angebetet haben. Wenn die Männer und Frauen einmal frei von dieser Identifikation handeln und denken, haben sie die Kette zerbrochen, welche Väter und Söhne von Generation zu Generation verband. Sie haben damit die Verbrechen gegen die Menschheit nicht getilgt, aber sie werden frei sein, ihnen Einhalt zu gebieten und ihre Wiederkehr zu verhüten. Sie haben die Chance, den Punkt zu errei-

---

128 Ebd. S. 116 f.
129 H. Marcuse, 1969, S. 41.
130 Ebd. S. 41.

chen, von dem keine Rückkehr in die Vergangenheit mehr möglich ist: falls und sobald die Ursachen beseitigt sind, welche die Geschichte der Menschheit zur Geschichte von Herrschaft und Knechtschaft gemacht haben. Diese Ursachen sind ökonomisch-politische, aber da sie selbst die Triebe und Bedürfnisse der Menschen geformt haben, werden keine ökonomischen und politischen Veränderungen dieses historische Kontinuum zum Halten bringen, es sei denn, sie werden von Menschen ausgeführt, die physiologisch und psychologisch fähig sind, die Dinge und sich selbst außerhalb des Zusammenhanges von Gewalt und Ausbeutung zu erfahren.«[131] Die neue Sensibilität, der Vorbote des Neuen Menschen, ist bei den rebellierenden Studenten Praxis geworden.

Und schließlich: Der Weg hin zum Neuen Menschen, hin zur befriedeten Gesellschaft, ist ein Weg, der ohne *Gewalt* nicht denkbar ist. Haß, Zerstörung und Gewalt *müssen* die neue Avantgarde auszeichnen, denn nur so ist der auf Zerstörung und Gewalt gründenden Gegenwartsgesellschaft zu begegnen. »Gewalt ist ... das notwendige und wesentliche Element des Fortschrittes«[132] und der Terror des Bestehenden läßt sich ohne den Gegenterror nicht aufbrechen, denn »der revolutionäre Terror (impliziert) eben als Terror seine ... Transzendierung zu einer befreiten Gesellschaft.«[133]

So wird der neuen Elite der revoltierenden Studenten ein revolutionäres »Naturrecht«[134] auf Widerstand zugesprochen. Dieser gewaltsame Widerstand ist legitim; er geht ja aus von denen, die »nicht für persönlichen Vorteil und aus persönlicher Rache« kämpfen, »sondern weil sie Menschen sein wollen ... Wenn sie Gewalt anwenden, beginnen sie keine neue Kette von Gewalttaten, sondern zerbrechen die etablierte. Da man sie schlagen wird, kennen sie das Risiko, und wenn sie gewillt sind, es auf sich zu nehmen, hat kein Dritter ... das Recht, ihnen Enthaltung zu predigen.«[135]

---

131 Ebd. S. 44 f.
132 H. Marcuse, 1968, S. 134.
133 H. Marcuse, 1967a, S. 70.
134 H. Marcuse, 1967d, S. 127.
135 Ebd. S. 127.

4. Kritische Theorie und »Studentenbewegung«

Es ist in der vorangehenden Darstellung immmer wieder implizit angeklungen, worin die bestimmte Leistung der Kritischen Theorie Marcuses für das Selbstverständnis und das Selbstbewußtsein der »Studentenbewegung« bestanden hat. Dies sei im folgenden noch einmal zusammengefaßt. Zunächst gilt ganz grundsätzlich: Die in der linkshegelianischen Tradition stehende Kritische Theorie vermittelte ein ganz bestimmtes Verständnis vom Sinn der Geschichte und damit der unmittelbaren eigenen Gegenwart. Nicht nur, daß dieser Tradition Geschichte prinzipiell die Geschichte der »Emanzipation« des Menschengeschlechts darstellt: Ihr Sinn liegt in ihrem Angelegtsein auf das schließliche »Reich der Freiheit«. »Freiheit« aber ist diesem Denken allein die äußere Freiheit und realisiert sich in und durch politischen Freiheitskampf. Das Telos der Geschichte: das Reich der Freiheit oder die »befriedete Gesellschaft« bestimmt die Orientierung in der Gegenwart. Gegenwart also ist etwas, das vom Geist der Unfreiheit bestimmt, prinzipiell etwas Vorläufiges ist, das zu seiner ihm bestimmten Verheißung erst befreit werden muß. »... die Welt der unmittelbaren Erfahrung — die Welt, in der lebend wir uns vorfinden — muß begriffen, verändert, sogar umgestürzt werden, um zu dem zu werden, was sie wirklich ist.«[136]

Diese wenigen Andeutungen mögen genügen, um festzuhalten: Wer unter dem Eindruck dieses Geschichtsverständnisses steht, gleichgültig, ob ihm dies immer bewußt ist, weiß sich in seinem Denken und Handeln eingebettet in den Sinn der Geschichte, weiß sich in historischer Mission berufen zum Vorkämpfer des Telos der Geschichte. Und genau diese Orientierung war prägend für die Akteure der Studentenrevolte. In ihrer Rebellion waren sie Vorkämpfer der neuen Zeit und des Neuen Menschen. Ihre als »revolutionär« verstandenen Aktionen waren somit eingebunden in den säkularen Heilsplan der Geschichte. Das Ziel emanzipatorisch zu erkämpfender Freiheit war geprägt von jenem in der Kritischen Theorie vorgegebenen Freiheitsverständnis, wonach Freiheit im-

---

136 H. Marcuse, 1967c, S. 139.

mer die an den äußeren Umständen gemessene Freiheit war. Da die Kritische Theorie jenem in der abendländischen Theorie vorhandenen Begriff von Freiheit den Abschied gab, wonach Freiheit *auch* eine geistig-personale Kategorie ist und auch gegen äußere Strukturen und Umstände gewonnen werden kann, war den revoltierenden Studenten der *politische* Kampf das einzige Feld, wo Freiheitsstreben und Freiheitserfahrung sinnhaft wurden.

Dieser bis in die existentiellen Innenlagen hinein zu interpretierende Vorgang ermöglichte es auch, den erfahrenen Bruch mit den überlieferten geistigen Orientierungen und politischen Verheißungen in die Sinnhaftigkeit der Geschichte hineinzunehmen; die daraus entspringenden politischen Aktionen konnten somit als neue Stufe des Fortschritts in der menschlichen Freiheitsgeschichte gedeutet werden. Im Lichte dieser Geschichtsauffassung *mußten* ja auch die vorgegebenen Institutionen (vor allem Universität und Hochschule, aber auch Familie, Schule usw.) prinzipiell entwertet sein. Auch sie waren ja noch nicht, was sie »wirklich« sein sollten.

Dieses Noch-nicht-sein gilt aber genauso für das Wesen des Menschen selbst. Auch der Mensch ist noch nicht, was er sein soll, ein freies, »autonomes« Wesen. Die Theorie vom »eindimensionalen Menschen« zwang der Studentenrevolte die Notwendigkeit auf, an der Überwindung dieses verkrüppelten Menschen zu arbeiten. Dazu gab sie eine — im Horizont dieses Denkens — einleuchtende Erklärung, warum die Bevölkerung der Bundesrepublik, vor allem aber die Arbeitnehmerschaft, der »Bewegung« gleichgültig, in großer Majorität sogar ablehnend gegenüber stand. Eingesponnen in das Lemurendasein des eindimensionalen Menschen, war — so die Botschaft der Kritischen Theorie — in ihnen der Wunsch nach Befreiung erstickt. Es bedurfte also der Avantgarde, der revolutionären Elite, die den ihrer Unfreiheit nicht Bewußten auf dem Weg der Befreiung voran ging. Das Bewußtsein war: Die ihre »wahren« Bedürfnisse nicht kennen, bedürfen der agitatorischen Aufklärung durch die, deren Bewußtsein schon von den repressiven Zwängen und den verführerischen Einflüsterungen der Gesellschaft sich zu befreien beginnt. So war es das Pathos der Revolte, das in ihr der Vorschein der neuen Zeit und des Neuen Menschen aufleuchtete.

Zwar anders als im tradierten Marxismus, der von nahezu »objektiven« Geschichtsverläufen hin zu Sozialismus und Kommunismus ausging, war der Studentenrevolte, der Kritischen Theorie folgend, das »gute« Ende des Geschichtsverlaufes nicht ausgemacht; aber die »Chance« zum qualitativen Sprung in die Befreiung war *jetzt* gegeben. So war die Revolte nicht selten von einem eigentümlichen Hauch apokalyptisch-revolutionärer Naherwartung geprägt. Jetzt, in den Metropolen des Westens, begann das ungeheure Geschehen der Umwälzung und leuchtete das Ziel der Geschichte schon auf. Liest man die Flugblätter, Programme, Manifeste, Reden der »Neuen Linken«, bricht immer wieder dieser eigenartig *optimistische* Grundton der »Bewegung« durch: *Jetzt* ist die Zeit des revolutionären Aufbruchs, jetzt kann die Neubildung des Menschen beginnen. Dies mag ein Zitat des charismatischen Sprechers der Revolte Rudi Dutschke verdeutlichen, das für viele andere steht: Zwar gilt, daß der »Neue Mensch des 21. Jahrhunderts ... Resultat eines langen und schmerzlichen Kampfes« ist, aber: »Genossen, Antiautoritäre, Menschen! Wir haben nicht mehr viel Zeit. In Vietnam werden auch wir tagtäglich zerschlagen, und das ist nicht ein Bild und ist keine Phrase ... Wir haben eine historisch offene Möglichkeit. Es hängt primär von *unserem* Willen ab, wie diese Periode der Geschichte enden wird.« Mit Frantz Fanon ruft Dutschke dann aus: »Los, meine Kampfgefährten, es ist besser, wenn wir uns sofort entschließen, den Kurs zu ändern. Die große Nacht, in der wir versunken waren, müssen wir abschütteln und hinter uns lassen. *Der neue Tag, der sich schon am Horizont zeigt*, muß uns standhaft, aufgeweckt und entschlossen antreffen.«[137] Das Wissen, die zur revolutionären Führung berufene Elite zu sein, bestimmte folgerichtig auch das *Handeln* der revoltierenden Studenten. In den »sit-ins«, in den von den linken Akteuren majorisierten »teach-ins«, im Sprengen von Vorlesungen und Senatssitzungen

---

[137] in: Bergmann / Dutschke / Levèfre / Rabehl, 1968, S. 91 f. (Heraushebung G.K.) — Diese apokalyptisch-revolutionäre Naherwartung zeigt sich z.B. auch in der Deutung der »Großen Koalition« (zwischen SPD und CDU), verstanden als der »letzte verzweifelte Versuch der herrschenden Oligarchien, die strukturellen Schwierigkeiten des Systems zu ›lösen‹« (In: a.a.O. S. 88.).

wußte man sich ja auf der Seite der historischen Wahrheit, wußte man sich getrieben vom Auftrag, die alten, Entfremdung produzierenden Institutionen zu zerbrechen und der »befriedeten Gesellschaft« den Weg zu bahnen. Schon jetzt, in der Revolte geschah ja »das Einbrechen der Freiheit in das Reich der Notwendigkeit« (Marcuse) — und so wußte sich die ›Jeunesse en colère‹ von der Geschichte zu revolutionärer Mission erkoren.

Und auch hier, im Felde der politischen Praxis, blieb die Kritische Theorie nicht bloße Theorie. Die »Große Verweigerung« wurde geprobt und über bloße Ansätze hinaus auch realisiert. »Gegeninstitutionen« sollten geschaffen werden: Die »Gegenuniversität« (oder auch: »kritische Universität«), die neue Wissenschaft, die neue Pädagogik, neue Formen des Zusammenlebens anstelle der alten Familie, Vorstellungen eines Rätesystems usw. bestimmten das Denken und Handeln. Die Negation des Bestehenden galt als der revolutionäre Anfang der Überwindung der »alten Welt« und des Entstehens des Neuen Menschen. »Wir müssen uns Gegen-Institutionen schaffen und einen Anfang machen mit der freien Selbstorganisation. Wir brauchen Gegen-Universitäten, um den Prozeß der permanenten Revolutionierung in Gang zu bringen, wir brauchen Gegen-Kindergärten und Gegen-Schulen, die unsere Kinder davor bewahren, zerrissen zu werden in einer in sich selbst zerrissenen Gesellschaft, wir müssen uns zusammenschließen in Wohngemeinschaften und modellhaft eine Gegen-Gesellschaft entwickeln, in deren Grundlinien sich die freie Gesellschaft, die unser Ziel ist, bereits abzeichnet. Wir müssen eine Gegen-Öffentlichkeit herstellen, um unsere Ziele wirksam erläutern und diskutieren zu können, und dazu brauchen wir Gegen-Sender und Gegen-Zeitungen. Der *Neue Mensch* wird nicht unversehens in der befreiten Gesellschaft auftauchen — er wird sich bilden in den neuen Formen der Kommunikation, die wir, gestützt unter anderem auf eine emanzipierende Pädagogik, Psychologie und Kunst, zu entwickeln haben.«[138]

Sodann zeigte sich auch in der »Studentenbewegung«: Wenn die *Theorie* weiß, daß »zur Gewalt überzugehen, ... genau im Interesse

---

[138] Bahman Nirumand. In: H. M. Enzensberger (Hrsg.) 1968a, S. 13 (Heraushebung G.K.).

der Humanität liegt«[139], so wird dieses Wissen auch das *Handeln* bestimmen. Neue Zeit und Neuer Mensch mußten also — so das Bewußtsein weiter Teile der »Bewegung« — mit Gewalt erkämpft werden; die »alten« Mächte treten nicht freiwillig von der Bühne der Geschichte ab, Zwang gegenüber denen, die ihre »wahren« Bedürfnisse nicht kennen, war revolutionäres Gebot.[140] Zumindest den Aktivisten der Revolte war die Idee von der »Erziehungsdiktatur« eine handlungsleitende Parole. Einer der Wortführer der »neuen Linken« Bernd Rabehl, wartete schon 1967 mit Überlegungen auf, wie denn mit den Gruppen und Personen umzugehen sei, deren Umerziehung fehlschlage oder sich gleich gar nicht lohne: »Wo es ganz klar ist, daß eine Umerziehung unmöglich ist, etwa bei älteren Leuten und bei bestimmten Verbrechern, da sollte man den Betreffenden die Möglichkeit geben, auszuwandern.«[141]

Die revolutionäre Gewalt rechtfertigt sich durch ihr Ziel, den Neuen Menschen heraufzuführen. »Die Ziele der Gewalt (sind) die Emanzipation des Menschen, die Schaffung des neuen Menschen«.[142] So gilt es »zu begreifen, daß in jeder Phase des revolutionären Kampfes und in jeder Phase des Kampfes auch mit militä-

---

139 H. Marcuse, 1967 a, S. 76.

140 Eine ausführlichere Studie zur »Studentenbewegung« müßte freilich bei der »Gewaltfrage« stärker differenzieren. Nicht alle Strömungen der »Bewegung« haben der Gewalt das Wort geredet. Die Idee etwa vom »gewaltfreien Widerstand« hatte — im Gegensatz zu den Vorstellungen Marcuses — auch ihre Anhänger. In der sicherlich wiederum sehr problematischen Unterscheidung: Gewalt gegen Sachen und Gewalt gegen Menschen, spiegelte sich einiges von den Bedenken wieder, die der These von der Notwendigkeit revolutionärer Gewaltanwendung auch entgegengebracht wurde. Freilich gab es auch rein taktisch bestimmte Überlegungen in der »Gewaltfrage«; so etwa wenn von der noch existierenden Übermacht der bestehenden Gewalt in den »westlichen Metropolen« die Rede war.

141 H. M. Enzensberger, 1968 b, S. 171. Das schon 1967 geführte Gespräch zwischen Enzensberger, Dutschke, Rabehl und Semler über das »Rätemodell« gibt tiefe Einblicke in die Hoffnungen und Zukunftsvorstellungen der »antiautoritären Linken«.

142 R. Dutschke 1960, S. 72.

rischen Mitteln, daß in jeder Phase das Ziel der Revolution die
Schaffung des neuen Menschen ... sich schon ausdrückt«.[143]

IV. Psychoanalyse: Ein Weg zum Neuen Menschen

1. Psychoanalyse als »säkularreligiöse Bewegung«

Es gehört zu den weithin unbezweifelten intellektuellen Plausibili-
tätsannahmen, daß Siegmund Freund zu den wenigen, epochal-
bahnbrechenden Gestalten der Neuzeit gehöre. Nicht nur, daß
Freud sich selbst in eine Trias mit Kopernikus und Darwin ein-
reihte, – daß mit der auf Freud gründenden Psychoanalyse eine
der großen, die Menschheit revolutionierenden Ideen in die Geschichte eingetreten sei, ist ein bis heute kaum befragtes Deutungsmuster. Als ein Beispiel, das für viele andere steht, sei der
amerikanische Soziologe David Riesman zitiert: »Wenn man die
Heroen der Menschheit nicht daran mißt, welche Macht über ihre
Zeitgenossen sie ausgeübt haben, sondern an dem Beitrag, den sie
für die Beherrschung der Natur (die menschliche Natur mit einbe-
griffen) und für die Bereicherung des menschlichen Geistes geleistet
haben; wenn man dazuhin den Mut und das Ausharren in der Er-
folglosigkeit berücksichtigt, die nötig waren, um diese Leistungen
gegen alle Widerstände fertig zu bringen: dann verdient Freud es,
eine der größten Gestalten aller Zeiten genannt zu werden.«[144]

---

143 Ebd., S. 72.

144 D. Riesman, 1965, 709 f. – Es bedarf hier des ausdrücklichen
Hinweises, daß in diesem Kapitel die in Psychologie und den verwandten
Disziplinen in den letzten Jahren breit geführte wissenschaftsimmanente
Debatte über die wissenschaftliche Haltbarkeit und Dignität der Freud-
schen Psychoanalyse nicht, oder nur am Rande, aufgenommen wird. Eine
Behandlung dieser Frage führte tief in wissenschaftstheoretische Problem-
lagen hinein, die den kultursoziologischen Rahmen unserer Fragestellung
überstiegen (s. z.B. Eschenröder 1968, Ellenberger 1973, Hemminger 1982,
Eysenck 1985, Zimmer 1986).

Das Zitat ist bemerkenswert und repräsentativ auch für einen weiteren Befund, der für die Konstitution der Psychoanalyse als »säkularreligiöser Bewegung« kennzeichnend ist: der Mythen- und Legendenbildung, die schon ihre Genese umrankt. So hat Freud selbst schon früh, kaum daß er seine ersten Forschungsergebnisse publiziert hatte, mit der Konstruktion des Mythos seiner selbst begonnen. Ob man darin die sich selbst erfüllende Identifizierung mit der Rolle eines Helden sieht, die Freud schon seit Kindertagen mit sich trug[145], oder eine spätere kühl kalkulierte Strategie der Selbststilisierung zum Zwecke der Durchsetzung seiner Theorien, − fest steht: Freud hat sich selbst zum einsamen, geheimnisumwobenen Helden stilisiert, der in eine Welt des Unwissens, der Verblendung, ja der Feindschaft die Wahrheit trägt. Wie sehr Freud sich den Mythos des Helden anverwandelte, verdeutlicht jener Satz aus Ödipus Rex des Sophokles, der Freud zum eigenen Lebensmotto wurde: »Der das berühmte Rätsel löste und ein gar mächtiger Mann war!«

So wie Ödipus das Rätsel der thebanischen Sphinx löste und darum zum König Thebens erhoben wurde, so sah sich Freud als Löser des Rätsels der menschlichen Psyche.[146] Kennzeichen solcher Selbststilisierungsstrategie ist − neben vielem anderen − etwa auch der bemerkenswerte Vorgang, daß Freud zweimal im Laufe seines Lebens, nämlich 1885 und 1907, nahezu alle persönlichen Aufzeichnungen, Briefe, Notizbücher, Tagebücher usw. vernichtete. »Wie er bei der ersten dieser beiden Gelegenheiten … seiner Braut anvertraute, war dieser Holocaust notwendig, damit die Vergangenheit des Helden in ein gründliches Geheimnis gehüllt werden konnte.«[147]

---

145 Siehe F. Sulloway, 1982, 1982, 646 ff. u.ö. − Sulloway, 1982, auf den dieser Abschnitt sich im wesentlichen stützt, hat geradezu das Leben Freuds als Beispiel eines archetypischen Heldenmythos dargestellt (S. 608 ff.) mit seinem »allgemeinen Motiv der Reise mit ihren Etappen der Isolierung, der Initiation und der Heimkehr, auf die anfangs feindselige Aufnahme, dann Ruhm folgt.« (609) − Siehe dazu auch H. J. Eysenck, 1985.

146 F. Sulloway, 1982, S. 651.

147 F. Sulloway, a.a.O., S. 650.

Diese Selbstinszenierung Freuds erreichte ihre wirksame Durchsetzungskraft freilich erst dort, wo sie sich mit den Orientierungen und inneren Interessen seiner ersten Anhänger verwob. Die Genese der Psychoanalyse als *Bewegung* ist eng verknüpft mit dem Sendungsbewußtsein und Missionswillen der Schüler Freuds. Diese verstanden sich eben nicht als bloße Anhänger einer wissenschaftlichen Schule, die mit anderen Wissenschaftsannahmen konkurrierten. Sie verstanden sich als Eingeweihte der neuen Wahrheit vom Menschen. Sie wußten sich als Erwählte und Gesandte dieser neuen Wahrheit, und Freud war der Prophet und Künder der Wahrheit und zugleich Held der Bewegung. Nur so erklären sich denn auch jene Deutungen, die in der Geschichte der psychoanalytischen Bewegung bis heute immer wiederkehren — ohne der historischen Realität wirklich standzuhalten. Hierher gehört etwa der Mythos von der feindseligen Abwehr der Freudschen Theoreme seitens der zeitgenössischen Wissenschaft, die verstockt die Freudschen Annahmen bekämpft, vor allem aber verschwiegen und gänzlich ignoriert hätte. So hat nach Jones — dem Hagiographen Freuds — Freud selbst über sein Buch »Traumdeutung« geklagt, daß »keine einzige wissenschaftliche Zeitschrift und nur wenige andere das Buch erwähnt hätten. Es werde einfach ignoriert.«[148] Verschwiegen von der Fachwissenschaft, isoliert und gemieden von den Gegnern der Wahrheit, stand der »Held« in der feindseligen Welt, die von der neuen Wahrheit nichts wissen wollte. So wurde er von seinen Anhängern gesehen und geschildert, so sah und schilderte Freud sich selbst. »Durch mehr als ein Jahrzehnt nach der Trennung von Breuer hatte ich keine Anhänger. Ich stand völlig isoliert. In Wien wurde ich gemieden, das Ausland nahm von mir keine Kenntnis. Die Traumdeutung, 1900, wurde in den Fachzeitschriften kaum referiert ... (daß) ich von da ab zu jenen gehörte, die ›am Schlaf der Welt gerührt‹ haben ... und daß ich auf Objektivität und Nachsicht nicht zählen durfte.«[149]

Ganz anders belegen es die historischen Tatsachen. Sie zeigen, daß zum Beispiel die Freudschen Schriften über den Traum überdurchschnittlich breit rezensiert wurden, sowohl in den psycholo-

---

148 Zit. nach H. J. Eysenck, 1985, S. 29.
149 S. Freud, 1925, zit. nach Eysenck, 1985, S. 30.

gischen, medizinischen besonders neuropsychiatrischen Fachzeitschriften, wie auch in philosophischen, theologischen und kriminalanthropologischen Journalen.[150]

Auch die These von der feindseligen Aufnahme erweist sich als mythologische Konstruktion. Ganz im Gegenteil zu dieser Legendenbildung zeigt das Bild eine durchaus wohlwollende, die wissenschaftliche Leistung Freuds anerkennende, ja dessen Genialität rühmende Rezeptionslage.[151]

Dies zeigt sich gerade auch am Beispiel der sexualtheoretischen Schriften Freuds. Gerade hier hält sich bis heute die Argumentationsfigur, Freud habe in einer Welt der sexuellen Prüderie, in der auch die zeitgenössische Wissenschaft befangen gewesen sei, nur blinden Widerstand erfahren. Es hätte »die Veröffentlichung seiner Sexualtheorien ... Empörung hervorgerufen, weil sie in einer ›viktorianischen‹ Gesellschaft etwas unerhört Neues gewesen seien. Dokumentarische Beweise zeigen, daß dies nicht den Tatsachen entspricht«[152] So war gerade der zeitgenössischen medizinischen Wissenschaft die Frage nach der Sexualität im Kindesalter schon längst ein Thema, und sie hat die Freudschen Darlegungen im ganzen wohlwollend rezipiert, nicht ohne freilich auch ihre Fragen zu stellen.[153] Auch im Hinblick auf den kulturellen Rezeptionskontext im zeitgenössischen Wien erweist sich die These vom sexualrepressiven Klima, in dem Freud zu reden gezwungen war, als Legende — zumindest was das Wiener intellektuelle Milieu betrifft. »Was auch immer sonst zur Isolation Freuds in Wien noch beigetragen haben mag, seine genaue Untersuchung des Sexus zählte nicht dazu. In einer Stadt, in der man Sacher-Masoch, Krafft-Ebing

---

150 Siehe Eysenck, a.a.O., S. 30 ff.; F. Sulloway, 1982, S. 609 ff.; beide beziehen sich auf die einschlägigen Untersuchungen von J. Bry und A. Rifkin, 1962. Dort findet sich die statistisch aufgeschlüsselte Rezeptionslage.

151 Siehe F. Sulloway, a.a.O., S. 612 ff.

152 H. Ellenberger, 1973, Bd. 2, S. 703 (zit. nach Sulloway).

153 In der Frage der zeitgenössischen Rezeption muß man zwischen der Freudschen Traumlehre, seiner Theorie der sexuellen Entwicklung und seiner Neurosenlehre unterscheiden. Während die ersteren beiden im großen und ganzen wohlwollend, teils zustimmend rezipiert wurden, erhob sich schon früh Widerspruch gegen die monokausal nur Sexualaspekte betonende Ätiologie der Freudschen Neurosenlehre.

und Weininger las, ohne viel Aufhebens davon zu machen, konnte Freuds Pansexualismus kaum irgend jemanden schockieren. Viel eher kristallisierte sich um ihn ein ohnehin schon vorhandenes weitgehendes Interesse für den Sexus, das bereits mehrere, sehr verschieden geartete Bewegungen ins Leben gerufen hatte. Geburtenkontrolle, Kampagnen gegen venerische Krankheiten, das Studium sexueller Symbolismen in der Folklore, die Emanzipation der Frau und die Kritik an einer heuchlerischen Moral hatten die Sexualität längst zu einem zentralen Anliegen gemacht.«[154]

Die Beispiele ließen sich fortsetzen, der Befund ergibt: Freud und seine Anhänger entwickelten, etwa an dem beschriebenen Mythos von der feindseligen Aufnahme, die Geschichte der Genese der Psychoanalyse als Legende. Sulloway sieht in dem Vorgang gar ausgebildete Elemente eines archetypischen Heldenmythos mit dem Motiv der Reise des Helden, der Isolierung, Initiation und Heimkehr durchlebt, dort auf feindselige Aufnahme stößt und schließlich Sieg und Ruhm erntet.[155] Wie immer die verstehende Interpretation dieses Befundes im einzelnen auch sich darstellen mag: Der Aufstieg der Psychoanalyse zur Bewegung bedurfte zu seiner Realisierung der mythologischen Konstruktion der Entstehungsgeschichte der Psychoanalyse. Es bedurfte dieser Konstruktion auch gegen die historische Realität, um sich selbst als Bewegung verstehen und etablieren zu können, die im Besitz der Wahrheit über den Menschen einer Welt des Unwissens gegenüberstand. Die Organisierung der Psychoanalyse als Bewegung trug denn auch zunehmend Merkmale eines Ordens, die Verhaltensmuster der frühen Schüler Freuds waren geprägt von zelotischem Eifer gegen die »alte« Wissenschaft und deren Vertreter.[156]

Die psychoanalytische Bewegung als säkularreligiöser Orden mit geradezu »sektenähnlicher« Struktur: Die Analogien sind zahlreich und lassen sich belegen. George Weisz faßt den Befund zusammen: »Zu den hervorstechendsten Merkmalen zählte das Elite-

---

154 W. M. Johnston, 1972, S. 256.

155 F. Sulloway, 1982, S. 606 f.

156 Ein eindrucksvolles Beispiel hierfür bietet die Diskussion beim Internationalen Kongreß für Medizin, Psychologie und Psychotherapie in Brüssel 1910 (Siehe Sulloway 1982, S. 624).

bewußtsein und das Exklusivitätsgefühl der Gruppe, die mit einem extremen Mißtrauen und großer Feindseligkeit gegenüber der Außenwelt gekoppelt waren; eine eschatologische Sicht der Realität, die den Eintritt in die Gruppe zu einer Erfahrung werden ließ, die sich der religiösen Bekehrung näherte; und was noch wichtiger war, ein übertriebener Respekt vor dem Gründer, der die normalen Grenzen wissenschaftlicher Autoritätsgläubigkeit hinter sich ließ.«[157]

Je mehr dieses Elitebewußtsein sich ausbildete, das Wissen, zur Schar der Auserwählten zu gehören, die einer Welt des Unwissens und des Irrtums gegenüberstand, wuchs; je mehr also die psychoanalytische Bewegung manichäisch-dualistische Züge annahm, um so stärker war die zeitgenössische wissenschaftliche Welt ihrerseits gezwungen, dem totalitären Wahrheitsanspruch, der ihr hier im wissenschaftlichen Gewand begegnete, nun ihrerseits entgegenzutreten; ein Vorgang, der natürlich das geradezu religiöse Exklusivitätsbewußtsein der Anhänger der Bewegung nur wiederum bestärkte. Es lohnt gerade unter dem Gesichtspunkt bis heute fortwirkender Aktualität, sich die schon früh aufgekommene Kritik an der Psychoanalyse als Bewegung vor Augen zu halten. Diese läßt sich — in der Zusammenfassung Sulloways — in folgenden Punkten summieren: »..., daß

(1) die Psychoanalytiker ihre Verlautbarungen ständig mit der Behauptung begannen: ›Wir wissen aus der psychoanalytischen Erfahrung, daß ...‹ und die Beweislast dann anderen aufbürdeten;
(2) daß Freuds Schüler sich weigerten, Anschauungen, die nicht mit den ihren zusammenfielen, auch nur Gehör zu schenken;
(3) daß sie nie Statistiken über den Erfolg ihrer Behandlungsmethoden veröffentlichten;
(4) daß sie hartnäckig behaupteten, nur der habe das Recht, Einwendungen gegen Freud zu erheben, der die psychoanalytische Methode praktiziert habe;
(5) daß sie alle Einwände gegen sie nur als eine Form ›neurotischen Widerstandes‹ auffaßten;

---

157 G. Weisz, 1975, S. 354 (Zit. nach Sulloway).

(6) daß Psychoanalytiker dazu neigten, alle vor ihnen geleistete Arbeit zu ignorieren, und dann dazu übergingen, unverbürgte Behauptungen über ihre eigene Originalität aufzustellen;

(7) daß sie einem größeren Laienpublikum gegenüber häufig so auftraten, als seien ihre Theorien bereits bewiesene Fakten, so daß ihre Gegner beschränkt und unwissend erscheinen mußten;

(8) daß sogenannte wilde Analytiker, Individuen ohne Ausbildung im eigentlichen Sinne, in unverantwortlicher Weise Patienten analysierten und daß

(9) Freuds Anhänger zu einer Sekte mit allen dafür typischen Merkmalen wurden, darunter ein fanatisches Maß von Glauben, ein spezieller Jargon, ein Gefühl der moralischen Überlegenheit und eine Vorliebe für ausgeprägte Intoleranz ihren Gegnern gegenüber.«[158]

Doch nicht nur waren es die zeitgenössischen und späteren kritischen Beobachter, die die ›religiöse‹ Dimension der psychoanalytischen Bewegung diagnostizierten, auch die Anhänger selbst beschrieben diese ihre Anhängerschaft teilweise durchaus in religiösen Termini. So hat Hanns Sachs, ein Schüler Freuds, der die Psychoanalyse »wie eine Religion« übernahm, in seiner späteren Autobiographie dargelegt, daß er in Freuds Traumdeutung, »die einzige Sache fand, *für* die zu leben für mich der Mühe wert war, viele Jahre später entdeckte ich, daß es die einzige Sache war, *von* der ich leben konnte.«[159] Oder Wilhelm Stekel, ebenfalls Mitglied des engeren Schülerkreises um Freud, berichtet gar, er sei ein »Apostel Freuds« geworden, »der mein Christus war«, und daß die wöchentlichen Versammlungen des Jünger-Kreises im Hause Freuds auf ihn und die anderen »wie eine Offenbarung« wirkten.[160] Diese wöchentlichen Zusammenkünfte »der Psychologischen Mittwoch-Gesellschaft« trugen geradezu sakralen Charakter. »In diesem Raum herrschte eine Atmosphäre wie bei einer Religionsstiftung. Freud selbst war ihr neuer Prophet, der die bis dahin gültigen Methoden der psychologischen Forschung überflüssig erscheinen ließ. Freuds Schüler – alle inspiriert und überzeugt –

---

158 F. Sulloway, 1982, S. 624 f.

159 Zit. nach Sulloway, a.a.O., S. 652.

160 Zit. nach Sulloway, a.a.O., S. 653.

waren seine Apostel.« So Max Graf, selbst Mitglied dieser Gesellschaft, der weiter davon berichtet, wie diese Religion sich als »Kirche« organisierte und ihre Ketzer exkommunizierte. »Freud — als das Haupt einer Gemeinde — verbannte Adler; er verjagte ihn aus der offiziellen Kirche. Einige Jahre lang durchlebte ich die gesamte Entwicklung der Geschichte einer Kirche ...«[161]

Wo es um »Kirche« und die in ihr aufgehobene Wahrheit ging, wurden die abweichenden Meinungen zwingend zum Stigma des Abfalls von der Wahrheit, wurden zur Ketzerei, die nur mit Ausschluß aus der Heilsanstalt beantwortet werden konnten. Freud selbst sprach von »Verrat«, als z.B. Wilhelm Stekel ihm nicht mehr folgen konnte. Die Geschichte der Abfälle von der orthodoxen Psychoanalyse (wobei Jung und Adler nur die prominenten Fälle darstellen) wurde in deren Hagiographie selbst wieder zur Legende, somit bewirkend, »daß die sektenähnlichen Züge der Bewegung sich verstärkten.«[162]

Wo die Feinde der Wahrheit nicht nur in Wissenschaft und weiterem Kulturkontext *außerhalb* der Bewegung, sondern infiltrierend auch intra muros gesehen wurden, galt es, die Bewegung auch organisatorisch zu sichern und ihren siegreichen Weg in die Zukunft auf Dauer zu stellen. So gründete Freud, auf Vorschlag eines seiner engsten Schüler, Ernest Jones, 1912 ein »Geheimkomitee«, in der nur die loyalsten, »glaubensstärksten« Mitglieder aufgenommen wurden und das aus sieben Mitgliedern bestand.[163] »Die vereinbarten Aufgaben des Komitees bestanden darin, die Bürde der Reaktion auf Einwände gegen Freud zu übernehmen, die ständig anwachsende Bewegung nach einem ›vorher verabredeten Plan‹ zu lenken (was die Kontrolle der internationalen Vereinigung und ihres Verlagsunternehmens mit einschloß), und, mit Freuds eigenen Worten, ›die Sache gegen Persönlichkeiten und Zwischenfälle zu verteidigen, wenn ich nicht mehr da bin.‹«[164] Dieser innere Zirkel der Bewegung blieb immerhin 15 Jahre eine geheime Orga-

---

161 Zit. nach Sulloway, a.a.O., S. 653.

162 F. Sulloway, a.a.O., S. 654.

163 Dies waren Freud, Jones, Abraham, Ferenczi, Sachs, Rank und Eitingon.

164 Zit. nach Sulloway, a.a.O., S. 655 f.

nisation, um dann 1927 in den offiziellen Vorstand der Internationalen Psychologischen Vereinigung einzumünden. Die Mitglieder des Geheimkomitees waren »Eingeweihte«, deren Initiation durch Freud selbst feierlich besiegelt wurde: Er verlieh jedem Mitglied des Geheimbundes einen besonderen goldenen Ring, verziert mit einer antiken, griechischem Gemme, die Freud seiner Privatsammlung entnahm.[165]

So war von Anbeginn die Organisationsform der psychonanalytischen Bewegung geprägt von Organisierungsmustern, wie sie sich etwa in Geheimbünden, religiösen Ordensgemeinschaften usw. finden. Rituale der Initiation begründeten und begründen die Zugehörigkeitsverhältnisse zur Bewegung. Hier ist insbesondere die bis heute die psychonanalytische Ausbildung zentral konstituierende »Lehranalyse« des Kandidaten zu nennen. Der Anwärter auf den Status eines ausgebildeten Psychoanalytikers hat wie ein Novize die Probezeit der Lehranalyse zu durchlaufen. Diese, nicht zuletzt mit finanziellen Opfern durchzustehende Zeit bedeutet nicht nur die Aneignung der Kenntnisse, Fertigkeiten und damit der künftigen Erwerbschancen und des schließlichen Prestige des Standes, wie dies auch anderen Berufen eignet, — diese Zeit führt den Probanden selbst, durch Konfrontation und Verarbeitung der eigenen Lebensgeschichte mit den Deutungsmustern der Psychoanalyse, in die Wahrheit der Lehre ein. Daß dieser Befund im Selbstverständnis der »Freudianer« selbst sich wiederspiegelt, zeigt wiederum eine Äußerung des frühen Freud-Schülers Hanns Sachs, der als einer der ersten, der diese Lehranalyse durchlief, schrieb, daß diese Einrichtung zeige, daß wie die Religionen, so auch »die Analyse etwas dem Noviziat der Kirche entsprechendes« brauche.[166]

Dabei steht die Lehranalyse in einem entscheidenden Begründungszusammenhang mit der Selbstanalyse Freuds. Diese Selbstanalyse Freuds war und ist es, die in der Hagiographie der Bewegung die Einzigartigkeit und das historisch absolut Neue der Psychoanalyse begründen soll. Dies ist keine typisierend-übertreibende These, sondern in der Realität der Quellen begründet. Es gehört zu

---

165 F. Sulloway, a.a.O., S. 656. — Sulloway stützt sich in seiner Schilderung dieses Geheimkomitees auf Angaben, die von E. Jones selbst stammen.

166 Zit. nach F. Sulloway, a.a.O., S. 660.

den Konstitutionsbedingungen der Psychoanalyse als säkularreligiöser Bewegung, daß Freud in der »Selbstanalyse« die Wahrheit des psychoanalytischen Wissens vom Menschen selbst empfangen hat und somit zum Stifter des neuen Heilswissens wurde. Auch hier hat Frank Sulloways Buch erst den Blick auf die Tatsachen gelenkt — durch die verklärenden Schleier der Freud-Hagiographie hindurch. Diese nämlich mußte, gegen die wissenschaftshistorischen Tatsachen, die Einzigartigkeit der Freudschen Entdeckungen behaupten, um so Freud in den Rang des Stifters und Propheten der neuen Wahrheit wirklich erheben zu können. »Wie Athene dem Haupte des Zeus« schien die Psychoanalyse ihren Anhängern dem Kopf Freuds entsprungen. Die Selbstanalyse Freuds gewann den Nimbus des »Geheimnisvollen« und historisch Kontingenten. Sie wurde zur »herkulischen« und völlig beispiellosen Tat. Oder in einer weiteren Zusammenfassung Sulloways: Sie diente »als Legitimierung erstens des Mythos des Helden, zweitens der Psychoanalyse als *unabhängiger* Wissenschaft, drittens der einzigartigen Methodologie der Psychoanalyse und viertens von Lehranalysen und geschlossenen Ausbildungseinrichtungen als Vorbedingung a) der psychoanalytischen Kompetenz und b) des Rechts, psychoanalytische Lehrinhalte zu kritisieren; als Nihilierung von Freuds Dankesschuld bei Biologie und anderen intellektuellen Quellen.«[167]

Es läßt sich zusammenfassen: Die auf Freuds Schriften gegründete psychoanalytische Bewegung formierte sich schon in den Jahren ihrer Entstehung als säkularreligiöse Gesinnungsgemeinschaft. Ihre Mitglieder wußten sich im Besitz des wahren Wissens vom Menschen. In der »Bewegung« war dieses Heilswissen bewahrt und konnte so in die Zukunft gerettet und weiter tradiert werden. War der weitere Weg der psychoanalytischen Bewegung auch eine Geschichte von Schismata, von Abfällen von der Wahrheit und gegenseitigen Exkommunikationen, die bis in die Psychokultur unserer unmittelbaren Gegenwart weiterwirkt, so zeigt doch gerade dieser weitere Weg, den die Bewegung nahm, daß die oben beschriebene säkularreligiöse Dimension immer in sie verwoben blieb.

---

[167] F. Sulloway, a.a.O., S. 668. Siehe weiter auch S. 295–298, 657–661. (Auf S. 668 finden sich auch weitere Quellen und Literaturangaben.)

Es liegt nun in der Logik des Argumentationsganges unserer Studie, daß säkularreligiöse Gesinnungsgemeinschaften, wie sie uns hier im Falle der Bewegung der Psychoanalyse entgegentreten, als eines ihrer Heilsziele auch Vorstellungen eines Neuen Menschen entwickelten.

Im Falle der auf Freud gründenden sogenannten »orthodoxen« Psychoanalyse stellen sich solche Vorstellungen freilich eher verdeckt dar und lassen sich nur indirekt erschließen, so klar auch der säkularreligiöse Charakter der Bewegung vor Augen steht. Dies hängt mit den Grundlegungen zusammen, mit denen Freud die menschliche Psyche zu erklären und zu fassen sucht. Mit der Annahme eines »psychischen Apparates«, bestehend aus den seit Freud berühmt gewordenen Instanzen des Es, des Ich und des Über-Ich, kann menschliches Handeln und Erleben immer als festgelegt und eingebunden in die Mechanismen dieses psychischen Apparates verstanden werden. Dazu tritt die besondere Trieblehre Freuds. Zwar ist der Mensch nach Freud im Grundtrieb des Eros und der aus ihm hergeleiteten libidinösen Energie mit »kreativer« und insoweit über sich selbst hinausführender Kraft begabt, doch wird diese immer wieder gebrochen und umgeleitet durch den Destruktions- oder Todestrieb.

Diese Annahme der beiden Grundtriebe und des psychischen Apparates, an welche menschliches Handeln und Erleben immer gebunden ist – von Freud an zeitgenössische naturwissenschaftlich-physikalische Modellvorstellungen angelehnt – scheint keinen Wurzelboden zu bieten, auf dem explizite, das So-Sein der menschlichen Existenz sprengende Vorstellungen eines neuen Menschen wachsen konnten. Man hat insofern auch von einer »misanthropischen« Grundstimmung in der Freudschen Bestimmung des Menschen gesprochen. Doch es zeigt die auf der Psychoanalyse gründende Psychotherapie schon von ihren Anfängen an, zumindest in nuce, geradezu »anthropologische« Änderungsansprüche. »Wo Es war soll Ich werden!«: Der durch die Psychotherapie gegangene Mensch ist der zu seiner naturhaften Anlage, in die richtige Balance des »psychischen Apparates« zurückgekehrte Mensch. Er ist aber noch mehr: Er weiß nun erst wirklich, nach der Therapie, die Wahrheit über sich selbst. Dieser Anspruch erfährt in einer Zusammenfassung Erich Fromms seine explizite

Ausdeutung: »Um die außerordentliche Bedeutung der psychoanalytischen Entdeckungen Sigmund Freuds voll zu würdigen, muß man das Prinzip verstehen, auf das sie sich gründen. Man kann dieses Prinzip nicht adäquater ausdrücken als mit dem Satz des Evangeliums: ›Und die Wahrheit wird euch frei machen.‹ (Joh 8,32) Der Gedanke, daß die Wahrheit errettet und heilt, ist in der Tat eine alte Einsicht, welche die großen Meister des Lebens verkündet haben. Niemand hat das vielleicht mit einem solchen Radikalismus und einer solchen Klarheit getan wie Buddha, aber es ist ein Gedanke, den auch Judentum und Christentum, Sokrates, Spinoza, Hegel und Marx teilen.«[168] Die Wahrheit, die frei macht, zu erleben und so erst wahrhaft zu sich selbst zu finden, ist das Erlösungsversprechen psychoanalytisch begründeter Therapie, die gerade dadurch sich einreiht in die säkularen Heilslehren vom Neuen Menschen.[169]

2. Otto Groß: Psychoanalyse und Revolution als Weg zum Paradies des Neuen Menschen

Es blieben also die Vorstellungen vom Neuen Menschen in der »orthodoxen« Psychoanalyse, wenngleich als implizite identifizierbar, doch immer eingebunden in die naturwissenschaftlichen Geltungsansprüche der Zeit. Der Wissenschaftsanspruch und die programmatische Begrenzung auf die Profession (Freud: »Wir sind Ärzte und Ärzte müssen wir bleiben!«) schienen somit wenig Schubkraft für utopische Gesellschafts- und Kulturentwürfe aus sich heraus zu setzen. Doch ganz anders zeigt es die Verlaufs- und Wirkungsgeschichte, die die Psychoanalyse in *einer* ihrer Strömungen im weiteren aufweist. Genauer: Von ihren Anfängen an trat die Psycho-

---

168 E. Fromm, 1961, S. 7.

169 Will man diesen bis in die Gegenwart die Psychoanalyse begleitenden Heilsansprüche und -erwartungen noch genauer nachgehen, so bieten hierfür in den letzten Jahren erschienene Berichte, in denen Analysanden ihre Erfahrungen mit ihrer »Lehranalyse« beschreiben, reiches Anschauungsmaterial. Siehe z.B. T. Moser, 1972; D. von Drigalski, 1980. Siehe dazu auch: Eschenröder 1986, S. 144 ff.

analyse aus der von ihren orthodoxen Vertretern weiterhin proklamierten Wissenschafts- und Professionsbegrenzung heraus und bot sich an als Heilsweg zur Erlösung des Menschen und der Menschheit.

Dies soll im folgenden am Beispiel von Otto Groß (1877–1920) illustriert werden. Psychoanalyse und Revolution als die Instrumente diesseitiger Erlösung und der Bildung des Neuen Menschen: Otto Groß stand am Anfang dieses Kapitels der säkularen Religionsgeschichte, war zugleich theoretischer Begründer und im Versuch der historischen Realisierung dessen radikalster und eindrucksvollster Vertreter.[170]

Um die Ideen von Otto Groß und ihren Anspruch zu verstehen und um sich einsichtig zu machen, warum seine Botschaft ihre Kulturchance hatte, gilt es, sich in knappem Umriß die geistig-kulturelle Lage zu vergegenwärtigen, in der Otto Groß sich vorfand und in die hinein er wirkte.

Die Zeit der Jahrhundertwende war zum einen geprägt von einem ungebrochenen Fortschrittsbewußtsein, das sich äußerlich in der seit den Gründungsjahren fortwirkenden expansiven Industrialisierung begründet wußte und innerlich an die Geltung der die moderne Wirtschaftsverfassung, den Staat und die Moderne überhaupt tragenden Gestaltungsmächte: Wissenschaft, Technik und Rationalität gebunden war. Zum anderen aber wuchsen gleichzeitig, gerade im deutschen Kulturraum, die Zweifel an dem Sinn und den Zielen dieses Fortschrittsglaubens. Es gab innerhalb der deutschen Geistesgeschichte zwar schon immer ein sich durchhaltendes Moment der Distanz zur Modernität und ihren Fortschrittsverheißungen, das sich um die Jahrhundertwende verstärkt artikulierte und in der zeitgenössischen Wissenschaft vor allem durch Max Weber einen prägnanten Ausdruck fand; wichtig für unsere Fragestellung ist aber vor allem, daß diese Modernitätskritik nicht philosophie- oder wissenschaftsimmanent blieb, sondern sich in »Bewegungen« kulturell artikulierte. So entstanden um die Jahrhundertwende und in den Jahrzehnten danach die unterschied-

---

170 Zu Otto Groß siehe vor allem: M. Green, 1980, E. Hurwitz, 1980, F. Jung, 1961 und H. Szeemann (Hrsg.) 1978.

lichsten Strömungen, Bewegungen und Gruppierungen, deren Botschaften inhaltlich ganz verschieden sein mochten, die aber eines verband: das Unbehagen an der modernen Lebenskultur, eine mehr oder weniger ausformulierte Zivilisationskritik, Kulturentwürfe, teils utopischen Charakters, zur Überwindung der als krisenhaft erfahrenen Gegenwart. Neben der in dieser Studie eigens behandelten Deutschen Jugendbewegung sind etwa zu nennen: Vegetarismus und Lebensreformbewegung, Bohème, Anarchismus, Frauenemanzipationsbewegung und Landkommunenbewegung. Eines der auffallenden Merkmale, das sich in den verschiedensten Lagern identifizieren läßt, war ein neu auflebendes Interesse an Religion und Religiosität, an Mythen und Kulten, an religiösen und religionsähnlichen Ritualen.[171]

Brennpunktartige Verdichtung dieser Strömungen wurde der *Monte Verità in Ascona*. Er war das Sammelbecken der »alternativen« Bewegungen der Jahrhundertwende. Dort trafen sich Vegetarier, Anarchisten, »Lichtfreunde«, die die Wiederentdeckung des Körpers feierten; es trafen sich Theosophen und Gründer von Privatreligionen, Prophetinnen des Kults der Großen Mutter und Vorkämpferinnen der Frauenbefreiung. Es lebten dort zeitweise so verschiedene Gestalten wie die Anarchisten Kropotkin, Landauer und Mühsam oder die Muse der Schwabinger Bohème, die Gräfin von Reventlow; dort fanden sich der junge Hermann Hesse und Else Lasker-Schüler ebenso ein wie Anhänger der Theosophin Blavatsky.[172]

In dieser Szenerie alternativ-kultureller Lebensentwürfe hatte Otto Groß seinen besonderen Platz. Hier waren es zunächst die besonderen Lebensumstände, die Groß geradezu zum Heros des »alterna-

---

171 Hier wäre etwa zu nennen der George-Kreis, der Kult um den Maler Fidus und bestimmte Strömungen des »Wandervogels«. Ausführlicher dazu: R. P. Janz, 1985 (S. 310 ff.). – Einen in der diagnostischen Schärfe eindrucksvollen und wegen der Zeitgenossenschaft »authentischen« Überblick über die bis in die 20er Jahre hinein wichtigen Strömungen damaliger frei »vagierender Religiosität« findet sich bei Carl Christian Bry, 1924.

172 Ein Überblick über den »Monte Verità«, findet sich u.a. bei Robert Landmann, 1979, und bei Harald Szeemann (Hrsg.) 1978.

tiven« Deutschland seiner Zeit werden ließen.[173] Er war ein Sohn des damals berühmten Reformators der Kriminologie, des Grazers Professors Hans Groß. Er studierte Medizin, mit dem Schwerpunkt Psychiatrie, in welchem Fach er sich auch habilitierte, und wurde schließlich ein Schüler Freuds. Bald verließ er die vorgezeichnete Bahn einer normalen Universitätskarriere, wurde Mitglied verschiedener anarchistischer Zirkel, schillernde Figur der damaligen Bohéme des Münchner Schwabing und wurde schließlich Inspirator und Führer der »erotischen Bewegung«.[174] Bis in seine letzten Tage, als man ihn schließlich verhungert und von Rauschgift zerstört sterbend in den Straßen Berlins fand, war sein Leben vor allem geprägt vom Kampf gegen seinen Vater, auch über dessen Tod hinaus; Hans Groß hatte seinen Sohn, vor allem dessen Drogensucht wegen, gerichtlich verfolgt und wollte ihn zwangsweise in psychiatrische Behandlung einweisen lassen. Gerade dieser Kampf gegen den Vater und des Vaters gegen ihn war im Urteil vieler seiner Zeitgenossen ein Kampf gegen die »Väter« der alten Zeit schlechthin; Otto Groß wurde zugleich zum Künder der neuen Zeit und zum Opfer der alten Mächte, der »Väter«. Hans Groß gelingt es schließlich, nach einem Selbstmordfall in Ascona, bei dem Otto Groß einer Patientin das Gift zu ihrem Selbstmord beschaffte, den Sohn als »geisteskranken Anarchisten« psychiatrisch internieren zu lassen. Dies war dem anarchistisch-alternativen Milieu der Beleg, daß in Otto Groß unter dem Vorwurf des Irre-Seins die neue Zeit bekämpft werden soll. So schreibt der Herausgeber der »Aktion«, eines zentralen Sprachrohrs der »linken« Bewegung, Franz Pfemfert, in einer Otto Groß gewidmeten Sondernummer an Hans Groß: »... Wie? Sie wagen das Schweigen? Ich frage Sie: Weil Sie der Vater sind? Weil Sie gute Beziehungen zur Macht ha-

---

173 Zur Lebensgeschichte von Otto Groß siehe die in Anm. 170 wiedergegebene Literatur. — Wie sehr Groß als Person viele seiner Zeitgenossen beeindruckte, zeigen zahlreiche literarische Zeugnisse. So erscheint er als »Doktor Otto Kreuz« in Leonhards Franks Roman »Links wo das Herz ist«, als »Doktor Hoch« in Johannes R. Bechers »Abschied«, als »Doktor Othmar« in Karl Ottens Roman »Wurzel«, bei Franz Werfel tritt er als der kokainsüchtige »Doktor Gebhart« auf.

174 Darüber unterrichtet insbesondere die Studie von Martin Green, 1980.

ben? ... Ahnen Sie denn nicht, welche unersetzbare Arbeit der Menschheit mit jedem Tag verloren geht, wo Otto Groß geknebelt ist? ... Wenn Väter schweigen, werden Fremde reden ...«[175]

Welche Ideen waren es nun, in deren Verbreitung Groß' »unersetzbare Arbeit für die Menschheit« bestand und die seine weitverzweigte Anhängerschaft in Bann schlugen?

Hier ist zunächst vor allem die radikale Politisierung der Psychoanalyse zu nennen, die ihn bald in schroffem Gegensatz zu Freud brachte. Die Ursache der neurotischen Störungen, bei Freud weitgehend auf rein sexuelle Konflikte reduziert, sieht Groß in den krankmachenden äußeren gesellschaftlichen Umständen. Die Zwänge des Sozialen, den Menschen als das »Fremde« gegenübertretend, machen krank. Die Gesellschaft selbst ist es, die pathogen wirkt, – oder in der Zusammenfassung Erich Mühsams, eines der Weggefährten von Groß: Groß, dem »bedeutendsten Schüler Freuds«, sei es zu danken, »daß die Psychoanalyse aus der einseitigen Betrachtung des Lebens von der sexualen Seite herausfand zur Erkenntnis der sozialen Bedingtheit des seelischen Erlebens.«[176]

Die konflikterzeugenden, krankmachenden Gesellschaftsverhältnisse also gilt es namhaft zu machen. Es gilt, die Zwangsverhältnisse, die schon das Kind in der bürgerlichen Familie an der Entfaltung seiner eigenen Persönlichkeit hindern, zu erkennen: »Das Kind in der bestehenden Familie erlebt zugleich mit dem Beginn des Erlebenkönnens, daß seine angeborene Wesensart, sein angeborenes Wollen zu sich selbst, sein Wollen, so wie es ihm angeboren ist zu lieben, nicht verstanden und von niemand gewollt wird.

Daß keine Antwort kommt auf die Erlösungsforderung: Die eigene Persönlichkeit behalten und nach den eigenen angeborenen Gesetzen lieben können. Auf diese Forderung gibt niemand Antwort als das eigene Erkennen, verschmäht und wehrlos unter-

---

175 In: Die Aktion, Wochenschrift für Politik, Literatur, Kunst (Franz Pfemfert, Hrsg.) III. Jahr, 1913, Nr. 51. (Berlin-Wilmersdorf). – Der den Hintergrund des Falles bildende Selbstmord der Patientin von Groß, Sophie Benz in Ascona, war der Anstoß für den Roman von Franz Jung (1888–1963): Sophie. Der Kreuzweg der Demut. Berlin 1915.

176 Erich Mühsam, Namen und Menschen – unpolitische Erinnerungen, Berlin (zit. nach Hurwitz 1978, S. 111).

drückt zu sein, das eigene Erkennen der allausfüllend weiten Einsamkeit ringsum. Und auf die grenzenlose Angst des Kindes in der Einsamkeit hat die Familie, wie sie jetzt besteht, die eine Antwort: Sei einsam oder werde wie wir sind.«[177]

Insbesondere ist es für Groß die herrschende Sexualmoral, die den Menschen, als ihm Fremdes übergestülpt, auf den Weg in die Neurose zwingt. Bis in die psychoanalytische Praxis hinein heißt es, den neuen Weg prinzipiell »sexueller Immoralität« zu gehen. »Er wendet sich daher auch gegen die Aufrechterhaltung der ›Übertragung auf den Arzt‹ in der psychoanalytischen Behandlung, von der er sagt, ›ihre anhaltende Fixation sei nur Monogamie-Symbol und mache darum als Verdrängungssymbol Symptom. Der wahrhaft gesunde Zustand für den Neurotiker sei die sexuelle Immoralität ...!‹ Der Therapeut habe diese Übertragung ›gleich wieder weg, indem er die Leute zu Sexualimmoralisten mache.‹«[178]

Soll somit schon die Beziehung vom Therapeuten zum Patienten selbst von »anarchistischem« Bewußtsein geprägt sein, so gilt für die Psychoanalyse überhaupt: Sie ist ein unabdingbarer Beitrag zur revolutionären Umwälzung, als der Auflösung der überlieferten Autoritäten und jeder Herrschaft des Menschen über den Menschen. Denn: »Die Vorarbeit zu solcher Revolution muß die Befreiung jedes Einzelnen vom Autoritätsprinzip bewirken, das er im Inneren trägt, von allen Anpassungen an den Geist der autoritären Institutionen, die sich in ihm gebildet haben, im Laufe einer Kindheit im Schoße der Autoritätsfamilie, Befreiung von allen Institutionen, welche das Kind von den Personen seiner Umgebung aufgenommen hat, die zu ihm und untereinander selbst im ewigen Kampf um die Macht gestanden sind; Befreiung vor Allem von jedem sklavenhaften Charakterzug, der ausnahmslos jedem aus solcher Kindheit her anhaften bleibt: Von der Erbsünde selbst, dem Willen zur Macht.«[179]

---

177 O. Groß 1980 (Hrsg. K. Kreiler) S. 27.

178 Zit. nach Hurwitz 1978, S. 111.

179 O. Groß, Die Kommunistische Grundidee in der Paradiessymbolik. In: Sowjet, Nr. 2, Juli 1919 (zit. nach Hurwitz, 1978, S. 113).

Diese Hinweise und Zitate haben schon anklingen lassen, wie der Neue Mensch des Otto Groß aussehen soll: Es ist der von jedem »Autoritätsprinzip« befreite, der seine »Fremdheit«, insbesondere die Sexualrepression der »Vätergesellschaft« überwindende Mensch. Er kann erst in die Geschichte eintreten, wo die bislang die abendländische Geschichte bestimmenden Werthaltungen und die sie garantierenden Institutionen überwunden sind.

Ihre genauere Kontur erhält die Groß'sche Vorstellung vom Neuen Menschen aber erst durch folgenden Gedankengang: Der eigentliche Sündenfall des Menschen, der ihn aus dem ihm angestammten und zugehörigen Paradies vertrieb, war der Verlust des Matriarchats und das Aufkommen patriarchalischer Fremdbestimmung. »Es kann hier nur eines allein gemeint sein: Die Abkehr vom freien Mutterrecht der Urzeit, die von der Genesis als die Alles entscheidende Menschheitsverirrung erkannt und als Sünde gegen den göttlichen Geist und Willen gewertet ist.«[180] Groß greift hier zurück auf Otto Bachofens Werk »Das Mutterrecht«, das zu Beginn des Jahrhunderts und vor allem in den Jahrzehnten zwischen den Weltkriegen eine breite Resonanz erfuhr. Der Mythos des Mutterrechts eignete sich insbesondere zur utopischen Aneignung, denn Bachofens Beschreibung der matriarchalischen Vorgeschichte enthielt alle diejenigen Zustände eines glücklichen Lebens, die in der patriarchalisch-kapitalistischen Gesellschaft verloren seien.[181]

So ist auch für Otto Groß der »alte« Mensch der im Patriarchat verkrüppelte Mensch, der in jener Geschichte lebt, »in der die Menschheit ihrem Leben den bestehenden autoritativen Charakter gegeben und jene Normen geschaffen hat, die sich heute wie je als unorganisch und unassimilierbar erweisen und ihre fremdkörperhafte Natur damit offenbaren, daß sie immer und überall Ausgangsherd der unendlichen inneren Konflikte und aller Selbstzersetzung in Krankheit und Niedergang sind.« Der Neue Mensch wird sich bilden können in der im revolutionären Umbruch wieder errichteten mutterrechtlichen Gesellschaft, frei von »Zügen der Autorität und Motiven der Macht«. Insbesondere hält »das Mutterrecht die Beziehungen zwischen den Geschlechtern rein von Pflicht und Mo-

---

180 Diese Zitate ebd. (Hurwitz, S. 112).
181 Siehe dazu: H. Zinser, 1981 (bes. S. 53 ff.).

ral und Verantwortlichkeit, von wirtschaftlichen, rechtlichen, moralischen Verbindlichkeiten, von Macht und Unterwerfung; rein von Vertrag und Autorität, rein von Ehe und Prostitution ...«[182]

Bei dieser Bildung des Neuen Menschen kommt der revolutionären Psychoanalyse zentrale Bedeutung zu. Sie versteht sich nicht mehr als die die patriarchalischen Verhältnisse affirmierende Instanz, sondern überwindet die Hauptursache des Übels, die Abhängigkeit der Frau vom Mann und deren institutionalisierte Form: Die bürgerliche Familie. Auch hier den biblischen Mythos der Genesis aufnehmend, schreibt Groß: »Es ist in der Genesis mit allerdeutlichsten Worten ausgesprochen, daß Ehe und Abhängigkeit der Frau als Übel und Konsequenz gottwidrigen Tuns zu werten sind ... Die Entstehung der Familie in ihrer heutigen Form als Abhängigkeit der Frau vom Mann, die Vaterrechtsehe, ist also eine aus inneren, d.h. aus psychologischen Gesetzen sich ergebende Konsequenz des Sündenfalls ... Der unmittelbare psychologische Effekt der begangenen Tat ist das Entstehen der sexuellen Scham. Es ist also eine Handlung vorauszusetzen, als deren erste Konsequenz das Wissen um die Reinheit alles Sexuellen, die freie Größe im Erleben jeder Sexualität an sich durch eine tiefere innere Veränderung verloren ging. Das heißt also, eine die Sexualität herunterdrückende Handlung, eine Entstellung des inneren Verhältnisses zur Sexualität – auf jeden Fall eine Sünde gegen Wesen und Sinn der Sexualität.«[183]

Die »Reinheit alles Sexuellen« also, die in der Abkehr vom Mutterrecht der Urzeit und im Aufkommen des Patriarchats verlorenging, gilt es wieder herzustellen – und die Psychoanalyse ist dazu das entscheidende Instrument. Sie kann befreien von dem Zwang des »Fremden«, der die Individuen beschädigt. Diese Zwänge, auferlegt von den »Vätern«, sind im Patriarchat unvermeidbar. Die nur scheinbar »Gesunden« haben sie völlig verinnerlicht, die psychisch Erkrankten aber sind die eigentlich starken Naturen, denn in ihrer Krankheit wehren sie sich. Sie, als die Starken und noch nicht ganz und gar Unterjochten, sind die Vorkämpfer der neuen Zeit. Aufgabe und Ziel der Psychoanalyse sind also nicht

---

182 O. Groß, 1919 (zit. nach Hurwitz, 1978, S. 113).
183 Ebd. (Hurwitz, S. 112).

Therapie und Rückführung in die eigentliche kranke und krankmachende »Normalität« der patriarchalistisch-bürgerlichen Lebenswelt, also zurück zur fatalen »Gesundheit« der Angepaßten, vielmehr: Es geht um die Radikalisierung der Krankheit, die überwunden werden kann nur dadurch, daß das Individuum aufsteht gegen das, was es verstümmelt: Die Vätergesellschaft. Durch Zersetzen der Familie, als des Herdes aller patriarchalischen Unterdrückung, vor allem der Versklavung der Frau, durch freies orgiastisches Erleben der Sexualität löst sich die Vätergesellschaft auf und der Weg wird frei für den Neuen Menschen, der im Paradies des Matriarchats seine neue und endgültige Heimat findet.

So war die bisherige Geschichte des Menschen eine verfehlte Geschichte. Der Neue Mensch wird sich erst bilden können, wo eine Umwertung aller bisherigen Werte sich durchsetzt. Der Schatten Nietzsches, als einer der Kronzeugen des Groß'schen Denkens, ist — wie in manchen Anklängen schon deutlich — unübersehbar. Groß selbst sieht sich als Prophet der Umwertung aller Werte und als Künder des Neuen Menschen. Den Weg dazu weist eine zur revolutionären Praxis gewordene Psychoanalyse. Sie weist den Pfad zur inneren Befreiung des revolutionären Individuums von den verinnerlichten Zwängen und gibt den Menschen Mut zur Freiheit der revolutionären Tat. Anarchismus und Nietzsche, der Mythos des Mutterrechts und Freud — das ist das Amalgam, aus dem sich die Groß'sche Botschaft vom kommenden Paradies des Neuen Menschen zusammensetzt.

Die Wirkung von Otto Groß auf die zeitgenössische »Alternativkultur« war aber insbesondere deshalb so prägend, weil Groß nicht nur der Prophet seiner säkularen Heilslehre, sondern zugleich deren Priester war. Er lebte und zelebrierte seine Ideen vom Neuen Menschen, zusammen mit seinen Anhängern, mit der Kompromißlosigkeit des »religiösen Virtuosen« (M. Weber). Er wollte »in Agitatorenschulen Apostel des Anarchismus herausbilden«, wie die Schweizerische Bundesanwaltschaft, Groß selbst zitierend, vermerkt.[184] Auch blieben seine Thesen vom orgiastischen, alle

---

184 Archiv Schweizerische Bundesanwaltschaft, Bern (zit. bei Hurwitz, 1978, S. 107).

»Fremdbestimmung überwindenden Sexualerleben« nicht bloße Theorie, sondern wurden in Ascona von Groß und seiner Anhängerschaft zu praktizieren versucht, was den zeitgenössischen Schriftsteller Emil Szittya in seiner Schrift »Kuriositätenkabinett« zu dem süffisanten Bericht veranlaßte: »... es gab eine Zeit in Deutschland, wo alle Kunstweibchen von Groß begeistert waren, wo sie ihn vergötterten, weil er ihnen eine Scheinethik für alle sexuellen ... Auslebungsformen gab. (Sünde gibt es in der Groß' schen Ethik nicht.) Man erzählte auch von unheimlichen Orgien, die die Großianer seiner Zeit trieben.«[185] Es war diese Suche nach orgiastischen Erlebnissen, die auch im Konsum von Drogen angestrebt wurden, im letzten Grunde die Suche nach dem Neuen Menschen, der in den rauschhaft ekstatischen Erlebnissen als Vorschein schon aufleuchtet. Vor allem in den befreiten Frauen der erotischen Bewegung hat für Groß die Geschichte des Neuen Menschen schon begonnen. In einem Brief an Frieda von Richthofen, seine Freundin und die spätere zeitweilige Lebensgefährtin von D. H. Lawrence, schreibt Otto Groß, daß er in ihr die »Frau der Zukunft«, die er in utopischer Vision erträumte, endlich wirklich gefunden habe und fährt fort: »Meine lähmendsten Zweifel hinsichtlich der *Zukunft der Menschheit* und meines eigenes Ringens sind vorbei, denn nun können sie keine verwundbare Stelle mehr an mir finden − nun weiß ich, daß ich die Frau erlebt und geliebt habe, die ich mir für die *kommenden Generationen* erträumte ... Ich weiß nun, *wie die Menschen beschaffen sein werden,* die nicht mehr befleckt sind von all den Dingen, die ich hasse und bekämpfe − ich weiß es durch dich, den einzigen Menschen, der unbeeinflußt geblieben ist von der Keuschheit als moralischen Kodex und vom Christentum und von der Demokratie und all diesem Unsinn ... Wie ist es dir gelungen, den Fluch und Schmutz zweier düsterer Jahrtausende von deiner Seele fernzuhalten mit deinem Lachen und deiner Liebe?«[186]

---

185 Zit. nach Hurwitz, S. 112.

186 Der undatierte Brief ist nach Auskunft von M. Green (1980, dort auch zit.) zwischen 1907 und 1910 geschrieben worden. Aufschlußreich ist eine Stellungnahme Max Webers zu Otto Groß. Sie findet sich in einem ausführlichen Brief Webers vom 13. September 1907 an Else Jaffé, geb. v.

3. Ausblick auf die Psychokultur der Gegenwart

Diese Skizze zu Otto Groß hat schon vielfach anklingen lassen: Die Verheißungen, deren Prophet und zugleich Priester Groß war, haben nach ihm kräftig weitergewirkt und ihre Faszination bis in unsere Gegenwart herein ausgeübt. Die Hoffnung auf Erlösung einer dem Menschen als fremd und triebfeindlich begegnenden Gesellschaft fand weiterhin ihre Verkündiger und gläubigen Nachfolger. Zu denken ist an die Anziehungskraft, die die Sexualtheorien Wilhelm Reichs, die Kulturphilosophie Herbert Marcuses, die Schriften Ronald D. Laings und Timothys Learys ausübten. So ist auch die feministische Bewegung von heute in vielem eine Erbin der Ideen, die um die Jahrhundertwende Gestalt gewannen, ihre Macht entfalteten und in Otto Groß ihren radikalen Ausdruck fanden; so etwa in der Annahme einer matriarchalistischen Urgesellschaft und in der Erinnerung an vorgeschichtlichen Mythen von Muttergottheiten. Der Gedanke, daß durch die Autorität der Eltern auf die Kinder Zwang ausgeübt werde, der ihre Entwicklung zu Freiheit und Selbstbestimmung hindere, hat in der »antiautoritären Erziehungsbewegung« oder auch im Konzept einer »Anti-Pädagogik« zentrale Bedeutung gewonnen. Daß die »Kleinfamilie«, daß die »Gesellschaft« überhaupt krankmache: Dies ist seit der »68er-Bewegung« und in den Jahrzehnten danach zur bestimmen-

---

Richthofen. (Der Brief ist inzwischen vollständig dokumentiert in: Max Weber Gesamtausgabe Abt. II/5, Briefe 1906—1908, Hrsg. Rainer Lepsius u. Wolfgang J. Mommsen, Tübingen, 1990, S. 393—403.) In diesem Brief lehnt Weber die Bitte seiner Schülerin Else Jaffé ab, sich dafür einzusetzen, daß Otto Groß einen Artikel im »Archiv für Sozialwissenschaften und Sozialpolitik« veröffentlichen könne. Groß ist für Weber ein »Confusionsrath«, der als Fachwissenschaftler ständig »Weltanschauung« betreibe. Zum Verhältnis: Groß — Nietzsche meint Weber, Groß sei »ein Nachtreter Nietzsches. Und zwar noch dazu nicht des Dauernden in Nietzsche: der ›Moral der Vornehmheit‹, sondern gerade (auch) der schwächsten Partien Nietzsches, der biologischen Verbrämungen, die er um den Kern seiner durch und durch moralistischen Lehre häuft. *Nur* diese moralistische Ader, *nichts sonst*, begründet die innere Verwandtschaft beider« (Max Weber Gesamtausgabe, s.o. S. 402 f. — Zum biographischen Hintergrund der Beziehungen Webers zum Kreis um Otto Groß und zur damaligen »erotischen Bewegung« s. M. Green, 1980).

den Orientierung vieler geworden. Psychoanalyse und Revolution, Drogen als Weg zur Befreiung des Menschen, die These von der krankmachenden Gesellschaft, vom Zerschlagen des Patriarchats und die Sehnsucht nach der »Großen Mutter«: Das sind Stichworte einer vielschichtigen und vielgesichtigen Bewegung, die um die Jahrhundertwende begann und deren Verheißungen ihre Bannkraft immer neu ausübten.

Insbesondere ist noch in einem abschließenden Ausblick auf die »Psychokultur« der Gegenwart hinzuweisen.[187]

Seit Beginn der 70er Jahre bis in unsere unmittelbare Gegenwart herein ist in den westlichen Ländern eine ständig wachsende Ausbreitung von Psychotherapie-Angeboten zu beobachten. Die Zahl der auf dem Markt solchen »Psycho-Booms« sich drängenden Angebote ist nahezu unübersehbar. Neben den überlieferten »klassischen« Formen der Psychotherapie ist dieser Therapie-Markt vor allem geprägt von den Orientierungen der sogenannten »Humanistischen Psychologie«, wie sie unter anderem von Abraham Maslow, Charlotte Bühler und dann vor allem von Carl Rogers entwickelt wurde. Ohne in die Einzelheiten der Geschichte der Genese und Etablierung der Humanistischen Psychologie einzugehen, läßt sich summarisch festhalten: Die Humanistische Psychologie entstand als Widerspruch zu den herrschenden Konzepten der Psychotherapie (Psychoanalyse und Behaviourismus). Sie drängte im eigenen Anspruch programmatisch über den ärztlich-professionellen Rahmen hinaus, ihr Pathos war und ist es, in einem »dritten Weg« eine humane, das heißt dem Wesen des Menschen gemäße Weise der Seelenheilung zu finden. Orientierungen von Weltauslegung und Lebensführung sind ihr inhärent und bestimmen das therapeutische Geschehen, denn: »Die an der Humanistischen Psychologie orientierten Psychologen und Therapeuten bemühen sich um eine Metapsychologie oder Lebensphilosophie ...«[188] Ob es sich um existenz-philosophische Einflüsse handelt (Heidegger, Sartre, Camus), um Elemente der Gesellschaftskritik Herbert Marcuses,

---

187 Zu folgendem verweise ich auf meinen Artikel »Psycho-Boom und Weltanschauung. Der Glaube der Humanistischen Psychologie« (Küenzlen 1985; dort auch − in Auswahl − weitere Literaturangaben).

188 Bach / Molter, 1976, S. 29.

Ronald D. Laings oder der Frankfurter Schule oder um Strömungen östlicher, vor allem indischer Weltauslegung oder um ein Amalgam verschiedenster Ideenströme – immer ist die Humanistische Psychologie, quer durch ihre Schulen und Ausprägungen, eingebunden in eine weltanschauliche Dimension. Sie ist von ihren Anfängen an mehr als eine Methode der Therapie, sie versteht sich als Sinnangebot an den modernen Menschen – und so wird sie auch rezipiert.

Dieser Anspruch von Sinnstiftung und Sinnvermittlung ist also nicht bloßes Beiwerk, sondern integraler Bestandteil der »neuen Psychologie«. »Die Humanistische Psychologie sehen wir als einen neuen Versuch, eine andere Antwort zu geben auf die uralte Frage: Wer bin ich, und wo gehe ich hin?«[189] So begegnet in der Humanistischen Psychologie eine Form säkularen Glaubens, in der »die Psychologie zum neuen Erlöser, zur neuen Kirche werden kann.«[190]

Dieser säkulare Glaube hat seine Propheten und Gurus, seine Priester und Verwalter, seine Kirchen und Gegenkirchen und seine absplitternden Sekten. Dies näher darzulegen, muß hier unterbleiben[191], wie auch eine ausführlichere Bestimmung der Inhalte des Glaubens der Humanistischen Psychologie.[192] Hier gilt es insbesondere, darauf hinzuweisen, daß der Glaube an den Neuen Menschen einen der zentralen Inhalte der Orientierungen der Humanistischen Psychologie darstellt: Von der Last der Vergangenheit befreit, von den Verformungen einer triebfeindlichen Gesellschaft geheilt, von den Beschädigungen seiner Erziehung losgesprochen, kann der therapierte Mensch endlich als Neuer Mensch glücklich leben, seinen Anlagen und Trieben gemäß, in freier Spontaneität, entspannt im Hier und Jetzt der Gegenwart, ohne den Fluch der Vergangenheit der eigenen Lebensgeschichte und ohne Angst vor der Zukunft.

---

189 Ebd. S. 20.
190 Ebd. S. 20.
191 Ein Überblick findet sich bei H. Hemminger, 1987.
192 Eine knappe Skizze findet sich in: Küenzlen 1985.

Dies wird, neben vielen anderen Beispielen, etwa deutlich in den Versprechungen der sogenannten »Urschrei-Therapie« (oder auch »Primär-Therapie«) nach Arthur Janov. Dieses »dogmengeschichtlich« eher der Tiefenpsychologie zuzurechnende Verfahren hat sich in seiner Rezeption in den Strom Humanistischer Psychologie eingereiht. Janov geht aus von einem Urschmerz, das heißt von der Summe der in frühester Kindheit erlebten psychischen Schmerzen, die zwar verdrängt, gleichwohl als sozusagen psychische Hypothek mitgeschleppt werden. Dieser Urschmerz, das Trauma der Kindheit, tritt — nach Janov — beim Erwachsenen, eben weil verdrängt, in neurotischer Verkrampfung und Verspannung wieder auf und begründet psychisches Elend. Die einzige Methode, diesen Urschmerz und seine neurotisierenden Konsequenzen aufzuheben, bestehe in dem emotionalen Ausbruch des »Urerlebnisses« oder auch »Primärerlebnisses«, in dem erst der Klient zu sich selbst und zu seiner wahren Gefühlswelt findet. Das Ziel der Therapie ist der »primal man«. Er ist nichts anderes als der Neue Mensch, der seine Beschädigung hinter sich läßt und so erst sein eigentliches Wesen findet. Wer durch solche »Urschrei-Therapie« geht, dem ist die Neugeburt versprochen, er erlebt ein »unvergleichliches feeling«[193], »ein Leben von ungeahntem Gefühlsreichtum, ohne Aggressionen und zwingende Leidenschaften; ein Leben, befreit vom Druck des Urschmerzes, von neurotischem Kampf, neurotischer Hoffnung, Spannung und Ersatzbefriedigungen«[194].

Der Neue Mensch, der durch Therapie, insbesondere durch therapeutische Gruppenprozesse *geschaffen* wird, war vor allem das Ziel des einflußreichsten Vertreters Humanistischer Psychologie: Carl Rogers (1902 — 1987). Seine Frage an die westliche Kultur war: »Welche Art von Person wollen wir schaffen?« Seine Antwort: »Der optimale Mensch« wird der durch Gruppentherapien neu entstehende Mensch sein.[195] Rogers hat in einem Buch, das in deutscher Übersetzung unter dem Titel »Der Neue Mensch« erschien[196], geradezu eine Typologie der Merkmale dieses Neuen

193 Kraiker / Peter, 1983, S. 76.

194 A. Görres (zit. bei Kraiker / Peter, 1983, S. 72).

195 C. Rogers, 1984, S. 174.

196 C. Rogers, 1983.

Menschen erstellt.[197] Diese Neuen Menschen existieren bereits[198], und wenn sie auch auf den Widerstand der alten Kultur stoßen, »erfüllt mich wachsende Zuversicht, daß der neue Mensch nicht nur überleben, sondern sogar ein überaus wichtiges Ferment in unserer Kultur bilden wird.«[199]

Diese knappen Hinweise und Bemerkungen zeigen: Die inneren Antriebe und Orientierungen vieler heutiger Therapiekonzepte sind auch ein Lebensführungsangebot hin zum Neuen Menschen, hin zur Erfahrung von Neu- und Wiedergeburt.

---

[197] Ebd., S. 182 f.
[198] Ebd. S. 182.
[199] Ebd. S. 185.

FÜNFTES KAPITEL
GEGENWART: DER NEUE MENSCH UND DIE KRISE DER
SÄKULAREN RELIGIONSGESCHICHTE

I. Die Krise der säkularen Religionsgeschichte

1. Vorbemerkungen

Der Zweifel an den Gestaltungsmächten der Neuzeit hat deren Geschichte von den Anfängen an begleitet. So stand der diesseits ge-
richteten Fortschrittsgewißheit immer auch Kritik und Bezweiflung gegenüber, wie dies die Geistesgeschichte, aber auch die
Sozial- und Kulturgeschichte in ihren immer wieder auftretenden
antimodernistischen Bewegungen zeigen. So wurde schon das Erdbeben von Lissabon 1755 dem frühneuzeitlich-aufklärungs-
bestimmten Zeitbewußtsein zum Fanal, daß der Herstellbarkeit
menschlichen Glücks durch das menschliche Handeln durch un-
verfügbare Naturgewalt Grenzen gesetzt sind. Oder es wäre philo-
sophiegeschichtlich etwa an Vico oder Rousseau zu denken, an die
Romantiker, an Schopenhauer oder vor allem natürlich, wie gezeigt, an Friedrich Nietzsche. Freilich haben solche Bezweiflungen
der modernen Entwicklung an deren tatsächlichem Siegeszug,
wesentlich begründet in der Orientierungskraft der säkularen
Glaubensmächte, nichts wirklich ändern können; sei es, daß die
kritische Anfrage im Bereich des reinen Denkens verblieb oder —
wie im Falle Nietzsche — in die säkulare Religionsgeschichte selber einverwoben wurde oder daß die struktur- und kulturverändernde Dynamik des Fortschrittsprozesses die kulturellen Gegenbewegungen erstickte oder auch in sich aufsog.

Schon anders verhält es sich mit der Zeit um die Jahrhundertwende und der Jahrzehnte danach, in der die elementare Kritik und Bezweiflung der neuzeitlichen Entwicklung wuchsen, wobei auf dem Felde der Wissenschaft Max Weber, im Bereich von Kultur- und Sozialgeschichte etwa die Deutsche Jugendbewegung, aber auch die neueren Entwicklungen in Kunst und Literatur (Expressionismus etc.) genannt werden können. So ist Max Weber früh schon die auch die zeitgenössische Wissenschaft prägende Fortschrittsgewißheit fraglich geworden[1], und es hat schon die Untersuchungsabsicht, wie vor allem das Ergebnis der »Protestantischen Ethik«, über alle historisch-genetischen Erkenntnisse hinaus, das gegenwartsbestimmte Interesse: Wie ist Lage und Schicksal einer Kultur zu beschreiben, aus der der Geist, der sie erbaute, entwichen ist? Es sind dies die berühmten Sätze am Ende der »Protestantischen Ethik« in denen Weber vom »stahlharten Gehäuse« spricht, in das der Mensch der modernen Kulturentwicklung unentrinnbar gebannt ist, ohne doch von der sinnstiftenden Rationalität, die dies Gehäuse mitschuf, noch zu wissen. Diese Sätze sind nicht bloße kulturkritische Aperçus, als die sie nicht selten konsumiert wurden und werden, sondern die diagnostische Summe, die Weber aus seinen universalgeschichtlich angelegten Untersuchungen zieht und in denen er die Kulturlage der okzidentalen Gegenwart und deren absehbare Zukunft gültig zusammengefaßt sieht. »... Indem die Askese aus den Mönchszellen heraus in das Berufsleben übertragen wurde und die innerweltliche Sittlichkeit zu beherrschen begann, half sie an ihrem Teile mit daran, jenen mächtigen Kosmos der modernen ... Wirtschaftsordnung zu erbauen, der heute den Lebensstil aller einzelnen, die in dies Triebwerk hineingeboren wurden, mit überwältigendem Zwange bestimmt und vielleicht bestimmen wird, bis der letzte Zentner fossilen Brennstoffs verglüht ist.«[2] »Mit überwältigendem Zwange« — »das Verhängnis« — »das stahlharte Gehäuse« usw.: Wo dies die diagnostischen Begriffe der neuzeitlichen Gegenwart in ihrer historischen Genese sind, ist jeder

[1] Siehe dazu G. Küenzlen 1980, S. 18 ff.

[2] Max Weber: Gesammelte Aufsätze zur Religionssoziologie I (1965), S. 203.

immanent diesseitigen Fortschrittsgewißheit der Abschied gegeben, ein Abschied, dem Max Weber in der neueren Wissenschaftsgeschichte den klarsten und historisch-soziologisch begründetsten Ausdruck gegeben hat.

Auch die Geschichte der Philosophie in der ersten Hälfte des 20. Jahrhunderts ist — vor allem im deutschen Kulturraum — von zunehmender Distanz, ja Abkehr von der Moderne und dem sie begründenden Denken geprägt. Zu nennen sind — neben anderen — vor allem: Martin Heidegger mit seiner Kritik an den Anonymisierungszwängen moderner Technik, die den modernen Menschen in »Seinsvergessenheit« sich verlieren läßt; Karl Jaspers mit seiner Kritik an der modernen Welt, die dem heutigen Menschen die Möglichkeit verantwortlichen Personseins entzieht; früh schon auch haben Theodor W. Adorno und Max Horkheimer in ihrer »Kritischen Theorie« Kritik an der bloß »instrumentellen Vernunft« formuliert und als »Dialektik der Aufklärung« festgehalten: »... seit je hat Aufklärung im umfassendsten Sinn fortschreitenden Denkens das Ziel verfolgt, von den Menschen die Furcht zu nehmen und sie als Herren einzusetzen. Aber die vollends aufgeklärte Erde strahlt im Zeichen triumphalen Unheils.«[3]

Freilich, solche Distanz und Abkehr von der modernen Entwicklung und ihren Daseinsverständnissen, insbesondere ihrer Fortschrittsgewißheit, blieb im Gesamt der westlichen Kulturentwicklung doch weithin beschränkt auf eine wissenschafts- und insbesondere philosophieimmanente Kulturkritik und auf bestimmte Strömungen in Kunst und Literatur. Die *Realgeschichte* der ersten Hälfte des 20. Jahrhunderts und zum Teil bis in unsere Gegenwart ist wesentlich bestimmt von den Ideenkreisen und säkularen Glaubensmächten, wie wir sie in den vorstehenden Kapiteln zu beschreiben suchten. So lassen sich etwa die beiden Weltkriege in ihrer Genese und historischen Realität nicht verstehen, wenn man sie — neben all den anderen Bedingungsfaktoren — nicht *auch* »als unter der Fahne von Ideen geführt« versteht.[4] Es waren, wie gezeigt, vor allem

---

[3] M. Horkheimer / Th. Adorno, 1969, S. 7.

[4] A. Gehlen, 1971.

die säkularen politisch-messianischen Ideologien, der Szientismus als Weltbild, die voranschreitende, alle Daseinsbereiche berührende Säkularisierung, die realgeschichtlich die Gestaltungsmächte darstellen, die das äußere und innere Gefüge der okzidentalen Welt bestimmten und dies bis in die Gegenwart hinein zu tun beanspruchen.

Zur Signatur dieser Gegenwart gehört nun freilich, daß der Siegeszug der Gestaltungsmächte der säkularen Religionsgeschichte, gebrochen scheint.

In der theoretischen Reflexion kristallisiert sich dieses Krisenbewußtsein in der gegenwärtigen Debatte um die sogenannte »Postmoderne«. Wie immer man diese die gegenwärtige Kulturintelligenz so bewegende Debatte um die »Postmoderne«, in der wir nach Auskunft der postmodernen Theoretiker schon begonnen haben zu leben, ihrem theoretischen Gehalt nach beurteilt, – es ist diese Debatte allein schon ein *Indikator* für eine veränderte, zumindest geistig-intellektuelle Lage.[5] Zwar ist die Rede von der »Krise« der Neuzeit, gar von deren »Ende« nicht neu, und daß die dominierenden Selbstverständnisse der Moderne immer ihre Gegenstimmen und Gegenbewegungen fanden, wurde schon erwähnt. Es hat aber – gegenwartsbezogen – die These von der Krise der Neuzeit eine neue Dimension, die sie von früheren Fassungen abhebt: Denn es scheint, weit über die Orientierungsbedürfnisse einer Intellektuellenschicht hinaus, gegenwärtig das Unbehagen und der

---

[5] Ein erhellender Einblick in die nur noch schwer zu überblickende Literatur zur »Postmoderne« findet sich in dem von Wolfgang Welsch herausgegebenen Sammelband (1988), der vor allem die »klassischen« Texte zur Postmodernismus-These enthält (so u.a. die einschlägigen Arbeiten von Baudrillard, Lyotard und Derrida); Welschs eigene Einleitung zu dem Sammelband bietet einen ersten Überblick und Orientierung, ist aber doch allzu sehr von einseitiger Apologetik geprägt. Zur Geschichte des Begriffes »Postmoderne« siehe W. Welsch, 1987. – Aus der ebenfalls anschwellenden Flut der kritischen Auseinandersetzung mit der Postmodernismus-These sei etwa genannt: Jürgen Habermas, 1980, oder Klaus Laerman, 1985; kritisch hat sich etwa auch Odo Marquardt geäußert (1986). – Hinzuweisen ist auch auf den von P. Koslowski, R. Spaemann, R. Löw herausgegebenen Sammelband »Moderne oder Postmoderne?« (1986).

Zweifel an der Moderne und an den sie tragenden Gewißheiten das Lebensgefühl weiter Schichten zunehmend zu bestimmen.[6]

Diese Krise der säkularen Gestaltungsmächte der Neuzeit wollen wir im folgenden in knappem, systematischem Zugriff zu fassen suchen — wobei wir uns wiederum an die Trias (Wissenschaft, Politik, Geschichte) halten, in der wir die Glaubensmächte der säkularen Religionsgeschichte beschrieben haben.

2. Der kulturelle Bedeutungsschwund der Wissenschaft

In einem 1961 gehaltenen Vortrag »Über kulturelle Kristallisation«[7] stellt Arnold Gehlen fest: Die gegenwärtige »Kultur der Wissenschaften«, eingebaut »in eine Supermaschine, welche mit einer Kapazität von 50 Millionen Menschenkräften arbeitet«, kennt »keine Selbstzweifel, dort gilt die Selbstverständlichkeit der schrittweisen Weiterentwicklung, also auch des Fortschritts. An keiner Stelle aber begegnet man heute innerhalb dieses Gesamtsystems, dessen Imprägnierung an immanenter Wissenschaftlichkeit dauernd steigt, jener großen geistigen Hoffnung, jener überspannten und enttäuschungsreichen, aber doch begeisternden und belebenden Erwartung neuer Räume, die sich nun endlich aufschließen und uns staunend einlassen würde, wie sie in den ideologischen Ansprüchen des vorigen Jahrhunderts noch lag.«[8] In diesen Sätzen Gehlens ist ein kultureller Fundamentalvorgang beschrieben, der zur Diagnostik der gegenwärtigen geistigen Lage gehört: der kulturelle Bedeutungsschwund der Wissenschaft. Dieser besteht darin, daß die Hoffnungen und Versprechen, mit denen die Wissenschaft sich neuzeitlich konstituierte, sich verflüchtigt und entleert haben.

---

6 Dies ließe sich — neben mannigfachen Kulturerscheinungen, von denen im folgenden in Auswahl noch zu reden ist — sozialwissenschaftsbezogen »empirisch« belegen, so etwa in der durch Umfragen erhebbaren Tendenz abnehmender Fortschrittsgewißheit; siehe zum Beispiel E. Noelle-Neumann / R. Köcher, 1987.

7 A. Gehlen, 1971, S. 283 ff.

8 ebd., S. 292.

Die Gründe für diesen Geltungsschwund der Wissenschaft sind vielfältig und können hier nur angedeutet bleiben. Hier ist zunächst jener wissenschaftsimmanente Vorgang zu nennen, in dessen Verlauf die Wissenschaft selbst von den Verheißungen, mit denen sie einst ihren Siegeszug begann, zurücktrat; ein wissenschaftsimmanenter Vorgang, der freilich selbst wieder lebensweltlich-kulturelle Voraussetzungen hatte. F. H. Tenbruck hat jenen Vorgang — wie schon erwähnt — in den Umrissen seiner historischen Stufen und Entwicklungsschüben beschrieben und in die These vom »Trivialisierungsprozeß« der Wissenschaft gefaßt.[9] Das Ergebnis heißt: »Aus der anfänglichen Botschaft, daß die Wissenschaft dem Menschen alle seine wesentlichen Fragen beantworten und ihn somit in die Wahrheit stellen wird, wird nun umgekehrt die neue Lehre, daß nur diejenigen Fragen, welche sich strikt empirisch-logisch beantworten lassen, als zulässige Fragen gelten dürfen. Hinter dieser ... Verwissenschaftlichung verbirgt sich der Versuch, die ursprünglichen Fragen nach zwei Jahrhunderten vergeblicher Bemühungen stillzulegen. So war die Wissenschaft nach 300 Jahren der Bedeutungssuche, nicht zuletzt getrieben durch das mit dem Axiom der Werturteilsfreiheit offenbar gewordenen Eingeständnis ihres Unvermögens, zur radikalen Umkehr ihrer ursprünglichen Verheißungen getrieben worden.«[10]

Diese Abkehr der Wissenschaft von den sie begründenden Verheißungen bedeutete — wie jedermann klar vor Augen steht — selbstverständlich nicht die Abnahme ihrer äußeren Verbreitung. Ganz im Gegenteil: Die Wissenschaft nahm in ihrem äußeren »Nutzwert« (Tenbruck) unaufhaltsam zu, dabei nicht nur sich in ihren Institutionen ständig vergrößernd, sondern auch die gesamte Lebenswelt in einem Prozeß von Verwissenschaftlichung durchdringend. Doch die Zunahme ihres Nutzwertes geht einher mit der Abnahme des Glaubens, es sei die Wissenschaft, die das diesseits gerichtete Glück, ja die universale »Erlösung« der Menschheit von Not und Bedrückung sichern könne.

---

[9] F. H. Tenbruck, 1975; der Aufsatz beschreibt konzise die stufenweise Rücknahme dieser Versprechen in ihrer wissenschaftsgeschichtlichen, aber eben auch kulturgeschichtlichen Dimension.

[10] Ebd., S. 43 f.

Dieser Vorgang des sich entleerenden Glaubens an die Kulturmacht Wissenschaft wurde und wird zunehmend vorangebracht,
neben der angedeuteten wissenschaftshistorischen Verlaufsgeschichte, durch ein neu sich artikulierendes Bewußtsein, daß die
Orientierungen, an die das menschliche Handeln sich hält, nicht
wieder selbst wissenschaftlich begründbar sind[11], ja daß die Wissenschaft selbst auf kulturellen Voraussetzungen ruht, die sich
nicht wiederum wissenschaftlich ausweisen lassen.

Daß der Fortschritt des kognitiven Wissens und der darauf ruhen-
den, die äußeren und inneren Daseinsverhältnisse umwälzenden
Technologien nicht identisch ist mit einem Fortschritt der Bewältigung allein schon der lebenspraktischen Fragen, geschweige denn
ein Angebot lebensorientierender Deutungen bedeutet, ist Ergebnis
sowohl einer wissenschaftsimmanenten Reflexionsgeschichte als
auch einer zunehmenden kulturellen Erfahrung.

Denn es sind die Geltungsverluste der Kulturmacht Wissenschaft vor allem in jener kulturellen Erfahrung begründet, daß die
Verwissenschaftlichung unserer Lebenswelt die lebenspraktischen
und lebensorientierenden Fragen und Problemlagen nicht nur
nicht löst, sondern neue Fraglichkeiten der Wirklichkeitsorientierung auslöst und selbst produziert. Darauf insbesondere hat − neben anderen − Hermann Lübbe in verschiedenen Veröffentlichungen immer wieder hingewiesen[12], dessen Diagnose wir uns
hier anschließen können: »Kulturelle Folgelasten des wissenschaftlichen Fortschrittes begrenzen den Lebensgewinn dieses Fortschritts. Die Verständlichkeit der realen Bedingungen unserer physischen Existenz nimmt in der wissenschaftlichen Zivilisation ab;
unsere Abhängigkeit von fachlich ausspezialisierten Leistungen
nimmt zu; das Maß des Vertrauens, das wir in die Solidität dieser
Leistungen setzen müssen, wächst ständig. Da künftiges Wissen

---

11 Dies ist der Kern auch der Debatte um die »Werturteilsfreiheit« der
Wissenschaft, für die Max Weber so leidenschaftlich eintrat. Daneben ist in
dem Zusammenhang vor allem auch zu erinnern an E. Husserls »Die Krisis
der europäischen Wissenschaften ...«, [2]1962; (vgl. dazu H. Lübbe, 1972, S.
63−80).

12 H. Lübbe, 1983, 1986.

prinzipiell nicht voraussagbar ist, nimmt in einer Zivilisation, die
wie nie zuvor in Abhängigkeit von solchem Wissen sich ändert, die
Voraussehbarkeit der Welt, in der wir ... künftig leben werden,
drastisch ab, und in genau diesem Sinne leben wir in der wissenschaftlichen Zivilisation wie niemals Menschen zuvor unter der
Bedingung eines zunehmenden Zukunftsgewißheitsschwundes.«[13]

Dieses alltagskulturell sich verbreitende Unbehagen an der verwis-
senschaftlichten Welt gewinnt bekanntlich seine besondere Dramatik durch ein sich mehr und mehr artikulierendes ökologisches Krisenbewußtsein.

Es ist dies nicht der Ort, die tatsächlichen Grundlagen dieses
Krisenbewußtseins zu erörtern: Immerhin zeigt das Bild der einschlägigen Veröffentlichungen wissenschaftsgestützte, apokalyptische Untergangsszenarios ebenso wie eine sich ebenfalls wissenschaftlich absichernde prinzipielle Zukunftsgewißheit.[14]

Entscheidend für unseren Fragezusammenhang ist vielmehr:
Wissenschaft und die auf sie gründende Technik sind, vor allem
angesichts der ökologischen Gefahren, in zunehmender kultureller
Verbreitung Schuldzuweisungen ausgesetzt, ihre Legitimation wird
zunehmend befragt. Dabei war es doch gerade die Wissenschaft,
die einst der modernen Welt und ihren Daseinseinrichtungen als
entscheidende Legitimationsquelle diente.[15] Derweil also die Wissenschaft in ihrem äußeren Bestand allenthalben weiter wächst und
in ihrem Nutzwert immer unentbehrlicher wird, derweil sie zur
Lösung der von ihr miterzeugten Problemlagen immer wieder
selbst gebraucht wird, kann sie doch immer weniger als orientierende Kulturmacht auftreten. Daß die Wissenschaft aus sich selbst
heraus dem Handeln die Ziele setzen könnte oder gar durch Offen-
legung der natürlichen oder gesellschaftlichen »Gesetze« die Sinnhaftigkeit der Welt und der Stellung des Menschen in ihr aufweisen
könnte, ist kaum noch eine kulturell verbreitete Botschaft.

---

13 H. Lübbe, 1986, S. 24.

14 Für das erstere ist in der Diagnose des jetztigen Zustandes sympto-
matisch: R. Bahro, 1987, für das letztere siehe etwa B. Fritsch, 1981.

15 Vgl. Zweites Kapitel, V.

Diesem Befund widerspricht auch nicht die Beobachtung, die ihn vielmehr bestätigt, daß die instrumentalistische Inanspruchnahme von Wissenschaft, etwa durch das politische Handeln, ungebrochen scheint.[16] Hierher gehören auch jene Tendenzen, die sich unter dem Stichwort »Selbstpolitisierung« (der Wissenschaft) erfassen lassen. Gemeint sind jene Stimmen aus dem Hause der Wissenschaft selbst, die — gerade angesichts der drohenden ökologischen oder nuklearen Menschheitskatastrophen — für eine »parteiliche«, »andere«, »alternative« Wissenschaft plädieren; Stimmen, die sich nicht nur in den überlieferten »Deutungswissenschaften« (Philosophie, Soziologie usw.), sondern auch in dem Bereich der Naturwissenschaften zunehmend finden.[17] Es scheint, daß je mehr die Wissenschaft ihren Bedeutungswert nicht mehr selbst aus sich heraus erweist, sie um so eher heteronomen Bedeutungszuschreibungen ausgesetzt ist, sei es als politische Instrumentalisierung oder als Selbstpolitisierung der Wissenschaft.[18]

Noch einmal: Kultureller Geltungsschwund der Wissenschaft — das heißt im Kern, daß die Hoffnungen und Verheißungen, mit der sich die Wissenschaft neuzeitlich konstituierte, sich verflüchtigen und entleeren. Es könnte dieser Abschied von den Heilsversprechen der Wissenschaft kultur-, ja auch religionsgeschichtlich als

---

16 Ein eindrucksvolles Beispiel hierfür ist etwa, wenn eine frühere Familienministerin — unter explizitem Rekurs auf wissenschaftlich-empirische Forschungen — für die Kinderhortunterbringung schon zweijähriger Kinder plädiert.

17 Dies wird zum Beispiel beschrieben in dem kritischen Report von Christoph Bertram (1983) über einen Kongreß »Naturwissenschaftler für den Frieden« (Mainz 1983).

18 Eine eigene Zuspitzung, die hier freilich nur kurz erwähnt werden kann, erhält die Forderung nach einer alternativen Wissenschaft, wenn sich damit jene Programme verbinden, die die Legitimität vorwissenschaftlicher oder gar »irrationaler« Wirklichkeitszugänge einklagen; hier also wird die Gleichsetzung von Wissenschaft und »Rationalität« und Außerwissenschaftlichkeit mit »Irrationalität« kritisiert (was sich freilich prägnant schon bei Max Weber studieren läßt) und etwa »Die Wahrheit des Mythos« (K. Hübner, 1985) beschworen; hierher gehören etwa auch die Veröffentlichungen von Hans-Peter Duerr (z.B. 1981) und von P. Feyerabend (1976, 1979).

Vorgang »gelungener Aufklärung« (H. Lübbe) gedeutet werden; in dem Sinne, daß durch das Zurücktreten der Wissenschaft von Weltauslegung und Weltdeutung, den außerwissenschaftlichen Instanzen der Wirklichkeitsorientierung, insbesondere der Religion, wieder der ihnen zustehende Geltungsbereich zukomme. Oder in der Formulierung Lübbes: Es ist ein Kulturzustand »vollendeter Aufklärung« erreicht, in dem sich mit dem »Fortschritt der Wissenschaften ... zugleich die Einsicht in die religiöse Indifferenz dieses Fortschritts kulturell ausgebreitet« hat[19]; also ein Zustand errungener kultureller »Normalität«, in dem der wissenschaftliche »Confessor« endgültig zum »Professor« seiner Zunft geworden ist[20].

Diese Wertung des beschriebenen kulturellen Geltungsschwunds der Wissenschaft ist aber zugleich zu hinterfragen. Zunächst ist daran zu erinnern, daß der Abschied der Wissenschaft selbst von den großen Hoffnungen, die sie einst begleitete, keineswegs ein Abschied von jeglichem wissenschaftsimmanenten Weltbild oder Weltanschauungsanspruch bedeutet. Vielmehr fußt auch noch der wissenschaftliche Reduktionismus auf einer »neuen Vorstellung davon, wie der Mensch den Lauf der Dinge ordnen und mit sich selbst ins Reine kommen kann. So entsteht das neue Konzept einer Welt, die rein auf den Rädern der Pragmatik gesichert und befriedigend fortzulaufen imstande ist, wenn der Mensch alle emotionalen und metaphysischen Rückstände, und damit alle Wert- und Sinnprobleme entschlossen abzustoßen weiß.«[21]

Doch auch dort, wo an solch im Raum der Wissenschaft transportierten Weltbildern kulturelles Unbehagen sich regt, wie dies — wie angedeutet — zunehmend sich verbreitet, kann alltagskulturell von »Normalität« im Sinne der endlich zu sich selbst gekommenen Wissenschaft und damit der endlich zu ihrem eigenen Recht gekommenen außerwissenschaftlichen »Wirklichkeitsorientierung« nur schwer die Rede sein. Es mag der »Glaube« an die

---

[19] H. Lübbe, 1986, S. 27.

[20] H. Lübbe, ebd., S. 36. — Es versteht sich, daß mit diesen wenigen Hinweisen, die gehaltvollen und vielfach lehrreichen Ausführungen Lübbes, auch nur zum Verhältnis von Wissenschaft und Religion, nicht abgetan werden können.

[21] F. H. Tenbruck, 1975, S. 43.

Wissenschaft verdünnt oder gar zerronnen sein: Geblieben ist die prinzipielle Problematisierung aller äußeren und inneren Wirklichkeit durch die Wissenschaft und ihre Fortschritte, die keine außerwissenschaftlichen kulturellen Gewißheiten unberührt ließ.

3. Die Krise des politischen Messianismus

Die Entkräftung der säkularen modernen Gestaltungsmächte zeigt sich in unmittelbarer Gegenwart auch am Geltungsverlust, ja womöglich am Zerfall des Glaubens an die Herstellbarkeit universalen Glücks durch das politische Handeln.[22] Dabei bedarf gerade diese These, einer Einschränkung (die freilich, mutatis mutandis, auch für die anderen Abschnitte, in der die Krise der säkularen Religionsgeschichte gefaßt wird, gilt). Zunächst gilt es sich der historischen Erfahrung zu erinnern: Es wurde, gerade in den vergangenen Jahrzehnten, immer wieder das »Ende der Ideologien« konstatiert; eine Diagnose, die nur allzu schnell zur historischen Makulatur wurde. So ist, neben anderen Beispielen, noch einmal daran zu erinnern, daß in empirisch abgestützten Studien, noch 1965 die politische Apathie und Interesselosigkeit der Studenten konstatiert wurde, zwei Jahre, bevor nahezu eine ganze studentische Generation im Bann des säkular-eschatologischen Glaubens an die revolutionäre Veränderung von Mensch und Gesellschaft stand.[23] Solche Erinnerung mahnt, kultur- und sozialwissenschaftsbezogen, zur prognostischen Vorsicht und – gerade angesichts unübersichtlicher kultureller Lagen – zur Reflexion über mögliche Revitalisierungschancen politisch-ideologischer Heilsansprüche. Sodann ist daran zu erinnern, daß die obige These sich insbesondere auf die Situation der westlichen Kultur bezieht. In anderen Erdteilen mag sich die Lage anders darstellen, wo etwa unter religiös-theokrati-

---

[22] Es ist zu betonen, daß gerade dieser Abschnitt bewußt nur in eine kurze These gefaßt ist; eine ausführlichere Bestimmung des hier gemeinten Sachverhaltes führte tief in die Fragen der politischen Kultur, insbesondere des Verhältnisses von Religion und Politik, und überstiege bei weitem den uns hier gesetzten Rahmen.

[23] Vgl. Viertes Kapitel, III.

schen Vorzeichen absolute politische Geltungsansprüche sich artikulieren[24] oder aber die »klassischen« politischen Heilslehren (insbesondere Marxismus) weiterhin, sei es als »Staatsreligion« oder als Antrieb oppositioneller Bewegungen, fortleben.[25]

Doch unmittelbar gegenwartsbezogen den Blick insbesondere auf die westliche Kultursituation gerichtet, zeigt die Beobachtung: Die politischen Heilslehren haben ihre orientierende und motivierende Kraft weithin verloren, – dies sowohl auf die Schicht der Kulturintelligenz[26] wie auch auf die breiten Bevölkerungsschichten.

Daß etwa der Liberalismus einmal eine politisch-ideelle Bewegung war, die in den politischen Weltanschauungskämpfen des 19. und noch beginnenden 20. Jahrhunderts eine eigenständige politische Botschaft bedeutete, ist kaum noch eine historische Erinnerung[27], daß die europäische revolutionäre Bewegung des Nationalismus einmal eine Kraft war, die das Gesicht Europas grundstürzend veränderte, ist dem Gegenwartsbewußtsein kaum noch eingedenk.

Seinen klarsten Ausdruck findet die Krise des politischen Messianismus am Niedergang, ja am Zusammenbruch des Glaubens an

---

24 Hier beginnt sich sozial- und politikwissenschaftlich der Terminus »Fundamentalismus« durchzusetzen. Vgl. Th. Meyer, I 1989.

25 Hier wäre etwa auf Entwicklungen in Afrika hinzuweisen, aber auch auf politisch-oppositionelle Bewegungen in Lateinamerika, wobei im letzteren Falle sich traditionell marxistische Elemente neben christlichen Antrieben finden und in der sogenannten »Theologie der Befreiung« eine Verbindung eingehen; ein, freilich eher unkritischer Überblick, findet sich bei Prien, 1988 (dort auch weitere Literatur); kritische Analysen finden sich bei R. Hoffmann (Hg.), 1987.

26 Auch hier ist die Debatte um die sogenannten »Postmoderne« signifikant. Hier sind nicht mehr Marx und seine Erben die intellektuellen Leitfiguren, sondern es erlebt Nietzsche eine Renaissance oder es findet sich die Parole vom »Eurotaoismus« (Sloterdijk, 1989).

27 Weshalb alltagskulturell »liberal« inzwischen eher eine Haltung privater Toleranz bedeutet und politikbezogen das Stichwort »liberal« nur noch wenig aussagt und es somit auch von nahezu allen Parteien beansprucht wird.

die marxistischen Botschaften und Erlösungsversprechen. Daß dieser Glaube, der einst weite Teile der Arbeiterschaft und an ihrem Bürgertum müde gewordene Intellektuelle zusammenschmiedete, seine Faszination auf die breiten Bevölkerungsschichten schon lange verlor, ist bekannt und bedarf hier keines weiteren Belegs. Doch es hielt sich der Marxismus-Leninismus als ideologische »Staatsreligion« in den kommunistischen Ländern, freilich weithin als bloßes Herrschafts- und Kontrollinstrument, ohne noch als »Glaube« im Lebenshorizont der Bevölkerung verankert zu sein.[28]

In den westlichen Ländern waren es — in freilich unterschiedlicher Intensität und Verbreitung — Teile der Kulturintelligenz, die in den 20er und 30er Jahren, dann aber auch nach dem Zweiten Weltkrieg sich in den Orientierungen des Marxismus einrichteten[29]; wobei »Marxismus« dann freilich ein zunehmend schillernder Begriff wurde, mit dem sich ganz unterschiedliche und einander ausschließende Interpretationen verbanden.

Die unmittelbare Gegenwart zeigt nun einen dramatischen Zusammenbruch jeden Glaubens an die Bedeutung des Marxismus als universalistischer säkularer Religion. In den westlichen Ländern scheint, gegenwartsbezogen, Marxismus der Kulturintelligenz inzwischen kein Thema mehr.[30] So sind die Namen, die noch vor knapp 20 Jahren Leitfiguren, ja messianische Gestalten für fast eine ganze studentische Generation und ihre intellektuellen Sprecher

---

28 Aus der Flut der Literatur hierzu sei eigens genannt: A. Ignatow 1985; hinzuweisen ist etwa auch auf die kontinuierlichen Veröffentlichungen des »Bundesinstitut für ostwissenschaftliche und internationale Forschung« (Köln); interessante Aspekte fügt B. Groys (1987) bei.

29 Am verbreitetsten findet sich die Tendenz in Frankreich, aber auch in Italien und Deutschland; eine marginalere Rolle spielt sie in den angelsächsischen Ländern. Für Frankreich ist etwa an J. P. Sartre, L. Aragon und L. Althusser zu erinnern oder etwa an den hier weniger bekanntgewordenen, in seinem Einfluß auf die zeitgenössische französische Intelligenz aber wichtigen P. Nizan (1973); zu Nizan vgl. das Portrait von Sartre (in: 1971, S. 105 ff.).

30 Ein übersehbares Anzeigen hierfür waren schon die Artikel, die 1983 angesichts des 100. Todestages von Karl Marx in den Feuilletons erschienen: Es waren dies — nahezu ausnahmslos — Betrachtungen, die von grundsätzlicher Distanz oder Abkehr vom Marxismus geprägt waren.

waren: Marx, Mao, Che Guevara usw., heute — wenn überhaupt noch im Bewußtsein — Namen einer vergangenen Geschichte. So läßt sich hier aufs kulturelle Ganze gesehen sagen, daß die säkulare Eschatologie des Marxismus gegenwärtig ihr Faszinosum verloren hat.

In den sozialistischen Ländern gehörte bis 1989 zu den aufregendsten Beobachtungen die Tatsache, daß die reformerischen Bewegungen in der Sowjetunion, aber auch in anderen Staaten des Ostblocks nicht nur äußere Strukturveränderungen betrafen, sondern die Staatsideologie selbst zunehmend Thema von Veränderung wurde.[31] Der weitere Gang der Geschichte nach 1989 ist bekannt und braucht hier nicht weiter beschrieben zu werden. Der Zusammenbruch der sozialistischen Staaten war auch ein Zusammenburch der sie tragenden Ideologie.[32] Unübersehbar ist, daß der Marxismus-Leninismus als staatslegitimierende Ideologie seine Kraft, womöglich endgültig, verlor; das — kultursoziologisch gesehen — gespenstische Bild einer verholzten Staatsideologie, an die angesichts der generationenübergreifenden enttäuschten Hoffnungen niemand mehr wirklich glaubte, ist nun — soweit wir zu blikken vermögen — geschichtlich tatsächlich überholt.[33]

---

[31] So hat Gorbatschow noch versucht, durch Revision der tradierten Ideologie den Gang der Ereignisse »reformerisch« zu beeinflussen. Siehe etwa die Kritik Gorbatschows an der Stellvertreterrolle der Partei als Vorhut des Proletariats, das in der klassischen Form so gar nicht mehr bestehe (M. Gorbatschow 1987). Freilich hieß für Gorbatschow die Reform der Ideologie immer, »den Geist des Leninismus wiedererstehen zu lassen und möglichst vollständig wiedererstehen zu lassen«. (1979, S. 422)

[32] Die Versuch, die Ideologie inmitten des dramatischen Wandels zu »reformieren« und damit zu retten, blieben Illusion (siehe hierzu H. von Berg 1987 und Z. Mlynar 1987).

[33] Konnte noch Gehlen aus den Erfahrungen der 50er und 60er Jahre konstatieren: »Der Marxismus hält sich als Theorie deswegen, weil die erfolgreiche politische Durchsetzung in einem Weltreich ihn institutionalisiert hat« (Gehlen, 21971, S. 287) — so galt schon in den 80er Jahren, angesichts einer sich verfestigenden und auch dramatisierenden Krise des Sowjetsystems, daß der Marxismus-Leninismus in der Form institutionalisierter Staatsideologie, eben diese Kraft, von der Gehlen spricht, verlor.

Es ließe sich einwenden: Das Faszinosum eines politischen Messianismus als Glaube an die Herstellbarkeit gesellschaftlichen und individuellen Glücks durch das politische Handeln lebt unter veränderten Vorzeichen und ideologischen Gehalten fort in den sogenannten »Neuen sozialen Bewegungen«, wie etwa der Friedensbewegung der letzten Jahre und der Ökologie-Bewegung. Tatsächlich sind in manchen ihrer Strömungen diese Bewegungen sicherlich auch eine offene oder larvierte Fortsetzung dieses Glaubens. So ist nicht zu übersehen, daß etwa marxistisch-leninistische Weltsicht und Strategie in politisch-esoterischen Zirkeln weiter sich durchhält und z.B. in der Partei der »Grünen« und in der dort repräsentierten weltanschaulich-politischen Gemengelage sich neue Wirkungsmöglichkeiten zu sichern sucht.[34] Insoweit relativiert das Aufkommen der »Neuen sozialen Bewegungen« tatsächlich die These von der Krise des politischen Messianismus — und bestätigt sie zugleich. Denn die kulturellen Leitbilder und Ziele, denen diese Bewegungen sich verpflichtet wissen, sind doch weithin nicht identisch mit den »alten« politischen Bewegungen, sowohl des bürgerlich-demokratischen wie auch des marxistisch-leninistischen Typus. Darauf hat etwa Claus Offe hingewiesen und die Diskontinuität von »alten und neuen soziopolitischen Bewegungen« beschrieben[35], wobei letztere — nach Offe — auf eindeutig vormoderne »Leitbilder«, auf »Fundamentalismen« zurückgreifen.[36] So sind es modernitätskritische, insbesondere wissenschafts- und technologiekritische Antriebe und Haltungen, so vor allem »holistische« Daseinsauffassungen, die sich in den neuen sozialen Bewegungen artikulieren; ein Befund, der insofern dem vorher beschriebenen

---

34 Freilich auch hier, wie es scheint, mit zunehmend schwindendem Einfluß, wie es der Rückgang des fundamentalistischen »Flügels« bedeutet. Zur politisch-weltanschaulichen Gemengelage bei den Grünen s. G. Hesse / H. H. Wiebe (Hg. 1988) und meinen eigenen Beitrag in diesem Sammelband (G. Küenzlen 1988).

35 C. Offe 1986, S. 159 ff. und K. W. Brand (Hg.) 1985, worin die »Neuen sozialen Bewegungen« in einem internationalen Vergleich dargestellt sind.

36 Was für Offe freilich eine »illegitime Versuchung« und Symptom eines »normativen Regresses« darstellt (ebd. S. 160 f.).

Geltungsschwund der Verheißungen eines politischen Messianismus nicht widerspricht.

4. Abschied von der Geschichte als säkularer Heilsgeschichte

Die Krise der säkularen Religionsgeschichte läßt sich vor allem beschreiben als Rückgang, womöglich als Ende des Glaubens an die säkulare Heilsbedeutung der Geschichte. Die Geschichte als »Faszinosum und Schicksal« war dem diesseitsgerichteten Glauben der Neuzeit das Feld, in dem sich universales Glück und Erlösung durch das menschliche Handeln realisiert. Die Säule dieses säkularen Glaubens an die Heilsbedeutung der Geschichte war der Glaube an den »Fortschritt«, der sich unaufhaltsam durchsetzt und die Menschheit zu immer glücklicheren Ufern führt. Ob in der Erlösungskonzeption des Marxismus oder im »bürgerlichen« Glauben an die strukturelle und kulturelle Evolution: Der Kollektivsingular »Fortschritt« war das offene oder geheime Dogma des Modernitätsbewußtseins.

Zwar war — wie andernorts erwähnt — einer intellektuellen Kulturkritik dieses Fortschrittsbewußtsein schon längst fraglich, heute aber ist die Abnahme, womöglich der Zusammenbruch des universalistischen Fortschrittsglaubens zunehmend eine alltagskulturelle Erfahrung. Die alte Ahnung, daß das Fortschreiten der technischen Zivilisation ungeheure Kosten an humaner Substanz verursachen und sich neue Abgründe universaler Gefahr auftun könnten, ist inzwischen die Furcht, ja teils schon die Gewißheit eines verbreiteten Zeitbewußtseins.[37] Wie immer die — strittige — Frage nach den objektiven Grundlagen der ökologischen Gefahren zu beantworten wäre — derzeit ist die ökologische Krise zunehmend Gegenstand subjektiver Erfahrung und heutigen Lebensgefühls. Es markiert dieser Befund das Zerrinnen und den Zerfall einer über 200-jährigen Fortschrittsgewißheit.

---

[37] Als ein publizistischer »Wendepunkt« der Fortschrittsgewißheit hin zu prinzipieller Fortschrittsungewißheit ist sicherlich schon die Studie des »Club of Rome« zu bezeichnen, die dem ökologischen Thema die erste große publizistische Wirksamkeit sicherte (D. H. Meadows et al. 1972).

Robert Spaemann hat den Vorgang prägnant beschrieben und auf den Begriff gebracht: »Das ökologische Bewußtsein läßt erstmals die Realisierbarkeit des Projektes der Moderne, des Projekts progressiver Naturbeherrschung durch despotische Vergegenständlichung der Natur in sich selbst fraglich werden. Der Preis des Fortschritts wird erstmals mit den naturalistischen Parametern des Fortschritts selbst kommensurabel ... Der Eindruck verstärkt sich, daß wir hinsichtlich des materiellen Reichtums der Welt längst begonnen haben, vom Kapital statt von den Zinsen zu leben. Dieses Gefühl löst den traditionellen Zusammenhang des Fortschrittsgedankens mit so etwas wie Hoffnung auf. Der Pro-Kopfverbrauch der Industrieländer an Energie und Rohstoffen ist parasitär, denn es wäre mit den Überlebensbedingungen der Menschheit unvereinbar, wenn alle Menschen dieses Niveau erreichen würden. Damit ist die Marx'sche Utopie der endgültigen Beseitigung des Gerechtigkeitsproblems durch Entwicklung von Überfluß definitiv tot. Diese Utopie aber hatte das Projekt der Moderne auf seine eigentliche Formel gebracht. Mit dieser Utopie ist der Gedanke des Fortschritts im Singular tot, der Gedanke einer Entwicklung der Welt als Ganzer zum schlechthin Höheren und Besseren«.[38] Aus »dem Fortschritt« wurden allenfalls partikulare Fortschritte, die »wir mit Rückschritten, d.h. Verschlechterungen in anderen Hinsichten abzuwägen haben«[39] und die eben nicht mehr eingebunden sind in die eschatologische Dimension einer säkularen Heilsgeschichte.

So mehren sich denn auch die Stimmen, die dem Glauben an die Geschichte als säkularer Heilsgeschichte nun auch *programmatisch* den Abschied geben. Hierher gehört etwa die erneute Diskussion um die These Eric Voegelins, der der geistig-kulturellen Gestalt der »Neuzeit« ihre »Legitimität« abspricht und in ihr ein »gnostisches Rezidiv« sieht.[40] So fragt Jacob Taubes im Anschluß an Voegelin, dabei die Frage nach der Tragfähigkeit der Voegelinschen These offenlassend: »Sogar vorausgesetzt ... daß die Neuzeit eine endgültige Überwindung der Gnosis darstelle (gegen Voegelin G.K.), so ist zu fragen, ob das gnostische Rezidiv seit den 20er

---

38 R. Spaemann 1986, S. 31.

39 R. Spaemann, ebd. S. 32.

40 E. Voegelin 1959.

Jahren unseres Jahrhunderts nicht ein Ende jener Jahrhunderte überspannenden Sinnstruktur, genannt ›Neuzeit‹, anzeigt ...«[41] »Gnostisches Rezidiv« kann hier nur heißen: Die Neuzeit ist von der »Gnosis« eingeholt worden, und dies meint, daß die Fragen nach Heil und Erlösung nur im gnostisch-weltennegierenden Jenseits von Welt und Geschichte sich stellen und entschieden werden: »Die Geschichte hat kein Heil und das Heil hat keine Geschichte.«[42]

In diesem Zusammenhang ist etwa auch schon auf Ludwig Wittgenstein hinzuweisen, in dessen »Tractatus logico-philosophicus« jedem in Welt und Geschichte erkennbarer Sinn der Abschied gegeben ist: »Der Sinn der Welt muß außerhalb ihrer liegen. In der Welt ist alles wie es ist und geschieht alles wie es geschieht; es gibt in ihr keinen Wert — und wenn es ihn gäbe, so hätte er keinen Wert. Wenn es einen Wert gibt, der Wert hat, so muß er außerhalb alles Geschehens und So-Seins liegen. Denn alles Geschehen und So-Sein ist zufällig ... *Wie* die Welt ist, ist für das Höhere vollkommen gleichgültig. Gott offenbart sich nicht *in* der Welt«.[43] Solche Sätze stehen quer zu jenen Hauptströmungen der säkularen Glaubensgeschichte, in der das Heil eben *in* der Geschichte gesucht und als geschichtlich herstellbar gedacht wurde.

Vor allem aber sind es die — schon erwähnten — Vordenker der sogenannten »Postmoderne«, die in den Antrieben und Gehalten der Moderne keinen »Sinn« mehr zu entdecken vermögen; und dazu gehört insbesondere der programmatische Abschied vom Glauben an die Geschichte als säkularer Heilsgeschichte. So trägt denn auch ein Aufsatz von Peter Sloterdijk, einem der theoretischen Protagonisten der »Postmoderne«, den signifikanten Titel: »Nach der Geschichte«.[44] Für Sloterdijk ist es ausgemacht, daß die »messianischen und eschatologischen Motive«, die auch in ihren säkularisierten Formen, die »Neuzeit einschließlich der jüngsten Gegenwart modelliert« haben, endgültig ihre Kraft verloren ha-

---

41 J. Taubes; in: J. Taubes (Hg.) 1984, S. 10.

42 J. Taubes, ebd. S. 13.

43 L. Wittgenstein 1969, S. 111 und S. 114.

44 P. Sloterdijk 1988.

ben.[45] Was einzig übrigblieb von der »geschichtemachenden Kraft« der neuzeitlichen Hoffnung, ist die »Frist«, die bleibt hin zur großen Katastrophe, deren »Tag und Stunde und Ursache« zwar offen, deren Eintreten doch gewiß ist. Die Zeitstruktur der Gegenwart ist die einer »Zwischenzeit *nach* der Prognose des Schlimmsten und *vor* der Verifikation der Prognosen durch die Wirklichkeit«.[46] Das Drama der Moderne ist es, daß sie, die ihre Hoffnung auf die Geschichte gesetzt hat, keine Geschichte mehr besitzt.

Noch einmal: Es kann uns hier nicht um die Tragfähigkeit solcher Theorien gehen, wie sie etwa in dem Sloterdijkschen Essay formuliert sind. Vielmehr sind solche Äußerungen Zeichen für bestimmende Strömungen gegenwärtigen Lebensgefühls und des Versuchs, solche Lebensgefühlstendenzen denkerisch zu erfassen.

II. Vorstellungen vom Neuen Menschen in der Krise der säkularen Religionsgeschichte

1. Allgemeine Hinweise und Bemerkungen

Wo die säkularen Heilshoffnungen der Moderne ihre Kraft verlieren, wie wir dies in den vorigen Abschnitten in Umrissen beschrieben haben, verliert auch die Suche nach dem Neuen Menschen ihre Verortung. Denn es hat ja dieser säkulare Glaube das Weltbild bestimmt, in dem der Suche nach dem Neuen Menschen die Ziele gesetzt und die Wege zu seiner diesseitigen Erwartung und Herstellung gewiesen waren. Wo also die säkularen Glaubensbestände der Moderne kraftlos, zumindest unsicher werden, ist auch die Hoffnung auf den Neuen Menschen, von der die säkulare Glaubensgeschichte in ihren verschiedenen Verzweigungen bewegt wurde, schwankend geworden oder hat sich gar verflüchtigt. Daß der Neue Mensch ein heilsgeschichtliches Ereignis der Profangeschichte werden könne, daß er durch das menschliche Handeln herstellbar sei, daß er als ein Ergebnis des Fortschritts der Wissen-

---

45 P. Sloterdijk, ebd. S. 268.
46 P. Sloterdijk, ebd. S. 266 f.

schaft sich bilde — diese Heilsziele sind mit der Entleerung des Glaubens, auf denen sie ruhten, ebenfalls leer geworden.

Dabei ist freilich anzumerken, daß Heilsziele in bloßer Ritualisierung weiter existieren können, ohne noch besonderen Anhalt im Glauben und in der Lebensführung der Menschen zu besitzen — ein Vorgang, der schon aus der Religionsgeschichte bekannt ist. Die Ritualisierung und bloße Tradierung der Metaphorik des Heilsziels soll die einstige Dynamik der »Bewegung« beschwören und auf Dauer stellen, auch wo diese schon längst erstarrt ist und sich z.B. als staatliche »Einheitspartei« usw. etabliert hat und ihr Charisma sich »veralltäglichte«. (M. Weber)

Ein solcher Vorgang läßt sich am Beispiel des Neuen Menschen etwa in Rußland studieren, wo die Hoffnung auf den Neuen Menschen ein Antrieb der vorrevolutionären Intelligenzia war und als Losung in der Revolution von 1917 und in den Revolutionsjahren danach wirkungsmächtig wurde, dann aber in den Jahrzehnten danach bis in die jüngste Vergangenheit durch die offizielle Sowjetideologie in der Vorstellung von der »allseitig entwickelten Persönlichkeit« ritualistisch weiter tradiert wurde.

Doch generalisierend läßt sich festhalten: Wo die überlieferten Sinntraditionen, an denen die Suche nach dem Neuen Menschen sich halten konnte, ihre Kraft verlieren, ist eine neue Kulturlage geschaffen, in der sich die Sinnbedürfnisse nach anderen Zielen auszurichten beginnen und auch die Hoffnung auf den Neuen Menschen sich in anderer Dimension Erfüllung suchen will. Dies insbesondere soll in einem folgenden Kapitel am Beispiel der sogenannten »New Age-Bewegung« verdeutlicht werden.

Freilich bedarf es vorher noch einiger kurzer Hinweise und Bemerkungen zu anderen beobachtbaren Tendenzen, in denen sich in unmittelbarer Gegenwart die Hoffnungen auf ein Neu- und Anderssein artikulieren[47].

---

[47] Dabei ist vorsorglich anzumerken, daß wir bei diesen knappen Andeutungen nur an wenigen Stellen im Fußnotenteil die entsprechende Literatur anführen können, ansonsten dieser Teil ins Uferlose wüchse.

Eine der beobachtbaren Tendenzen ist hierbei der Wegfall futu-risch-eschatologischer Hoffnungen auf das kommende, neue Sein des Menschen. Wo den Zukunftsversprechen der Moderne nicht mehr geglaubt wird, womöglich nicht mehr geglaubt werden kann, sucht sich das Verlangen nach Neu-sein Erfüllung in der *unmittel-baren Gegenwart*. Ob als innerer Lebensentwurf, für den die Parole vom »Ganz entspannt im Hier und Jetzt«[48] steht, ob in den Rausch- und Entrückungszuständen eines bewußtseinsverändern-den Drogengebrauchs[49], ob in den Ekstaseerfahrungen der jugend-lichen Rock- und Popmusikszene[50], ob in den Angeboten einer ge-genwärtigen »Körperkultur«, wo durch »bodybuilding«, »body-sty-ling« usw. der Neue Mensch als ein neuer Körper sich bilden soll — immer geht es darum, *jetzt* sich als »neu«, »anders« und dem al-ten So-Sein entronnen zu erfahren, welch andere Antriebe und Be-dürfnislagen damit ansonsten auch noch verbunden sein mögen.

Von den Tendenzen und Strömungen, in denen sich heute Hoff-nungen auf einen Neuen Menschen artikulieren, sei eigens die *fe-ministische Bewegung* genannt.[51] Die Strömungen des Feminismus, so verschieden in ihrer historischen Herkunftsgeschichte, in ihren weltanschaulichen Ausprägungen und auch politischen Ansprü-chen, haben doch als einen ihrer zentrierenden Inhalte: die Vorstel-

---

48 Eine Parole, die sich vor allem auch in der Therapiebewegung der heutigen »Psycho-Kultur« findet.

49 Wobei anzumerken ist, daß die ideologische Überhöhung des Dro-genkonsums, wie sie in den 60er und 70er Jahren propagiert wurde und wie sie etwa in den Schriften von Timothy Leary zu studieren ist (vgl. Lea-ry, 1970), heute kaum noch anzutreffen ist. Die Propagierung des Drogen-konsums, als Akt politischer Befreiung und mit politisch-revolutionärem Anspruch, scheint mit dem Geltungsschwund des politischen Messianismus ebenfalls geschwunden.

50 Vgl. hierzu: H. Raue / R. Flender 1986 und R. Tischer 1989 (dort auch weitere Literaturangaben).

51 Hier halten sich freilich die säkular-utopischen Heilshoffnungen weiter kräftig durch, die sich aber in bestimmenden Strömungen des Femi-nismus zunehmend in eine »spirituelle« Dimension transformieren, etwa durch Anleihen bei esoterischem Geheimwissen oder durch Rekurs auf, freilich oft mühsam erst rekonstruierte, Mythologien.

lung eines Neuen Menschen. Das Studium feministischer Literatur zeigt fast durchweg, daß die angestrebte Emanzipation der Frau im Ergebnis die Emanzipation des Menschen aus seiner bisherigen Entwicklungsstufe heraufführen soll. »Die Befreiung der Frau ist die Befreiung des Menschen«. Auf diese prägnante Formel hat Roger Garaudy diesen Anspruch gebracht und er sieht als »letzten Ausweg« der Menschheit die »Feminisierung der Gesellschaft«.[52]

Insbesondere in der Vorstellung vom kommenden »androgynen Menschen«, der das Weibliche und das Männliche in sich in Harmonie integriert, ist eine verbreitete feministische Erwartung des Neuen Menschen gefaßt. So meint Heide Göttner-Abendroth in der von ihr identifizierten matriarchalistischen Religion und Mythologie eine historische Stufe identifiziert zu haben, in der es diesen »ganzen«, »integrierten« Menschen gegeben hat, nämlich als der Mythos von der »Göttin und dem Heros« lebendig war: »... das weibliche Prinzip war das Göttliche ... und die Kraft zur Integration des ganzen Kosmos, die kreative Fähigkeit überhaupt. Das männliche Prinzip war das heroische: die Kraft zum Selbstopfer, die Fähigkeit zur vollkommenen Integrität. Und ganz war ein Mensch erst dann, wenn er beide Seiten unverkürzt besaß: Integration und Integrität. Jede Frau, die frei über ihre weiblichen Kräft verfügte, erkannte in sich auch das Prinzip des Männlichen als des Heroischen; und jeder Mann, der die Ergebenheit und Selbstvergessenheit des Heros besaß, fand in sich den Kern der weiblichen Göttlichkeit.«[53] Diesem feministischen Denken ist der Neue Mensch der Zukunft der in einem neuen Matriarchat seine »Weiblichkeit« und »Männlichkeit« integrierende Mensch. Er ist noch eine »utopische Leitidee, ... die uns in dieser desolaten Zeit ein utopisches Licht aufsteckt« — aber »wenn die Integration beider Prinzipien jemals wieder möglich wird, dann durch uns (Frauen).«[54]

Sodann ist — insbesondere im Kontext unserer Studie — jener Vorgang zu benennen, der zur Diagnose der geistigen Lage der Gegenwart mitgehört und die gegenwärtige Suche nach einem Neuen

---

52 R. Garaudy 1982.
53 H. Göttner-Abendroth [4]1984, S. 8.
54 H. Göttner-Abendroth, ebd. S. 9.

Menschen mitprägt: Ein neuaufkommendes Interesse an »Religiosität« und »Spiritualität«. In der Sozialgestalt eher amorph und vagierend, in den Inhalten oft diffus und schwer faßbar, weil synkretistisch und eklektizistisch die religiösen Traditionen des ganzen Erdballs beerbend, sind doch die Tendenzen einer neuen Religiosität unübersehbar.[55] Die Suche nach der Erfahrung von Neu-Sein und Neu-Werden richtet sich inmitten der säkularisierten und weiter sich säkularisierenden Gegenwart zunehmend auch an religiösen oder religionsartigen Orientierungen aus. Der Geltungsschwund der säkular-diesseitigen Glaubensbestände führt – als *eine* der beobachtbaren Tendenzen – zu einer Neuformung religiöser Lebensorientierung.

Dieser Vorgang läßt sich biographisch bis in Rekonstruktionen heutiger Lebensgeschichten verfolgen.[56] Als die Blütenträume des politischen Messianismus der »68er« Jahre welkten, führte für nicht wenige nun der »Weg nach Innen«, als Reise in das eigene Selbst – angeleitet durch die Programme der in den 70er Jahren sich mächtig entwickelnden »Psychokultur«; stand diese noch ganz in den Orientierungen der ursprünglich rein säkular-diesseitig ausgerichteten »Humanistischen Psychologie«[57], so sind es heute zunehmend Angebote »religiöser«, »spiritueller« Art, in denen Erfüllung gesucht wird.[58]

Ein zentraler Inhalt dieser Suche ist die Hoffnung auf den Neuen Menschen, die sich in den verschiedensten Zweigen der neuen Religiosität wieder findet: Sie wird als Neu- und Wiedergeburt in den christlich charismatisch-neupfingstlerischen Aufbrüchen angestrebt und in religiösen Konversionserlebnissen erfahren; es wird in der Verbindlichkeit von neuen Sekten, Kulten und neohinduistischen Gurubewegungen versucht, das »alte« Leben abzustreifen und das »neue« zu finden, dokumentiert etwa auch durch

---

55 Siehe dazu und zum folgenden: G. Küenzlen 1988b.

56 Siehe Helling / Küenzlen 1987.

57 Siehe hierzu G. Küenzlen 1985 (dort auch weitere Literaturangaben).

58 Wegen der Fülle der Literatur sei auf den umfassenden Literaturbericht von R. Hummel hingewiesen (Hummel 1987).

einen neuen Namen und neue Kleidung.[59] Aber auch in all den nicht organisierten und vielfach diffusen Strömungen einer heute frei vagierenden Religiosität ist der Neue Mensch zentraler Inhalt der religiösen Orientierung.

Dies soll im folgenden am Beispiel der sogenannten »New Age-Bewegung« als der gegenwärtig vitalsten, freilich auch am schwersten zu fassenden Strömung »vagierender Religiosität« zunächst dargestellt, dann auch im Horizont unserer Studie interpretiert werden.

2. Der Neue Mensch in der New Age-Bewegung

Vor der genaueren Beschreibung und Analyse der Vorstellungen vom Neuen Menschen in der New Age-Bewegung, bedarf es einer umrißhaften Darstellung des New Age-Denkens überhaupt.[60]

Unter den neureligiösen Strömungen ist vor allem eine Tendenz unübersehbar: der Aufschwung an esoterischer Weltdeutung. Diese zunehmende Verbreitung an esoterischen Weltdeutungsangeboten und deren öffentliche Repräsentanz und Akzeptanz gehört zu den markanten Indikatoren der gegenwärtigen kulturellen Lage.[61]

---

59 Beispielhaft hierfür war die Neo-Sannyas-Bewegung (»Bhagwan-Bewegung«) des Inders Rajneesh Chandra Mohan (»Bhagwan«); inzwischen »Osho-Bewegung«.

60 Ich habe mich hierzu in verschiedenen Publikationen geäußert (u.a. 1986, 1987, 1988a, 1988b, 1988c) und stütze mich in folgenden − auch in wörtlicher Übernahme mancher Passagen − auf diese Veröffentlichungen, um dann freilich bei der Beschreibung des Neuen Menschen auf neue Quellen und Belege zurückzugreifen, die dann auch eigens in den Fußnoten nachgewiesen werden. − Die Flut der Veröffentlichungen zum Thema − teils kritisch, teils sympathisierend und New Age-apologetisch − schwillt immer mehr an. Die m.E. in der analytischen Durchdringung des Phänomens beste Übersicht findet sich in dem von H. Hemminger herausgegebenen Sammelband (H. Hemminger [Hg.] 1987); wichtig weiterhin u.a.: Christoph Schorsch 1988, U. Gerber 1989, H. J. Ruppert 1985 und 1988, H. Sebald 1988.

61 Wovon sich jeder leicht überzeugen kann, der etwa Verlagsprogramme studiert, Buchhandlungen besucht oder auch nur die Fernsehprogramme verfolgt; rund 10 % der Buchveröffentlichungen auf dem deut-

Hierher gehört auch die Rede vom »New Age« dem neuen kommenden »Solarzeitalter«, das sich in einer »sanften Verschwörung«[62] mehr und mehr durchsetze. Freilich ist das, was inhaltlich »New Age-Bewegung« heißt, schwer auf einen Begriff zu bringen. »New Age« ist inzwischen zu einem Sammelbegriff geworden, unter dem sich die unterschiedlichsten Gruppen, Strömungen, Traditionen und Inhalte zusammenfinden.[63] Dennoch läßt sich dieses New Age-Syndrom — in systematisierendem Zugriff — in einigen Merkmalen beschreiben, die sich quer durch die verschiedenen Tendenzen und Gruppen finden.

Basis des New Age-Denkens ist der Glaube an das *kosmische Bewußtsein*. Dabei ist es für das Verstehen des New Age-Denkens entscheidend, daß »Bewußtsein« transindividuell verstanden ist, also zuallererst nicht das individuelle Bewußtsein meint, dieses vielmehr als Akzidenz des allgemeinen kosmischen Bewußtseins versteht. In der Annahme solch kosmischen Bewußtseins soll der Gegensatz von Natur und Geist, von Idee und Struktur, von Subjekt und Objekt überwunden sein. Die Göttlichkeit des Menschen in der New Age-Spiritualität ist eben darin begründet, daß der Mensch ein Akzidenz dieses kosmischen Bewußtseins ist.

So gilt als religiös-spiritueller Antrieb, die *Transformation des Ich* anzustreben. Denn es geht um Überwindung des individuellen Ich und um Vereinigung mit dem allgemeinen kosmischen Bewußtsein. Ich-Überwindung oder auch Transzendierung des »Ego« ist ein zentrales Heilsziel des New Age-Syndroms.

Das New Age-Denken ist somit von einer prinzipiell *holistischen* Weltsicht[64] bestimmt, in der Mensch, Natur und Kosmos in-

---

schen Buchmarkt beziehen sich auf Angebote esoterischer Art (nach Angaben des Börsenvereins des Deutschen Buchhandels).

[62] So der gleichnamige Titel eines der »Kultbücher« der New Age-Bewegung (M. Ferguson 1982).

[63] Zur Traditionsgeschichte der New Age-Bewegung, aber auch zur Esoterik allgemein siehe Ruppert 1988.

[64] Entscheidend ist hierbei, daß dieser »Holismus« sich selbst als naturwissenschaftlich begründet versteht, wie dies — in populärer Verbreitung — vor allem von F. Capra (1985) vertreten wird. Siehe dazu Küenzlen 1988b, S. 238; eine immanente naturwissenschaftliche Auseinandersetzung mit der wissenschaftlichen Dignität der Aussagen Capras und der anderen

einander verwoben vorgestellt werden; und nur der Verblendungs-
zwang des westlichen Subjekt-Objekt-Denkens gaukele uns vor,
dies seien getrennte Seiensbereiche.

Der Mensch als Teil des Göttlichen kann sich seines göttlich-
kosmischen Ursprungs also auf dem Weg der Überwindung des
Ichs versichern. Es gibt für die New Age-Orientierung ein esoteri-
sches *Wissen*, es gibt okkulte Praktiken, die dem Menschen seine
Göttlichkeit erfahrbar machen. Spirituelle Techniken, Methoden
der Bewußtseinserweiterung lassen dem Menschen das Göttliche in
ihm erfahrbar werden und machen es ihm verfügbar.

New Age — das heißt: Wo nun immer mehr Menschen diesen
Weg der Erleuchtung, d.h. der Transformation des Ich hin zum
kosmischen Bewußtsein gehen, wird die neue Welt nicht ausblei-
ben! Hier nun ist der Kern des New Age-Glaubens erreicht. Er ist
im letzten Grunde Glaube an *Evolution,* dessen Basis die Evolution, ja Transformation des menschlichen Bewußtseins ist. Alles
was ist, ist hineingebunden in die hinter den Dingen stehende
»Selbstorganisations-Dynamik des gesamten Kosmos«.[65] Dieser
kosmische, unaufhaltsame Prozeß von Evolution durchdringt und
bestimmt das Naturgeschehen, die menschliche Geschichte und das
menschliche Handeln: »In unseren Händen ruht die evolutionäre
Zukunft. Ob wir wollen oder nicht, wir sind jetzt die Sachwalter
des Evolutionsprozesses auf Erden.«[66]

Diese Kurzbeschreibung wesentlicher Merkmale der New Age-Bot-
schaft hat schon deren Vorstellung vom Neuen Menschen anklingen
lassen. Der Neue Mensch des New Age ist der seinen göttlich-
kosmischen Ursprung durch Transformation seines Ichs gewin-
nende Mensch. Den Weg dahin weisen esoterische Techniken der
Bewußtseinstransformation. Auf diesem Wege, wo der Mensch den
Schein des subjektiven Ich abstreift, hat er nun als Neuer Mensch,
als Teilhaber des Göttlichen, die Macht, die Realität um sich her

---

Vertreter eines naturwissenschaftlichen »Holismus« (E. Jantsch, R. Shel-
drake usw.) hat bislang nur in geringem Maße stattgefunden; siehe hierzu:
H. Hemminger 1987.

65 F. Capra 1985, S. 324.

66 P. Russell 1984, S. 247.

zu verändern und sich ihm verfügbar zu machen. Studiert man die Texte des New Age-Denkens, entdeckt man durchgehend die Verheißungen eines neuen Zeitalters, das von dem Neuen Menschen bewohnt sein wird, von dem Neuen Menschen, der in Harmonie und Ganzheitlichkeit lebt, aufgehoben im kosmischen Bewußtsein. Dies sei im folgenden an einigen ausgesuchten Beispielen illustriert.

Die Durchsicht der einschlägigen Publikationen ergibt zunächst, daß dieser Glaube an den Neuen Menschen — wie in allen religiösen oder säkularen Eschatologien — in einem unterschiedlichen Zeiterwartungshorizont steht. So findet sich apokalyptische Naherwartung neben in eine fernere Zukunft verschobene Verheißung. So sieht Peter Russell »die erwachende Erde«[67] am Vorabend eines Bewußtseinssprunges, in dem der Mensch auf eine qualitativ neue Evolutionsstufe gehoben wird, ein Naherwartungsglaube, der in einem der Journale der New Age-Bewegung so zusammengefaßt ist: »Wir stehen nicht nur vor einer kulturellen Umwälzung, wie sie in den letzten Jahrhunderten mehrfach zu beobachten war, Fakten, die ... Peter Russell jetzt zusammengetragen hat, weisen vielmehr daraufhin, daß die Gattung Mensch unmittelbar an der Schwelle zu einem regelrechten Evolutionssprung steht, wie er in der bisherigen Evolution des Universums nur wenige Male aufgetreten ist. Wenn wir die weltweite Krise richtig deuten ..., könnte die Menschheit jetzt zu einem einzigen großen, geistig-synergetischen Organismus zusammmenwachsen, noch in dieser Generation ... Wir stehen vor einer Transformation unseres Ich-Modells.« Vorangebracht wird diese Transformation des Menschen vor allem durch die spirituelle Kraft der New Age-Bewegung. Dies führt zur Prognose: »Hält die Wachstumsrate dieses ›Bewußtseinssektors‹ auch nur annähernd an, wird noch um die Jahrtausendwende das heute beginnende Informationszeitalter von einem Bewußtseinszeitalter abgelöst werden, einem Zeitalter, in dem es uns allen zur Selbstverständlichkeit geworden worden sein wird, in erster Linie nach höheren Bewußtseinszuständen zu suchen. Das ›Zeitalter der Erleuchtung‹ ...«[68]

---

[67] So der Titel seines in der New Age-Bewegung einflußreichen Buches (Russell 1984).

[68] »Trendwende« Nr. 9/10 1984.

Dagegen ist das Neuwerden des Menschen aus dem Geist des New Age bei Ken Wilber in einen Jahrtausend andauernden Prozeß hineingestellt.[69] Mag also der Weg ins »kosmische Bewußtsein« auch noch Jahrhunderte oder Jahrtausende andauern, so steht auch für Wilber fest: Die Zukunft des Menschen ist ein Weg hin zu seiner Gottwerdung. Ist auch der gegenwärtige Seinszustand des Menschen tragisch, weil der Mensch nicht mehr Tier, aber auch noch nicht Gott ist, so ist es doch die Bestimmung seiner weiteren Evolution, Gott gleich zu werden. Eine Transformation des Bewußtseins ist dem Menschen verheißen, die ihn die Illusion seines Ichs überwinden läßt, die ihm Anteil am All gibt und seine Sterblichkeit überwindet. In welche Dimensionen Wilber diesen Neuen Menschen hineingestellt sieht, zeigt das folgende Zitat: Schon im bevorstehenden »Nirmanakaya-Zeitalter« (der fünften von insgesamt acht Evolutionsstufen) wird »eine Gesellschaft von Frauen und Männern« entstanden sein, in der gilt: »... sie werden die ihnen durch die natürlichen körperlichen Unterschiede von Hautfarbe und Geschlecht mitgegebenen Rollen transzendieren; ihre mental-*psychische* Klarheit wird wachsen; sie werden Entscheidungen sowohl auf der Basis von Intuition wie von Rationalität treffen; sie werden in jeder einzelnen Seele, ja in der ganzen Schöpfung dasselbe *Bewußtsein* sehen und dementsprechend handeln; sie werden herausfinden, daß das mental-*psychische* Bewußtsein die Körperphysiologie beeinflussen und umwandeln kann, und die medizinischen Theorien entsprechend anpassen; ... sie werden psychisches Wachstum als evolutionäre Transzendenz begreifen und Methoden und Institutionen entwickeln, die nicht nur Gefühlskrankheiten heilen, sondern das Bewußtseinswachstum fördern; Erziehung wird als eine Disziplin zum Erreichen von Transzendenz betrachtet werden ...; Massenmedien und drahtlose Telekommunikation sowie neuartige Verbindungen zwischen Mensch und Computer werden als Vehikel eines vereinigen Bewußtseins genutzt werden ... Sexualität wird nicht nur ein Spiel mit dem Fortpflanzungs- und Geschlechtstrieb sein, sondern die Ausgangsbasis für Kundalini-Sublimierung zum Eintritt in *psychische* Sphären — was zu

---

[69] Ken Wilbers Buch »Halbzeit der Evolution« machte ihn zu einem der führenden »Theoretiker« der New Age-Bewegung (K. Wilber 1984).

einer entsprechenden Anpassung der Ehepraktiken führen wird
…« Der Neue Mensch weiß sich dann als »gleichwertiges Glied des
mystischen Körpers von Christus / Krishna / Buddha«.[70]

Für das Verstehen der Vorstellungen des Neuen Menschen in
den Horizonten des New Age-Denkens ist es zudem entscheidend,
daß diese Vorstellungen nicht im Medium »wissenschaftlicher«
Theorien verbleiben, auch nicht nur — wie bei Ken Wilber — in
einer futurisch-eschatologischen Dimension eingebunden sind;
vielmehr geht es auch um die präsentische Erfahrung der Transformation des Ich und um ein Angebot konkret vollziehbarer Lebensführung. So beschreibt Marilyn Ferguson in ihrem Buch »Die
sanfte Verschwörung«[71], das zu einem »Kultbuch« der New Age-
Szene geworden ist, die Transformation hin zum Neuen Menschen
des New Age in vier Stufen, die der einzelne auf dem Wege hin zu
seiner Neu-Geburt durchlebt, wie dies M. Ferguson in »empirischen« Untersuchungen glaubte, feststellen zu können: 1. Der Ein-
stieg, der »eine spontane, mystische oder psychische Erfahrung«[72]
sein kann, ausgelöst etwa durch psychodelische Drogen und der
den Blick des Menschen in sein Inneres frei setzt. 2. Die Erforschung der eigenen Innenwelt durch Hilfe von »Psychotechno-
logien« und östlichen Weisheitslehren. 3. Die Integration, in der
die neue Stufe des Seins erreicht ist als »ein neues Selbst innerhalb
der alten Kultur«[73] und schließlich 4. die Stufe der Verschwörung,
in der sich die »Transformierten« miteinander verbinden, »um die
Gesellschaft zu heilen und zu tranformieren.«[74]

»Die Gesellschaft zu heilen und zu transformieren« — damit ist
schließlich der politische Anspruch berührt, der wesentlichen
Strömungen des New Age-Syndroms eigen ist.[75] Zu welchen Kon-

70 K. Wilber 1984, S. 373 f.

71 M. Ferguson 1982.

72 M. Ferguson, ebd. S. 100.

73 M. Ferguson, ebd. S. 104 f.

74 M. Ferguson, ebd. S. 105.

75 Siehe hierzu, insbesondere zum Einfluß des New Age-Denkens auf
die »Grüne Bewegung«, meinen Beitrag in dem Sammelband »Die Grünen
und die Religion« (G. Küenzlen 1988a).

sequenzen ein vom New Age-Denken bestimmtes grünfundamentalistisches Denken fähig ist, hat etwa Rudolf Bahro gezeigt. Seine »Logik der Rettung«[76] muß alle Errungenschaften liberaler Demokratie überwinden, um, wenn nötig, auch »ökodiktatorisch«, die »Neue Ordnung« durchzusetzen. Diese Neue Ordnung, die neue Weltkultur aber kann nur geschaffen werden durch erneuerte Individuen. Nur durch einen »vielmillionenfachen Sprung in eine neue Bewußtseinserfassung« ist die Möglichkeit eröffnet, unsere »selbstmörderisch gewordene Kultur« zu überwinden. Die Alternative heißt: »Selbstmord oder geistige Neugeburt«. Um den »kollektiven Fürsten« der ökologischen Wende zu formen, gilt es, zum »ganzen Menschen« zu werden. »Laßt uns die menschliche Substanz assoziieren, reinigen und präzisieren, mit der wir auch zur Ausführung jenes Programms taugen würden, wenn die Stunde schlägt.« Es geht um den Neuen Menschen als Träger der, angesichts drohender Apokalypse, notwendigen Umwälzung der Gesellschaft. Es bildet sich dieser Neue Mensch durch »Transformation, eine Tiefenverwandlung des Bewußtseins, eine neue Integration der menschlichen Wesenskräfte«.[77] Unter Berufung auf die Vorstellungen von Lewis Mumford über »die Verwandlung des Menschen« und auf den »Homo integralis« Jean Gebsers[78] beschreibt Bahro den Neuen Menschen, der allein den »Neuen Himmel und die Neue Erde« heraufführen kann, denn »nur von Verwandelten kann Verwandlung ausgehen«. Der Neue Mensch ist der »integrierte«, ganzheitliche Mensch, der »Homo integralis« meint ebenso das Individuum wie das soziale Ensemble, das seine freigesetzten Kräfte in die Richtung der Rettung lenkt.[79] Dieser Neue Mensch — »es ist nicht der Hirnmensch, nicht der Muskelmensch noch der Nervenmensch, nicht der reine Hindu, der reine Mohammedaner, der reine Christ

---

76 R. Bahro 1987.

77 Diese Zitate bei R. Bahro, ebd., S. 300 f.

78 Lewis Mumford hat schon 1956 in seinem Buch »Transformation of Man« wesentliche Gedanken der heutigen New Age-Bewegung formuliert. Jean Gebser gehört zu den einflußreichsten Theoretikern des New Age und auf seine Konzeption des Neuen Menschen berufen sich explizit oder unausgesprochen viele Stimmen des New Age-Denkens.

79 R. Bahro 1987, S. 278.

noch der reine Marxist oder der reine Techniker, nicht der Mensch der Alten und auch nicht der Mensch der Neuen Welt. Die Einheit, die wir erstreben, muß alle diese Teilmenschen anerkennen und sie liebend einschließen in ein Selbst, das fähig ist, sie zur Ganzheit zu transzendieren«.[80]

Nach dieser Beschreibung von Vorstellungen des Neuen Menschen im New Age-Denken stellt sich die Frage: Wie läßt sich dieser Befund in seinem Verhältnis zu der beschriebenen Krisenlage der säkulare Glaubensgeschichte deuten?

Die vorherigen Abschnitte haben schon anklingen lassen, daß es der eigene *Anspruch* des New Age-Denkens ist, den alten Mächten der technisch-wissenschaftlichen Zivilisation des Westens den Abschied zu geben.[81] Zentraler Ausdruck dieses Selbstanspruchs ist das Wort vom »neuen Paradigma«, das auf dem Wege eines »Paradigmenwechsels« das »alte Paradigma«, in dem das westlich-neuzeitliche Denken befangen sei, ablöst.[82]

Das »alte Paradigma« ist für Fritjof Capra das »mechanistisch-kartesianische« oder auch »kartesianisch-newtonsche Paradigma«; dies, weil es auf den von Descartes und Newton (und auch Francis Bacon) gesetzten Denkvoraussetzungen und deren Wirkungsgeschichte ruht. Dieses »Paradigma«, das jetzt abgelöst wird, hat — nach Capra — »unsere Kultur mehrere hundert Jahre lang beherrscht. Während dieser Zeit hat es unsere moderne westliche Gesellschaft geformt und einen bemerkenswerten Einfluß auf die übrige Welt ausgeübt. Dieses Paradigma umfaßt eine große Zahl von Ideen und Wertvorstellungen, die mit den verschiedenen Strömungen der westlichen Kultur in Verbindung gebracht wurden, wie der wissenschaftlichen Revolution, der Aufklärung und der industriellen Revolution. Sie schließen den Glauben an die naturwissenschaftlichen Methode als dem einzig gültigen Wissensansatz ebenso

---

80 R. Bahro, ebd. S. 248, wobei Bahro ein Zitat Mumfords übernimmt.

81 Hier berühren sich denn auch die Theoretiker des »New Age« mit Aussagen der Vertreter der »Postmoderne«.

82 Bekanntlich entstammen die Termini »Paradigma« und »Paradigmenwechsel« dem Werk Th. S. Kuhns (1981); siehe dazu G. Küenzlen 1986, S. 28 f.

mit ein, wie das Bild des gesellschaftlichen Lebens als ›gnadenlosen Kampf ums Dasein‹, den Glauben an unbegrenzten materiellen Fortschritt, der durch wirtschaftliches und technologisches Wachstum erreicht wird. In den letzten Jahrzehnten hat sich gezeigt, daß alle diese Ideen und Werte äußerst begrenzt sind und einer radikalen Revision bedürfen.«[83]

Weil die gesellschaftlich-kulturelle Realentwicklung — vor allem durch die ökologischen Herausforderungen — sich über die Gehalte dieses »alten Denkens« hinaus bewegt, bedarf es einer umfassend »neuen Sicht der Wirklichkeit«, eines neuen »ökologischen«, »ganzheitlichen« Paradigmas. Denn wir leben — nach Capra — zunehmend »in einer in allen Aspekten auf globaler Ebene verwobenen Welt, in der sämtliche biologische, psychologische, gesellschaftliche und ökologische Phänomene von einander abhängig sind. Um diese Welt angemessen beschreiben zu können, brauchen wir eine ökologische Anschauungsweise, welche das kartesianische Weltbild uns jedoch nicht bietet. Es fehlt uns also ein neues ›Paradigma‹ — eine neue Sicht der Wirklichkeit; unser Denken, unsere Wahrnehmungsweise und unsere Wertvorstellung müssen sich grundlegend wandeln«.[84]

Ohne nun hier die Frage nach der Dignität und Legimität der These vom »neuen Paradigma« zu thematisieren, sei noch einmal festgehalten: Es ist der Selbstanspruch des New Age-Denkens, daß in ihm die »neue Sicht der Wirklichkeit« formuliert ist, eine neue Sicht, die sich versteht als Überwindung der geistigen Grundlagen, auf denen die neuzeitlich-westliche Zivilisation ruhte. So weiß die New Age-Orientierung sich selbst als Antwort auf die geistig-kulturelle Krisenlage der Moderne und als der Weg, der aus dieser Krise hinausführt in die neue Kultur und hin zum Neuen Menschen.

In diagnostischer Außenbetrachtung zeigt sich freilich: Die New Age-Bewegung bleibt in vielem ihrer Gehalte und Antriebe der »alten« Glaubensgeschichte der Moderne vielfach verhaftet.

Die Annahme, Welt und Mensch seien in eine voranschreitende Evolutionsgeschichte eingebunden, fügt sich, bei allen Unterschie-

---

[83] F. Capra 1985, S. 88 f. (hier zitiert nach Schorsch 1988, S. 29).

[84] F. Capra 1983, S. 10.

den in den weltanschaulichen Inhalten — in die säkulare, moderne Fortschrittsgewißheit. Auch die Annahme eines sozusagen »objektiven«, in der »Selbstorganisations-Dynamik des gesamten Kosmos« begründeten Fortschritts ist von bestimmenden, im Erbe Hegels stehenden säkular-modernen Fortschrittsannahmen nicht weit entfernt; ebenso wie der davon abgeleitete Glaube, daß der Mensch durch Entwicklung des richtigen Bewußtseins in Einklang mit dem als Welt-Geist gedachten Fortschrittsgang kommend, sozusagen evolutiv-notwendig zu einem Neu-Sein seiner selbst gelange. Die säkulare Eschatologie der Moderne setzt sich hier, eingebunden in ein holistisches Raum-Zeit-Verständnis, fort in der Botschaft vom kommenden Solarzeitalter.

Dazu tritt der Glaube an die Wissenschaft, der die New Age-Bewegung durchweg kennzeichnet. Es ist die *Wissenschaft*, die in ihrer fortgeschrittensten Erkenntnis — so das Selbstverständnis der New Age-Vertreter — den Weg zur Neuen Welt und zum Neuen Menschen unausweichlich weist. Zwar ist die aufklärerische Religionskritik, nach der sich im wissenschaftlichen Fortschrittsgang die Religion mehr und mehr aufhebe, für die New Age-Bewegung kein Thema mehr, aber es sind die Fortschritte der *Wissenschaft*, die notwendig zu einer neuen Synthese, vor allem östlicher Spiritualität und Wissenschaft drängten. So zwingen, nach Capra, die Ergebnisse der Quantenphysik »das Universum als in der gleichen Weise zu sehen, in der östliche Mystiker die Welt erfahren haben, und einige von ihnen haben ihre Erfahrungen in fast den gleichen Worten ausgedrückt, die Atomphysiker benutzen«. Es ist die moderne Wissenschaft, die uns lehrt, »gleich dem östlichen Mystiker jetzt die Welt als ein System untrennbarer, einander beeinflussender sich ständig bewegender Komponenten und den Menschen als einen wesentlichen Bestandteil dieses Systems anzusehen«.[85] — So erfährt der säkulare Wissenschaftsglaube in dem New Age-Denken seine Fortsetzung und in gewisser Weise seine Überhöhung in der These, daß nun die Wissenschaft selbst in eine religiöse Dimension führe.[86]

---

[85] F. Capra 1980, S. 139.

[86] In der Logik dieses Gedankens liegt es, daß er bis zu dem Satz radikalisiert wird: »Die Wissenschaft bestätigt jetzt nur das, was die Menschheit seit Beginn der Geschichte intuitiv gewußt hat«. (M. Ferguson 1982, S. 175)

Auch ist die aufklärerische Vorstellung von der Selbstvervollkommnung des Menschen hin zu einem neuen Menschsein, wie wir dies am Beispiel Condorcets exemplarisch dargestellt haben, ebenfalls zentraler Inhalt des New Age-Denkens; Selbstvervollkommnung nunmehr verstanden als Weg der Transformation des Ich hin zum Verschmelzungserlebnis mit dem allgemeinen kosmischen Bewußtsein.

Sodann findet der säkularreligiöse Gedanke der Herstellbarkeit und Machbarkeit des Neuen Menschen im New Age-Denken seine Fortsetzung. Durch Bewußtseinstechnologien, durch esoterisch-okkulte Praktiken, durch Meditation, Atemtechniken, »Traumarbeit«, psychoaktive Substanzen usw. gelangt der Mensch, sein Ich entgrenzend, in die neue Wirklichkeit.

Schließlich ist auch in der New Age-Bewegung der Weg hin zum Neuen Menschen ein Weg einer kulturellen Avantgarde. Der einzelne New Age-Anhänger weiß sich als »Verwalter der Transformation dieser Welt«[87], als Mitglied der geheimen Bruderschaft der »Aquarian Conspiracy«, der als jetzt schon Erneuerter in den neuen Äon hineinlebt und ihn mit heraufführt.

So läßt sich summieren, daß die New Age-Bewegung dem Unbehagen an der Moderne und dem Zweifel an ihren säkularen Gewißheiten zwar Stimme verleiht, aber doch vielfach im Banne des alten »Paradigma« verbleibt. Daß eine solche Bewegung in unmittelbarer Gegenwart ihre kulturelle Chance hat, hängt damit zusammen, daß sie im Lebensführungshorizont ihrer Anhänger Antwort weiß, auf die geistig-kulturelle Krisenlage und der Suche nach dem Neuen Menschen Richtung und Methodik vorgibt; ein Orientierungsangebot also, das, gerade auch in seiner spirituellen Ausformung, ganz im Horizont der überlieferten säkularen Sinntradition steht.[88]

Es sei eigens darauf hingewiesen, daß hier der Feststellung von der »religiösen Indifferenz« des wissenschaftlichen Fortschritts (Lübbe), *programmatisch* der Abschied gegeben wird.

87 So der englische Titel des Buches von M. Ferguson (1982).

88 Auf die »psychosoziale« Dimension des New Age-Sinnangebots und seines sinnstiftenden Einflusses auf die Lebensführung seiner Anhänger bin ich an anderer Stelle ausführlicher eingegangen (siehe G. Küenzlen 1987, 1988b, 1988c).

SCHLUSSBETRACHTUNG

I. Zur Suche nach dem Neuen Menschen in der kulturellen Lage der Gegenwart

Schon die vorstehenden Reflexionen und Interpretationsversuche zum Thema »New Age« haben anklingen lassen, vor welchen Schwierigkeiten jede Bemühung steht, sich eines gültigen Verständnisses der geistig-kulturellen Lage der Gegenwart zu versichern, in der der Suche nach dem Neuen Menschen heute Anhalt und Ziel gesetzt sind.

Dies hat zum einen zu tun mit der allgemeinen Einsicht, daß wir als Zeitgenossen zu verwoben sind in die gegenwärtige soziale und kulturelle Wirklichkeit, als daß wir uns trauen könnten, letztgültige Diagnosen zu stellen, gar Prognosen zu wagen über den weiteren kulturellen Fortgang und seine künftigen Bilder vom Neuen Menschen. Die wirklich kulturbestimmenden Kräfte sind nur schwer benennbar und uns schon gar nicht verfügbar und die geschichtliche Erfahrung und Erinnerung lehren, wie schnell Gewißheit und gewiß erscheinende Diagnosen und Prognosen historische Makulatur werden können.

Sodann scheint es ein gegenwartsspezifisches Kennzeichen der aktuellen Kulturlage, daß in ihr *gleichzeitig* die unterschiedlichsten, nebeneinander bestehenden, auch miteinander konkurrierenden Daseinsauffassungen existieren und gelebt werden, – eine Kulturlage, zu deren Beschreibung seit längerem – auch in popularisierender Verbreitung – das Wort »Pluralismus« sich eingebürgert hat; worauf wir an einer späteren Stelle unserer Schlußbetrachtung noch in anderem Kontext eingehen müssen. Hier genügt es vorweg festzuhalten: Es gehört zur »Pluralität« gegenwärtiger Daseinsorientierung, daß, neben dem sich ausbreitenden und von uns beschriebenen Unbehagen an den säkularen Glaubensbeständen, doch auch weiterhin eine unbezweifelte Fortschrittsgewißheit besteht, daß Wissenschafts- und Technologieglaube, neben seinen elementaren Bezweiflungen eben auch fortdauert, daß neben den zunehmenden religiösen, vor allem esoterischen Daseinsinterpretationen, doch auch weiterhin aufklärungsgestimmte Rationalität fortexistiert, die sich gerade in Abwehr solcher Tendenzen, aber auch im Kontrast zu den neu sich bildenden »fundamentalistischen« Geltungsansprüchen, neu formieren und verorten will. Ist auch die Wissenschaft selbst von ihrem szientistischen Anspruch auf umfassende Welterklärung weithin zurückgetreten und ist auch der Glaube an die Wissenschaft als säkularreligiöser Macht in zunehmender Verbreitung geschwunden, so lebt doch der Szientismus *auch* weiter. Hierher gehört etwa der unter dem Namen »Soziobiologie« bekannt gewordene, von O. E. Wilson begründete Versuch, in Namen der Wissenschaft ein Weltbild mit universalistischem Anspruch neu zu begründen.[1] Das Diffuse gegenwärtiger Kulturlage gewinnt eine zusätzliche Dimension durch die Beobachtung, die wir am Beispiel der New Age-Bewegung schon beschrieben haben: Nicht nur, daß unterschiedliche Daseinsauffassungen nebeneinander her existieren, − sondern diese gehen auch *miteinander* neue Verbindungen ein; so daß in solcher kultureller »Gemengelage« sich etwa ein Amalgam von Wissenschaftsglaube und neuer Mystik[2], von Evolutionismus und »Holismus«, von politischem Emanzipationspathos und neuer Spiritualität findet.

Solche Beobachtungen begrenzen denn auch die Gültigkeit jener Deutungsversuche mancher Theoretiker der »Postmoderne«, die, gerade in der aufkommenden neuen Religiosität, vor allem des

---

[1] Vgl. E. O. Wilson 1975 (hier besonders den Abschnitt: The Future, S. 574 ff.) und 1978. − Einen Einblick in die naturwissenschaftlichen Grundfragen der »Soziobiologie« verdanke ich dem Gespräch mit Hansjörg Hemminger, der, selbst Verhaltensbiologe, auch eine naturwissenschaftliche Kritik der »Soziobiologie« vorgelegt hat (s. H. Hemminger 1983).

[2] Ein eindrucksvolles Beispiel hierfür stellt etwa der Kongreß »Geist und Natur« dar, der 1988 in Hannover stattfand, und auf dem eine große Zahl international renommierter Wissenschaftler versammelt waren.

gnostisch-esoterischen Typs, den Indikator schon einer Überwindung der Moderne und ihrer Gestaltungsmächte sehen, wie dies etwa Peter Koslowski vertritt. Für ihn zeigt sich in der neuen Spiritualität, daß eine von der Moderne verdrängte Sinndimension nunmehr mächtig in die Mitte der Kultur tritt; es zeigt sich hier zum einen »das theoretische Streben nach einer Theorie der Gesamtwirklichkeit, welche Antworten auf die Fragen des Menschen nach der Herkunft von Welt und Mensch, nach dem Sinn der vergangenen Geschichte und nach der zukünftigen Bestimmung von Mensch und Kosmos zu geben vermag, sodann ... die Sehnsucht nach Erlösungs- und Bildungswissen, nach einer Gnosis im unspezifischen Sinn ... Es ist die Suche nach einer Gnosis, die der Leidensbewältigung und der ›Einhausung‹ des Individuums in die als problematisch empfundene Wirklichkeit dient«[3]. Abgesehen einmal davon, daß in solcher Bestimmung sich die säkulare Religion z. B. des Marxismus weithin auch fassen ließe, ist die »Sehnsucht« des Individuums nach Erlösung und ›Einhausung‹, geboren aus den Defiziterfahrungen an der säkularen Kultur, keineswegs schon das Anzeichen einer beginnenden Überwindung der Moderne. Die an sich selbst unsicher gewordene Zeit, genauer: die ihrer *Säkularität* nicht mehr sichere Moderne ist nicht schon dadurch überwunden, daß das Unbehagen an ihren Gestaltungsmächten sich kulturell zunehmend artikuliert und sich Ausweg sucht in den verschiedensten Angeboten des heutigen »Sinn-Marktes«.

Freilich bleibt in all dem festzuhalten: Die dargestellte Krise der säkularen Religionsgeschichte, die wesentlich die gegenwärtige Kulturlage mit all ihren Auswirkungen auf die Tendenzen gegenwärtigen Lebensgefühls bestimmt[4], zeigt, daß wir aus der selbstverständlichen Gewißheit der Moderne und der sie tragenden Überlieferungen, womöglich endgültig, herausgetreten sind.

Der skizzierte Befund gewinnt seine weitere Kontur und auch Dramatik, wenn wir jenen Vorgang in den Blick nehmen, auf den vor allem Friedrich H. Tenbruck in seinen neueren Veröffentli-

---

3 P. Koslowski (Hg.), 1985, S. 3.

4 Vgl. dazu meinen Aufsatz »Tendenzen gegenwärtigen Lebensgefühls« (Küenzlen, 1988).

chungen hinweist[5]: den Internationalisierungs- und Globalisierungsprozeß, in den heute die westliche Kultur hineingerissen ist.

Die Glaubensgewißheiten der Moderne waren und sind demnach gespeist aus der okzidentalen, genauer noch europäischen Ideenwelt, wie auch wir dies in unserer Studie am Beispiel des Neuen Menschen exemplarisch zu zeigen suchten; das europäische Ideengut mit seinem universalistischen Wahrheitsanspruch, machte Tenbruck zufolge, gerade wo es missionierend auch die außereuropäischen Länder erreichte, Europa bis zum ersten Weltkrieg zum Zentrum der »Weltkultur, in deren Bann alle Völker standen«[6]. Vor aller Augen stehe, daß sich spätestens seit dem Ende des zweiten Weltkrieges die politischen Machtzentren aus Europa weg und nach Rußland und Amerika verschoben haben. Doch sei dies nicht nur eine (geo-)politische Verschiebung gewesen, sondern ebenso eine Verschiebung der Zentren der europäischen Kultur an die europäischen Randkulturen in Ost und West, in der sich »die Weltmächte als bestimmende Weltkulturen formiert« haben, »die nicht nur weltweit an der Verbreitung und Durchsetzung ihrer politischen Ideologien und Systeme arbeiten, sondern auch darüber hinaus eine Weltkulturmission … betreiben …«[7]

Dies habe schon zu einer neuen veränderten Kulturlage geführt, die freilich wiederum durch eine weitere fundamentale Entwicklung gekennzeichnet sei. Globalisierung der Kultur heißt im Kern, daß »alle … alten und neuen Nationalkulturen in eine durchgängige und allseitige Beziehung getreten sind, in der sie einander präsent sind und *einander durchdringen* … so ist eine neue Lage entstanden, die sich wohl mit der Spätantike vergleichen läßt, in der das römische Weltreich schließlich alle Völker und Kulturen der *Ökumene* — das war die ganze bekannte ›bewohnte Erde‹ — ver-

---

5 Die dazu wichtigen Aufsätze sind im Kap. IV des Buches vom F. H. Tenbruck (1989) unter der Überschrift »Zur Universalgeschichte und Globalisierung der Kultur« zusammengefaßt.

6 F. H. Tenbruck, ebd., S. 273.

7 F. H. Tenbruck, ebd., S. 274. — Eine Untersuchung hierzu hat Bernhard Plé am Beispiel der amerikanischen Sozialwissenschaft vorgelegt, in dem er »den Einfluß der amerikanischen Kulturmission am geistigen Aufbau der Bundesrepublik Deutschland« beschrieb (Plé 1990).

einte. In dieser Lage aber verlieren die Kulturen die Souveränität ihrer Selbständigkeit. *Die Kulturgrenzen fallen, der allseitige Austausch wird zu alltäglichen Realität.*«[8] (Heraushebung G.K.)

So deutet vieles darauf hin, daß eine solche globale Weltkultur, in der die bislang in Eigenkultur entstandenen und in ihnen begrenzten Kulturtraditionen einander durchdringen und sich ineinander mischen, eine zunehmende Realität darstellt. Es wird sogleich deutlich, welche Konsequenzen dies für die gegenwärtige Suche nach einem Neuen Menschen hat. Denn im Ergebnis bedeutet der skizzierte Befund, daß im Horizont der globalen Weltkultur alle Lehren vom Neu-Sein und Neu-Werden des Menschen, seien sie religiöser oder säkularer Art, abgelöst von ihrer nationalen und kulturellen Herkunft, überall präsent und als Möglichkeit menschlicher Erfahrung und Orientierung überall greifbar wären. Wenn generell als Zeichen der neuen geschichtlichen Lage gilt, daß »wir täglich mit den Menschen, Szenen, Gütern, Sprachen, Sitten, Religionen, Künsten, Moden, Filmen, Lebensformen und sonstigen Fetzen und Botschaften aus fremden Kulturen in Wort, Bild, Schrift, Musik, Zeichen konfrontiert und an jedem Punkt der Welt aus mit neuen Ideen erreicht werden können« (Tenbruck), so muß dies eben auch für die Botschaften eines Neuen Menschen gelten, gerade auch solcher, die bislang der okzidentalen Kulturtradition fremd waren. Die beschriebene New Age-Bewegung ist hierfür ja nur *ein* Beispiel und, bei aller prognostischen Vorsicht, im Ganzen gesehen wohl auch nur eine flüchtige Kulturtendenz. Stabiler, weil von einem Missionswillen getragen, könnte sich die Präsenz etwa von Neohinduismus und Islam erweisen.

Solche Globalisierung der Kultur mit der dadurch gegebenen Omni- und Kopräsenz der verschiedensten Botschaften von Neu-Werden und Wiedergeburt, könnte sich in ihrer Auswirkung in den westlichen Ländern gerade wegen der von uns unter dem Stichwort »Krise der säkularen Religionsgeschichte« beschriebenen Kulturlage dramatisieren. Die an ihrer säkularen Gewißheit unsicher gewordene westliche Moderne würde so insbesonders aufnahmebereit für Botschaften, die, zumindest im subjektiven Erfah-

---

8 F. H. Tenbruck, ebd., S. 274.

rungshorizont des Einzelnen, den inneren Unsicherheitslagen Erleichterung und Ausweg versprechen.

Somit würden solche Botschaften, auf ihrer Wanderung in andere Kulturzonen, Veränderungen durchlaufen, die sich von ihrer Herkunftstradition ganz ablösen können. Neue Mischformen würden entstehen, wie wir dies ebenfalls anhand der New Age-Bewegung, als einem Amalgam von östlicher Spiritualität und westlicher Säkularität beobachtet haben. Präzise läßt sich dieser Befund am gegenwärtigen Aufschwung des Reinkarnationsglaubens in den westlichen Ländern verdeutlichen.

Der Glaube an die Wiederverkörperung ist *eine* der Möglichkeiten, in der zunehmend die Erfahrung von Neu- und Wiedergeburt gesucht wird, wozu die sich verbreitenden Angebote von »Reinkarnationstherapien« unmittelbare Anleitung versprechen. In der kulturellen Realität des Westens aber hat dieser »Reinkarnationsglaube« nur noch wenig zu tun mit dem uralten hinduistischen Konzept von Karma und Reinkarnation, stellt vielmehr eine »verwestlichte« religiöse Orientierung dar. Diese offeriert die Möglichkeit, nachdem die westlich-säkularen Möglichkeiten der Suche nach dem Neuen Menschen, getragen von der säkularen Fortschrittsgewißheit, kraftlos geworden sind, diese Suche in esoterischer Transformierung fortzusetzen und dabei am Evolutionismus festhalten zu können. Denn es ist ein solcher Reinkarnationsglaube die Fortsetzung des säkularen Fortschrittsgedankens in neuer religiöser Umformung.[9]

Ohne wieder auf die im vorhergegangenen Kapitel skizzierten Tendenzen einzugehen, läßt sich noch einmal generalisierend zusam-

---

[9] R. Hummel: »Je stärker der Fortschrittsglaube gegenwärtig in eine Krise gerät, desto plausibler erscheint seine esoterische Form, der moderne Reinkarnationsglaube«. (R. Hummel, 1988, S. 100) Das Buch von Hummel bietet einen knappen, doch umfassenden Überblick, sowohl über die »klassischen« Reinkarnationsvorstellungen in Hinduismus und Buddhismus, wie vor allem auch über die gegenwärtigen westlichen Reinkarnationsvorstellungen und behandelt schließlich die Frage nach der Vereinbarkeit des Reinkarnationsglaubens mit dem Christentum. – In einem religionssoziologischen Zugriff hat sich K. F. Daiber mit dem Thema befaßt (K. F. Daiber 1987).

menfassen: Die Kulturlage, in der sich die gegenwärtige Suche nach dem Neuen Menschen verortet, ist gekennzeichnet durch den Geltungsschwund der überlieferten säkularen Glaubensgewißheit, durch die Gleichzeitigkeit der verschiedensten Daseinsorientierungen und deren gegenseitige Mischung und durch die Globalisierungs- und Internationalisierungstendenzen, mit der damit gesetzten »globalen Kopräsenz aller Kulturen.«[10] Hierbei ist ein Merkmal gegenwärtiger Kulturlage noch einmal eigens zu thematisieren, das unter dem Stichwort »Pluralismus« schon einmal anklang. Damit ist nicht die banale Erkenntnis gemeint, daß die Lebensführung der Menschen zu allen Zeiten und in allen Kulturen in ihrer Alltagspragmatik nicht homogen, sondern ganz unterschiedlich und insofern »plural« sein konnte. Schon anders verhält es sich mit der Pluralität der Weltbilder, an denen sich die äußere und innere Handlungsführung der Menschen ausrichtete. Immer gab es Zeiten, wo solche Weltbilder kulturrepräsentativ und insofern epochebestimmend waren, und solche, wo sie im Andrang neuer Ideenströme und neuer historischer Realentwicklungen ihre Einheit und ihre kulturvereinheitlichende Bedeutung verloren und sich in die Pluralität neuer oder veränderter, miteinander konkurrierender Daseinsauffassungen gestellt sahen, — für welch letzteren Vorgang die Spätantike das anschaulichste Beispiel ist. Sicher gab es in den Epochen kulturbestimmender und kulturvereinheitlichender Weltbilder im Vollzug der subjektiven Lebensführung auch an anderen Zielen sich ausrichtende Orientierungen, die sich in Distanz oder auch Widerspruch zum herrschenden Weltbild setzten; es war dies aber dann ein »abweichendes« Verhalten oder im Extremfall ein »Kulturdissidententum«, das sich gerade darin immer auf die kulturell gültigen Kulturmuster bezogen wußte.

Zur Signatur der unmittelbaren Gegenwart scheint es zu gehören, daß, mit dem Geltungschwund der säkularen Gewißheiten, ein faktischer Pluralismus der inneren Orientierungen zunehmend kulturbestimmend wird — ein Vorgang, der durch den genannten Globalisierungsprozess zusätzlich Beschleunigung und Dramatik gewinnt.

---

10 F. H. Tenbruck, 1989, S. 275.

Was im Prozeß äußerer und innerer Entwicklungen als faktischer kultureller Pluralismus sich ausbildete, erfährt seine Zuspitzung, wenn heute solcher Pluralismus *programmatisch* überhöht und selbst zum kulturellen Ziel erklärt wird. Wir finden solch programmatische Überhöhung, ja Feier des »Pluralismus« bei jenen Teilen der Kulturintelligenz, die sich selbst der »Postmoderne« zurechnen. »Pluralität ist nicht nur der Kampfruf, sondern auch das Herzwort der Postmoderne.« In ihr wird »Pluralität radikal ... wahrgenommen. Die Pluralität, die unter postmodernen Bedingungen entdeckt, favorisiert und verteidigt wird, ist gerade die an die Wurzeln gehende, die radikale ... Indem die Postmoderne nicht nur unsere Höhen, sondern auch unsere Tiefen betrifft, entfaltet sie eine Pluralität, die — anders als im lauen herkömmlichen Pluralismus — auf Elementarfragen durchschlägt. Sie ist nicht mehr durch den Boden einer gemeinsamen Übereinstimmung getragen und entschärft, sondern tangiert die Definition noch eines jeden solchen Bodens.«[11]

Die genaue Reflexion des kulturell faktischen, wie vor allem des programmatisch geforderten und gefeierten Pluralismus, zwingt freilich zu kritischer Analyse. Zu erinnern wäre zunächst an die Beobachtung, auf die wiederum Tenbruck hinweist, daß solcher Pluralismus »blind« ist, »weil er alles und jedes gelten lassen will, aber ganz die Tabus übersieht, von denen er selbst lebt. Jeder Blick in die Zeit beweist, wo nicht nur der Pluralismus, sondern sogar die Toleranz endet. Es gibt auch heute Dinge, die bloß deshalb nicht gesagt, getan und kaum gedacht werden dürfen, weil sie an Ideen rühren, die die Zeit als ihren heiligen Glauben hütet.«[12]

Doch diesen Hinweis einmal beiseite gesetzt, gilt es — gerade im Kontext unserer Studie — vor allem, sich eines anderen Befundes zu versichern. Die historische Erfahrung und Erinnerung lehren, daß ein kultureller »Pluralismus« geschichtlich immer über sich hinaus und zu neuer »Einheit« drängte. Die Frage ist nicht, ob wir eine prinzipiell pluralisierte Kultur wollen, die Frage ist: Ob eine Gesellschaft auf Dauer überleben kann, ohne eine sie integrierende, womöglich vereinheitlichende Kultur, auf der sie aufruht, in

---

11 W. Welsch, in W. Welsch (Hg.): 1988, S. 13 und S. 14.
12 F. H. Tenbruck, 1989, S. 11.

der sie sich selber versteht und die dem Handeln die Ziele, Entlastung und Sicherheit verleiht.

Genauer auf das Thema vom Neuen Menschen bezogen, heißt die Frage dann: Welche der kulturellen Botschaften von Neu-Sein und Neu-Werden, von Neu- und Wiedergeburt wird auf Dauer kulturbestimmend sein? So wenig wir, befangen in unserer Gegenwart, darüber Sicheres sagen können, scheint doch gewiß, daß die Pluralität des Marktes der heutigen Sinnanbieter, die in säkularer oder religiöser Form der verschiedensten Provenienz, oder in einer Melange von allem, Botschaften des Neuen Menschen verkündigen, historisch nicht das letzte Wort sein wird. Auch halten die Träume einer Weltgesellschaft, in der in neuer Harmonie alle Kulturtraditionen zusammenlaufen und in der in neuer Synthese eine höhere Stufe der Menschheitsentwicklung erreicht wird, in der das jeweils Beste bewahrt ist, dem diagnostischen Blick nicht stand. Vielmehr drängt sich gegenüber einer solchen Sicht ein Einwand auf, wie ihn Tenbruck formuliert: »Eine Weltzivilisation bildet sich nicht wie ein Amalgam, in das alle ihr Bestes einbringen. Da erhebt sich vielmehr die Frage nach dem Zentrum, nach dem Mekka, wohin die internationale Kulturintelligenz blickt und pilgert, und deshalb doch wohl nach derjenigen Nationalkultur, die darauf den entscheidenden Einfluß zu nehmen gewillt und in der Lage ist und deshalb die zukünftige Weltzivilisation nach einem Weltbild und Daseinsentwurf gestalten würde.«[13]

II. Rückblick: säkulare Religionsgeschichte, Säkularisierungstheorien, Funktionalismus

Es wäre wenig sinnvoll, im Rückblick noch einmal den Gang der Untersuchung zusammenzufassen; dies könnte nur auf eine kurze Summierung der Sachkapitel, deren Ergebnisse für sich selbst sprechen sollten und auf Reformulierungen der Einleitung hinauslau-

---

[13] F. H. Tenbruck, ebd., S. 275.

fen. Doch es sei als Ertrag, neben den in den Sachkapiteln schon festgestellten Ergebnissen, noch einmal festgehalten:

Unsere Untersuchung hat gezeigt, daß die Suche nach einem Neuen Menschen die Verlaufsgeschichte der säkularen okzidentalen Moderne wesentlich mitbestimmt hat. Dabei seien zunächst noch einmal folgende Sachverhalte herausgestellt: Die Suche nach einem Neuen Menschen findet sich in den unterschiedlichsten geistigen, weltanschaulichen und ideologischen Orientierungen und den von ihnen bestimmten geschichtlichen Bewegungen und Strömungen. Sodann hat unsere Studie aufgewiesen, daß die Idee vom Neuen Menschen einen zentralen Hoffnungsgehalt und das Erlösungsziel eines säkularen Glaubens darstellt, der in seinen Wirkungen auf die Orientierungen und das Handeln einzelner, wie ganzer Gruppen und Bewegungen die Verlaufsgeschichte der säkularen Moderne wesentlich mitprägte und in den beschriebenen Brechungen und Transformationen bis in unsere Gegenwart hinein wirkt. Schließlich ist deutlich geworden, daß die säkularreligiösen Vorstellungen vom Neuen Menschen mit eigenen modernitätsspezifischen Inhalten und Zielen auftraten, welche sie absetzen von den Inhalten und Zielen der Religionen. Dies gilt insbesondere auch für die Vorstellungen vom Neuen Menschen im Christentum; das zeigt sich gerade, wenn man die säkulare Moderne in vielen ihrer Ideengehalte und so auch in ihren Konzepten eines Neuen Menschen als vielfach im Erbe des Christentums stehen sieht und sie insofern selbst als Teil der Christentumsgeschichte verstehen kann[14]. Aber es traten die von uns beschriebenen wirkungsmächtig gewordenen Vorstellungen eines Neuen Menschen in der säkularen Moderne mit eigenem Inhalt und eigenem Anspruch auf. Dies läßt sich noch einmal zusammenfassen: Der Neue Mensch ist hier der innerweltlich erwartete, erkämpfte und herzustellende, also in *empirisch-diesseitiger* Realisation in die Geschichte eintretende Mensch. Der Neue Mensch in der säkularen Moderne ist hineingestellt in eine *innerweltliche Eschatologie*. Er gilt als durch Wissenschaft und der auf sie gründenden Technik und durch gesellschaftlich-politisches Handeln herstellbar. Dabei handelt es sich in wesentlichen

---

14 Siehe Erstes Kapitel, III.

Strömungen der säkularen Religionsgeschichte um ein *transindividuelles* Verständnis vom Neuen Menschen: Beginn einer Neugeburt der ganzen Menschheit. In allem geht es um die Realisation einer *innerweltlichen Perfektibilität*, um die Perfektion des Menschen und damit auch um die »Perfektion der sozialen Ordnung« (Comte).

Was dieser Befund in einer *kulturtheoretischen Perspektive* bedeuten kann, sei ebenfalls noch einmal zusammenfassend festgehalten: Die Einsicht in den eigenen Anspruch und Inhalt säkularen Glaubens, wie wir dies für die Vorstellungen eines Neuen Menschen herausgestellt haben, begrenzen bzw. erweitern sowohl bestimmte Annahmen von Säkularisierung (»Säkularisierungs-Theorie«), wie auch eine bloß funktionale Religionstheorie, die auf einer Theorie funktionaler Äquivalente beruht[15]. Beide »Theorien« scheinen uns auf dem Hintergrund unserer Untersuchung korrektur-, zumindest ergänzungsbedürftig.

Zunächst: Unsere Untersuchung zum Neuen Menschen in der säkularen Moderne hat gezeigt, daß der neuzeitliche Säkularisierungsprozeß nicht nur der Prozeß der Abnahme der Bindungs- und Orientierungskraft der überlieferten Religion des Christentums, vielmehr zugleich die Geschichte neuer säkularer Glaubensmächte ist. Was wir in den vorstehenden Sachkapiteln immer wieder als Vorstellungen »säkularer Religion« – und nicht etwas als Ersatz- oder Quasi-Religion o.ä. – dargestellt haben, sei abschließend noch einmal kurz zusammengefaßt: Von »säkularer *Religion*« sprechen wir deshalb, da in den säkularen Vorstellungen, wie wir sie am Beispiel des Neuen Menschen vorgestellt haben, sich Dimensionen genuiner Religion wieder finden. So etwa die Einordnung menschlicher Existenz in ein umfassendes, Mensch, Welt und teils auch Kosmos umgreifendes *Sinndeutungsmuster*. Hierher gehört aber auch die Vorstellung der *Erlösung* von der Brüchigkeit und Unvollkommenheit menschlicher Existenz, also Erlösung von der menschlichen Daseinskontingenz hin zu vollendeter Perfektibilität und Vollkommenheit. *Säkular* religiös sind solche Konstitutionen von Sinn und Vorstellungen von Erlösung als sie rein innerweltlich-diesseitigen Charakter tragen. Ausgehend von der »charismati-

---

15 Siehe hierzu die Einleitung und das Zweite Kapitel.

schen Verklärung der Vernunft«[16] ist es der Mensch, der seine eigene Erlösung in der Geschichte schafft.

Damit ist selbstverständlich die Gültigkeit der »Säkularisierungsthese« nicht bestritten, soweit sie die Abnahme der Bindungskraft der überlieferten Religion etwa als öffentlicher Legitimationsinstanz und als institutionalisiertes Mittel sozialer Kontrolle betrifft; ebensowenig die Deutung, daß Säkularisierung inhaltlich auch einen Vorgang der diesseits gewendeten Transformation christlicher Glaubensbestände darstellt, wie dies etwa exemplarisch Karl Löwith dargelegt hat, worauf unsere Untersuchungen sich auch immer wieder stützten. Aber es geht um die Einsicht, daß das Verständnis von »Säkularisierung« nicht auf solche Merkmale begrenzt bleiben kann, daß vielmehr der Blick auf die realen historischen Lagen zeigt: Die säkulare Moderne hat ihre *eigene* säkulare Religionsgeschichte.

Ähnlich ist für eine funktionalistische Anschauung von Religion noch einmal festzuhalten: Die Einsicht in den eigenen Anspruch und *Inhalt* der säkularen Glaubensvorstellungen läßt sich in einer bloß funktionalen Religionstheorie nicht fassen. Es mögen zwar vielfach die neuen säkularen Erlösungshoffnungen kulturell und für die individuelle Sinnorientierung und Lebensführung an die Stelle der »alten« Religion getreten sein und *insofern* in einer funktionalen Perspektive ersatzreligiöse Funktion ausgeübt haben. Aber es waren die innerweltlich-diesseitig gewendeten Inhalte, die dann auch den kulturellen und gesellschaftlichen Fortgang bestimmten. Auf den Neuen Menschen bezogen läßt sich zum Beispiel die Idee eines in die Geschichte eintretenden Übermenschen möglicherweise als funktionales Substitut der in der transzendentalen Gottesbeziehung begründeten Selbsttranszendenz des Menschen begreifen: Sie begründete aber als rein innerweltlich-diesseitiger Glaube ein grundsätzlich anderes Verhältnis des Menschen zu sich selbst und zur Welt, in dessen Logik nun eben auch *eigene* Handlungsfolgen begründet sind. So gilt es, neben einer möglichen, wenngleich begrenzten funktionalen Perspektive, die säkularen Glaubensvorstellungen im Horizont eines *substantiellen Religionsbegriffes* zu verstehen.

---

[16] M. Weber, 1972b, S. 726.

Gerade auch auf dem Hintergrund unserer Untersuchung zu den säkularen Vorstellungen eines Neuen Menschen läßt sich generalisierend als Konstitutionsbedingung einer historisch-orientierten Kultursoziologie festhalten: Es sind die Inhalte und die Wahrheits- und Geltungsansprüche der kulturbestimmenden Ideen, die, verflochten in die gesellschaftlichen Reallagen, dem Handeln die Richtung weisen und den Weg von Gesellschaft und Kultur wesentlich bestimmen[17].

Damit ist freilich nur *eine*, nach unserem Urteil elementare Perspektive von Kultursoziologie benannt. Das Verhältnis von — wie Max Weber es nannte — Theorie und Geschichte ist zu vielschichtig, um in abrufbare kulturtheoretische Formeln gepreßt zu werden. Insonderheit ist gerade im Kontext unserer Studie an die Einsicht zu erinnern, die Max Webers historisch-soziologische Arbeiten durchgehend geprägt hat: die Einsicht in die »unendliche Mannigfaltigkeit« (M. Weber) kultureller Wirklichkeit. Diese zu erfassen, ist der Kulturwissenschaft immer nur in Ausschnitten möglich. Dies liegt zum einen in der Geschichtlichkeit der die Forschung leitenden »Wertideen« begründet: »Das Licht, welches jene Wertideen spenden, fällt jeweils auf einen stets wechselnden endlichen Teil des ungeheuren chaotischen Stromes von Geschehnissen, der sich durch die Zeit dahinwälzt«[18]. Aber auch der eigentümliche Charakter der kulturellen Wirklichkeit *selbst* entzieht sich dem Zugriff einer »Theorie«. Was Weber für die Erlösungsreligionen feststellte, hat auch für die von uns untersuchten säkularen Vorstellungen eines Neuen Menschen Gültigkeit: »Die Religionen so wenig wie die Menschen waren ausgeklügelte Bücher. Sie waren historische, nicht logisch oder auch nur psychologisch widerspruchslos konstante, Gebilde«[19].

---

17 Siehe hierzu noch einmal die entsprechenden Ausführungen in der Einleitung.

18 M. Weber, Gesammelte Aufsätze zur Wissenschaftslehre, 1973, S. 213 f.

19 M. Weber, Gesammelte Aufsätze zur Religionssoziologie, Bd. 1, 1972, S. 264.

So haben gerade unsere Untersuchungen zur »Realgeschichte« des Neuen Menschen immer wieder gezeigt, daß schon die Ideen vom Neuen Menschen sich nicht »rein«, sondern in vielfachen Brechungen und Transformationen artikulierten, daß sie sodann in die Sonderwege nationaler Traditionen wie auch in die jeweiligen Interessenlagen ihrer Trägerschichten eingebunden waren. Dieses Kapitel zur »Realgeschichte« des Neuen Menschen hat eben deshalb seinen zentralen Ort in unserer Studie, weil wir die Aufgabe nicht nur »ideengeschichtlich« anzugehen versuchten, sondern den Vorstellungen vom Neuen Menschen in der säkularen Moderne auch in ihren konkreten geschichtlichen Ausprägungen nachgehen wollten.

Dabei bleiben freilich *Fragen offen*, denen wir in unserer Arbeit nicht oder nur am Rande nachgegangen sind. Deshalb seien abschließend einige der Gesichtspunkte genannt, welche eine weitere kultursoziologische Behandlung unseres Themas bearbeiten müßte.

In einer theoretischen und empirischen Perspektive hieße dann die wesentliche Ausgangsfrage: *Wie* setzen sich Ideen in die kulturelle und gesellschaftliche Wirklichkeit um? Hier gelte es, die »engere« soziologische Frage nach den sozialen Trägerschichten besonders zu thematisieren. Insbesondere wäre dann die Rolle der *Intellektuellen* als Verkünder und Vermittler der Ideen vom Neuen Menschen zu untersuchen, jenen Vorgang also, in dem durch die Vermittlung von Intellektuellen Ideen zu Parolen werden. Hier schlössen sich an Untersuchungen zur Bedeutung der sozialen *Bewegungen* als den wirkungsmächtigen Trägern säkularreligiöser Erlösungshoffnungen; denn es sind »Bewegungen« soziale Gebilde, die erst zu Beginn der Moderne auftreten, wie denn auch erst dort sich der Terminus »Bewegung« umgangssprachlich bildet[20]. Daß wir solchen und weiteren Fragen in unserer Arbeit nicht vertieft nachgegangen sind, hat zum einen den pragmatischen Grund: Ohne eine solche Begrenzung hätte die Arbeit ins Uferlose geführt; zum anderen ging es uns darum, die Grundthese von der »säkularen Glaubensgeschichte« möglichst klar herauszustellen und an historisch-empirischen Befunden zu belegen.

---

[20] J. Frese, Art. »Bewegung, politische«, in: HWPh I, 1971, Sp. 880–882.

III. Schlußbemerkung

Abschließend ist noch einmal, die *normative* Frage, die sich mit dem Thema vom Neuen Menschen notwendig verbindet, aufzunehmen. Wenn gilt, daß der Weg von Kultur und Gesellschaft wesentlich mitbestimmt ist von den jeweiligen Daseinsauffassungen, die dem Handeln der Menschen die Richtung weisen, wenn damit die Erklärungskraft kultursoziologischer Analysen von deren Fähigkeit abhängt, der kultur- und gesellschaftsprägenden Kraft bestimmender Kulturideen und Daseinsauffassungen nachzuspüren, dann heißt die Frage bezogen auf unser Thema noch einmal: mit *welchen* Inhalten und Zielsetzungen, mit welchem »Glauben« wird sich künftig die Hoffnung auf einen Neuen Menschen verbinden?

Der Glaube, der die von uns beschriebene säkulare Religionsgeschichte in vielen — wenngleich nicht in allen — ihrer Strömungen und Bewegungen bestimmt hat, war der Glaube an die Herstellbarkeit einer innerweltlichen Perfektibilität des Menschen; es war der Glaube an eine mögliche innerweltlich-säkulare Theophanie des Menschen.

Studiert man die Zeugnisse der Versuche, diese Theophanie zu realisieren, so entdeckt man eine Geschichte des Mutes, der Opferbereitschaft, der wissenschaftlichen, künstlerischen und säkularreligiösen Hingabe. Diese Geschichte war aber *auch* eine Geschichte von Gewalt, Terror und Verbrechen. Die Erfahrungen gerade unseres Jahrhunderts lehren: Die Schaffung des kommenden Neuen Menschen bedeutete immer wieder die Liquidierung des »Alten Menschen«, der den Weg in die neue Zeit nicht mitgehen wollte. Dies gilt insbesondere für die totalitären politisch-messianischen Ideologien. Sie wußten sich auf der Seite der Geschichte als der säkularen Heilsgeschichte, in die der Neue Mensch eintreten wird. Deshalb mußte der »Alte Mensch« umerzogen werden wie bis heute in Rotchina oder aber in den Lagern des Archipel Gulag, in den Vernichtungsprogrammen des Nationalsozialismus, in den Massakern der Roten Khmer ausgemerzt werden, und noch das Erziehungswesen der vormaligen Deutschen Demokratischen Republik war geprägt vom Ziel des neuen sozialistischen Menschen. Immer wieder war es die Logik der innerweltlichen Theophanie des Menschen: Gottwerdung hieß Abschaffung des Menschen.

Es ist hier abschließend nicht weiter darüber nachzudenken, worauf sich mögliche zukünftige Programme einer Abschaffung des Menschen mit dem Ziel der Realisation eines Neuen Menschen richten könnten. Es wird aber für den künftigen Weg von Kultur und Gesellschaft wesentlich sein, *welche* Auffassungen vom Menschen in ihr bestimmend sein werden; ob etwa die Idee einer innerweltlichen Theophanie des Menschen von neuem ihre Faszination ausüben kann, etwa in Form wissenschaftlich-technischer Programme, welche die Möglichkeiten heutiger Gentechnologie für sich reklamieren; oder ob ein Wissen vom Menschen neu kulturprägend sein kann, das von der innerweltlichen Endlichkeit des Menschen weiß, die ihm erst Würde und Wert verleiht. Dieses Wissen hat die Suche nach dem Neuen Menschen immer wieder *auch* begleitet und ihr Maß und humanen Inhalt gegeben. Es findet sich im antiken Griechenland, so in der Ode Pindars: »Heg den Wunsch nicht, Zeus zu werden«, denn: »Es gebührt Sterbliches Sterblichen nur«.[21] Oder es ist, im Abschied von den »alten und neuen Doktoren« des Absoluten und ihrer Versuche, das absolute Heil innerweltlich zu realisieren, für Albert Camus »die einzige Wahrheit, die heute originell« ist: »um Mensch zu sein, sich weigern, Gott zu sein.«[22] Dieses Wissen vom Menschen finden wir schließlich bewahrt im Christentum, das davon spricht, daß der Mensch nicht sein eigener Gott, sondern das auf Gott *angewiesene* Wesen ist.

So wenig wir, gebannt in unsere Gegenwart und deren gegenwärtige kulturelle Unübersichtlichkeit, Sicheres darüber sagen können, mit welchen Inhalten die künftige Suche des Menschen nach einem Neu-Sein seiner selbst sich verbindet und welche davon kulturbestimmend sein werden, so scheint doch sicher: Die Geschichte der Suche und Sehnsucht nach einem Neuen Menschen wird weiter gehen.

---

[21] Pindar, Isthmische Oden, V, 14−16. Übersetzt von O. Werner, o. J. (München 1967) S. 315.

[22] Albert Camus, Der Mensch in der Revolte, Reinbek 1969, S. 248.

LITERATURVERZEICHNIS

ALAND, BARBARA: *Was ist Gnosis? Wie wurde sie überwunden? Versuch einer Kurzdefinition,* in: J. Taubes (Hg.), Gnosis und Politik, München – Paderborn – Wien – Zürich 1984

ALLERBECK, KLAUS R. / ROSENMAYR, LEOPOLD: *Aufstand der Jugend,* München 1971

ALTNER, GÜNTHER (HG.): *Der Darwinismus. Die Geschichte einer Theorie,* Darmstadt 1981

ARON, RAYMOND: *L'age des empires et L'avenir de la France,* Paris 1945

BACH, GEORGE R. / MOLTER, HAJO: *Psychoboom. Wege und Abwege moderner Psychotherapie,* Düsseldorf 1976

BACON, FRANCIS: *Novum Organum Scientiarum.* Dtsch. Ausgabe Th. Brück (1830), Neudruck 1962

BAIER, HORST: *»Das Paradies unter dem Schatten der Schwerter.« Die Utopie des Zarathustra jenseits des Nihilismus,* in: Nietzsche-Studien (hg. Ernst Behler, Massino Montinari et al.) Berlin – New York 1984, S. 46 ff.

BAHRO, RUDOLF: *Logik der Rettung. Wer kann die Apokalypse aufhalten? Ein Versuch über die Grundlagen ökologischer Politik,* Stuttgart – Wien 1987

BARLOW, NORA: *The Autobiography of Charles Darwin 1809–1882,* London 1958

BECKER, HOWARD: *Säkularisierungsprozesse. Idealtypische Analyse mit besonderer Berücksichtigung der durch Bevölkerungsbewegung hervorgerufenen Persönlichkeitsveränderung,* in: Kölner Vierteljahreshefte für Soziologie, München – Leipzig Nr. 10 (1932, S. 283–294)

BELL, DANIEL: *Die Zukunft der westlichen Welt. Kultur und Technologie im Widerstreit,* Frankfurt / M. 1976

BENZ, ERNST: *Nietzsches Bild des Übermenschen,* in: Der Übermensch (Hg. E. Benz), Zürich 1961

BENZ, ERNST (HG.): *Der Übermensch,* Zürich 1961

BERDJAEV, NIKOLAJ A.: *Die Geister der russischen Revolution,* Salzburg 1977 (1918)

BERG, HERMANN VON: *Gorbatschow – Reformator oder Renovierer,* in: Mut Nr. 123, 4 / 1987 (Asendorf)

BERGER, PETER L.: *Zur Dialektik von Religion und Gesellschaft. – Elemente einer soziologischen Theorie,* Frankfurt 1973

277

BERGMANN, UWE / DUTSCHKE, RUDI / LEFEVRE / RABEHL, BERND: *Rebellion der Studenten — oder die neue Opposition*, Reinbek 1968

BERLIN, ISAIAH: *Russian Thinkers*, New York 1978

BERTHOLET, A. / ELIADE, M.: *Artikel »Rites de Passage«*, in: Die Religion in Geschichte und Gegenwart, Tübingen 1961, 3. Auflage, Bd. V, Sp. 113—114

BERTRAM, CHRISTOPH: *Experten oder Bürger?* In: Die Zeit, Ausgabe v. 8. 7. 1983 (Hamburg)

BIENERT, WALTHER: *Karl Marx' Zukunftsreich des Kommunismus und der Freiheit*, in: Knoll / Schoeps 1984 (s.u.)

BILLINGTON, RICHARD: *The Intelligentsia and the Religion of Humanity*, in: The American Historical Review Vol. LXV, Nr. 1/1959 (New York)

BINKOWSKI, JOHANNES: *Jugend als Wegbereiter. Der Quickborn von 1909 bis 1945*, Stuttgart — Aalen 1981

BISER, EUGEN: *Das Schicksal der religiösen Ideen im Säkularisierungsprozeß*, in: Stimmen der Zeit (München), 10/1989, S. 697—709

BLÜHER, HANS: *Wandervogel, Geschichte einer Jugendbewegung. Auszüge aus dem gleichnamigen dreibändigen Werk*, Berlin 1912

BOCK, MICHAEL: *Soziologie als Grundlage des Wirklichkeitsverständnisses. Zur Entstehung des modernen Weltbildes*, Stuttgart 1980

BOHNENKAMP, HANS: *Jugendbewegung als Kulturkritik*, in: Walter Rüegg (Hg.): Kulturkritik und Jugendkult, Frankfurt 1974, S. 23—37

BOLLNOW, FRIEDRICH OTTO: *Philosophische Anthropologie*, in: Universitas, Jg. 41 (1986), S. 846—855

BORINSKI, FRITZ / MILCH, WERNER: *Jugendbewegung. Die Geschichte der deutschen Jugend 1896—1933*, Frankfurt/M. 1982

BRACHER, KARL DIETRICH: *Zeit der Ideologien. Geschichte des politischen Denkens im 20. Jahrhundert*, Stuttgart 1982

BRAND, KARL WERNER (HG.): *Neue soziale Bewegungen in Westeuropa und den USA. Ein internationaler Vergleich*, Frankfurt — New York 1985

BRIEM, O.E.: *Les Sociétés secrètes et Mystères*, Paris 1941

BRUNNER / CONZE / KOSELLECK (HG.): *Geschichtliche Grundbegriffe*, Stuttgart 1972 ff.

BRY, CARL CHRISTIAN: *Verkappte Religionen*. Gotha — Stuttgart 1924

BRY, ILSE / RIFKIN, ALFRED H.: *Freud and the History of Ideas: Primary sources, 1886—1910*, in: Science and Psychoanalysis, New York 1962, Bd. 5, S. 6—36

BUISSON, F.: *Condorcet*, Paris 1929

BUSSE-WILSON, ELISABETH: *Liebe und Kameradschaft*. Aus: Die Frau und die Jugendbewegung, Hamburg 1919

BUYTENDIJK, F. J. J.: *Das menschliche Spielen*, in: Neue Anthropologie (Hg. H. G. Gadamer / Paul Vogler), Bd. 5 (Kulturanthropologie), Stuttgart 1973, S. 88 ff.

CAPRA, FRITJOF: *Der kosmische Reigen. Physik und östliche Mystik — ein zeitgemäßes Weltbild,* Bern — München — Wien ³1980

— *Wendezeit. Bausteine für ein neues Weltbild,* Bern — München — Wien 1983

— *Das Gleichgewicht zwischen Yin und Yang,* in: Kunar Satish / Roswitha Hentschel (Hg.), Viele Wege. Paradigmen einer neuen Politik, München 1985

CHARLTON, D. G.: *Secular religions in France 1815 — 1870,* London 1963

CISR (CONFERENCE INTERNATIONALE DE SOCIOLOGIE DES RELIGIONS): *Secularization and Religion: The Persistant Tension. Acts of the XI. International Conference for the Sociology of Religion,* Lausanne 1987

CONDORCET, ANTOINE: *Esquisse d'un tableau historique des progrès de l'esprit humain.* (Entwurf einer historischen Darstellung des Fortschritts des menschlichen Geistes.) Hg. Wilhelm Alff, Frankfurt 1963

CONTI, CHRISTOPH: *Abschied vom Bürgertum. Alternative Bewegungen in Deutschland von 1890 bis heute,* Reinbek 1984

CORNU, ALEXANDER: *Die Idee der Entfremdung bei Hegel, Feuerbach und Karl Marx,* in: Entfremdung. Hg. von H.-H. Schrey, Darmstadt 1975

COVIC, ANTE: *Entfremdung als Zerfremdung,* in: Synthesis Philosophica (International Edition of the Journal »Filozofska Istrazivanja«), Band 3, Zagreb 1987, S. 51 — 62

CROCE, BENEDETTO: *Zur Theorie und Geschichte der Historiographie,* Tübingen 1915

DAHM, HELMUT: *Der gescheiterte Ausbruch,* Baden-Baden 1982

DAIBER, KARL-F.: *Reinkarnationsglaube als Ausdruck individueller Sinnsuche,* in: H. Becker et al. (Hg.): Im Angesichts des Todes, St. Ottilien 1987, S. 207 — 227

DAMNJANOVIC, MILAN: *Das Phänomen der Entfremdung und das menschliche Dasein,* in: Synthesis Philosophica (s.o. unter Covic), Band 3, Zagreb 1987, S. 35 — 49

DOSTOJEWSKIJ, FJODOR M.: *Die Teufel,* Frankfurt / M. 1986

DRIGALSKI, DÖRTE VON: *Blumen auf Granit,* Frankfurt / M. 1980

DUERR, HANS-PETER: *Der Wissenschaftler und das Irrationale,* Frankfurt / M. 1981

DUTSCHKE, RUDI: *Mein langer Marsch,* Reinbek 1980

EIBL-EIBESFELDT, IRENÄUS: *Biologische Anthropologie,* München 1972

ELIADE, MIRCEA: *Schamanismus und archaische Ekstasetechnik,* Zürich — Stuttgart 1957. (Neuauflage Frankfurt 1975. Franz. Originalausgabe: Le Chamanisme et le technique archaique de l'écstase, Paris 1951)

— *Mysterien und geistige Wiedergeburt,* in: Mythen, Träume und Mysterien, Salzburg 1961 (Franz.: Mythes, reves et mystères, Gallimard Paris o. J.)

— *Sinnliche und mystische Erfahrungen bei den Primitiven,* in: Mythen, Träume und Mysterien, Salzburg 1961

- *Artikel »Initiation«*, in: Die Religion in Geschichte und Gegenwart, Tübingen 1961, 3. Aufl., Bd. III, Sp. 751–753
- *Initiation und moderne Welt*, in: Die Sehnsucht nach dem Ursprung, Wien 1973 (Englisch: The Quest. Chicago 1969)

ELLENBERGER, HENRY F.: *Die Entdeckung des Unbewußten*, 2 Bde., Bern – Stuttgart – Wien 1973 (Engl. 1970)

ERLAY, DAVID: *Worpswede – Bremen – Moskau. Der Weg des Heinrich Vogeler*, Bremen 1972

ESCHENRÖDER, CHRISTOF F.: *Hier irrte Freud. Zur Kritik der psychoanalytischen Theorie und Praxis*, München – Weinheim 1986

EVANS-PRITCHARD, EVANS E.: *Theories of primitive religion*, Oxford 1965

EYSENCK, HANS JÜRGEN: *Sigmund Freud: Niedergang und Ende der Psychoanalyse*, München 1985

FERGUSON, MARILYN: *Die sanfte Verschwörung. Persönliche und gesellschaftliche Transformation im Zeitalter des Wassermanns*, Basel 1982

FEYERABEND, PAUL: *Wider den Methodenzwang. Entwurf einer anarchistischen Erkenntnistheorie*, Frankfurt / M. 1976
- *Erkenntnis für freie Menschen*, Frankfurt / M. 1979

FINK, EUGEN: *Nietzsches Philosophie*, Stuttgart 1960

FRANK, MANFRED: *Gott im Exil. Vorlesungen über die Neue Mythologie*, Frankfurt 1988

FRECOT, JANOS / GNEIST, JOHANN / KERBS, DIETHART: *Fidus 1868–1948. Zur ästhetischen Praxis bürgerlicher Fluchtbewegungen*, München 1972

FREUD, SIGMUND: *Zur Geschichte der psychoanalytischen Bewegung*, 1911 (Gesammelte Werke, Bd. X, S. 43–113)
- *Selbstdarstellung*, 1925 (Gesammelte Werke, Bd. XIV, S. 31–96)
- *Aus den Anfängen der Psychoanalyse*, London 1950

FRIEDEBURG V., LUDWIG: *Jugend in der modernen Gesellschaft*, Köln – Berlin 1965

FRITSCH, BRUNO: *Wir werden überleben. Orientierungen und Hoffnungen in schwieriger Zeit*, München – Wien 1981

FROMM, ERICH: *Sigmund Freuds Psychoanalyse, Größe und Grenzen*, München 1981

GARAUDY, ROGER: *Der letzte Ausweg. Feminisierung der Gesellschaft*, Olten – Freiburg i.Br. 1982

GEBHARDT, JÜRGEN: *Messianische Politik und ideologische Massenbewegung*, in: Knoll / Schoeps, 1984 (s.u.)

GEHLEN, ARNOLD: *Anthropologische Forschung*, Reinbek 1961 (rde)
- *Der Mensch, seine Natur und seine Stellung in der Welt*, Frankfurt 7 1962 (1. Auflage: Berlin 1940)
- *Urmensch und Spätkultur*, Frankfurt – Bonn 1964 (1. Auflage: Bonn 1956)

– *Studien zur Anthropologie und Soziologie,* Neuwied – Berlin [2]1971

– *Über die Geburt der Freiheit aus der Entfremdung,* in: Studien zur Anthropologie und Soziologie (s.o.)

– *Über die Verstehbarkeit der Magie,* in: Studien zur Anthropologie und Soziologie (s.o.)

– *Über einige Kategorien des entlasteten, zumal des ästhetischen Verhaltens,* in: Studien zur Anthropologie und Soziologie (s.o.)

– *Über kulturelle Kristallisation,* in: Studien zur Soziologie und Anthropologie (s.o.)

GERBER, UWE: *New Age – Ein Beispiel neuzeitlichen Hoffnungs- und Utopieverlusts,* in: Junge Kirche 2 / 1989, S. 92 – 104

GOGARTEN, FRIEDRICH: *Verhängnis und Hoffnung der Neuzeit. Die Säkularisierung als theologisches Problem,* Stuttgart 1953 (Neuauflage München – Hamburg 1966)

GORBATSCHOW, MICHAIL: *Referat auf dem Plenum des Zentralkomitees der KPdSU am 27. Januar 1982,* in: Blätter für deutsche und internationale Politik Nr. 3 / 1987 (Köln), S. 377 – 422 (Michail Gorbatschow: »Wir brauchen Demokratie wie die Luft zum Atmen«)

GREEN, MARTIN: *Else und Frieda. Die Richthofen-Schwestern,* München 1980 (engl.: New York 1974)

GROSS, OTTO: *Die kommunistische Grundidee in der Paradiessymbolik,* in: Sowjet, Nr. 2, Juli 1919, S. 12 – 27

– *Von geschlechtlicher Not zur sozialen Katastrophe; mit einem Textanhang von Franz Jung.* Hg. Kurt Kreiler, Frankfurt / M. 1980

GROTE, HEINER: *Sozialdemokratie und Religion,* Tübingen 1968

GROYS, BORIS: *The Problem of Soviet ideological Practice,* in: Studies in Soviet Thought Nr. 33 / 1987, S. 191 – 208 (Dortreecht – Boston)

GUARDINI, ROMANO: *Quickborn, Tatsachen und Grundsätze.* Aus der gleichnamigen Schrift, Burg Rothenfels 1922

HABBEL, FRANZ LUDWIG: *Stammes-Erziehung.* Auszug aus: Kibbo Kift – Die Waldverwandtschaft, Regensburg 1922

HABERMAS, JÜRGEN: *Die Neue Unübersichtlichkeit.* Kleine politische Schriften V, Frankfurt / M. 1985 (1985a)

– *Der philosophische Diskurs der Moderne.* 12 Vorlesungen, Frankfurt / M. [2]1985 (1985b)

– *Die Moderne – ein unvollendetes Projekt.* (Wiederabgedruckt in W. Welsch, 1988, S. 177 ff.)

HACKMANN, HANS: *Vogeler,* in: Bremische Biographie 1912 – 1962, Bremen 1969, S. 537 – 540

HAYEK, FRIEDRICH VON: *Mißbrauch und Verfall der Vernunft,* Salzburg [2]1979

HECKEL, MARTIN: *Korollarien zur Säkularisierung,* Heidelberg 1981

HEER, FRIEDRICH: *Werthers Weg in den Underground. Die Geschichte der Jugendbewegung,* München 1973

HEIDEGGER, MARTIN: *Sein und Zeit*, Halle 1927
– *Nietzsches Wort »Gott ist tot«*, in: Holzwege, Frankfurt 1950, S. 193 – 247
HELLING, DORA / KÜENZLEN, GOTTFRIED: *Studentenbewegung – Psycho-Szene – Bhagwan*, Stuttgart 1987 (EZW-Texte, Information Nr. 100)
HEMMINGER, HANSJÖRG: *Kindheit als Schicksal?* Reinbek 1982
– *Der Mensch – eine Marionette der Evolution? Eine Kritik an der Soziobiologie*, Frankfurt / M. 1983
– (Hg.): *Die Rückkehr der Zauberer. New Age – eine Kritik*, Reinbek 1987
– *Glaube und Zweifel: Das New Age in der Naturwissenschaft*, in: H. Hemminger (Hg.) 1987
– *Psychotherapie – Weg zum Glück? Zur Orientierung auf dem Psychomarkt*, München 1987
HENNIS, WILHELM: *Max Webers Fragestellung*, Tübingen 1987
HERDER, JOHANN GOTTFRIED: *Der Ursprung der Sprache*, 1772, in: Johann Gottfried Herders Sprachphilosophie. Ausgewählte Schriften. Hg. E. Heintel (Philosophische Bibliothek 248, 1960)
HERMANN, KAI: *Die Revolte der Studenten*, Hamburg 1967
HERTWIG, OSCAR: *Warnung vor der Utopie eines Züchtungsstaates*. (Aus: O. Hertwig: Zur Abwehr des ethischen, des sozialen, des politischen Darwinismus, Jena 1918) In: G. Altner, 1981, S.170 ff.
HERZEN, ALEXANDER: *Erinnerungen I und II* (Byloe i Dumi), Berlin 1907
HESSE, GUNTER / WIEBE, HANS-HERMANN (HG.): *Die Grünen und die Religion*, Frankfurt / M. 1988
HÖHN, HANS-JOACHIM: *City Religion. Soziologische Glossen zur »neuen« Religiosität*, in: Orientierungen (Zürich), Nr. 9 / 1989, S. 102 – 105
HOFMANN, RUPERT (HG.): *Gottesreich und Revolution*, Münster 1987
HUMMEL, REINHART: *Neue religiöse Bewegungen (Literaturbericht)*, in: Verkündigung und Forschung, 32. Jg., Heft 1 / 1987 (München)
– *Reinkarnation. Weltbilder des Reinkarnationsglauben und das Christentum*, Mainz – Stuttgart 1988
HORKHEIMER, MAX / ADORNO THEODOR W.: *Dialektik der Aufklärung. Philosophische Fragmente*, Frankfurt / M. 1969
HURWITZ, EMANUEL: *Otto Groß. Von der Psychoanalyse zum Paradies*, in: Harald Szeemann (Hg.) 1978, S. 107 – 116
– *Otto Groß. Paradiessucher zwischen Freud und Jung. Leben und Werk*, Zürich – Frankfurt 1979
HUSSERL, EDMUND: *Die Krisis der europäischen Wissenschaften und die transzendentale Phänomenologie. Eine phänomenologische Philosophie.* (Hg. Walter Biemel) Den Haag 2 1962
IGNATOW, ASSEN: *Psychologie des Kommunismus. Studien zur Mentalität der herrschenden Schicht im kommunistischen Machtbereich*, München 1985
– *Die Antizipation des Totalitarismus bei Dostojewskij und Nietzsche*, Stuttgart 1989 (EZW-Texte, Impuls Nr. 28)

ISRAEL, J.: *Alienation from Marx to Modern Sociology*, New Jersey 1979

JANZ, KURT PAUL: *Friedrich Nietzsche. Biographie*, Band 1−3, München 1981

JANZ, ROLF-PETER: *Die Faszination der Jugend durch Rituale und sakrale Symbole. Mit Anmerkungen zu Fidus, Hesse, Hofmannsthal und George*, in: »Mit uns zieht die neue Zeit.« Der Mythos Jugend. Hg. von Thomas Koebner u.a., Frankfurt/M. 1985

JAY, MARTIN: *Dialektische Phantasie. Die Geschichte der Frankfurter Schule und des Instituts für Sozialforschung 1923−1950*, Frankfurt/M. 1976

JONAS, HANS: *Gnosis und spätantiker Geist I. Die mythologische Gnosis*, Göttingen 1934 (³1964)

JONES, ERNEST: *Sigmund Freud. Leben und Werk*, Frankfurt 1969

JOHNSTON, WILLIAM M.: *Österreichische Kultur- und Geistesgeschichte*, Bohlau 1972 (Engl.: Berkeley 1972)

JUNG, FRANZ: *Der Weg nach Unten*, Neuwied 1961

KAUFMANN, FRANZ XAVER: *Religion und Modernität. Sozialwissenschaftliche Perspektive*, Tübingen 1989

KAUTSKY, KARL: *Vermehrung und Entwicklung in Natur und Gesellschaft*, Stuttgart 1910

KIERKEGAARD, SÖREN: *Der Begriff der Angst*, 1844 (dt. Ausgabe von E. Hirsch, Düsseldorf 1952)

KINDT, WERNER (HG.): *Grundschriften der deutschen Jugendbewegung*, Düsseldorf − Köln 1963

KNOLL, JOACHIM / SCHOEPS, JULIUS H. (HG.): *Von kommenden Zeiten. Geschichtsprophetien im 19. und 20. Jahrhundert*, Stuttgart − Bonn 1984

KOEBNER, THOMAS / JANZ, ROLF-PETER / TROMMLER, FRANK (HG.): *»Mit uns zieht die neue Zeit.« Der Mythos Jugend*, Frankfurt/M. 1985

KÖRBER, NORMANN: *Das Bild des Menschen in der Jugendbewegung. Auszug aus der gleichnamigen Schrift*, Berlin 1927

KOLAKOWSKI, LESZEK: *Der revolutionäre Geist*, Stuttgart 1972

− *Die Hauptströmungen des Marxismus*, Band I, München − Zürich 1977

KOSELLECK, REINHART: *Artikel »Fortschritt«*, in: Brunner / Conze / Koselleck (Hg.), Bd. 2, 1975, S. 351 ff.

− *Die Verzeitlichung der Utopie*, in: Wilhelm Voßkamp (Hg.). Utopieforschung. Interdisziplinäre Studien zur neuzeitlichen Utopie, Stuttgart 1982

KOSLOWSKI, PETER / SPAEMANN, ROBERT / LÖW, REINHARD: *Moderne oder Postmoderne? Zur Signatur des gegenwärtigen Zeitalters*, Weinheim 1986

KOYRÉ, ALEXANDRE: *From the Closed World to the Infinite Universe*, Baltimore 1957 (Dt. Frankfurt 1969)

− *Newtonian Studies*, London 1965

KRAIKER, CHRISTOPH / BURGHARD, PETER (HG.): *Psychotherapieführer. Wege zur seelischen Gesundheit*, München 1983

KREILER, KURT: *Visionär und Opfer. Der Fall Otto Groß*, in: Journal für Geschichte 2/1982, S. 22—25

KRUMMEL, FRIEDRICH: *Nietzsche und der deutsche Geist.* 2 Bände, Berlin — New York 1974, 1983

KÜENZLEN, GOTTFRIED: *Die Religionssoziologie Max Webers. Eine Darstellung ihrer Entwicklung,* Berlin 1980

— *Psychoboom und Weltanschauung. Der Glaube der humanistischen Psychologie,* in: Materialdienst der EZW, 3/1985, S. 60 ff. (Stuttgart)

— *New Age — Ein neues Paradigma? Anmerkungen zur Grundlagenkrise der Moderne,* in: Materialdienst der EZW, 2/1986

— *Secular Religion and its Futuristic-Eschatological Conceptions,* in: Studies in Soviet Thought Nr. 33, 1987, S. 209—228 (Dortreecht — Boston) (bulgarische Übersetzung. In: Philosophia, 4/1992, Sofia)

— *Das Unbehagen an der Moderne: Der kulturelle und gesellschaftliche Hintergrund der New Age-Bewegung,* in: H. Hemminger (Hg.) 1987 (span. Übersetzung in: Contribuciones 2/1989, Buenos Aires, S. 111—128)

— *New Age und Grüne Bewegung,* in: G. Hesse / H. H. Wiebe (Hg.) Die Grünen und die Religion, Frankfurt/M. 1988, S. 244—259 (1988a)

— *Das New Age-Syndrom. Zur Kultursoziologie vagabundierender Religiosität,* in: Zeitschrift für Politik, Nr. 3/1988, S. 237—248 (Köln — Berlin) (1988b)

— *Auf der Suche nach dem Sinn,* in: G. Boysen / H. Hemminger / G. Küenzlen (Hg.) Im Sog der Psycho-Szene. Erfahrungen und Kommentare, Stuttgart 1988, S. 132—155 (1988c)

— *Die säkulare Religionsgeschichte der Moderne,* in: Synthesis Philosophica (Zagreb). Vo. 4 1/1989, S. 45—66 (serbokroatische Übersetzung: In: Filozofska Istrazivanja 1/1989, Zagreb S. 67—87)

KÜENZLEN, KARIN: *Deutsche Übersetzer und deutsche Übersetzungen Lermontov'scher Gedichte von 1881 bis zur Gegenwart.* Phil. Diss., Tübingen 1980

KUHN, HELMUT: *Revolution und Revolutionismus,* in: Merkur Nr. 3/1984, S. 254—263

KUHN, THOMAS S.: *Die Struktur wissenschaftlicher Revolutionen,* Frankfurt/M. ⁵1981

KUKOC, MISLAV: *Das Schicksal der Entfremdung und die Fraglichkeit ihrer Aufhebung,* in: Synthesis Philosophica (s.o. unter Covic), Band 3, Zagreb 1987, S. 19—33

KURELLA, ALFRED: *Deutsche Volksgemeinschaft. Offener Brief an den Freideutschen Führerrat,* Hamburg 1918

KUX, ERNST: *Karl Marx und die revolutionäre Konfession,* Zürich — Stuttgart 1967

LAERMANN, KLAUS: *Das rasende Gefasel der Gegenaufklärung,* in: Merkur, Heft 3/1985

LANGGUTH, GERT: *Die Protestbewegung in der Bundesrepublik Deutschland 1968–1976*, Köln 1976

LANDMANN, MICHAEL: *Der Mensch als Schöpfer und Geschöpf der Kultur*, 1961

LANDMANN, ROBERT: *Ascona – Monte Verità. Auf der Suche nach dem Paradies*, Frankfurt – Berlin – Wien 1979

LAQUEUR, WALTER: *Die deutsche Jugendbewegung: eine historische Studie*, Köln 1978

LEARY, TIMOTHY: *Politik der Ekstase*, Hamburg 1970

LINSE, ULRICH: *»Geschlechtsnot der Jugend.« Über Jugendbewegung und Sexualität*, in: »Mit uns zieht die neue Zeit.« Der Mythos Jugend. Hg. von Thomas Koebner u.a., Frankfurt/M. 1985

LIPP, WOLFGANG: *Apparat und Gewalt. Über Herbert Marcuse*, in: Soziale Welt, Jg. 20, Heft 3, S. 274–303 (Göttingen)

LÖWITH, KARL: *Von Hegel zu Nietzsche. Der revolutionäre Bruch im Denken des 19. Jahrhunderts*, Hamburg [7]1978 (1. Auflage: Zürich 1941)

– *Weltgeschichte und Heilsgeschehen*, Stuttgart [7]1979 ([1]1953)

– *Von Hegel zu Nietzsche*, Hamburg [7]1987 ([1]1951)

LÜBBE, HERMANN: *Bewußtsein in Geschichten. Studien zur Phänomenologie der Subjektivität. Mach, Husserl, Schapp, Wittgenstein*, Freiburg i.Br. 1972

– *Zeit-Verhältnisse. Zur Kulturphilosophie des Fortschritts*, Graz – Wien – Köln 1983

– *Religion nach der Aufklärung*, Graz – Wien – Köln 1986

LUHMANN, NIKLAS: *Funktion der Religion*, Frankfurt/M. 1977

MANUEL, FRANK E.: *The Prophets of Paris*, Cambridge/Mass. 1962

MARCUSE, HERBERT: *Triebstruktur und Gesellschaft. Ein philosophischer Beitrag zu Sigmund Freud*. (Amerikanische Originalausgabe: Eros and Civilization 1955) Frankfurt/M. 1965

– *Perspektiven des Sozialismus in der entwickelten Industriegesellschaft*, in: Praxis. Philosophical Journal Nr. 2/3 1965

– *Das Ende der Utopie*, Berlin 1967a

– *Professoren als Staaatsregenten?* In: Der Spiegel, Nr. 35 1967b, S. 112–118 (Hamburg)

– *Der eindimensionale Mensch. Studien zur Ideologie der fortgeschrittenen Industriegesellschaft*, Neuwied – Berlin 1967c (Sonderausgabe ebd. 1970)

– *Repressive Toleranz*, in: Wolff / Moore / Marcuse: Kritik der reinen Toleranz, Frankfurt/M. 1967d

– *Kultur und Gesellschaft I*, Frankfurt/M. 1968

MARQUARDT, ODO: *Nach der Moderne. Bemerkungen über die Futurisierung des Antimodernismus und die Usance Modernität*, in: P. Koslowski / R. Spaemann / R. Löw, 1986

MARX, KARL: *Die Frühschriften.* (Hg. Siegfried Landshut), Stuttgart 1952
— *Kapital I—III* (Band 23—25 der Marx-Engels-Werke-Gesamtausgabe Berlin-Ost 1969)

MARX, KARL / ENGELS, FRIEDRICH: *Studienausgabe,* 4 Bände (Hg. Iring Fetscher), Frankfurt / M. 1966

MEADOWS, DONELLA H. ET AL.: *The Limits of the Growth. A Report for the Club of Rome's on the Predicament of Mankind,* New York 1977

MEHNERT, KLAUS: *Jugend im Zeitbruch. Woher — wohin?* Stuttgart 1976

MERLAN, PHILIP: *Sterben, Sterblichkeit, Unsterblichkeit. Einige Reflexionen,* in: Kleine philosophische Schriften (Hg. Franciszka Merlan), Hildesheim — New York 1976, S. 815—828
— *Alienation in Marx's Economy and Philosophy,* in: Kleine philosophische Schriften (Hg. Franciszka Merlan s.o.)

MEYER-STIEFS, ERNSTHEINRICH / BARKENHOFF-STIFTUNG (HG.): *Träume, Wege, Irrwege. Nachdenken über Heinrich Vogeler,* Worpswede 1993

MEYER, THOMAS (HG.): *Fundamentalismus in der modernen Welt,* Frankfurt / M. 1989

MLYNAR, ZDÉNEK: *Kreuzweg der politischen Reform,* in: Sozialismus Nr. 2 / 1987 (Hamburg)

MOSER, TILMAN: *Lehrjahre auf der Couch,* Frankfurt / M. 1977

MOSLER, PETER: *Was wir wollten, was wir wurden. Studentenrevolte — zehn Jahre danach,* Reinbek 1977

MÜHLMANN, WILHELM E.: *Arioi und Mamaia,* Wiesbaden 1955
— *Chiliasmus und Nativismus. Studien zur Psychologie, Soziologie und historischen Kasuistik der Umsturzbewegungen,* Berlin 1961

MÜLLER, ALOIS: *Religion, Kultur und Ethik unter Säkularisierungsbedingungen,* in: Georg Kohler / Heinz Kläger (Hg.): Diskurs und Dezision: politische Vernunft in der technisch-wissenschaftlichen Zivilisation; Hermann Lübbe in der Diskussion, Wien 1990

MÜLLER, LUDOLF: *Das Bild des Übermenschen in der Philosophie Solovjevs,* in: Ernst Benz (Hg.) Der Übermensch (1961)

NATORP, PAUL: *Condorcets Ideen zur Nationalerziehung,* in: Monatshefte der Comenius-Gesellschaft, Heft 3 (1894)

NELSON, BENJAMIN: *Der Ursprung der Moderne. Vergleichende Studien zum Zivilisationsprozeß,* Frankfurt / M. 1972

NIETZSCHE, FRIEDRICH: *Vom Nutzen und Nachteil der Historie für das Leben,* in: Werke in 3 Bänden, ed. Karl Schlechta, Band 1, München 1966
— *Werke in vier Bänden.* (Neuauflage, hg. und eingeleitet von Gerhard Stenzel), Salzburg 1985

NISBET, ROBERT: *History of the Idea of Progress,* New York 1980

NIZAN, PAUL: *Für eine neue Kultur. Aufsätze zu Literatur und Politik in Frankreich,* Reinbek 1973

NOELLE-NEUMANN, ELISABETH / KÖCHER, RENATE: *Die verletzte Nation*, Stuttgart 1987

OEING-HANHOFF, LUDGER: *Zur Geschichte und Herkunft des Begriffs »Fortschritt«*, in: Reinhard Löw, Peter Koslowski, Philipp Kramer (Hg.): Fortschritt ohne Maß. Eine Ortsbestimmung der wissenschaftlich-technischen Zivilisation, München 1981, S. 48 ff.

OFFE, CLAUS: *Die Utopie der Null-Option*, in: P. Koslowski / R. Spaemann / R. Löw 1986

OTTMANN, HENNING: *Philosophie und Politik bei Nietzsche*, Berlin — New York 1987

PRIEN, HANS-JÜRGEN: *Lateinamerikanische Befreiungstheologie und Marxismus*, Stuttgart 1988 (EZW-Texte, Impuls Nr. 27)

PANNENBERG, WOLFHART: *Anthropologie in theologischer Perspektive*, Göttingen 1983

PASSMORE, JOHN: *Der vollkommene Mensch. Eine Idee im Wandel von drei Jahrtausenden*, Stuttgart 1975 (Engl. London 1970)

PETERMANN, THOMAS: *Claude Henri de St. Simon. Die Gesellschaft als Werkstatt*, 1979

PEUKERT, WILL-ERICH: *Geheimkulte*, Heidelberg 1951

PIPES, RICHARD (HG.): *Die russische Intelligenzija*, Stuttgart 1962

PLÉ, BERNHARD: *Wissenschaft und säkulare Mission: »amerikanische Sozialwissenschaft« im politischen Sendungsbewußtsein der USA und im geistigen Aufbau der Bundesrepublik Deutschland*, Stuttgart 1990

PLESSNER, HELMUTH: *Die Stufen des Organischen und der Mensch*, Berlin 1928
— *Macht und menschliche Natur. Ein Versuch zur Anthropologie der geschichtlichen Weltansicht*, 1931

PORTMANN, ADOLF: *Zoologie und das neue Bild des Menschen*, Reinbek 1956

RAUE, HERMANN / FLENDER, REINHARDT: *Schlüssel zur Musik*, Düsseldorf — Wien 1986

REULECKE, JÜRGEN: *Männerbund versus Familie. Bürgerliche Jugendbewegung und Familie in Deutschland im ersten Drittel des 20. Jahrhunderts*, in: »Mit uns zieht die neue Zeit.« Der Mythos Jugend. Hg. von Thomas Koebner u.a., Frankfurt / M. 1985

RIESMAN, DAVID: *Freud und die Psychoanalyse*, Frankfurt / M. 1965

RITTER, JOACHIM: *Artikel »Fortschritt«*, in: Historisches Wörterbuch der Philosophie (ed. J. Ritter), Bd. 2, Basel 1972, Sp. 1032 – 1059
— GRÜNDER KARLFRIED (HG.): *Historisches Wörterbuch der Philosophie*, Bd. 4, Basel — Stuttgart 1976 (Darin: Artikel »Kontingenz«, Sp. 1027 – 1038)

ROBINET, J. G. E.: *Condorcet, sa vie et son œuvre*, Paris 1893

ROGERS, CARL: *Der neue Mensch*, Stuttgart [2]1983
— *Encounter-Gruppen. Das Erlebnis der menschlichen Begegnung*, Frankfurt / M. 1984 (engl.: New York 1970)

ROHRMOSER, GÜNTER: *Religion und Politik in der Krise der Moderne*, Graz — Wien — Köln 1989

ROSENSTOCK-HUESSY, EUGEN: *Die Europäischen Revolutionen und der Charakter der Nationen*, Stuttgart 1951

RUPPERT, HANS-JÜRGEN: *New Age — Endzeit oder Wendezeit*, Wiesbaden 1985

— *Durchbruch zur Innenwelt. Spirituelle Impulse aus New Age und Esoterik in kritischer Beleuchtung*, Stuttgart 1988

RUSSELL, PETER: *Die erwachende Erde*, München 1984

SARKISYANZ, MANUEL: *Rußland und der Messianismus des Ostens*, Tübingen 1955

— *Politische Utopien*, in: Anton Peisl / Armin Mohler (Hg.): Kursbuch der Weltanschauungen, Frankfurt — Berlin — Wien 1980

SARTRE, JEAN-PAUL / GARAUDY, ROGER ET AL.: *Existentialismus und Marxismus. Eine Kontroverse zwischen Sartre, Garaudy, Hyppolyte, Vigier und Orcel*, Frankfurt / M. 1965

— *Portraits und Perspektiven*, Reinbek 1971

SAUTERMEISTER, GERT: *Vom Werther zum Wanderer zwischen beiden Welten. Über die metaphysische Obdachlosigkeit bürgerlicher Jugend*, in: »Mit uns zieht die neue Zeit.« Der Mythos Jugend. Hg. von Thomas Koebner u.a., Frankfurt / M. 1985

SCHEIBERT, PETER: *Von Bakunin zu Lenin*, Leiden 1956

— *Der Übermensch in der russischen Revolution*, in: E. Benz (Hg.) 1961

SCHELER, MAX: *Die Stellung des Menschen im Kosmos*, Darmstadt 1928

SCHELSKY, HELMUT: *Die skeptische Generation*, Düsseldorf — Köln 1963

SCHORSCH, CHRISTOPH: *Die New Age-Bewegung. Utopie und Mythos der Neuen Zeit*, Gütersloh 1988

SCHRAMM, MATTHIAS: *Natur ohne Sinn?* Graz — Wien — Köln 1984

SCHREY, HEINZ HORST (HG.): *Säkularisierung*. Wege der Forschung, Band CDXXIV, Darmstadt 1981

SCHÜTZ, PAUL: *Säkulare Religion. Eine Studie über ihre Erscheinung und ihre Idee bei Schleiermacher und Blumhardt d. J.*, Tübingen 1932

SCHULZ, WALTER: *Die Philosophie in der veränderten Welt*, Pfullingen 1972

SEBALD, HANS: *New Age - Spiritualität*, in: Kursbuch 93, Berlin 1988, S. 105 – 122

SIMMEL, GEORG: *Gesammelte Schriften zur Religionssoziologie*. Hg. und mit einer Einleitung von Horst Jürgen Helle, Berlin 1989

SINJAWSKIJ, ANDREJ: *Der Traum vom Neuen Menschen oder die Sowjetzivilisation*, Frankfurt / M. 1989

SIRONNEAU, JEAN PAUL: *Sécularisation et religions politiques*, La Haye — Paris — New York 1982

SLOTERDIJK, PETER: *Nach der Geschichte*, in: Wolfgang Welsch (Hg.) 1988

— *Eurotaoismus. Zur Kritik der politischen Kinetik*, Frankfurt / M. 1989

SPAEMANN, ROBERT: *Der Ursprung der Soziologie aus dem Geist der Restauration*, Stuttgart 1959

— *Über nichtrationale Voraussetzungen des Vernunftgebrauchs*, in: M. Zöller 1980

— *Ende der Modernität?* In: P. Koslowski / R. Spaemann / R. Löw (Hg.) Moderne oder Postmoderne? Zur Signatur des gegenwärtigen Zeitalters, Weinheim 1986

— *Nachwort zu »Emile oder Von der Erziehung«*, München 1987, S. 693 ff..

SPENDER, STEPHEN: *Das Jahr der jungen Rebellen*, München 1969

SPRANGER, EDUARD: *Psychologie des Jugendalters*, Heidelberg 1949

STÄHLIN, OTTO: *Die deutsche Jugendbewegung. Ihre Geschichte, ihr Wesen, ihre Formen*, Leipzig — Erlangen 1922

STÄHLIN, WILHELM: *Der neue Lebensstil. Ideale deutscher Jugend.* Tatflugschrift Nr. 28, Jena 1918

— *Fieber und Heil in der Jugendbewegung.* Auszug aus der gleichnamigen Schrift, Hamburg 1922

STERNBERG, DOLF: *Heinrich Heine und die Abschaffung der Sünde*, Frankfurt / M. 1976 (zuerst Hamburg — Düsseldorf 1972)

SULLOWAY, FRANK J.: *Freud — Biologe der Seele. Jenseits der psychoanalytischen Legende*, Köln 1982 (Engl.: New York 1979)

SZEEMANN, HARALD (HG.): *Monte Veritá, Ascona. Die Brüste der Wahrheit.* Ausstellungskatalog, Ascona 1978

TALMON, JAKOB L.: *Politischer Messianismus*, Köln — Opladen 1963

TAUBES, JACOB (HG.): *Religionstheorie und Politische Theologie*, Band 2: Gnosis und Politik, München — Paderborn — Wien — Zürich 1984

TENBRUCK, FRIEDRICH H.: *Gesellschaft und Gesellschaften: Gesellschaftstypen*, in: Alfred Bellebaum, Die moderne Gesellschaft, Freiburg 1972, S. 54—71

— *Der Fortschritt der Wissenschaften als Trivialisierungsprozeß*, in: Kölner Zeitschrift für Soziologie und Sozialpsychologie, 1975 (Sonderheft 18), S. 19—47

— *Das Werk Max Webers*, in: Kölner Zeitschrift für Soziologie und Sozialpsychologie, 27, 1975, S. 663—702 (1975b)

— *Die Glaubensgeschichte der Moderne*, in: Zeitschrift für Politik, 23. Jahrgang, Heft 1, 1976

— *Wahrheit und Mission*, in: H. Beyer (Hg.): Freiheit und Sachzwang. Festschrift für Helmut Schelsky, Opladen 1977 (1977a)

— *Fortschritt der Wissenschaft*, in: Wissenschaft an der Universität (Festschrift 500 Jahre Eberhard-Karls-Universität Tübingen), Tübingen 1977 (1976b)

— *Anatomie der Wissenschaft. Zur Frage einer anderen Wissenschaft*, in: Oskar Schatz (Hg.): Brauchen wir eine andere Wissenschaft? Zehntes Salzburger Humanismus-Gespräch 1981, S. 89—99

— *Die unbewältigten Sozialwissenschaften oder die Abschaffung des Menschen*, Graz — Wien — Köln 1984

— *Zur Anthropologie des Handelns*, in: Hans Lenk (Hg.): Handlungstheorien, Band 2, 1. Halbband, München 1987

— *Die kulturellen Grundlagen der Gesellschaft. Der Fall der Moderne*, Opladen 1989

THIELICKE, HELMUT: *Kulturkritik der studentischen Rebellion*, Tübingen 1969

THIER, ERICH: *Das Menschenbild des jungen Marx*, Göttingen 1957

THOMAS, RICHARD HINTON: *Nietzsche in German Politics and Society*, Manchester 1983

THURNWALD, RICHARD: *Primitive Initiation und Wiedergeburtsriten*, in: Eranos-Jahrbuch, Band 7, 1946

TILLICH, PAUL: *Die Frage nach dem Unbedingten. Schriften zur Religionsphilosophie.* Gesammelte Werke Bd. V, Stuttgart 1964

TISCHER, ROLF: *Religiöse Zeitzeichen in der Rock- und Popmusik*, Stuttgart 1989 (EZW-Texte, Information Nr. 109)

TOLLER, ERNST: *Die Wandlung*, in: Prosa, Briefe, Dramen, Gedichte, Reinbek 1961

TOPITSCH, ERNST: *Marxismus und Gnosis*, in: ders.: Sozialphilosophie zwischen Ideologie und Wissenschaft, Neuwied 1961, S. 235 ff.

— *Gottwerdung und Revolution. Beiträge zur Weltanschauungsanalyse und Ideologie-Kritik*, Pullach bei München 1973

»Trendwende«. Bewußtsein und Gesellschaft im Umbruch. Eine monatliche Dokumentation (Jochen F. Übel Hg.) Nr. 9/10 1984 (Worpswede)

TROMMLER, FRANK: *Mission ohne Ziel. Über den Kult der Jugend im modernen Deutschland*, in: »Mit uns zieht die neue Zeit.« Der Mythos Jugend. Hg. von Thomas Koebner u.a., Frankfurt/M. 1985

TROTZKIJ, LEO: *Literatur und Revolution*, Berlin 1968 (1924)

TROUSSON, RAYMOND: *Utopie, Geschichte, Fortschritt: Das Jahr 2440*, in: Knoll / Schoeps 1948 (s.o.)

TSCHIZEVSKIJ, DMITRIJ: *Hegel et Nietzsche*, in: Revue d'histoire de la philosophie. Paris 1929, Band 3, S. 321 ff.

— *Übermensch, übermenschlich. Zur Geschichte dieser Worte und Begriffe*, in: Festschrift T. G. Masaryk, Teil I, Bonn 1930, S. 265 ff.

— *Russische Geistesgeschichte*, München 1974

VALJAVEC, FRITZ: *Die Entstehung der politischen Strömungen in Deutschland 1770—1815*, München 1951

VESPER, BERNWARD: *Die Reise*, Frankfurt/M. 1977

VIRCHOW, RUDOLF: *Drei Reden über Leben und Kranksein* (ed. F. Krafft), München 1971

VOEGELIN, ERIC: *Die politischen Religionen. Ausblicke*, Wien 1938

— *Wissenschaft, Politik und Gnosis*, München 1955

VOELKEL, MARTIN: *Hie Ritter und Reich!* In: Der Weiße Ritter, Sonderheft »Sendung«, Heft 6 / 1921, Regensburg 1921

VONDUNG, KLAUS: *Condorcet*, in: Thilo Schabert (Hg.), Der Mensch als Schöpfer der Welt, München 1971, S. 111 ff.

WASSNER, RAINER: *Neue Religiöse Bewegungen in Deutschland. Eine soziologische Untersuchung* (Stuttgart 1991, EZW-Information)

WEBER, MAX: *Gesammelte Aufsätze zur Religionssoziologie*, Bd. I, Tübingen 1972 (1920)

– *Die Wirtschaftsethik der Weltreligionen. Einleitung*, in: Gesammelte Aufsätze zur Religionssoziologie I, Tübingen 1972 (1920)

– *Wirtschaft und Gesellschaft*, Tübingen 1972 (Studienausgabe ed. J. Winckelmann 1972b)

– *Wissenschaft als Beruf*, in: Gesammelte Aufsätze zur Wissenschaftslehre, Tübingen 1977 (4. Auflage ed. J. Winckelmann, 1. Auflage 1922)

WEISS, HILDEGARD: *Die Ideologieentwicklung in der deutschen Studentenbewegung*, München – Wien 1985

WEISS, JOHANNES: *Artikel »Kultursoziologie«*, in: Ammon U. / Dittmar N. / Mattheier K. J. (Hg.), Soziolinguistik. Ein internationales Handbuch zur Wissenschaft von Sprache und Gesellschaft. 1. Halbband, Berlin 1987, S. 510 – 514

WEISZ, GEORGE: *Scientist and Sectarians: The Case of Psychoanalysis*, in: Journal of the History of the Behavioural Sciences, 1975, Heft 11, S. 350 – 364

WELSCH, WOLFGANG: *Unsere postmoderne Moderne*, Weinheim 1987

– (Hg.): *Wege aus der Moderne: Schlüsseltexte der Postmodernediskussion*, Weinheim 1988

WETTIG, GERHARD: *Das »Neue Denken in der UdSSR« – ein Abrücken von alter Klassenpolitik?* In: Berichte des Bundesinstituts für ostwissenschaftliche und internationale Studien Nr. 12 / 1987 (Köln)

WILBER, KEN: *Halbzeit der Evolution. Der Mensch auf dem Weg vom animalischen zum kosmischen Bewußtsein. Eine interdisziplinäre Darstellung der Entwicklung des menschlichen Geistes*, Bern – München – Wien 1984

WILSON, EDWARD O.: *Sociobiology. The New Synthesis*, Cambridge / Mass. – London 1976

– *On Human Nature*, Cambridge / Mass. – London 1978 (dt.: Biologie als Schicksal, Berlin 1980)

WITTIG, HANS-GEORG: *Wiedergeburt als radikaler Gesinnungswandel. Über den Zusammenhang von Theologie, Anthropologie und Pädagogik bei Rousseau, Kant und Pestalozzi*, Heidelberg 1970

WYNEKEN, GUSTAV: *Was ist Jugendkultur?* München 1913

– *Der weltgeschichtliche Sinn der Jugendbewegung*, in: Die freie Schulgemeinde, Heft 1 / 1916, Jena 1919

ZIEMER, GERHARD: *Wandervogel und freideutsche Jugend*, Bad Godesberg 1961

ZIMMER, DIETER: *Tiefenschwindel*, Reinbek 1986
ZINSER, HARTMUT: *Der Mythos des Mutterrechts*, Berlin 1981
ZÖLLER, MICHAEL (HG.): *Aufklärung heute. Bedingungen unserer Freiheit*, Zürich 1980

Religion und östliche Weisheit
in den suhrkamp taschenbüchern

Conze, Edward: Buddhistisches Denken. Drei Phasen buddhistischer Philosophie in Indien. Aus dem Englischen übersetzt von Ursula Richter. Mit einem Nachwort von Herbert Elbrecht. st 1772

– Eine kurze Geschichte des Buddhismus. Übersetzt, herausgegeben und mit einem Nachwort versehen von Friedrich Wilhelm. st 1297

Eliade, Mircea: Die Sehnsucht nach dem Ursprung. Von den Quellen der Humanität. Deutsch von Hella Bronold. st 2522

– Yoga. Unsterblichkeit und Freiheit. st 1127

Eliade, Mircea / Ioan P. Couliano: Handbuch der Religionen. Unter Mitwirkung von H. S. Wieser. st 2386

Fromm, Erich / Daisetz Teitaro Suzuki / Richard de Martino: Zen-Buddhismus und Psychoanalyse. Die Übersetzung besorgte Marion Steipe. st 37

Jonas, Hans: Der Gottesbegriff nach Auschwitz. Eine jüdische Stimme. st 1516

Korff, Wilhelm: Kernenergie und Moraltheologie. Der Beitrag der theologischen Ethik zur Frage allgemeiner Kriterien ethischer Entscheidunsprozesse. st 597

Pagels, Elaine: Versuchung durch Erkenntnis. Die gnostischen Evangelien. Aus dem Amerikanischen von Angelika Schweikhart. st 1456

Shibayama, Zenkei: ZEN – Eine Blume spricht ohne Worte. Eine Einführung durch Gleichnis und Bild. Mit einem Vorwort von Daisetz T. Suzuki. Aus dem Englischen von Ursula von Mangoldt. st 2471

Watts, Alan: Der Lauf des Wassers. Eine Einführung in den Taoismus. Unter Mitarbeit von Al Chung-liang Huang. Aus dem Amerikanischen von Susanne Schaup. st 878

– Vom Geist des Zen. Aus dem Amerikanischen von Julius Schwabe. st 1288

suhrkamp taschenbücher
Eine Auswahl

suhrkamp taschenbücher
Eine Auswahl

suhrkamp taschenbücher
Eine Auswahl

265/5/11.93

suhrkamp taschenbücher
Eine Auswahl

Soziologie, Ethnologie, Politik
in den suhrkamp taschenbüchern

258/1/11.95

Soziologie, Ethnologie, Politik
in den suhrkamp taschenbüchern

258/2/11.95